Yves Schumacher

Leonhard Thurneysser
Arzt – Alchemist – Abenteurer

Für die großzügige Unterstützung dieser Publikation
danken Autor und Verlag der Berta Hess-Cohn Stiftung, Basel,
der Elisabeth-Jenny-Stiftung, Basel,
sowie der Familien-Vontobel-Stiftung, Zürich.

Umschlag: Frans Floris de Vriendt,
Bildnis des kurfürstlich brandenburgischen
Leibarztes Leonhard Thurneysser zum Thurn von Basel
Öl auf Eichenholz, 1569
Werk im Besitz von: Kunstmuseum Basel
Foto: Kunstmuseum Basel, Martin P. Bühler

Erste Auflage 2011

info@roemerhof-verlag.ch, www.roemerhof-verlag.ch

Druck und Bindung: CPI – Ebner & Spiegel, Ulm
Papier: Schleipen Werkdruck, bläulichweiß, 80 g/m², 1.75

ISBN 978-3-905894-11-0

Für mein Enkelkind Thibault, der bei einem
Skirennen die Abfahrt unterbrach,
lange in den Himmel schaute und wissen wollte,
warum die Sonne nicht auf derselben
Seite auf- und untergeht.

Einleitung

Lienhard Thurneysen respektive Leonhardt Thurneiser, Durneissen oder Turnhäuser – Pardon! Leonhard Thurneysser zum Thurn war ein Suchender und Finder. Er suchte sein Leben lang die hinter den Dingen verborgene Wahrheit. Und er wurde immer wieder fündig. Oder er gab vor, fündig geworden zu sein – ganz im Gegensatz zum Verfasser, der Thurneyssers Persönlichkeit vergeblich bis in alle Schattierungen zu ergründen suchte. Kaum denkt man, diesem außergewöhnlichen Menschen nahegekommen zu sein, entschwindet er im Dunst seiner mystifizierten Lebensgeschichte. Je tiefer man in Thurneyssers Welt eindringt, desto kryptischer zeigt sie sich.

Thurneysser hat in der Frühen Neuzeit wichtige Impulse im Bereich der Chemie und Medizin gesetzt und damit wissenschaftliche Entwicklungen der Neuzeit vorweggenommen. Er war voller Tatendrang, brillant und ungemein einfallsreich; sein Ruf als Wundermann erreichte die Fürstenhäuser Europas. Wer sich mit ihm beschäftigt, lernt aber auch seine Verletzlichkeit und Spiritualität kennen. Auf der anderen Seite zeigt sich der Schatten eines selbstherrlichen Menschen, der von der überragenden Bedeutung seiner eigenen Person überzeugt war und dessen Selbstinszenierung und Habgier keine Grenzen kannten. Leonhard Thurneysser zum Thurn war so widersprüchlich wie die Renaissance selbst.

Thurneyssers Leben zeigt, wie labil die öffentliche Einschätzung von Prominenten ist. Die Biographie dieses außerordentlichen Mannes gibt ein treffendes Exempel dafür, dass die gesellschaftliche Anerkennung und Deklassierung eines Individuums dadurch bestimmt wird, dass der Einzelne Meinungen und Erwartungen bedeutsamer Zeitgenossen unreflektiert übernimmt.

Mit den vorliegenden Lebensbildern will ich auch eine Leseart bieten, die jenseits der biographischen Aufzeichnungen liegt. Dazu orientierte ich mich an ideengeschichtlichen Marksteinen, die zwischen dem Weltbild des ausgehenden Mittelalters und dem Aufbruch in die Frühe Neuzeit liegen – auf der einen Seite das glanzvolle Leben der Herrschenden und die Geistesleistungen einer noch überschaubaren, universell gebildeten Oberschicht, auf der anderen die Nöte und Sehnsüchte der kleinen Leute. Die Auseinandersetzung mit dem geistigen und gesellschaftlichen Klima des 16. Jahrhunderts soll den biographischen Nebel zumindest streckenweise aufreißen und einen Zugang zur widersprüchlichen Persönlichkeit Thurneyssers schaffen. Leonhard verfügte über eine geradezu egomane, angeberische Facette, hatte aber auch durch und durch originelle und schöpferische Qualitäten. Man mag darüber streiten, welche Seite überwiegt. Über einen Punkt ist sich die Forschung heute jedoch einig: Thurneysser verkörpert den Typus des frühen Unternehmers, dessen Initiativen zum wirtschaftlichen Aufschwung einer ganzen Region entscheidend beitrugen.

Um die Pionierleistungen des Baslers Polyhistors thematisch zu verdichten, habe ich darauf verzichtet, seinen Lebenslauf in Form einer streng chronologischen Abfolge der Ereignisse aufzurollen. Die vorliegende Arbeit fasst zusammenhängende Wissens- und Wirkungsbereiche Thurneyssers zu einzelnen Kapiteln zusammen und will damit neue Zugänge zu einer Epoche verschaffen, in der Keime unserer heutigen Zivilisation liegen. Die nachgezeichneten Konturen dieser Zeit bleiben aber streckenweise wohl oder übel unscharf. Durch die Fokussierung auf Thurneyssers Lebensstationen in Basel, Berlin und Rom wurde die kultur- und sozialgeschichtliche Entwicklung in vielen anderen Teilen Europas ausgeblendet.

Ich profitierte von einer einzigartigen Quellenlage, denn Thurneysser hat ein umfangreiches Werk hinterlassen. Neben den von ihm herausgegebenen Büchern ist eine Menge Korrespondenz erhalten geblieben, die namentlich in der Handschriftenabteilung der Staatsbibliothek zu Berlin verwahrt wird. Diese Schriften sind, vor allem im 18. Jahrhundert, weidlich kopiert, zitiert, interpretiert und rezipiert worden. Was vorliegt, ist ein in Hunderten von lexikalischen Beiträgen, Kurzbiographien, Monographien und Artikeln zersplittertes und zerrissenes Persönlichkeitsbild. Aus dieser Fülle ragen vier themenzentrierte Werke heraus:

Johann Karl Wilhelm Moehsen (1722–1795) – Leibarzt von Friedrich II. – war der erste Biograph Thurneyssers. Zur Erstellung seiner 1776 in München herausgegebenen Monographie »Leben Leonhard Thurneissers zum Thurn. Ein Beitrag zur Geschichte der Alchemie, wie auch der Wissenschaften und Künste in der Mark Brandenburg gegen Ende des 16. Jahrhunderts« hatte er offenbar auch Zugriff auf Quellen, die mittlerweile längst verschollen sind. Sein barockes Werk ist umso bemerkenswerter, als er Thurneysser in erstaunlich objektiver Weise porträtiert und historische Fakten mit unterhaltsamen Anekdoten würzt. Auf Moehsen berufen sich direkt oder indirekt alle späteren Autoren.

1976 legte der Basler Kunsthistoriker Paul H. Boerlin mit seinem Werk »Leonhard Thurneysser als Auftraggeber. Kunst im Dienste der Selbstdarstellung zwischen Humanismus und Barock« eine hervorragende, reich illustrierte Monographie vor. Mit dieser anspruchsvollen Arbeit brachte er eine Fülle von bisher unbekannten Details aus dem Leben Thurneyssers ans Licht und leistete damit einen kunstwissenschaftlich wichtigen Beitrag zur Renaissanceforschung.

Peter Morys schrieb 1992 »Medizin und Pharmazie in der Kosmologie Leonhard Thurneissers zum Thurn (1531–1596)«. Seine Arbeit entstand als naturwissenschaftliche Dissertation am Institut für Geschichte der Pharmazie der Philipps-Universität Marburg. Morys' Verdienst liegt darin, die von Fachkollegen früherer Generationen verfemten Leistungen Thurneyssers aus der Sicht des Naturwissenschaftlers zu würdigen.

Gabriele Spitzer verfasste 1996, anlässlich der Ausstellung »... und die Spree führt Gold« zum 400. Gedenkjahr des Todes von Leonhard Thurneysser, eine gleichnamige Schrift, die von der Staatsbibliothek zu Berlin – Preußischer Kulturbesitz herausgegeben wurde. Diese Forschungsarbeit enthüllt neue biographische Einzelheiten und fokussiert auf die drucktechnischen Leistungen des Jubilars.

Thurneysser entdeckte und verdeckte, schmeichelte und beleidigte, schlichtete und kämpfte. Was auch immer man über ihn denken mag – er gehört zu den verkannten Universalgelehrten der Renaissance, die endlich rehabilitiert und gleichzeitig demystifiziert werden müssen.

Vorrede

»Diese Vorrede zu dem nachfolgenden Buche, um welche ich ersucht worden, kleid' ich vielleicht mit Vortheil in eine Rezension ein, besonders, da die eigenen Vorreden der Verfasser ordentlicher Weise nichts sind, als offene Selberrezensionen«, schrieb Jean Paul im Dezember 1823 in der »Jenaischen Allgemeinen Literaturzeitung«. Thurneysser war ein Meister derartiger Vorreden, die in erster Linie selbstlobende Eigenrezensionen waren. In der Tradition der mittelalterlichen Prologe suchte er mit seinen langatmigen und umfangreichen Vorreden den ersten Kontakt zum Leser, um ihn von seiner Überlegenheit als hochgelehrter kurfürstlicher Leibmedicus zu Brandenburg zu überzeugen. An diese Thurneyssersche Gepflogenheit anknüpfend, sei dem vorliegenden Werk ebenfalls ein Prolog vorausgeschickt.

*

Basel, im Heumonat des Jahres 1553. Das Stelldichein ist missglückt. Man hätte sich beim inneren Spalentor vor dem neuen Brunnen treffen sollen, dessen Dudelsackbläser auf der Balustersäule schon von weitem zu sehen ist. Der Reisende aus Paris war verspätet, weil er in Besançon vom Bischof aufgehalten wurde.

Der Franzose mit dem zweispitzigen Vollbart, der vom Fischmarkt zum Kohlmarkt eilt, ist offensichtlich ein Gelehrter. Er trägt einen wadenlangen schwarzen Talar, dessen aufstehender Kragen die Halskrause niederdrückt. Unterwegs bleibt er an der Ecke Eisengasse/Tanzgässlein vor dem Neubau mit der kunstvoll bemalten Fassade stehen und bewundert die großartige Darstellung des geharnischten Reiters Marcus Curtius. Der Fremde ist von der Vollkommenheit dieses Meisterwerks der modernen Kunst ergriffen. Später wird er erfahren, dass der Goldschmied Balthasar Angelrot den deutschen Künstler Hans Holbein den Jüngeren mit der Ausschmückung dieses Hauses beauftragt hatte. Fürwahr, Basel ist reich, die Fenster der Bürgerhäuser sind mit kostbaren Glasmalereien geschmückt, die Straßen sind sauber gepflastert, und die Menschen grüßen sich auf der Straße. Der Fremde spürt den Geist der Freiheit, die Öffnung zum Ausland.

Der Mann im wallenden Talar geht nun an Obstgärten und Reben vorbei den Kohlenberg hinauf. Er biegt in das miese Wohnviertel ein und hetzt durch dieses Nebenland der Ehrlosen und Ausgestoßenen, der Gilen[1] und Lahmen. Je tiefer er in diese Schlupfwinkel aller Laster eindringt, desto unerträglicher werden die fauligen Dämpfe, die den Häusern entlangwabern und das Geschrei der Kinder und das Grunzen der Schweine zu dämpfen scheinen. Der eklig süßliche Gestank von Kothaufen, Urinbächen und verrotteten Tierleichen erinnert ihn an die Gestade der Seine und an die Armenviertel von Akkon und Damaskus, die er so oft aufgesucht hat. Er sieht Müllsammler und Kloakenreiniger, die aus den Rinnsalen Lumpen und Scherben klauben. Dann kreuzt er Sackträger, blutspuckende Totengräber und stumme Bettler. Verstohlen schaut er den keifenden Dirnen in ihren kurzen Mänteln[2] nach, derweil ihm Horden von Buben ohne Hosen[3] nachlaufen. Seine Versuche, sich nach dem Weg zu erkundigen, scheitern. Er spricht die Jungen in Latein und gebrochenem Deutsch an, sie antworten auf Rotwelsch[4]. Die Randständigen am Kohlenberg gehören offenbar genauso zu Basel wie die Achtburger[5] und Pfarrherren und sind nicht wie anderswo aus der Innenstadt verbannt worden.

Mitunter begegnet der Fremde modisch gekleideten Kohlenbergern, Zuhältern in geschlitzten Pluderhosen und mit farbigen Federn auf dem Barett, einherstolzierenden Landsknechten in sogenannt »zerhauenen Trachten«, Studenten mit leinenen Halskrausen und breit gestülpten Stiefeln. Dann und wann fallen ihm auch ehrenhafte Bürger auf, die er schon auf dem Kohlmarkt gesehen hat.

Gegen Abend sucht der Franzose das stattliche Zunfthaus an der Gerbergasse auf, wo er seinen Korrespondenten aus deutschen Landen zu treffen hofft, den er am Spalentor verpasst hat. Der gebürtige Schlesier aus dem Herzogtum Liegnitz ist tatsächlich dort zugegen und verhandelt gerade mit einem Buchdrucker. Nach einer freudigen Begrüßung und einem lebhaften Austausch von Höflichkeiten wird der Fremde an den langen Tisch gebeten, wo den Herren mit einer köstlichen Perlzwiebelsuppe aufgewartet wird, der ein Aalgericht an einer Safransauce und Erbsenmus folgen. Zur Nachspeise wird ein »wäye« genannter Früchtekuchen gereicht. Die Tischgesellschaft diskutiert über die Weltpolitik. Thema ist der Markgrafenkrieg und die vor einigen Tagen erfolgte Schlacht bei Sievershausen. Kurfürst Moritz von Sachsen sei dort tödlich verletzt worden, weiß der Korrespondent in seinem schwäbisch gefärbten Deutsch zu berichten. Der Religionsfrieden sei nun in Gefahr, und der vor einem Jahr im Passauer Vertrag vereinbarte Schutz des Heiligen Römischen Reiches vor Türkeneinfällen werde durch den Tod des Kurfürsten möglicherweise geschwächt, meint er. Der Franzose macht ein besorgtes Gesicht, schwafelt etwas von der unheilvollen Jahreszahl 1553 und entgegnet, dass zurzeit die ganze Christenheit bedroht sei. Die Muselmanen unter Süleyman I. würden zwar Krieg in Persien führen, aber der Kampf gegen die Ungläubigen werde bald weitergehen.

Nachdem der Franzose und der Schlesier viel essigsauren Wein getrunken haben, gehen sie zum Münster hinauf und biegen in die Augustinergasse ein. Am Haus zum »guldin critz«, vielleicht war es aber auch der Neubau »zan vier Hüsern« oder das »Haus zum Sunneluft«, klopft der Korrespondent mit dem schweren Eisenring an die Haustüre. Ein junger Mann öffnet, begrüßt die beiden Gäste ehrfurchtsvoll und führt sie ins Laboratorium des Professors.

Der Professor steht im Zwielicht über einen Tiegel gebeugt, in dem ein silberfarbener Metallbrei sanft blubbert. Die Luft im Raum ist muffig-stickig, es riecht nach verglühter Holzkohle. Während sich die Herren bald über die Sichtbarmachung der Transzendenz durch kobaltblaue Kirchenfenster, bald über die Erzeugung von rubinrotem Bleiglas unter Zusatz von Gold unterhalten, knetet der Famulus einen *Lutum Philosophorum* genannten Lehm, den er zum Abdichten der Gefäße braucht. Auf dem Tisch stehen neben Dreibeintöpfen zur Bearbeitung von Kupfer- und Zinnkerzen die merkwürdigsten Geräte und Apparaturen. Der junge Mann spricht von *Vas Destillaciones* und bezeichnet damit die herumstehenden Destillations- und Sublimierungsapparaturen. Der Professor meint, dass sich über Basel schon lange ein diskretes Netz von alchemistischen Laboratorien gespannt habe, und appelliert an die Verschwiegenheit seiner Gäste.

Vermutlich galt dieser Besuch der beiden Fremden dem Laboratorium von Martin Keller, der sich Cellarius und später Borrha nannte. Der Professor für Altes Testament und Rektor der Universität Basel war gebürtiger Stuttgarter und kam um 1536 zu den Reformatoren Simon Grynaeus und Johannes Oekolampad nach Basel. Der Basler Arzt Heinrich Pantaleon, Verfasser des »Teutscher Nation Heldenbuch«, meinte zu seinem deutschen Kollegen: »Er ist allezeit den bücheren obgelegen / also dass er mit schreiben / lesen / oder distillieren und Alchamey kunst all sein zeit vertriben.«[6] In seiner Autobiographie schreibt Martin Borrha, er werde in einer Schrift über die verborgenen und geheimnisvollen Naturkräfte darlegen, wie die Pflanzen und Metalle in *Elementa simplicia* aufgelöst würden. Dadurch werde man erfahren, welch geheime und wunderbare Kräfte denselben innewohnen und wie aus ihren Flüssigkeiten und Säften Salze und Öle gewonnen werden. Seine alchemistische Schrift wurde aber nie aufgefunden.[7]

Der Franzose mit dem zweispitzigen Bart und dem wadenlangen schwarzen Talar könnte der Jesuit Guillaume Postel gewesen sein. Der eminente französische Orientalist – die in seiner Zeit unbestritten größte christliche Kapazität auf dem Gebiete der Kabbalistik – hielt sich tatsächlich damals in Basel auf. Bei seinem Korrespondenten, den er im Zunfthaus zum Safran fand, könnte es sich um Caspar Schwenkfeld aus Schlesien gehandelt haben. Der französische Orientalist und der Spiritist aus Deutschland trafen sich 1553 in Basel mit dem Humanisten Sebastian Castellio und dem Täufer David Joris. Castellio, der als Rektor der Genfer Schule geamtet hatte und von Calvin als Werkzeug des Satans verschrien worden war, hatte in Basel Asyl gefunden und war zum Professor der griechischen Sprache ernannt worden. Der niederländische Sektenführer David Joris lebte in Basel unter falscher Identität, nannte sich Jan van Brügge und genoss hohes Ansehen. Das Treffen dieser europäischen Elite wäre anderswo kaum möglich gewesen. 1553 war die Welt nördlich der Alpen in Aufruhr. Und in Zürich war die Jagd auf die Täufer noch nicht abgeblasen worden. Auch in Genf, wo der spanische Gelehrte Michael Servetus gerade den Feuertod hatte erleiden müssen, wären Papisten wie Guillaume Postel ihres Lebens nicht sicher gewesen.

Basel gehörte zu den wenigen Städten, in denen sich Alchemisten, Altgläubige, Freigeister und religiöse Erneuerer relativ unbehelligt bewegen konnten. Leonhard Thurneysser wurde hier geprägt, gefördert und gedemütigt.

Der Anfang vom Ende

Man beginne mit dem Schluss, der keiner ist, weil Thurneysser, der Alchemist, das Große Werk[8] nicht zu Ende führen konnte. Der Adept aus Basel, der sich zeitlebens vom Roten Löwen[9] herausgefordert sah, würde sich, wenn er seinen eigenen Nachruf schreiben könnte, noch mysteriöser ausdrücken und wohl von der Enigmatica seiner Vita sprechen. Leonhard Thurneysser starb im tiefsten Schatten seines Lebens. Am 9. Juli 1596 ging er im Haus eines Kölner Goldschmieds am »Alter Markt« den Weg alles Irdischen.

Als Thurneysser in Köln aufkreuzte, war er wahrlich ein gebrochener Mann. Kaum zu glauben, dass dieser vom Schicksal Gezeichnete mit dem einst stolzen Leibarzt des Kurfürsten zu Brandenburg identisch war. Thurneyssers Persönlichkeitswandlung war für seine Freunde wohl schwer fassbar. Der einst imposante Basler Monsieur, der am Hof ein und aus zu gehen pflegte, präsentierte sich offenbar von seiner erbärmlichsten Seite. Möglich ist auch, dass er sterbenskrank war. Jedenfalls hatte er mit seinem Leben abgeschlossen. Am Vortag seines Ablebens verfasste er sein Testament und schaute noch vom Fenster aus dem Jahresumzug zu, der jeweils 14 Tage nach der Wahl des Bürgermeisters und des Rats zur Heimgeleitung der Kölner Magistraten stattfand.[10]

Leonhard Thurneyssers Letzter Wille zeugt von seinem völlig überhöhten Selbstbild. Er wollte neben dem Hochgrab von Albertus Magnus in der Kölner Dominikanerkirche bestattet werden. Sein Wunsch wurde ihm vom Bettelorden erfüllt[11], und er ruhte dort bis anfangs des 19. Jahrhunderts an der Seite von Albert dem Großen. Sein Grab geriet jedoch in Vergessenheit, als die Überreste von Albertus Magnus im Zuge der Säkularisierung des Predigerklosters in die St.-Andreas-Kirche transferiert wurden.[12]

Thurneyssers Bedürfnis, neben einem der herausragenden *Doctores universales* des Mittelalters bestattet zu werden, lässt sich aus zwei verschiedenen Blickwinkeln deuten. Einerseits passt diese Selbstinszenierung, sich auf die gleiche Ebene wie Albert Graf von Bollstädt, alias Albertus Magnus, zu stellen, zu Thurneyssers extremer Selbstbezogenheit. Aus heutiger Sicht betrachtet, erfüllen sein Verhalten und seine Wünsche alle Kriterien der Diagnose einer narzisstischen Persönlichkeitsstörung. Dazu gehört unter anderem die Kompensation eines verminderten Selbstwertgefühls durch ausgiebiges Auskosten von Macht und Reichtum. Typisch für dieses Persönlichkeitsbild ist auch das Überlegenheitsgefühl, ein in ganz besonderem Maße begnadeter Mensch zu sein. In der Meinung, deshalb nur von einer Elite verstanden zu werden, konzentrierte Thurneysser seinen sozialen Umgang auf Personen mit einem hohen gesellschaftlichen Status wie Herrscher oder namhafte Wissenschaftler.

Thurneyssers letzter Wille ließe anderseits auch den Schluss zu, dass er sich zu seinem Lebensende mit einem Mann identifizierte, der sich – der benediktinischen Ordensregel entsprechend – zu radikaler Armut verpflichtet von der mondänen Welt abgewandt hatte; stellte sich doch die dominikanische Armutsbewegung gegen die Macht von Besitz und Herkunft und proklamierte Wissen und Tugend als neue Werte. Hatte Thurneysser, dessen Macht und Besitz restlos dahingeschmolzen waren, einen Gesinnungswandel durchgemacht? Oder glaubte er an seinem Lebensende gar eine geistige Stufe erklommen zu haben, die er mit dem Meister seines Meisters (Paracelsus) teilen konnte? Wie dem auch sei – mit seinem letzten Wunsch lässt Thurneysser eine tiefgründige Facette seines Wesens erahnen, die von seinem umtriebigen und selbstherrlichen Gebaren lange überschattet worden war.

Der Übervater: Albert der Große

→ Abb. 4

ALBERTUS MAGNUS – um 1200 im schwäbischen Lauingen an der Donau geboren – war schon zu seinen Lebzeiten ein in ganz Europa anerkannter Universalgelehrter. Der Mittelalter-Spezialist Martin Grabmann bezeichnet ihn als Schöpfer und Bahnbrecher des christlichen Aristotelismus des Mittelalters.[13] 1222 hielt er sich bei seinem Onkel in Italien auf, wo er an der Universität Padua wahrscheinlich geisteswissenschaftliche Grundlagenfächer wie Grammatik, Logik und Rhetorik studierte. Ein Jahr später trat er in den Dominikanerorden ein und legte nach dem Noviziat allem Anschein nach theologische Studien in Köln ab. Später lehrte er als *Doctor universalis* in Hildesheim, Freiburg, Regensburg, Köln und Paris. 1248 wurde er von seinem Orden als Leiter des *Studium generale* in Köln eingesetzt. Später ernannte man ihn zum Provinzial und Bischof von Regensburg. Doch 1262 trat er als Bischof zurück, um sich als Wanderprediger zu betätigen und sich seinen wissenschaftlichen Arbeiten zu widmen. In Paris erinnert die Place Maubert (M'Aubert = Magni Alberti bzw. Maître Albert) daran, dass Albert der Große dort Vorlesungen gehalten haben soll.[14]

Was Thurneysser an Albertus Magnus besonders fasziniert haben dürfte, waren dessen profunde alchemistischen Erkenntnisse, gepaart mit Mystik und einem soliden theologischen Wissen. Albert der Große beschrieb seine Versuche sehr genau und zeigte dabei ausgesprochen originelle Ideen. Von den zahlreichen Schriften, die er hinterlassen hat, ist seine alchemistische Abhandlung vielleicht die beste. In seinem Buch über die

Mineralien stellt er alchemistische Theorien indessen in Frage, stellenweise scheint er gar ein Gegner der hermetischen Kunst gewesen zu sein. Diese für Alberts Werk typischen Widersprüche erklären sich wohl dadurch, dass viele ihm zugeschriebene Aussagen aus magischen und alchemistischen Traktaten stammen, die ihm im späten Mittelalter untergeschoben wurden. Dazu gehört beispielsweise das »Albertusbüchlein«[15] genannte Arznei- und Kräuterbuch, das nach den Aufzeichnungen des Buchhändlers Michael Harder aus Zwickau mit 227 Exemplaren das meistverkaufte »Volksbuch« auf der 1569 zur Osterzeit abgehaltenen Fastenmesse in Frankfurt am Main war.[16]

Wie sein Schüler Thomas von Aquin war auch Albert überzeugt, dass die Alchemie eine zwar schwierige, aber echte Kunst sei. In der Abhandlung »Über die Alchimie«, die vermutlich authentisch ist, lobt Albertus Magnus den Nutzen alchemistischer Experimente und bringt seine Überzeugung zum Ausdruck, dass Gold künstlich hergestellt werden kann. Seinen alchemistischen Freunden gibt er indessen weise Empfehlungen: »[...] Der Alchimist muss still und verschwiegen sein. Er sollte keinem etwas über die Ergebnisse seiner Arbeit erzählen. Er soll überhaupt einsam und zurückgezogen leben. In seinem Hause sollten zwei oder drei Räume ausschließlich für seine Arbeit bestimmt sein. Er soll die richtige Stunde für seine Versuche wählen«, was wohl bedeutet, dass die günstige astrologische Konstellation abgewartet werden soll. »Er muss Geduld und Ausdauer besitzen. Er soll in dieser Reihenfolge verfahren: zerreiben, sublimieren, fixieren, lösen, destillieren, gerinnen lassen. Er soll dabei nur Glasbehältnisse oder glasierte Tongefäße benutzen. Er muss reich genug sein, um die Ausgaben für solche Arbeiten bestreiten zu können. Und nicht zuletzt muss er alle Verbindungen mit Fürsten und Herrschern meiden.«[17]

Zu Thurneyssers Zeiten war Albertus Magnus bereits eine Legende. Im Sagenwerk, das sich früh um ihn rankte, erscheint er als Altmeister verschiedenster Zauberkünste und trägt märchenhafte Züge. Unter anderem wurde ihm der Bau des Kölner

Doms angedichtet. Er soll die Pläne zum Bauwerk eigenhändig entworfen haben, nachdem ihm auf Geheiß der Gottesmutter vier Meister vom Himmel geschickt worden waren, die ihm die Anleitung dazu gaben.[18] Eine andere Legende will, dass Albertus anlässlich des Besuchs des römisch-deutschen Königs Wilhelm von Holland 1248 in Köln den Tisch mitten im verschneiten Klostergarten decken ließ. Kaum hatten sich die Gäste zum Essen hingesetzt, schmolz der Schnee dahin. Die Bäume standen plötzlich in voller Blüte, der Garten füllte sich mit duftenden Blumen, und Singvögel zwitscherten im Laubwerk.

Gelehrte, die sich auch nur am Rande mit Alchemie beschäftigten, wurden in der Erzähltradition meistens schon zu ihren Lebzeiten mit dem Ruf der Zauberei belastet. Dieses zweifelhafte Renommee teilte Thurneysser mit Albertus Magnus und Paracelsus. So wie Thurneysser im Laufe seiner Berliner Jahre unterstellt wurde, er halte sich einen Flaschengeist, kursierte die Geschichte vom Homunkulus, den Albertus Magnus erschaffen habe. Dieser soll die einzelnen Gelenke dieses menschengestaltigen Wesens unter dem Einfluss eines bestimmten Gestirns geschmiedet haben. Der sprechende Automat sei dann Albert zu Diensten gestanden. Er sei aber so geschwätzig gewesen, dass sein unaufhörlicher Wortschwall die Nerven des fleißigen Thomas von Aquin solange strapaziert habe, bis dieser das Kunstwesen seines Lehrers wutentbrannt in Stücke geschlagen haben soll.

Das Thema des Homunkulus ist eine immer wieder missverstandene alchemistische Allegorie zur Personifizierung von chemischen Vorgängen. In der Literatur, zum Beispiel in Goethes »Faust II«, wurde dieser Topos sinnbildlich, in der mündlichen Erzähltradition hingegen wörtlich aufgegriffen. Für Eliphas Lévi Zahed (bürgerlich Alphonse Louis Constant), einen großen Okkultisten des 19. Jahrhunderts, war der von Albertus Magnus geschaffene Androide gleichsam ein Symbol für dessen scholastische Systematik: ein künstliches, menschengestaltiges Wesen, das wohl durch einen Mechanismus bewegt wurde, aber nicht lebendig war. Der vielzitierte Homunkulus stand auch sinnbildlich für die gegensätzlichen Auffassungen Alberts und Thomas von Aquins. Für Thomas gab es nämlich einen großen Unterschied zwischen magischen Phänomenen und wirklichen Wundern, die nur durch Gottes Willen geschehen können. Albert war weniger dogmatisch. Was er nicht selbst beweisen konnte, ließ er offen. Mit seinem berühmten Ausspruch »Ich habe mit Wundern nichts zu tun, wenn ich Naturwissenschaften treibe«[19] zog er eine scharfe Grenze zwischen Glauben und Wissen.[20] Trotz dieser im Vergleich mit den führenden Köpfen seiner Zeit ausgesprochen modernen Geisteshaltung blieb er im magischen Denken und Empfinden seiner Epoche verhaftet. So gab es auch für ihn keinen Zweifel an der schicksalbestimmenden Macht der weißen und schwarzen Magie. Auch *Incubus* und *Succubus* – diese Verwandlungsgestalten des Teufels, die mit den Schlafenden geschlechtlich verkehren und Alpträume verursachen – waren für ihn genauso Realitäten wie die *Impotentia ex maleficio,* die von Dämonen erzeugte Impotenz.

Die Zauberbücher »Les admirables Secrets du Grand Albert« und »Secrets du petit Albert«[21] waren Bestseller. Und das Albertus Magnus zugeschriebene und vom Volkskundler Will-Erich Peuckert untersuchte Werk »Die egyptischen Geheimnisse« von 1508 soll noch zu Beginn des 20. Jahrhunderts das am weitesten verbreitete Zauberbuch Deutschlands gewesen sein.[22] Darin werden 1092 Kuren und Rezepte vorgestellt, die eigentliche Lebenshilfen sind. In den ersten drei Teilen dieses zur sogenannten Hausväterliteratur gehörenden Werks geht es vor allem um Abwehrzauber. Die Lesenden bekommen Handlungsanweisungen, um Menschen und Vieh gegen böse Geister zu schützen, einen Dieb zu entdecken, die Feuergefahr vom Haus abzuwenden oder »den Wein recht gut und gesund zu machen«.[23] Der vierte Teil ist das Vermächtnis eines sterbenden Vaters an seine Söhne und bringt 250 magnetische und sympathetische Mittel gegen Krankheiten und Gebrechen zur Sprache.

War Thurneysser den vielen kursierenden Lügengeschichten über Albertus Magnus aufgesessen oder hatte er sein monumentales Gesamtwerk tatsächlich studiert? Gewiss hatte er sich mit ihm auseinandergesetzt. Seinen Nachlass konnte er jedoch nur teilweise kennen, da zwischen dem Lebensende Alberts des Großen und demjenigen Thurneyssers fast drei Jahrhunderte liegen. In dieser Zeitspanne wurden Alberts Schriften in unzähligen Klöstern, Archiven und Bibliotheken weit verstreut. Seine Autographen würden ein Werk von über zweiundzwanzigtausend Druckseiten ergeben. Das Albertus-Magnus-Institut in Bonn ist bis heute mit der Herausgabe einer kritischen Ausgabe des Gesamtwerks beschäftigt.[24]

Das große Vorbild: Paracelsus

Sein Name ist gewichtig: Philippus Theophrastus Aureolus Bombastus von Hohenheim. Vermutlich wurde er lediglich auf den Namen Philippus getauft, die weiteren bombastischen Vornamen dürfte er sich selbst zugelegt haben.[25] Und die Eigenbezeichnung »PARACELSUS« bezieht sich auf den römischen Medizinschriftsteller Aurus Cornelius Celsius und bedeutet so viel wie »neben Celsius« oder »über Celsius«.

→ Abb. 5

Geboren wurde Philippus um 1493 direkt am Jakobsweg bei Einsiedeln im Kanton Schwyz. Sein Vater – Wilhelm Bombast von Hohenheim – war Mediziner, Laientheologe und Alchemist, gehörte dem niederen Landadel Schwabens an und wirkte im Kanton Schwyz als Landarzt. Er half vor allem den Kranken und verletzten Wallfahrern, die an seiner Wohnstätte in Egg an der Sihl vorbeizogen. Die Mutter, vermutlich eine geborene Grätzer, war eine Leibeigene des Klosters Einsiedeln. Dem mittelalterlichen Rechtsgrundsatz »Das Kind folgt der minderen Hand« entsprechend, war Paracelsus ebenfalls ein »Gotteshauskind« und somit kein Adliger. Über seine Kindheit in ärmlichen Verhältnissen weiß man wenig. Sein erster Lehrmeister war sein Vater, der ihn in die Heilkunst einführte.

Nachdem sich die geisteskranke Mutter das Leben genommen hatte, wurde Wilhelm Bombast von Hohenheim aus dem Kanton Schwyz vertrieben. Er wanderte mit dem neunjährigen Philippus nach Kärnten aus, wo er in Villach als Arzt berufen wurde. Vermutlich besuchte Philippus dort eine Lateinschule. Er selbst führt in seinen Schriften eine Anzahl von Bischöfen auf, denen er seine Grundausbildung verdankt.[26] Nachgewiesen ist, dass Paracelsus in der Tiroler Stadt Schwaz in der Kunst der Alchemie unterwiesen wurde. Ist es Zufall, dass Thurneysser seine Initiation in den Bergbau und in die Mineralogie ebenfalls im Tirol erfuhr?

Der junge Paracelsus besuchte nach eigenen Aussagen verschiedene deutsche Universitäten und soll 1510 in Wien den Grad eines Bakkalaureus der Medizin erlangt haben. Nach einem Studium in Ferrara folgten zahlreiche Pilgerreisen, die ihn unter anderem nach Irland, Konstantinopel und Russland führten. In seiner 1436 verfassten »Grossen Wundartzney« schrieb Paracelsus, dass er nach dem Besuch von deutschen, italienischen und französischen Hochschulen unter anderem von Granada nach Lissabon, durch Spanien nach England, durch die Mark Brandenburg nach Preußen, dann durch Litauen, Polen, Ungarn, die Walachei, Siebenbürgen und Slowenien gewandert sei. Dort habe er die wahren Künste der Heilkunde erforscht.[27] Thurneyssers Reisewege decken sich auf erstaunliche Weise mit diesen Stationen und streckenweise auch mit den mutmaßlichen Routen des rastlosen Paracelsus.

Zwischen Paracelsus' Erfahrungen und Thurneyssers Biographie gibt es verblüffende Parallelen: Beide fielen in Basel in Ungnade, doch die Ursachen waren verschieden. Paracelsus verkrachte sich mit der Ärzteschaft, Thurneysser mit dem Bürgertum.

Zur Reformationszeit waren die Zustände an der Basler Hochschule chaotisch. Nachdem die altgläubigen Lehrkräfte vertrieben worden waren, herrschte ein großer Lehrermangel. Der Basler Reformator Johannes Oekolampad empfahl dem Rat,

Paracelsus als Stadtarzt und Professor anzustellen.[28] Im Juni 1527 trat dieser sein Amt als Honorarprofessor an. Nach Aussage des Basler Chronisten Christian Wurstisen (1544–1588) sorgte er gleich bei einer seiner ersten Vorlesungen für Unruhe. Er soll Lehrbücher von Galen und Avicenna ins Johannisfeuer geworfen haben, deren Heilkunst er für überholt hielt.[29] Außerdem kam er meistens scheinbar betrunken[30] in den Hörsaal. Dort lehnte er sich mit seinem Schwert in der Hand an eine Säule und sprudelte aus dem Stegreif los. Dabei konnte es der garstige Professor nicht lassen, medizinische Ausführungen mit unflätigen Äußerungen über seine traditionell eingestellten Fachkollegen zu untermalen. Als ungeheure Provokation empfanden die studierten Medici seine beherzten Vorlesungen über Themen wie Geschwüre und offene Wunden.

Der Hörsaal muss jeweils zum Bersten voll gewesen sein. Dass sich auch Barbiere und Wundärzte, die keine Akademiker waren, unter der begeisterten Hörerschaft fanden, war für die etablierten Mediziner ein besonderes Ärgernis.[31] Der Missmut der Gelehrten wurde noch dadurch gesteigert, dass Paracelsus seine Vorlesungen nicht im üblichen Latein hielt, sondern in schnöder deutscher Sprache.

Die Basler Ärzte stellten die akademischen Qualifikationen des Zugewanderten bald in Frage.[32] Im Laufe eines Rechtstreits um eine maßlose Honorarforderung musste Paracelsus deshalb eine eidesstattliche Erklärung abgeben. Danach soll er an der platonisch-humanistisch ausgerichteten Universität Ferrara studiert und 1516 die Doktorwürde »beyder arzneyen«, der Chirurgie und der Inneren Medizin, erlangt haben.

Paracelsus brachte die Basler Ärzte und die von ihm als »Sudelköpfe« bezeichneten Apotheker, die er der Korruption bezichtigte, dermaßen gegen sich auf, dass er nach einem Jahr Lehrtätigkeit die Stadt fluchtartig verlassen musste. Die ihm entgegengebrachte Verachtung war nachhaltig. Noch am Ende der Aufklärung bekundeten Gelehrte aus dem ganzen deutschsprachigen Raum ihre tiefe Abneigung gegen den Fremden aus

Einsiedeln. Johann Christoph Adelung (1732–1806), ein deutscher Lexikograph und Germanist, porträtiert Paracelsus in seiner »Geschichte der Menschlichen Narrheit«[33] unter dem Titel »Theophrastus Paracelsus, ein Kabbalist und Charlatan«:

> *Man sagt, dass er gleich bey dam Antritte seines Amtes den Galen und Avicenna öffentlich in der Universität verbrannt habe, weil man künftig nur ihn als den Monarchen in der Medicin anzusehen habe. Zugleich schmähte er auf das ungesittetste, so wohl auf seine Collegen, als auf alle Galenisistische Aerzte, die er Humoristen nannte, weil sie die Quelle der Krankheiten in den Säften suchten, und packte bey aller Gelegenheit seinen kabbalistischen und magischen Kram aus, letzteren nicht bloß, wie andere behutsamere Fantasten, welche unter der Magie bloß die Benutzung der Kräfte der guten Geister verstanden, sondern er vertheidigte sogar die Anwendung der bösen Geister zur Heilung tief eingewurzelter Krankheiten, und als ihm einmahl von einigen gesetzten Männern darüber Vorstellung geschahe, so brach er in die Worte aus: ey nun, will Gott nicht helfen, so muss der Teufel helfen.*[34]

Im Gegensatz zu Thurneysser, der ein weites Beziehungsnetz zu den Mächtigen knüpfte, pflegte Paracelsus die Gesellschaft des dritten Standes – der Bauern und Kleinbürger. Mit ihnen soll er im Wirtshaus nächtelang gezecht haben. Paracelsus hauste am Kohlenberg, unweit des sinnigerweise »Zur Wildsau« genannten Anwesens des Scharfrichters.[35] Auf dieser Anhöhe außerhalb der Stadtmauern hielt sich allerlei »unehrliches« Volk wie Bettler, Dirnen, Sackträger, Kloakenreiniger oder Totengräber auf.[36] Rund fünfzig Jahre später kaufte Thurneysser am Fuße des Kohlenberges ein stattliches Haus, das nur ein paar Gehminuten von Paracelsus' ehemaliger Wohnstätte entfernt liegt.

Zwischen dem vergammelten und buckeligen Paracelsus und dem piekfeinen Thurneysser von Thurn gibt es, trotz des grundlegend verschiedenen Lebensstils, auch charakterliche Entsprechungen. Die beiden streitbarsten Ärzte der Renaissance waren aufbrausend, zuweilen von verletzender Direktheit und von der eigenen Überlegenheit überzeugt. Paracelsus' übersteigertes Selbstbewusstsein kommt in Sätzen wie »Mir nach!« oder »Ihr sollt wissen!« oder »Da müsst ihr mir alle durch!« zum Ausdruck.[37] Ähnliche Aussprüche gab auch Thurneysser zum Besten. Und beide waren, was ihre Ehre betraf, von mimosenhafter Empfindlichkeit. Als Paracelsus in einer in Basel angeschlagenen Schmähschrift als Cacophrastus (= »Scheißphrastus«) tituliert und als »Waldesel von Einsiedeln« verschrien wurde, war er tief gekränkt und rief die Obrigkeit um Schutz vor übler Nachrede an. Er selbst zögerte aber keinen Augenblick, seiner Gegnerschaft ruppige Aussprüche wie »Wo werdet ihr Suppenwürst bleiben unter dieser Revolution ...?« an den Kopf zu werfen.[38]

Paracelsus' schlechter Ruf wirkte in Basel lange nach. Thurneyssers geistige Nähe zu Paracelsus brachte ihm deshalb keine Sympathien ein. Namentlich seine Werke »Quinta Essentia«, »Pison« und »Magna Alchymia« sowie sein Kräuterbuch »Historia« sind durch und durch paracelsisch geprägt. Bemerkenswert ist auch sein »Onomasticum«, das die Paracelsus-Lexikographie durch eine Sammlung von Erläuterungen von Paracelsus' eigenen Begriffen bereichert.[39]

Die Auslegungen Thurneyssers beziehen sich auf vier Säulen, die Paracelsus in seinem 1528 verfassten Buch »Paragranum« verdeutlicht: Philosophie, Astronomie, Alchemie und Virtus. Der aristotelische Ursprung der darin verwobenen Vier-Elemente-Lehre ist unverkennbar. Nur ordnet Paracelsus den vier Elementen Erd-, Wasser-, Luft- und Feuergeister zu, also Genomen, Undinen, Sylphen und Salamander. Die erste paracelsische Säule knüpft an die Naturphilosophie an, die Volksglauben und Medizin auf einen gemeinsamen Nenner bringt. Die zweite Säule, die Astronomie, ist ein Gegenentwurf zur klassischen Anatomie. Der Kosmos und die Gestirne wirken Paracelsus'

Meinung nach unablässig auf den Menschen ein. Deren magnetische Kräfte beeinflussen seine Konstitution und Gesundheit. Die Kenntnis dieser unsichtbaren Kräfte befähigen den Arzt, die ebenfalls »unsichtbaren Krankheiten« zu heilen. Nach der Überzeugung des Hohenheimers vereinigt der Mensch, als vollkommenes Gebilde der Schöpfung, in sich alle einzelnen Formen des äußeren Naturlebens. Somit bildet er eine kleine Welt mit Himmel, Erde, Luft und Wasser. In diesem Mikrokosmos und im Zusammenspiel der Organe spiegelt sich seines Erachtens das kosmische, namentlich das planetare Geschehen. Die dritte Säule, die Alchemie, erfuhr unter Paracelsus eine entscheidende Neuerung. Er erweitert die antike und mittelalterliche Alchemie um die neuplatonische Kosmologie, in der spirituelle Wesenheiten als Bindeglieder zwischen Gott und der Schöpfung fungieren.[40] Virtus, die vierte Säule, bezieht sich auf die Ethik. Der Arzt müsse nicht wissensreich, sondern »kunstreich« sein. Er sei ein von Gott Auserwählter, der »rein und keusch« leben müsse.[41] Thurneysser war wohl überzeugt, einer dieser Auserwählten zu sein. Wie weit er die von Paracelsus formulierten Tugenden für sich in Anspruch nahm, ist eine andere Frage.

Im Gegensatz zu seinem Vorbild war Thurneysser der Anatomie durchaus zugetan. Indessen lagen seine astrologischen Beschäftigungen in der paracelsischen Tradition.[42] Auch sein alchemistisches Werk entfaltete er auf paracelsischen Grundlagen, entwickelte es aber in mancher Hinsicht weiter.

Paracelsus fasste seine empirische Denkweise in einem denkwürdigen Satz zusammen: »Der Arzt kommt aus der Natur, denn sie gibt es ihm, und der ist ein Arzt, dem die Natur ihre Experienz gibt, – nit der, der aus seinem spintisierenden Kopf wider die Natur, wider ihre Art und wider das, das in ihr ist, schreibt, redet und handelt. Die Natur macht einen Arzt, aus dem folgt, daß die Kur aus der Natur geht und der Arzt dieselbige appliciert.«[43]

1541 kehrte Philippus Theophrastus Aureolus Bombastus von Hohenheim nach Salzburg zurück, wo er am 24. September im Haus »Zur weißen Rose« mittellos verstarb. Auch dieses traurige Ende in der Abgeschiedenheit teilt Thurneysser mit ihm.

Paracelsus' Leben wurde in zahlreichen Biographien stark mystifiziert. Namentlich seine Todesursache gab Anlass zu allerlei Spekulationen. So erzählte man sich, er sei von seinem Schwager und von feindseligen Salzburger Ärzten vergiftet worden. Andere wollten wissen, dass er von seinen Widersachern die Treppe hinuntergestoßen worden war.

Seit 1752 ruhen die Gebeine des Hohenheimers in der Vorhalle der Sebastianskirche in Salzburg. Um 1960 wurden sie in Wien forensisch untersucht. Dabei stellte man eine Zertrümmerung des Schädels durch einen gewaltsamen Schlag an der rechten Schläfe fest. Ob er nun erschlagen wurde oder im Vollrausch die Treppe hinunterstürzte, sei dahingestellt.[44] Bei der gerichtsmedizinischen Untersuchung erhärtete sich indessen eine immer wieder vorgebrachte Vermutung: Paracelsus soll ein intersexueller Mensch gewesen sein.[45] Dieses Schicksal erklärt sowohl seine ausführliche Beschreibung des zweigeschlechtlich geborenen Gottesgeschöpfs[46] als auch die in seiner alchemistischen Sprache verwendete Hermaphroditen-Allegorik für die Auflösung der polaren Gegensätze.

Von Rosenkreuzern und Pfandleihern

Leonhard Thurneysser wurde am Sonntag, dem 6. August 1531[47] in der Basler St. Leonhardskirche nach lutherischem Ritus getauft.[48] Das Geschlecht Thurneysser stammt aus Nürnberg. Ursprünglich hieß die Familie Frygermut; Leonhards Großvater Ulrich nahm den Familienamen Thurnisen an, nachdem er 1461 das Basler Bürgerrecht erworben hatte. Der Name Thurnisen beziehungsweise Thurnysser – eine Verbindung von Turm und Eisen – erklärt sich mit der Wohn- und Arbeitsstätte Ulrichs, der als Grobschmied in einem der Basler Tortürme tätig gewesen war und dort Blankwaffen und Werkzeuge hergestellt hatte.

Leonhards Vater Jakob Thurneysser war ein Draufgänger. Als junger Bursche beteiligte er sich Ende 1511 am sogenannten Kaltwinterfeldzug[49] und schlug sich mit dem Basler Kontingent unter Hauptmann Hermann von Offenburg durch die Lombardei. Nach der schmählichen Niederlage der Eidgenossen gegen die französischen Truppen kehrte er mit seinen enttäuschten Landsleuten nach Basel zurück.[50] Vor 1530 soll Jakob Thurneysser bisweilen auch in fremden Kriegsdiensten gestanden haben. Ihm wurde nachgesagt, dass er Hauptmann der piemontesischen Truppen gewesen sei und im Königreich Neapel gekämpft habe. Der ursprüngliche Schlosser brachte als Goldschmied und zum Schluss als Wirt des Basler Gasthauses »Zum Salmen« in Basel seine Familie durch. Er hatte fünf Geschwister: Wilhelm, Lienhard,[51] Kaspar, Ulrich Ludwig und Katharina.[52] Ulrich Ludwig war Hufschmied und Torwart des St. Alban-Tors in Basel und Lienhard lebte als Bildhauer in Freiburg und Luzern.

Über Leonhards Mutter ist wenig bekannt. Sie hieß Ursula, war eine geborene Penner und stammte aus Zürich. Nachdem ihr Ehemann Jakob als Reisläufer[53] nach Italien gezogen war und nichts mehr von sich hören ließ, nahm sie an, dass er im Krieg gefallen sei. Sie wurde vom Sternenseher Jörg von Horb[54] bevogtet[55] und ehelichte einen anderen Mann. Doch Ende 1530 tauchte Jakob Thurneysser unverhofft in Basel wieder auf, und die Ehe wurde am 1. Dezember vom Basler Ehegericht bestätigt. Diese vom Basler Rat 1529 eingesetzte Institution, die fünfzig Jahre später auch Leonhard Thurneysser beschäftigen sollte, ging auf eine reformatorische Initiative zurück.

Eine freudlose Kindheit

Über Leonhards Kindheit und Schuljahre in Basel ist so gut wie nichts bekannt, denn nennenswerte Ereignisse im Leben der Kinder gab es in der Renaissance kaum. Der französische Mediävist Philippe Ariès belegt mit seiner umfassenden »Geschichte der Kindheit im Ancien Régime«, dass Kinder im Mittelalter von den Eltern kaum als solche wahrgenommen wurden. Sie durften nur so lange Kinder sein, als sie auf Schutz und Hilfe durch die Familie angewiesen waren. Mit sechs oder sieben Jahren gehörten sie bereits der Welt der Erwachsenen an und wurden üblicherweise einer fremden Familie in Obhut gegeben.

Leonhard wurde in Zeiten eines großen ideengeschichtlichen Umbruchs geboren. Erasmus von Rotterdam, der über Jahre in Basel wirkte, hatte die gängige Erziehung in Frage gestellt und eine Zuwendung zum Kind gefordert.[56] Sein Ausspruch »Der erste Schritt zum Lernen ist die Liebe zum Lehrer« war revolutionär. In seinem Postulat wies er auf die Bedeutung der Erziehung im frühen Kindesalter hin und unterstrich die Notwendigkeit einer Verhaltenskontrolle der Heranwachsenden. Er nahm den pädagogischen Grundsatz vorweg, dass die »Selbstdomestikation« als Kennzeichen des neuzeitlichen Menschen zuverlässiger wirke als direkte Strafen.[57] Eine gezielte Erziehung gab es in den frühneuzeitlichen Haushaltungen indessen kaum, obwohl die Kirche nach der Reformation das häusliche Leben unter christliche Prinzipien stellen wollte. Richard van Dülmen (1937–2003) betont in seiner umfassenden »Kultur und Alltag in der Frühen Neuzeit«, dass das christliche Erziehungsmuster bei städtischen Handwerkern zwar stärker ausgebildet war als bei Bauern, sich aber erst im späten 17. Jahrhundert in breiten Kreisen durchsetzen konnte.[58]

Thomas Platter (1499–1582) – der in hohem Ansehen stehende Basler Buchdrucker und Vater des berühmten Mediziners Felix Platter – beschreibt in seiner Autobiographie, wie er bereits im Alter von sechs Jahren sein Leben als Geißhirt im Walliser Ort Grächen selber verdienen musste.[59] Affektive Eltern-Kind-Beziehungen und die Förderung der Individualität und Identität blieben bis zum Anfang der Neuzeit in der Regel aus. Die emotionale Distanz zu den eigenen Kindern hatte mit der hohen Kindersterblichkeit zu tun. »Ich habe zwei oder drei Kinder im Säuglingsalter verloren und dies zwar nicht ohne Bedauern, aber doch ohne Verdruss«, soll Montaigne einmal geäußert haben.[60] Vergessen wir nicht: Noch im 18. Jahrhundert vollendeten nicht einmal ein Viertel aller Neugeborenen ihr erstes Lebensjahr. Und im 17. Jahrhundert erlebten in Basel bloß 68 Prozent der Bevölkerung ihr 15. Altersjahr.[61]

Ein doch bemerkenswerter Vorfall aus seiner zarten Kindheit bringt Thurneysser auf einer WAPPENSCHEIBE aus dem Scheibenzyklus des Künstlers Christoph Murer zum Ausdruck.

→ Abb. 2

Auf dieser Geburtsscheibe ist zu sehen, wie eine Frau Treibkorn-Beeren von einem Strauch pflückt[62], während der kleine Leonhard rechts im Bild Beeren aus einem Deckelkorb nascht. Darüber ist das offensichtlich bewusstlose Kleinkind abgebildet – ausgestreckt am Boden und umringt von entsetzten Menschen und einer himmelschreienden Frau.[63] Die sogenannten Treibkorn-Beeren stammen von der Kreuzblättrigen Wolfsmilch und wurden früher als Abführmittel verwendet. Die Einnahme von größeren Mengen führt jedoch zu Vergiftungen und manchmal sogar zum Tod. Möglicherweise war diese Vergiftung für den Kleinen sehr schmerzhaft und deshalb prägend. Oder spielte Thurneysser mit dieser Darstellung allenfalls auf seine Fähigkeit zur Selbstheilung an? Tatsache ist, dass er in seinem Leben mindestens dreimal schwer erkrankte und sich jeweils selbst kurierte.

Was Leonhards Schulzeit betrifft, kann man nur Vermutungen anstellen. Verbürgt ist, dass die Reformationsordnung von 1529 die Grundlagen für ein neues Schulhaus der »niederen und hohen Schule« schuf.[64] Als Leonhard zehn Jahre alt war, wurde er wahrscheinlich nach den Lehrplänen von Thomas Platter im neuen Pädagogium unterrichtet.

Neben dieser neuen Schule »Auf Burg« gab es in Basel noch drei lateinisch-pädagogische Elementarschulen. Sie hießen »Zu St. Peter«, »Theodor« und »Bei Barfüßern». Der Schulunterricht muss sowohl für die Schüler als auch für die miserabel bezahlten Lehrer eine Plage gewesen sein, zumal zweihundert Knaben in einem einzigen Schulzimmer eingepfercht waren.[65] Die aus heutiger Sicht misslichen Zustände im Schulwesen entsprachen einem damals richtungweisenden Postulat. Die neuen Maßstäbe wurden 1538 vom Schulreformer Johannes Sturm mit seiner Schrift »De litterarum ludis recte aperiendis liber« gesetzt. »Es ist besser«, meinte er, »die Klassen in einem einzigen Ort zu versammeln, als sie auf mehrere zu verteilen. Es wäre doch sinnlos, wenn man zehn Ziegen hätte, jede für sich einem Schäfer und einer Weide zuzuteilen, wenn eine einzige Wiese genügt. Nicht weniger sinnlos wäre es, zahlreichen und getrennt voneinander unterrichtenden Lehrern die Schüler anzuvertrauen, die ein einziger Lehrer unterrichten kann. Die Gemeinschaftlichkeit und die große Zahl verleihen dem Beispiel doch viel mehr Wirkung, sind ein besserer Boden für den Wunsch nach Bildung [...] vorausgesetzt, dass eine allzu große Menge von Kindern nicht einen weiteren Raum erforderlich macht, sollen sämtliche Studien in einem einzigen Raum stattfinden.«[66]

Platter, der selbst erst mit 19 Jahren lesen und schreiben gelernt hatte, vertrat die Ansicht, dass das Studium einen Teil seines Berufslebens bestimmte. Er wollte die Schule nicht auf eine erzieherische Funktion im Sinne einer Vorbereitung auf das Berufsleben beschränken. Die Studienzeit zog noch keinen Trennstrich zwischen dem Kinderdasein und dem Erwachsenenleben.[67] Diese Einstellung erklärt auch Thurneyssers lebenslangen Lernhunger und seine Motivation, noch im Alter von 46 Jahren Lateinunterricht zu nehmen.

*

Die Kenntnis, dass sich Vater Jakob Thurneysser als Goldschmied betätigt hatte, erhellt auch die gesellschaftliche Stellung der Familie. Der amerikanische Soziologe Richard Sennett erläutert in seiner einzigartigen Kulturgeschichte handwerklichen Könnens die Rolle dieses Berufsstands im sozialen Gefüge des späten Mittelalters. Er betont, dass die Fähigkeiten dieses Handwerkers, die seine Autorität begründeten, unlösbar mit seiner Sittlichkeit verbunden waren. Sein Ruf als absolut vertrauenswürdiger Bürger hatte politische und ökonomische Bedeutung, denn er bestätigte, dass der Reichtum seiner Obrigkeit oder seiner Stadt echt war.[68] Der hohe moralische Anspruch an diesen Berufsmann hatte zur Folge, dass man ihm nicht die geringste Verfehlung verzieh. War er in betrügerische Affären verwickelt, blieb ihm nach der Strafverbüßung nichts anderes übrig, als die Stadt zu verlassen und als wandernder

Geselle zu überleben. In der Frühen Neuzeit scheint die mittelalterliche Zunftehre allerdings geschwunden zu sein. Betrügereien von Goldschmieden sollen sich derart gehäuft haben, dass ihnen in deutschen Landen gesetzlich verboten wurde, Kupfer oder Messing zu vergolden.[69]

Zuwanderer und unerwünschte Konkurrenz wurden in der noch mittelalterlich organisierten Standesgesellschaft Basels von den Zünften hart bekämpft. Leonhards Vater gehörte aufgrund seines Berufsstands zwangsläufig der »Zunft zu Hausgenossen« an. In dieser Handwerkszunft waren die Goldschmiede mit den Wechslern, Buchdruckern und Metall gießenden Handwerkern wie Münzer, Kannen-, Hafen-, Glocken-, Büchsen- und Schriftgießer zusammengeschlossen.[70] Die Zunft zu Hausgenossen gehörte zu den sogenannten Herrenzünften, die stellungsmäßig bis in die Frühe Neuzeit hinein zwischen den Achtburgern[71] und den Handwerkern situiert war. Das Verhältnis zwischen Goldschmieden und Wechslern war über lange Zeit gespannt,[72] weil im mittelalterlichen Basel die Wechsler und nicht etwa die Goldschmiede den Geldfluss kontrollierten. Die Aufsicht lag beim Münzmeister, der dem Rat der Stadt unterstand.

Die Zünfter zu Hausgenossen mussten falsche und ungültige Münzen beschlagnahmen und die Betrüger bei der Obrigkeit anzeigen. Die Höchststrafe für Falschmünzer war im mittelalterlichen Basel drakonisch – sie wurden in heißem Öl zu Tode verbrüht.

Nach der Geldentwertung im 16. Jahrhundert waren es die Kipper und Wipper[73] genannten Betrüger, die im folgenden Jahrhundert die Inflation anheizten und deren Vergehen geahndet werden mussten. Das dubiose Handwerk der Kipper bestand darin, entweder Münzen anzufeilen, um das so gewonnene bisschen Edelmetall zu verkaufen, oder besonders guthaltige Münzstücke auszusondern. Raffinierte Kipper scheuten sich nicht, Goldmünzen auszubohren und das Bohrloch mit unedlem Metall zu füllen. Zudem fertigten sie in ihren Hecken-

Münzstätten Geldstücke mit einem unzulässig niedrigen Feingehalt. Die Wipper hatten sich hingegen auf Betrügereien beim Goldwägen spezialisiert.[74]

Lehrzeit beim Vater

In Thurneyssers Jugendjahren herrschte in Basel ein heilloses numismatisches Durcheinander. Es zirkulierten unter anderem lokal geprägte Goldgulden, Doppelgulden, Dukaten, Dicktaler, Dippeltaler, Guldentaler, Taler, Dicken und Grossi.[75] Daneben waren auch noch verschiedenartige Währungen aus anderen Schweizer Orten sowie aus den Fürstentümern des Heiligen Römischen Reichs Deutscher Nation im Umlauf. Eine wichtige und einzigartige Rolle spielte der Reichstaler. Diese große, im ganzen Reich identische und überall kursfähige Silbermünze wurde von den Münzständen nach einem einheitlichen Münzfuß[76] von 28,6 Gramm Silber, aber in verschiedenen Geprägen herausgebracht.

Die Prüfung des Feingehalts von Edelmetallen war insofern wichtig, als insbesondere mit Silbermünzen allenthalben Schindluder getrieben wurde. Deshalb mussten sie von den »Hausgenossen« auf Schrot und Korn, das heißt in punkto Raugewicht und Feingehalt untersucht werden. Goldschmiede waren in der Regel unbestechliche Kunsthandwerker und Metallurgen, die über ein hervorragendes Materialbewusstsein verfügten. Ihr guter Ruf hing unter anderem von der Fähigkeit ab, Münzen und Wertobjekte einer Goldprobe zu unterziehen. 1556 lieferte Georg Agricola, alias Georgius Agricola, in seinem Hauptwerk »De re metallica libri XII« die erste umfassende Beschreibung des »Kapellenprobe« oder »Kupellieren« genannten Prüfverfahrens:

> *Die sicherste und beste Probe aber ist unstreitig diese, daß man von dem Golde ein Stückchen abschlägt, solches auf der Capelle und auf die übrigen oben beschriebenen Arten*

läutert und reiniget, da man denn, wenn solches geschehen ist, mit einer zuverläßigen Gewißheit bestimmen kann, wie viel das Gold in seinem Gehalte, und wie viel Zusatz es habe. Will man sich aber auch diese Mühe nicht geben: so kann man sich endlich auch noch mit einiger zuverläßigen Gewißheit des Probier- oder Streichsteines bedienen, auf welchem das Gold gestrichen, und entweder mit einem andern Stückchen Gold, (welches bereits die Probe ausgehalten hat, und nach selbiger sehr fein, dessen Gehalt aber näher 24 Karat ist, und welches daher Probegold, Fr. Or d'essai, oder Toucheau, heißt,) oder auch mit Probirnadeln, welche ich hernach beschreiben werde, ein Strich dagegen gemachet wird, da man denn aus der Gegeneinanderhaltung dieser Striche und Beobachtung der Farbe derselben, leicht beurtheilen kann, ob das Gold gut sey, oder nicht, und wie viel es im Feinen halte.[77]

Dieses neue, recht komplexe Verfahren hatte sich zu Leonhards Lehrzeit in den Handwerksstätten wohl kaum durchsetzen können. Der gewiefte Goldschmied verließ sich auf den »Klang und Biss« der Münzen. Dazu warf er die verdächtige Silbermünze auf den Steinboden und erkannte Blei- oder Blei-Zinn-Legierungen am dumpfen Klang. Daher rührt die sprichwörtliche Redensart von der klingenden Münze. Bei der Bissprobe spürte der geübte Handwerker die Härte und somit die Qualität des Metalls, zumal Blei dem Druck der Schneidezähne nachgibt.

Leonhard soll in der Goldschmiedewerkstatt seines Vaters in die Lehre gegangen sein, obschon eine Ausbildung in der eigenen Familie bis zur Industrialisierung recht ungewöhnlich war. Der Umstand, dass Leonhard das Privileg hatte, seine frühe Jugend im Elternhaus und in der väterlichen Werkstatt zu verbringen, dürfte mit ein Grund dafür gewesen sein, dass ihm sein um zehn Jahre älterer Bruder Alexander zeitlebens neidvoll gegenüberstand.

Die Arbeitsleistung des Lehrlings galt als Entgelt für die Unterrichtsleistung des Lehrmeisters sowie für Kost und Logis, die ihm im Haus des Handwerkers gewährt wurden. Dem Lehrherrn stand bis ins 20. Jahrhundert das väterliche Züchtigungsrecht zu. Wann es tätlich ausgeübt werden musste, lag in seinem Ermessen.[78] Die Geschichte eines Lehrlings namens Tuchscherer aus Mainz gibt eine Ahnung von den früher häufigen Übergriffen der Lehrherren. Der junge Tuchscherer wurde von seinem Lehrmeister, dem Kürschner Jörg Schwab, derartig geschlagen, dass sein Vater diesen beim Rat der Stadt anzeigte. Das Schlagen mit Ruten war nach dem Augsburger Stadtrecht zwar gestattet, dennoch konnten die Eltern gegen den Meister vorgehen, wenn das ihm anvertraute Bürschchen blutig geprügelt wurde.[79]

Dass die Familie Thurneysser zum angesehenen Basler Bürgertum gehörte, zeigte sich an ihrem gesellschaftlichen Umgang. Der junge Leonhard pflegte beim hochangesehenen Professor JOHANNES HUBER ein und aus zu gehen. Dieser wirkte als Stadtarzt und lehrte an der Basler Universität praktische Medizin und Physik. Vermutlich schloss Leonhard über ihn Bekanntschaft mit dem späteren Arzt und Professor Felix Platter, der in seinem Wohnhaus »Zum Samson« an der Ecke Hebelstraße/Petersgraben eine gewichtige Gesteinssammlung und ein Herbarium angelegt hatte. Mit ihm teilte er sein brennendes Interesse für die Naturkunde.

→ Abb. 16

Okkulte Logen

Eines Tages begegnete Leonhard beim Kräutersammeln im Bruderholz bei Basel einer alten Zigeunerin, deren Wahrsagerei auf der Bibel beruhte. Sie führte einen Sack mit sich, in dem Zettelchen mit je einer Nummerangabe zu den Sprüchen Salomons steckten. Thurneysser folgte ihr, griff in den Sack und zog einen Zettel mit der Nummer VI, 26. Zu Hause angekommen, las er: »Denn eine Hure kostet nicht mehr als einen Laib Brot, die Frau eines anderen Mannes aber trachtet nach dem kostbaren Leben.«[80] Dieses Bibelorakel dürfte Thurneysser im Alter umso mehr beschäftigt haben, als ihn seine dritte Ehefrau mit einem anderen Mann betrogen und um sein Vermögen gebracht hatte.

Die Überlieferung dieser Episode ist durchaus glaubwürdig, denn Leonhard war allen mantischen Künsten zugeneigt. Angeblich soll er sich schon in jungen Jahren in verschiedenen esoterischen Zirkeln seiner Heimatstadt bewegt haben. Begegnungen mit Geistesgrößen waren in Basel insofern ein Leichtes, als die Stadt damals ein europäisches Zentrum der Humanisten, Mystiker und Reformatoren war.[81]

Ausschlaggebend für die Führungsrolle Basels im europäischen Geistesleben war die vergleichsweise tolerante Haltung der Obrigkeit, die namentlich protestantischen Flüchtlingen aus der katholischen Welt ohne viel Federlesen Asyl gewährte. Konspirative Treffen, die Ausübung von Geheimkulten und die Arbeit in alchemistischen Laboratorien wären in Genf unter der Schreckensherrschaft Calvins oder im zwinglianischen Zürich mit seinen lähmenden Sittenmandaten undenkbar gewesen. Dennoch war in Basel der Pluralismus durch die äußerst labile Koexistenz verschiedener Konfessionen und Weltanschauungen dauernd gefährdet. Dass sich die Toleranz der Basler Geistlichkeit auf einem relativ schmalen Grat bewegte, zeigt das traurige Beispiel des spanischen Arztes, Universalgelehrten und Freidenkers Michael Servetus. Als er 1531 in Hagenau sein Erstlingswerk »De trinitatis erroribus« veröffentlicht und darin die Dreifaltigkeit in Frage gestellt hatte, ließ der Rat von Basel seine Bücher für teures Geld aufkaufen und vernichten.[82] Der elsässische Reformator Martin Bucer meinte darauf, Servetus sei würdig, dass man ihm die Eingeweide aus dem Leibe herausreiße. Calvin machte ihm später den Prozess. Das Genfer Gericht holte dazu theologische Gutachten aus Basel, Zürich und Bern ein. Nachdem sich keiner der Reformatoren gegen die Hinrichtung von Servetus gestellt hatte, wurde er am 27. Oktober 1553 auf Betreiben Calvins unter großen Feierlichkeiten vor einem Stadttor Genfs lebendigen Leibes auf dem Scheiterhaufen verbrannt.[83]

Okkulte Zirkel der Renaissance waren zwangsläufig im Verborgenen tätig und hinterließen wohlweislich keine schriftlichen Zeugnisse. 1586 schloss Thurneysser angeblich eine Vereinigung der reformierten und lutherischen Freimaurerlogen zu einem großen Verband der Rosenkreuzer zusammen. Dies behauptete der zwielichtige Esoteriker Rudolf Freiherr von Sebottendorf, der eigentlich Adam Alfred Rudolf Glauer hieß, 1918 die berüchtigte deutschtümlerische und antisemitische Thule-Gesellschaft gründete und somit ein ideologischer Wegbereiter des Nationalsozialismus war.[84] Glauers Aussage, wonach sich die freimaurerischen und rosenkreuzerischen Bünde vor dem 16. Jahrhundert voneinander abgegrenzt hätten, ist umso fragwürdiger, als die beiden Begriffe zu Thurneyssers Zeiten noch nicht existierten. Im Selbstverständnis vieler Rosenkreuzer wurzelt ihre Gemeinschaft zwar in der Antike, aber dafür gibt es keinen historischen Nachweis. Der geschichtlich verbürgte Ursprung des Rosenkreuzertums ist im Württemberg des 17. Jahrhunderts zu finden.[85] Ebenso ist die Bezeichnung »Freimaurer« für okkulte Gemeinschaften, die im 16. Jahrhundert tätig waren, irreführend. Der Neologismus »Freimaurer« ist eine wörtliche Übersetzung des englischen Begriffs »freemason« und stammt ebenfalls aus dem 17. Jahrhundert.[86]

In Sebottendorfs »Praxis der alten türkischen Freimaurerei«[87], die sich mit einer magischen Laut- und Grifftechnik befasst, wird THURNEYSSER als »der vielverkannte Basler Freimaurer« erwähnt.[88] Sebottendorf bezieht sich dabei auf das 37 Seiten umfassende Manifest »Fama Fraternitatis, Oder Brüderschaft dess Hochlöblichen Ordens R. C. An die Häupter, Stände und Gelehrten Europae«[89] von 1614, das die Existenz der Bruderschaft der Rosenkreuzer publik machte und die Lebensgeschichte ihres mythischen Gründers Christian Rosenkreutz aufrollte. Die Quellen der bei Wilhelm Wessel in Kassel ge-

→ Abb. 25

druckten »Fama« sind genauso nebulös wie jene der ein Jahr später beim Verleger Andreas Hünefeld in Danzig gedruckten »Confessio Fraternitatis R. C.«.[90] Hinter dem anonymen Verfasser dieser Schriften steckte mutmaßlich der süddeutsche Theologe und Mathematiker Johann Valentin Andreae. Esoterisches Wissen hatte dieser schon zu Hause mitbekommen. Sein Vater, der als evangelischer Abt in Bebenhausen und später in Adelberg wirkte, war selbst Rosenkreuzer und beschäftigte sich intensiv mit Alchemie. Seine Gegner sagten ihm nach, er hätte sein ganzes Vermögen mit der »Alchemisterei« vertan.[91] Johanns Mutter Maria, eine Tochter des Vogts Valentin Moser zu Herrenberg, war in späten Jahren Vorsteherin der herzoglichen Hofapotheke in Stuttgart.

Die »Fama« zeichnet die Entwicklung der geheimnisvollen Bruderschaft legendenhaft nach, die sich eine allgemeine geistige Weltreformation zum Ziel gesetzt hatte. Danach hätte Frater Christian Rosenkreutz (der jeweils nur mit dem Monogramm R. C. oder C. R. bezeichnet wird) diesen Geheimbund gegründet, um das Mysterienwissen der alten Religionen – unter anderem arabische und ägyptische Weisheiten – zu bewahren, das ihm auf seinen Reisen in Nordafrika und im Nahen Osten von zwölf Eingeweihten übermittelt worden sei. Als Zufluchtsstätte diente den Brüdern angeblich das Haus »Sancti Spiritus«, wo Rosenkreutz zusammen mit seinen Adepten Gold gemacht und die unsterblichen Körper eines neuen Königspaares geschaffen haben soll. Mit Gold ist in dieser verschlüsselten Erklärung aber nicht etwa das Edelmetall gemeint, sondern das geistige Gold des vollkommenen Menschen. Das Grab von Frater C. R. ist gemäß der Legende 120 Jahre nach seinem Tod von der dritten Generation der Bruderschaft im Haus »Sancti Spiritus« geöffnet worden. Darin hätten sie den unversehrten Leichnam des Meisters vorgefunden.[92]

1616 ließ Johann Valentin Andreae die »Chymische Hochzeit: Christiani Rosencreutz« bei Lazare Zetzner in Straßburg drucken. Interessanterweise erschien das Werk ohne Autorenangabe. In diesem alchemistischen Roman, der für die Rosenkreuzer heute noch als Einweihungsschrift gilt, geht es um die spirituelle Hochzeit der eigenen, neugeborenen Seele mit dem Christusgeist. Aus dieser Verbindung soll der unsterbliche Mensch entstehen.

Johann Valentin Andreae und seine Mitstreiter wollten mit ihren Schriften die protestantische Orthodoxie aufbrechen und dem zu einem Regelwerk erstarrten Augsburger Bekenntnis neue reformatorische Impulse geben. Zu diesem Zweck strebten sie eine Harmonisierung von Wissenschaft und christlichem Glauben an. Sie ließen sich dabei von einem pansophischen Weltbild im Sinne Paracelsus' leiten. Ihre christliche Esoterik wurde aber bald brutal unterdrückt. Man bezichtigte Andreae der Ketzerei und zwang ihn 1619, von seinen Schriften Abstand zu nehmen. Schlimmer erging es dem Südtiroler Arzt und Alchemisten Adam Haslmayer, der sich mit dem Haller Stadtarzt Hippolyt Guarinoni überworfen hatte. Als er sich in Deutschland auf die Rosenkreuzer berief, wurde er auf Veranlassung von Erzherzog Maximilian III. von Jesuiten gefangen genommen und zu einer viereinhalbjährigen Galeerenstrafe verurteilt.[93] Die Rosenkreuzer bildeten keine geschlossene Gesellschaft und sind bis heute ein loser Verband von Geheimbünden geblieben, die das von Andreae verbreitete Gedankengut unterschiedlich interpretieren.[94] Über die vor der Veröffentlichung der »Fama« im Verborgenen tätigen Rosenkreuzer, zu denen Thurneysser gehört haben soll, gibt es kein historisch verlässliches Quellenmaterial.

Hinweise in Biographien früherer Jahrhunderte auf Thurneyssers Zugehörigkeit zu einer Loge einerseits und auf seine angebliche Betätigung als Rosenkreuzer anderseits bilden keinen Widerspruch. Zwischen der Geisteshaltung der Freimaurer und jener der Rosenkreuzer gibt es tatsächlich viele Entsprechungen. Die vom nationalsozialistischen Historiker und SS-Sturmbannführer Hans Schick vorgebrachte und seither immer wieder kolportierte These, dass die Freimaurer aus den Rosenkreuzerbewegungen hervorgegangen seien, ist indessen mehr als fragwürdig.[95]

Die Rosenkreuzer-Literatur erwähnt Thurneysser mehrfach. Allerdings nicht mit seinem bürgerlichen Namen, sondern mit seinem selbstgewählten Pseudonym »Dornesius«. Die »Fama« gedenkt seiner als Vater der Rosenkreuzer und würdigt sein Werk mit der Wiedergabe seines Schlussgedichts aus seinem Werk »Onomasticum«[96]:

Viel Kunst sind geschrieben, wenig wahr
Handgriff zeigt die Prob, Labor machts klar.
Praxis bewährt ding, die geschriben sind,
Handgriff all Kunst, so durch arbeidt sind.
Der handtgriff ist ein Instrument
Durch das's Gemüt sein bgird erstatt
Wenn handtgriffs Werk verrichtet hat.
Doch geschicht der keins ohn handtgriff nit
Der Einfluß wirk unsichtbar mit
Derhalb was ich nicht lesen kann
Das greif ich mit den henden an
Und hab Gott lob mit ausgericht
Was hundert tun mit lesen nicht
Drum mich Neids schwetzen nit an ficht.[97]

Dieses Gedicht verdeutlicht zwei wichtige Aspekte aus Thurneyssers Lebensgeschichte: In der impliziten Aussage, dass die hermetische Praxis zu höheren Erkenntnis führe als der Besuch der größten Universitäten, kommt Thurneyssers subjektives Bildungsdefizit zum Ausdruck. Sein Loblied auf den Handgriff hat indessen eine Bewandtnis mit dem mittelalterlichen, magisch behafteten Berufsbild des Goldschmieds, der Echtheitszeugnisse von Goldstücken nicht aufgrund von Wissen, sondern nur durch Handgriffe ablegen konnte, das heißt nach langem Ertasten und Erfühlen der Proben.

In fremden Kriegsdiensten

Um 1547 ging der 16-jährige Leonhard auf Wanderschaft. Die sogenannte Walz war Teil der Ausbildung der Handwerksburschen und in den meisten Berufen Voraussetzung, um später als Meister wirken zu können. Die Tradition wurde von den Zünften gepflegt und geregelt. Sobald ein Lehrling von seinem Meister »freigesprochen« wurde, bündelte er sein Gepäck im Charlottenburger[98], schnitt sich im Wald einen Stenz genannten, natürlich gedrechselten Wanderstock zurecht, ließ sich das Wanderbuch aushändigen und tippelte los. Ob sich Leonhard den stark ritualisierten Wandervorschriften seiner Zunft beugte, sei dahingestellt. Die von ihm zurückgelegten Distanzen und Zeitangaben lassen vermuten, dass er mit Pferdewagen reiste.

Leonhard schlug sich vorerst bis in den Nordwesten Englands durch, wo er sich in Backmont bei Rochdale aufhielt. Das Städtchen in der Grafschaft Lancashire liegt nördlich von Manchester und war ein Zentrum der Woll- und Leinenverarbeitung, wo sich erste frühkapitalistische Strukturen abzeichneten. Da Rochdale stark im Aufschwung begriffen war,[99] boten sich für einen tüchtigen Wanderburschen gewiss Chancen, dort Arbeit zu finden.

Die nächste Station war Marseille, wo sich Leonhard am Dreikönigstag 1549 einfand. Dann reiste er nach Deutschland weiter. 1551 ließ er sich vom Regiment des Grafen Christoph von Oldenburg anwerben und wurde Soldat. Über die Motive, die den zwanzigjährigen Basler dazu bewegen, als Söldner in fremde Kriegsdienste einzutreten, kann man nur spekulieren. Religiöse oder patriotische Gründe sind auszuschließen. Viel eher dürften bei dieser Entscheidung jugendliche Abenteuerlust und die Hoffnung auf Beute mitgespielt haben. Außerdem war Thurneysser vom Kriegshandwerk fasziniert. Ausschlaggebend für die Reisläuferei dürften aber, wie übrigens für alle Söldner dieser Epoche, existentielle Beweggründe gewesen sein. Im 16. Jahrhundert stand rund ein Drittel der über 16 Jahre alten Schweizer mindestens einmal in fremden Diensten.

Wie stark sich Thurneysser später mit seiner militärischen Vergangenheit identifizierte, zeigt sich auf einem Ölbild, das von ihm inventarisiert und 1577 im Tirol verkauft wurde. In der Imponierpositur eines Generals zeigt er sich darauf mit Kürasse und Helm gerüstet vor dem Hintergrund einer großen Feldschlacht. Oberhalb seiner Abbildung prangt das Familienwappen mit den zwei Türmen. Ebenso findet man in den meisten von ihm verlegten Büchern Insignien seiner soldatischen Vergangenheit. Neben der Abbildung von wissenschaftlichen Instrumenten sind in der Einfassung seines Porträts Helme, Spieße, Streitäxte und andere Kriegswerkzeuge zu sehen.

Charakteristisch für Thurneyssers martialische Seite ist auch der in seinem »Impletio« von 1580 erschienene Holzschnitt von Jost Amman. Unter dem Titel »THURNEYSSER BESIEGT SEINE FEINDE« triumphiert der Protagonist in Siegerpose über seine Widersacher. Doch die Persönlichkeit ist gespalten: Die rechte Körperhälfte Thurneyssers ist kampfbereit. Sie steckt im Harnisch, der Helm ist mit reichem Federschmuck geziert und die Hand hält einen Spieß. Die linke Körperhälfte zeigt ihn als gutbetuchten Gelehrter mit einem dicken Buch unter dem Arm. Zu seinen Füßen liegt ein Otterngezücht mit Gestalten, die sich heute nicht mehr identifizieren lassen. Unter ihnen beugt sich offensichtlich ein Schulmediziner mit einem Hörrohr über einen kranken Menschen. Giftiges »Geschmeiß« diabolisiert die Meute, auf wehenden Fahnen sind Schlangen, ein Skorpion sowie ein Krokodil zu erkennen; in der unteren rechten Bildecke ist ein Spinnennetz gespannt. Die Bildlegende lautet: »Wahrhafftiger mundt bestehet ewiglich / aber die falsche zung bestehet nicht lang / Proverb.«

→ Abb. 27

Leonhards Soldatendasein als gewöhnlicher Schütze[100] im Zweiten Markgrafenkrieg verlief völlig unheroisch. Die Söldnertruppen von Albrecht II. Alcibiades von Brandenburg-Kulmbach, zu denen Thurneysser gehörte, zogen brandschatzend und plündernd durch die Lande und legten eine Stadt nach der andern in Schutt und Asche. Beteiligte sich Thurneysser an der von Graf Oldenburg befohlenen Zerstörung der Stadt Fulda?

Kaum hatte Alcibiades' Armee die Städte Nürnberg, Forchheim und Bamberg besiegt, rüstete sie sich zum Kampf gegen den Heeresverbund von Fürst Moritz von Sachsen und Herzog Heinrich II. von Braunschweig-Wolfenbüttel. Die entscheidende Schlacht fand am 9. Juli 1553 bei Sievershausen in Niedersachsen statt.

Leonhard Thurneysser ist in Sievershausen dabei. Bei dieser blutigsten Schlacht der Religionskriege stehen sich etwa dreißigtausend Mann gegenüber. Als Schütze im Regiment von Graf Christoph von Oldenburg kämpft Leonhard in einem der beiden Fähnlein des Grafen Hans von Tecklenburg. Das sächsische Heer wird gleich zu Beginn des Gefechts zurückgeschlagen. Die Hals über Kopf fliehenden Truppen machen aber unverhofft rechtsumkehrt und lassen die siegesgewissen Truppen des Markgrafen Alcibiades zurückweichen. Als die Sachsen dem Gegner plötzlich in den Rücken fallen, ist die Schlacht entschieden. Der Markgraf ergreift die Flucht, und Moritz von Sachsen erliegt zwei Tage später den Folgen eines Unterleibschusses. Die Bilanz: rund viertausend Tote und achttausend Verletzte.

Einiges spricht dafür, dass auch Thurneysser verletzt wurde. Gewiss ist aber nur, dass er vor dem Ende des vierstündigen Gemetzels von einem Bayern, der auf Seiten des kurfürstlichen Rates Christoph von Carlowitz kämpfte, »am Geschütz« gefangen genommen wurde. Leonhard kam aber bald frei und verließ den Kriegsdienst. Denkbar ist, dass er als Basler die Gunst des Grafen von Carlowitz zu gewinnen wusste, der seine Jugend ebenfalls in Basel verbracht und dort eine vorzügliche humanistische Ausbildung genossen hatte.

In den folgenden zwei Jahren arbeitete Leonhard teilweise als Steinschneider, teilweise als Bergmann in norddeutschen Bergwerken und Schmelzhütten. 1555 hielt er sich auch kurz in Straßburg auf, wo er sich als Wappenstecher und Goldschmied betätigte. Dann zeigte er sich in Nürnberg. Von diesem Aufenthalt ist nur bekannt, dass er in der mechanischen Werkstätte eines gewissen Mosetzer [sic!] tätig war. Dieser lapidare Hinweis ist aber insofern interessant, als es sich hierbei offensichtlich um den Instrumentenmacher Hans Maslitzer[101] handelt, der als Goldschmied und Instrumentenbauer für den eminenten Gelehrten Johann Schöner tätig war. Die Vermutung, dass Thurneysser einen engen Kontakt zu Schöner pflegte, der seinerseits mit der geistigen Elite Nürnbergs verkehrte, liegt nahe.

Der aus Bamberg stammende Schöner, der nicht nur einer der bedeutendsten Astronomen Europas war, sondern zugleich Mathematiker, Geograph und Kartograph, entwickelte Erd-und Himmelsgloben, die für die Weltentdeckung Schrittmacherdienste leisteten. Daneben führte er eine eigene Druckerei. Einer seiner wunderbaren Globen stammt aus dem Jahre 1520 und ist in der Nürnberger Stadtbibliothek zu sehen. Er hat einen Durchmesser von rund einem Meter und gilt als einer der ältesten Globen überhaupt.

Lusitanische und andere Streifzüge

1555 bereiste der inzwischen 24-jährige Thurneysser erstmals die iberische Halbinsel und hielt sich eine Weile in Lissabon auf. Zur Datierung dieser Reise dient sein dreiteiliges Manuskript über die Natur Portugals. Das ungedruckte Werk[102] stammt aus den Jahren 1555 und 1556 und gehört heute zum Bestand der Staatsbibliothek zu Berlin – Preußischer Kulturbesitz. Darin stellt Leonhard einerseits Kräuter, Stauden und Früchte Lusitaniens vor und auf der anderen Seite die einheimische Fauna, namentlich »Wassertiere«. Der dritte Teil des Werks heißt »Miscellanea historica, geographica medica et varie mixta«. Darin sind auch Feststellungen zu den Gezeiten an der portugiesischen Küste verzeichnet. Das rund 450 Blätter umfassende Manuskript ist teilweise mit zauberhaften Federzeichnungen ausgestattet.[103]

In Lissabon war Thurneysser zu Gast bei Ritter Damião de Góis. Dieser war ein überaus gebildeter, feinsinniger und weitgereister Diplomat, der freundschaftliche Beziehungen zu Erasmus von Rotterdam und zum Basler Rechtsgelehrten und Komponisten Bonifazius Amerbach pflegte. Auf drei Reisen hatte er in den Jahren 1533 und 1534 unter anderem Basel, Schaffhausen und Genf besucht.[104] Da der königliche Archivar und Historiograph ein Bekannter der Basler Humanisten war, hatten diese Leonhard Thurneysser gewiss ein Empfehlungsschreiben nach Portugal mitgegeben. Dort nahm Leonhard seine naturkundlichen Arbeiten »zur Sonnenwende 1555« auf.[105] De Góis begleitete seinen jungen Schweizer Besucher auf naturkundlichen Exkursionen und machte ihn auf interessante Fischarten aufmerksam, die an der Tejo-Mündung von Fischern an Land gezogen wurden.

Lissabon erschien dem jungen Schweizer wohl als Offenbarung aus der Neuen Welt. Hier beschrieb er die ersten Schwarzen und Mulatten, die er in seinem Leben gesehen hatte. Seit Vasco da Gama 1498 den Seeweg nach Indien entdeckt hatte, war Lissabon die unbestrittene Metropole des portugiesischen Imperiums – fast täglich wurden am Terreiro-do-Paco-Platz sagenhafte Berichte aus Asien, Afrika und Südamerika ausgetauscht.[106] Ein besonders aktuelles Thema war die erfolgreiche Missionsarbeit im westindischen Goa, der Hauptstadt des portugiesischen Estado da India, wo nach 1520 bereits über zweitausendfünfhundert Portugiesen lebten. Am Hafen von Lissabon, der zu den größten der Welt gehörte, wurden regelmäßig Gewürze aus Goa, Brasilholz und Diamanten aus Salvador da Bahia, der neuen Hauptstadt Brasiliens, sowie wertvolle Hölzer, Pflanzen und manchmal auch unbekannte Tiere aus Aden, Diu, Celebes, Maskat, Sur, Timor und den Molukken gelöscht. Ein Rhinozeros, das 1515 in Lissabon eintraf und als Geschenk von König Manuel I. für Papst Leo X. bestimmt war, blieb noch vierzig Jahre lang in aller Munde. Albrecht Dürer hatte es mit seinem Holzschnitt unsterblich gemacht.

Thurneysser dürfte am Hof von König Dom João III. eine botanische Sensation zu Gesicht bekommen haben: die Tabakpflanze. Das vermeintliche Heilkraut gegen Geschwüre und allerlei Krankheiten soll den einen Quellen zufolge 1555 durch einen Kaufmann aus Florida über Spanien nach Portugal gelangt sein, wo es in den königlichen Gärten des Paço da Ribeira in Lissabon angepflanzt wurde.[107] Nach anderen Quellen erwarb Jean Nicot, Gesandter des französischen Königs François II. in Portugal, Samen der Tabakpflanze vom spanischen Arzt Francisco Hernandez de Toledo, der sie aus der Neuen Welt nach Portugal gebracht hatte.[108] Wie dem auch sei – Nicot übermittelte das Kraut 1560 zusammen mit Samen an den französischen Königshof, wo es unter Königin Catharina de' Medici zum Blühen gebracht wurde. Noch im selben Jahr gelangten Blätter und Samen von *Nicotiana tabacum* nach Deutschland und in die Schweiz. Der Augsburger Stadtarzt Adolph Occo III. hatte sie von einem befreundeten Franzosen erhalten. Da er dieses merkwürdige Pflanzenmaterial nicht bestimmen konnte, wandte er sich an den Arzt Johann Funk in Memmingen. Dieser war ebenfalls ratlos und schickte es an den Zürcher Stadtarzt Conrad Gessner. Der Polyhistor beschrieb die Pflanze in seinem Kräuterbuch und nannte sie *Hyoscyamus luteus* (»Gelbes Bilsenkraut«).[109]

Zurück in Basel, arbeitet Leonhard in seinem gelernten Beruf als Goldschmied. Im gleichen Jahr macht er einen Abstecher nach Italien. Darüber berichtet er in seinem Werk »Pison«. Zwischen dem Comersee und Graubünden habe er am 9. September 1555 auf dem Spriling (vermutlich meint er den Splügenpass) aus einem Brunnen getrunken, dessen Wasser ihm nicht bekommen sei. Danach liegt er über ein Vierteljahr in Basel krank darnieder. In dieser Zeit lernt er die um ein paar Jahre ältere Witwe Margaretha Müller kennen, die ziemlich vermögend ist. Nachdem er mit ihr ein Jahr in »wilder Ehe« gelebt hat, heiratet das Paar und erwirbt am 8. März 1558 das »Bubeneck« genannte Haus an der heutigen Eisengasse Nr. 4 in Basel, das beim Stadttor an der Rheinbrücke liegt. Etwa zur gleichen Zeit bekommt Thurneysser Nachwuchs. Der Sohn wird auf den Namen Hans Jakob getauft. Die Spuren des Jungen verlieren sich aber gleich – die Archivalien schweigen sich über seinen Lebensweg aus.

Der Haussegen an der Eisengasse hängt seit längerer Zeit schief. Ob Leonhard Thurneysser dem Tauffest überhaupt beiwohnt, ist fraglich, denn im Sommer 1558 hält er sich in der Innerschweiz auf. Offenbar hat er sich aus dem Staub gemacht; in einem vom 22. Juli datierten Brief aus Stans im Kanton Nidwalden wendet er sich nämlich auf devoteste Weise an den Basler Rat und rechtfertigt seine Flucht aus Basel damit, dass ihm niemand aus der Patsche geholfen habe, als ihn eine peinliche Geldaffäre in arge Bedrängnis gebracht hatte. Er hoffe aber, dass sich alles zum Besten wende und er in kurzer Zeit in der Lage sein werde, seine Gläubiger zufriedenzustellen. Inzwischen waren die Geldgeber aber an Leonhards Vater gelangt und hatten ihn gezwungen, für sein flüchtiges Söhnchen wenigstens teilweise einzustehen. Margaretha Müller scheint mit Leonhards Rückkehr nicht mehr zu rechnen. Das zeigt sich darin, dass sie am 22. August 1558 von einem gewissen Lorenz Uli bevogtet wird und ihrem Ehemann Hörner aufsetzt.

Leonhards Jugendsünde

Thurneysser haute ab, weil ihm die Luft in Basel zu dick wurde. Neben allem Zank zu Hause und dem Ärger mit seinen Gläubigern ließ er sich in eine verhängnisvolle Affäre verwickeln, die ihn zeitlebens beschäftigen würde. Ein gewisser Johann Calderin alias Schönengel aus Basel, der in finanzielle Schwierigkeiten geraten war, wollte sich auf diskrete Weise Geld beschaffen. Im März 1558 gelang es ihm, seinen in pekuniären Angelegenheiten noch unerfahrenen und gutgläubigen Kumpel Leonhard als Strohmann zu gewinnen, um Wertobjekte aus dem elterlichen Haushalt heimlich zu versetzen.

Thurneysser begibt sich mit den ihm überlassenen Gegenständen in die zu Vorderösterreich gehörende Kameralherrschaft[110] Laufenburg und beschafft damit beim Pfandleiher Jonas Jud zu Wil Geld für Schönengel. Dieser lässt das Pfandgut fast jede Woche durch Leonhard auswechseln, damit der Abgang der Waren bei ihm zu Hause unbemerkt bleibt, und entrichtet jeweils den vereinbarten Zins. Thurneysser bezahlt damit den Juden pünktlich, unterlässt es aber, sich jeweils eine Quittung geben zu lassen. Was bei diesem Handel auch immer schieflief – der Pfandleiher verlangt eines Tages einen ganzen Jahreszins und weigert sich, Thurneysser das letzte Pfand herauszugeben, als dieser der Forderung nicht nachkommen kann. Die Zwistigkeiten führen Thurneysser zu einer Verzweiflungstat. Er beschichtet eine Bleistange mit Gold und lässt sich dafür von Jonas Jud zu Wil reines Gold und Wertgegenstände aushändigen. Es dauert aber nicht lange, und der ganze Schwindel fliegt auf. Der Pfandleiher zeigt Thurneysser bei der Zunft zu Hausgenossen an.

Die Überlieferung der Zwistigkeiten mit dem Wiler Pfandleiher, insbesondere was die Schuldzuweisungen betrifft, ist kritisch zu beurteilen. Die Quellen sind einseitig und beschränken sich auf drei Schriften aus der Feder Thurneyssers. Möglicherweise bediente er sich bewusst der gängigen Stereotypen vom Judenwucher und betrügerischen Juden, um sich in eine Opferrolle zu flüchten und somit die ihm zur Last gelegte Prellerei zu verharmlosen. Thurneyssers Kontrahent blieb in nahezu allen Monographien namenlos. Moehsen, der ansonsten die Namen aller Bezugspersonen Thurneyssers nennt, reduziert die Identität des Pfandleihers auf seine kulturell-religiöse Zugehörigkeit. Er spricht in der Mehrzahl von »den jüdischen Pfandleihern«. Dabei handelte es sich um eine Einzelperson, deren Name »Jonas Jud zu Wil«[111] belegt ist.[112]

Die historischen Fakten zeichnen ein düsteres und äußerst beschämendes Bild vom Umgang der Basler Christen, insbesondere der Zünfte, mit der jüdischen Minderheit. Zu Thurneyssers Lebzeiten gab es in Basel schon seit über einem Jahrhundert keine Juden mehr. Die erste jüdische Gemeinde wurde 1349 ausgelöscht, als den Juden die Schuld an der grassierenden Pestepidemie zugeschrieben wurde. 1580 schreibt der Basler Chronist Christian Wurstisen, ein prominenter Theologe und Mathematiker, eine nicht über jeden Zweifel erhabene Geschichte dieser Pogrome. Er behauptet, der Rat von Basel sei vom Pöbel gezwungen worden, sich der Juden zu entledigen und für die kommenden zweihundert Jahre in der Stadt keine jüdischen Bewohner mehr zu dulden. Fakt ist, dass von Herrschaftsträgern angestachelte Banden schätzungsweise fünfzig bis siebzig Juden in einer Holzhütte auf einer heute nicht mehr zu verortenden Insel im Rhein eingesperrt hatten. Der Schuppen wurde angezündet, so dass die darin eingeschlossenen Menschen verbrannten oder erstickten. Die zweite jüdische Gemeinde löste sich 1397 auf, nachdem Seuchen und Unruhen im Elsass erneut Anlass zu Gerüchten über Brunnenvergiftungen durch die Juden gegeben hatten. Da sich die düsteren Vorzeichen des 1349 begangenen Massenmordes wieder bemerkbar machten, flohen viele Juden in das unter habsburgischer Herrschaft stehende Sundgau im heutigen Elsass. Nach 1400 gab es praktisch keine jüdischen Einwohner mehr in Basel, zumal ihnen der Aufenthalt per Dekret verboten worden war.[113] Von der Verordnung ausgenommen waren spezialisierte Berufsleute wie Ärzte, Schriftsetzer und Korrektoren, auf deren Leistungen die Stadt angewiesen war. Ihre Aufenthaltsgenehmigung war indessen zeitlich befristet.

Nachdem sich Juden weder in der Stadt noch in der linksrheinischen Alten Basler Landschaft und in den Untertanengebieten des Fürstbischofs von Basel ansiedeln durften, ließen sich viele in der Grafschaft Baden oder in den vorderösterreichischen Waldstädten Rheinfelden, Säckingen, Laufenburg oder Waldshut nieder.[114]

Das aargauische Dörfchen Wil, in dem sich Thurneysser mit dem jüdischen Pfandverleiher überworfen hatte, liegt im

Bezirk Laufenburg und ist etwa zehn Marschstunden von Basel entfernt. Dort fristeten, wie auch in einigen Gemeinden der benachbarten Grafschaft Baden, jüdische Familien ein bescheidenes Dasein. Wie viele Heimatlose und Vertriebene hatten sie sich ab dem 15. Jahrhundert in den Gemeinen Herrschaften der Eidgenossenschaft und in Vorderösterreich niedergelassen, weil sie von den Landesherren mehr schlecht als recht geduldet wurden. Die »Stumpf-Chronik« von 1547 vermerkt dazu: »Es werden auch dermahlen in der Eydgenossschaft nirgend keine Juden haushablich geduldet, als einige Haushaltungen in der Grafschaft Baden.«[115] Die Badener Landvögte gewährten ihnen bis 1792, gegen erhebliche Steuerabgaben, einen mehrere Jahre gültigen Schutzbrief. Dieser erlaubte den Juden, Handel zu treiben. Hingegen war ihnen verwehrt, ein Handwerk auszuführen, Häuser zu erwerben oder gar Boden zu besitzen. Ihre Betätigung als Kleinkrämer, Geld- oder Pfandverleiher war für sie eine Frage des Überlebens. Im Finanzgeschäft wuchs im 15. Jahrhundert indessen die Konkurrenz durch Christen, die sich über das alttestamentlich verankerte und 1215 von Papst Innozenz III. erneut ausgesprochene Zinsverbot schon längstens hinweggesetzt hatten und die Juden als unliebsame Konkurrenten betrachteten.[116]

Die Walz nach Russland

Nach seinem Aufenthalt in der Innerschweiz strebte Leonhard Thurneysser Mitte 1558 eine sehr ungewöhnliche Destination an: Russland. Sein Ziel erstaunt umso mehr, als das Zarenreich ein damals noch unbeschriebenes Blatt war. Bis ins 18. Jahrhundert gab es keine einzige Selbstdarstellung des Moskowitischen Reiches, die von einem Russen verfasst worden wäre. Einzige im Westen erhältliche Informationsquelle war die 1549 erschienene Reisebeschreibung[117] von Sigismund von Herberstein, der in habsburgischen Diensten stand und den Zarenhof als Gesandter zweimal aufgesucht hatte. In diesem epochalen

Werk liefert er eine systematische geographische Darstellung Russlands. Neben der Beschreibung des Moskauer Fürstentums und der ihm untergeordneten Provinzen nennt er 132 Flüsse und alle Gattungen der darin lebenden Fische. Dem Werk ist eine 1549 vom deutschen Graveur und Geographen Augustin Hirschvogel entworfene topographische Karte Moskaus beigefügt. Herbersteins Berichterstattung wurde von der westeuropäischen Leserschaft begeistert aufgenommen. Möglicherweise war die Lektüre dieses Berichts, der die unvergleichliche Pracht des russischen Hofes und die Schätze der Moskowiter Kirchen und Klöster in allen Farben schildert, für die Wahl dieses Reiseziels ausschlaggebend.

Nach Russland führten nur wenige Wege. Die meisten Schweizer begaben sich vorerst über den Bodensee nach Regensburg. Die Weiterfahrt erfolgte auf der Donau mit Wiener Zillen – bis zu 30 Meter langen Einwegbooten – nach Wien. Alleine für das Wegstück Basel–Wien musste mit etwa vier Wochen Reisezeit gerechnet werden. Von Wien aus führte die Route in der Regel über Breslau nach Podolien. Von der Herrschaft Pförten[118] in der Niederlausitz ging es dann auf einer beschwerlichen Landstraße durch die Kiewer Rus nach Moskau weiter.

Thurneysser gibt zu seinem Aufenthalt in Russland präzise geographische Angaben: »Ich habe diese Anno 1558, inn Moscovitischen grentzen / zwischen den Stetten Woloschack und Vuedrapusta / an dem Fluß Tuuerza [...] gefunden.«[119] Damit meint er das auch von Herberstein erwähnte und heute Wyschnij Wolotschók genannte Kreisstädtchen im Oblast Twer, auf halbem Weg zwischen Moskau und Sankt Petersburg.

Die russischen Ortschaften waren ungemein rückständig. Gemeinden mit einem halbstädtischen Einschlag nannte man »possàd«. Hatten sie eine bestimmte Größe erreicht und wiesen sie Befestigungsanlagen auf, billigte ihnen das Zarenreich den Rang eines »gòrod«, einer Stadt zu. Ein russischer Geistlicher, der 1437 den Metropoliten Isidor von Moskau nach Deutschland, Italien und auch nach Basel begleitet hatte, notierte seine

Eindrücke: »Viele Menschen und viele Waren, und Paläste aus weißem Stein, wunderbar und fein ersonnen, und Flüsse sind durch die Stadt geleitet, und mancherorten steigt das Wasser in Säulen empor; raffinierter als alle bisher beschriebenen Orte; in Worten lässt es sich nicht sagen, denn es ist unfassbar.«[120]

Der Gegensatz zwischen dem russischen »gòrod« und einer westlichen Stadt bestand auch darin, dass das Handwerk im »gòrod« praktisch keine Rolle spielte. Der österreichische Diplomat Daniel Prinz von Buchau, der 28 Jahre nach Thurneyssers Russlandreise in Moskau weilte, hielt diesen Umstand in seiner Schrift »Moscoviae Ortus et Progressus« ausdrücklich fest. In der Hauptstadt gäbe es mehr oder minder geschickte Meister, die aber größtenteils Deutsche seien. In anderen Ortschaften fände man, außer Schneidern und Schustern, fast keine Handwerker. Das übrige Volk befasse sich entweder mit Handel oder Ackerbau.[121]

Arbeit gab es in den zahlreichen, neu aufgebauten Eisenhüttenwerken in Moskau, in der Nähe von Kasira und Tola oder im Wolgagebiet. Die zahlreichen Anwendungen von Eisen und Gusseisen in den Waffenschmieden ließen eine Vielzahl von kleinen, »donnicy« genannten Hochöfen entstehen. Prunkstück des russischen Arsenals war eine gewaltige, 1554 in Moskau gegossene Kanone mit einem Gewicht von zwanzig Tonnen.[122] Indes gab es bis Ende des 16. Jahrhunderts in Russland anscheinend weder Alchemisten noch alchemistische Laboratorien, denn Alchemie galt aus russisch-orthodoxer Sicht als eine von den »ungläubigen Katholiken« herstammende Form der »Ketzerei«.[123]

1558, als Thurneysser in Russland ankam, regierte Zar Iwan IV. Wassiljewitsch mit eiserner Hand. Im Norden des Reichs wütete Krieg: Am 22. Januar hatte »Iwan der Schreckliche« seine Truppen ins Baltikum einmarschieren lassen und damit den Livländischen Krieg gegen Polen-Litauen, Dänemark und Schweden vom Zaun gebrochen, um sich Zugang zur Ostsee zu verschaffen. Und im Moskowitischen Reich selbst herrschte ein unvorstellbarer Terror; die Leibgarde Iwans verbreitete überall Angst und Schrecken. Ihre Opritschniki genannten Schergen mordeten und plünderten, wo sie nur konnten. Es waren berittene Horden, die an ihren Pferdesätteln einen Besen als Symbol der Reinigung und einen Hundekopf als Sinnbild des Spürsinns und der Unterwürfigkeit befestigt hatten. Die Adligen, namentlich die Bojaren, wurden von ihnen zu Tausenden umgebracht oder bestenfalls deportiert. Deshalb verwundert es nicht, dass Thurneysser noch im gleichen Jahr nach Basel zurückkehrte.

Kaum wieder zu Hause, geriet Leonhard in Bedrängnis. Die Affäre mit dem Pfandleiher in Wil hatte inzwischen weite Kreise gezogen. Väterliche Schelte, Schikanen seines Bruders Alexander und massive Vorwürfe seiner Frau waren für ihn kaum auszuhalten. Zu allem häuslichen Ungemach erreichte ihn Ende Juni 1959 eine Mahnung aus Wil, in der seine Schulden aufgelistet waren: 7 Taler, 41 Gulden, 5½ Kronen in Gold und 28 einfache Kronen. Dazu lautete die Forderung, »erstlich das du mir [...] ein antwort schickest vmb mit gelt. Danach wüß dich zu richten thust du es nit muß ich's besthächen lossenn bis vff sin zytt dann ich dir im in gutter und fründlicher meynung geliehen hab.«[124] Da Leonhard diesen Forderungen nicht nachzukommen vermochte, fürchtete er sich vor einer obrigkeitlichen Strafe und bangte um den Verlust der öffentlichen Ehre. Um sich dieser Pein zu entziehen, verschwand er einmal mehr aus Basel. Er tauchte bald in Straßburg auf, war dort in seinem erlernten Beruf tätig und suchte um das Bürgerrecht nach. Da ihm dieses aus unbekannten Gründen verwehrt wurde, reiste er nach Konstanz weiter, wo er als Goldschmied bei Meister Heinrich Hüettlin ein Auskommen fand und sich in dessen Tochter Anna verliebte, mit der er später seine zweite Ehe einging.

Thurneysser soll in Konstanz Tag und Nacht geschuftet und mit Fingerringen, Wappenstechen und anderen Goldschmiedearbeiten gutes Geld verdient haben. In seinen Aufzeichnungen spricht er von einem stolzen Einkommen von 500 Kronen. Diese Angabe überrascht umso mehr, als sich ein Goldschmiedgeselle um 1590 mit einem Gehalt von einem Gulden pro Woche zufriedengeben musste.[125] Dass sein Aufenthalt in Konstanz wirtschaftlich erfolgreich war, ist insofern erstaunlich, als die goldenen Zeiten der Stadt schon längstens vergangen waren. Sie versank nach dem 16. Ökumenischen Konzil zur Wahl eines Papstes (1414–1418) – dem größten Kongress des Mittelalters – in die Bedeutungslosigkeit. Als Thurneysser dort weilte, gehörte die Stadt bereits seit rund dreißig Jahren zu Vorderösterreich und war mittlerweile rekatholisiert worden. Konstanz war nur halb so groß wie Basel und Genf.[126] In den achthundert Häusern lebten nicht mehr als viertausendsechshundert Einwohner, während anfangs des 15. Jahrhunderts etwa zwanzigtausend Seelen gezählt worden waren.

Der in der Spätaufklärung prominente württembergische Historiker Johann Gottfried Pahl (1768–1839) zeichnet in der »Chronik der Teutschen« ein deprimierendes Bild von Konstanz im 16. Jahrhundert: »[...] ist die Stadt eine der ödesten in Teutschland, ihre Gebäude sind menschenleer, und ihre Plätze mit Gras bewachsen. Die von Kaiser Joseph angelegte Genferkolonie ausgenommen, die indessen auch nicht leistet, was man sich von ihr versprach, ist Handel und Kunstfleiß von keiner Bedeutung, und tiefe Armuth drückt einen großen Theil der Bevölkerung [...]«[127]

Bergwerker in Tirol

Ende 1559 machte sich Leonhard Thurneysser auf den Weg nach Tirol und ließ sich in Tarrenz in der Nähe von Imst im Gurgltal nieder, um eine Anstellung als Metallurg anzunehmen. Anscheinend hatte ihn ein gewisser Jeremias Meyer aus Konstanz, der Teilhaber der Ehrwaldschen Gewerkschaft war, zu diesem Schritt bewogen.[128] Mag sein, dass ihm österreichische Marktfahrer schon in seiner frühen Jugend von einem Eldorado in den Tiroler Bergen vorgeschwärmt hatten. Die sogenannten Finken- und Zisleinträger aus Tirol, die an den Basler Markttagen ihre gefiederten Sänger feilboten, waren begnadete Geschichtenerzähler.[129]

Dass Thurneysser in ein abgelegenes Tiroler Dorf übersiedelte, hatte wirtschaftliche Gründe und war alles andere als ein Rückzug in die Natur. In der Gegend, namentlich um die Gemeinde Schwaz, lagen bedeutende Silbervorkommen. Um 1500 lebten dort etwa dreißigtausend Einwohner, so dass Schwaz als zweitgrößte Stadt des Habsburgerreichs einen goldenen Boden hatte. Im dortigen Bergbaurevier waren um 1500 bis zu zwölftausend Knappen im Untertagbau tätig und bauten vorwiegend Kupfer-Antimon-Fahlerz ab. Ein großer Teil dieser Bergleute bestand aus aus Sachsen, Franken und Thüringen zugewanderten jungen Männern.

Die Region Gurgltal zählte neben Kitzbühel und Schwaz zu den bergmännisch ergiebigsten Gebieten Nordtirols. Und im Bergrevier rund um den 2372 Meter hohen Tschirgant, insbesondere in den Gemeinden Tarrenz und Nassereith, wurde silberhaltiger Bleiglanz in rauen Mengen abgebaut und jeweils unweit der Abbaustellen verhüttet. Durch Rösten des Bleierzes wurde vor allem das begehrte Schwazer Silber gewonnen, mit dem im Mittelalter rund 85 Prozent der gesamteuropäischen Nachfrage befriedigt werden konnte.

Die Untersuchung von Erzproben und die Beurteilung der Ergiebigkeit von Lagerstätten gehörten damals zur Domäne der Alchemisten; Montanistik und Alchemie waren bis weit in die Neuzeit hinein so eng miteinander verflochten wie später die Medizin mit der Pharmazeutik. Diese enge Verbindung des Bergbaus mit Alchemie und Astrologie hat mit der von Aristoteles geprägten Naturphilosophie zu tun, wonach das göttliche Wirken als oberste Instanz des Naturgeschehens galt.

Die Faszination für den Bergbau erfasste von der Barockzeit bis zur Romantik auch Literaten und Wissenschaftler, die einen Berührungspunkt zwischen den rationalen und den mystischen Vorstellungen von der Natur suchten. So war der Berner Arzt, Dichter und Naturforscher Albrecht von Haller auch Bergwerker und hielt sich als Direktor der bernischen Salinen von 1758 bis 1764 im Salzbergwerk von Roche (Kanton Waadt) auf. Bezeichnenderweise war er ein Verehrer des großen Naturforschers Johann Sigismund Elsholtz, der ein indirekter Nachfolger Thurneyssers am Berliner Hof war. Unter Kurfürst Friedrich Wilhelm von Brandenburg betätigte sich dieser wie Thurneysser als Hofmedicus und Botaniker und verfasste verschiedene Bücher und Traktate zu alchemistischen Fragen. Auch der Frühromantiker Georg Friedrich Philipp Freiherr von Hardenberg, genannt Novalis, war Bergbaubeamter und wurde zum Assessor beim kursächsischen Salinendirektorium in Weißenfels an der Saale ernannt. Im poetischen Universum seines Werks bringt Novalis eine Naturschwärmerei zum Ausdruck, die durchwegs alchemistische Wurzeln erkennen lässt. In seinem Romanfragment »Heinrich von Ofterdingen« kommunizieren Mineralien und Menschen mittels Signaturen, bisweilen aber auch über Stimmen, die der Naturverehrer aus Bergmassiven, Grotten oder Klüften vernimmt.[130] Novalis stand mit Johann Wolfgang von Goethe in Verbindung, der als Geheimrat und Bergbauminister für den Weimarer Hof wirkte. In dieser Funktion besuchte er 28-mal die Silberminen bei Ilmenau am Nordrand des Thüringer Waldes. Das Goethe-Nationalmuseum in Weimar beherbergt heute einen Schatz von achtzehntausend Mineralien und Gesteinsproben, die der Dichter größtenteils selbst gesammelt hatte.

Der deutsche Humanist, Arzt und Mineraloge Georgius Agricola meinte, dass es nicht genüge, wenn der Bergmann nur über Fachwissen verfüge, er müsse vielmehr auch der Philosophie kundig sein, damit er den Ursprung, die Ursachen und die Eigenschaften der unterirdischen Dinge erkenne.[131] Thurneyssers Werdegang, der von der Goldschmiedekunst und dem Bergbauwesen über die Chemie zur Medizin führte, ist in Anbetracht der Denk- und Arbeitsweise seiner Zeit durchaus geradlinig.

Rund dreißig Jahre bevor Thurneysser in Tirol wirkte, war dort auch sein Vorbild Paracelsus tätig gewesen. 1522 hatte sich dieser im Labor des Junkers Sigmund Fieger[132] mit Metallkunde und Alchemie beschäftigt und sich mit dem Gesundheitszustand der zu Tausenden in den Stollen rackernden Knappen auseinandergesetzt. 1533 hatte er seine Abhandlung »Von der Bergsucht und anderen Bergkrankheiten« geschrieben, die erst 34 Jahre später in Dillingen gedruckt wurde. Mit »Bergsucht« bezeichnete er ein fürwahr trauriges Krankheitsbild, das von Silikosen, Kohlenoxid- und allenfalls Schwermetallvergiftungen gezeichnet war. Dazu gehörte die gefürchtete, »Hüttenkatze« genannte chronische Bleivergiftung.

Da Schwaz eine alchemistische Hochburg war, ist anzunehmen, dass Thurneysser Zugriff auf den dortigen Fundus von alchemistischen Traktaten gehabt hat, mit dem sich schon Paracelsus auseinandergesetzt hatte. Dazu gehörte unter anderem das Konvolut des in Schwaz und im Zillertal ansässigen Arztes Michael Cochem. Die vier Manuskriptbände, die heute in der Vadianischen Sammlung der Kantonsbibliothek St. Gallen aufbewahrt werden, enthalten neben einer Handschrift aus den Jahren 1415–1419 einen einzigartigen Codex, der sowohl auf technische wie auch alchemo-medizinische Fragen eingeht.[133]

Thurneyssers Beschäftigung mit alchemistischen Fragen hinderte ihn aber keineswegs daran, ganz und gar bodenständigen Aktivitäten nachzugehen. Er stand für ein paar Jahre im Dienste der Ehrwalder Gewerkschaft und hatte sein Arbeitsfeld auf die Biberwierer Silberleite im Tiroler Mieminger Gebirge verlegt, wo Galmei (Zinkerze) und Blei abgebaut wurde. Offenbar waren seine Arbeitgeber mit seiner Leistung mehr als zufrieden, denn bald wurde ihm die Aufsicht über eine Anzahl Bergwerke übertragen. Doch seine Anstellung als Inspektor währte nicht lange. Er verstand sich wohl eher als Prospektor, denn als Inspektor. Im Hinblick auf eine selbständige Tätigkeit wandte er sich 1563 an die Tiroler Obrigkeit und beantragte die Bewilligung, zwei bis drei Schmelzöfen zur Schwefelgewinnung aus Erzen von drei alten Gruben am Tschirgant bei Tarrenz, bei St. Leonhard im Pitztal sowie bei Reittlin am Tauern aufzubauen.[134] Dabei erbat er sich die Freiheit, »dass niemand sechs Meil Wegs um Imst einigen Schwefel zu machen unterstehen solle«. Zwei Monate, nachdem er das Begehren eingereicht hatte, wurde ihm die Genehmigung erteilt, eine Schwefelhütte am Tschirgant hinter Tarrenz zu errichten. Die behördliche Zustimmung war allerdings an die Auflage gekoppelt, die Hütte örtlich so zu errichten, »dass es meniglichen ohne Schaden sei«. Zudem erhielt er Anweisung, ausschließlich Abfallholz zu verfeuern.

Umweltschutz war offenbar schon damals ein Thema. Die rücksichtslose Abholzung der Bergwälder und stinkende Giftgase der Hüttenwerke lösten alleweil laute Proteste aus, und die Regierung musste sich verschiedentlich mit entsprechenden Klagen befassen. So hatten zum Beispiel Angehörige der mächtigen Augsburger Familie Fugger eine neue Schmelzhütte in Grasstein errichtet und dabei Scherereien mit der Lokalbevölkerung bekommen. 1534 meinte der Bischof von Brixen, dass dieses rücksichtslose unternehmerische Treiben eine Teuerung des Holzes zur Folge hätte und zudem die ganze Gegend mit Rauch belästige. Und der Propst von Neustift klagte die Fugger beim Kaiser an, weil sie den Wald des Klosters bei Mittewald für den Betrieb ihres Schmelzwerkes widerrechtlich umlegten.[135] Aber gegen die Machenschaften der Augsburger Geschäftsleute konnten Klagen beim Kaiser nichts ausrichten, da die Fugger seit langem zu den mächtigsten Geldgebern der zunehmend in finanzielle Bedrängnis geratenen Habsburger gehörten.

Dass Thurneysser auf den steinigen Tiroler Wegen der Schritt in die Selbständigkeit gelang, zeugt von außerordentlichen Fähigkeiten. Denn die Voraussetzungen waren alles andere als günstig. Die Landesverfassung privilegierte die Landstände, die Landespolizeiordnungen waren lähmend und der Bergbau stark reglementiert. Diese Hürden machten es einem mittellosen Migranten nicht leicht, sich eine Existenz aufzubauen. Zudem war die Wirtschaftslage düster. Mitte des 16. Jahrhunderts suchten Heuschreckenplagen, früher Schneefall, extreme Kälte- oder Hitzewellen und Truppendurchzüge die Tiroler heim. Missernten zeitigten große Hungersnöte, die bisweilen von Aufständen der Bergarbeiter begleitet waren. Im Frühjahr 1570 war die Versorgungslage derart prekär, dass vor den Hofkästen genannten Vorratshäusern in Hall und Innsbruck Getreide an das hungernde Volk abgegeben werden musste.[136]

Um sich in diesem schwierigen Umfeld zu behaupten, bedurfte es neben einem außerordentlichen Tatendrang besonderer Gaben: einerseits das Talent, die Situation richtig zu analysieren und Chancen realistisch einzuschätzen. Andererseits eine hohe Sozialkompetenz im Umgang mit der Obrigkeit und die Fähigkeit, flexibel zu reagieren. Diese Eigenschaften, gepaart mit einem selbstsicheren und gewinnenden Auftreten, waren Thurneyssers Kapital.

Nachdem der Basler Einwanderer sein Unternehmen in Tarrenz etabliert hatte und die von seiner Frau Margaretha Müller bereits 1560 eingereichte Scheidung 1563 vom heimatlichen Ehegericht für rechtskräftig erklärt worden war, heiratete er am 8. August seine geliebte Anna Hüettlin aus Konstanz, mit der er schon einen Sohn hatte. Das Heim des jungen Paares lag etwas außerhalb des Dorfes, vermutlich auf einer Anhöhe hinter der Ortschaft Strad. Seine Wohnverhältnisse waren alles andere als herrschaftlich. Man muss sich ein bescheidenes Holzhaus mit einem Frühgärtchen und einer kleinen Weide vorstellen, auf der vielleicht eine Harzkuh oder ein paar Schafe grasten.

Thurneysser ging weniger der Schürfung von Edelmetallen nach, als vielmehr der Produktion von Schwefel. Eine mit 5. Juli 1564 datierte Akte erwähnt ein »Stieff- und Frischgewerk« Thurneyssers und seiner Mitgewerken[137]. Aus diesem Hinweis lässt sich schließen, dass das Erz nach dem Abrösten des Schwefels auf Blei verschmolzen wurde, das für die Herstellung von Gewehrkugeln in großen Mengen gefragt war. Die Grubenrechte wurden zu dieser Zeit von Ferdinand I. verliehen, der Kaiser des Heiligen Römischen Reiches Deutscher Nation war. Für die Wahrung der landesfürstlichen Hoheits- und Bergrechte war ein bestellter Bergrichter zuständig; er hieß Hans Ramblmair und war in Imst ansässig. Da die Tätigkeiten der einzelnen Gewerken den Interessen der Habsburgermonarchie entsprechend streng geregelt waren[138], hatte der zugewanderte Eidgenosse vermutlich gar keine andere Wahl, als Schwefel zu gewinnen. Zusätzlich eingeschränkt wurde Leonhard zweifellos durch die ebenfalls im Tirol aktiven Familienmitglieder der Fieger und Fugger, die Expansionsabsichten von Konkurrenten in Schach hielten. Jakob und Hans Fieger zu Hirschberg waren nämlich schon zu Beginn des 16. Jahrhunderts mit eigenen Bergwerken in Tirol tätig und dehnten ihre Schürftätigkeit ohne Rücksicht auf die Lokalbevölkerung und Mitbewerber aus. Nach und nach kauften sie alles Bleierz auf, das als sogenanntes »Frischwerk« zur Verhüttung von Silber benötigt wurde.

Anatomisches Theaterspektakel

Obgleich Thurneysser im Vergleich zu Fieger und Fugger ein unbedeutender Gewerke war, stand er bei Kaiser Ferdinand I. anscheinend in hohem Ansehen. Dieser brachte seine Wertschätzung für den Basler unter anderem dadurch zum Ausdruck, dass er ihm die Erlaubnis für ein sehr ungewöhnliches Ansinnen gab – die Sektion einer Leiche. Thurneyssers Begehren erklärt sich aus seinem weit über die Geologie und Metallurgie hinausgehenden naturkundlichen Interesse, das auch medizinische und namentlich anatomische Fragen einschloss. Die kaiserliche Billigung dieses Vorhabens ist insofern bemerkenswert, als die Leichensektion bis ins Zeitalter des Humanismus ein Tabubruch war.[139] Diese gesellschaftliche Schranke erklärt sich mit der magischen Vorstellung, dass ein Verstorbener nicht endgültig tot sein kann. Als nicht erlöste Seele kann er, in der Erscheinung eines Wiedergängers, jederzeit Rache an der Gesellschaft nehmen. Nachdem die Kirche das mittelalterliche Sektionsverbot im 16. Jahrhundert gelockert hatte, limitierte sie die Sektionserlaubnis auf Leichen von hingerichteten Menschen. Zum Todesurteil wurde bisweilen eine Zusatzstrafe verhängt, die das Zerlegen der Leiche auf dem Sektionstisch ausdrücklich vorsah. Diese Praxis, die zum Säkularisierungsprozess der Frühen Neuzeit gehörte, erklärt sich durch die traditionellen, zerstörerischen Rituale der Todesstrafe, bei denen der Scharfrichter die Leichen meistens zergliederte, um den Hingerichteten jede Möglichkeit zu nehmen, später als Untote ihr Unwesen zu treiben.

Thurneysser betont in seinen Schriften, dass er keine Gelegenheit verpasst habe, Leichen auf den Schlachtfeldern zu sezieren. In seinem Werk »Archidoxa« erklärt er: »Wo wierdt man die Anathomy Bas wys, wie jedes gliedt gstalt sey Dann in den Kriegen nach der schlacht [...]« Bei dieser Aussage ging es ihm wohl darum, seinen Ruf als erfahrener Anatom zu festigen. Deshalb ließ er sich auch auf einer Glasfenstermalerei in voller Aktion am Sektionstisch, umgeben von entsetzten Zuschauern, porträtieren. Von dieser künstlerischen Darstellung eine biographische Realität abzuleiten, wäre aber insofern gewagt, als kaum anzunehmen ist, dass Thurneysser im vier Stunden währenden Schlachtgetümmel bei Sievershausen, geschweige denn in seiner Eigenschaft als Kriegsgefangener, Muße hatte, auf dem Schlachtfeld anatomische Studien zu betreiben. Man stelle sich das Unmögliche vor: Thurneysser kniet unter der brennenden Junisonne über einer Leiche am Rande des Schlachtfeldes von Sievershausen, seziert sie und macht anatomische Aufzeichnungen. Über dem Gelände liegt der scheußliche Salpetergestank von kaltem Pulverdampf, vermengt mit dem süßsauren Geruch von Exkrementen, Blut und verkohlten Leichenteilen. Rund herum das Geschrei von Verletzten, das Wimmern der Sterbenden, das Wiehern von kopfscheuen Pferden, heisere Kommandi der preußischen Offiziere. Die Hölle ...

Offenbar hatte Thurneysser mehrmals Gelegenheit, Leichen von frischverstorbenen Menschen zu untersuchen. Jedenfalls hält er die erstaunliche Beobachtung fest, dass das menschliche Herz achtzig Minuten, nachdem es aus dem Körper herausgenommen wurde, noch immer reizbar sei.[140]

Im Tirol sezierte er den Leichnam der Verbrecherin Elisabeth Carfelser aus Schwaz. Welches Vergehen der Frau zur Last gelegt wurde, lässt sich heute nicht mehr ergründen. Sie wurde am 12. November 1559 hingerichtet, indem ihr der Scharfrichter im Gefängnis die Pulsadern aufschnitt und sie ausbluten ließ. Wurde die Exekution vielleicht deshalb »schonend« vollzogen, weil der Leichnam Thurneysser für eine wissenschaftliche Untersuchung in Aussicht gestellt worden war? Auszuschließen ist diese Möglichkeit nicht, da die Anatomen des 16. Jahrhunderts des Öfteren die Henker ersuchten, die Hinrichtung so behutsam wie möglich zu gestalten, damit der Leichnam für die Sektion unversehrt blieb. Die Untersuchung von Elisabeth Carfelser nahm Thurneysser in einem ANATOMISCHEN THEATER[141] vor, gewissermaßen auf der Bühne vor geladenen Gästen aus der österreichischen Oberschicht. Das makabre Spektakel war im 16. Jahrhundert genau geregelt. Es gab Kleidervorschriften und eine Sitzordnung. Und die innere Leichenschau wurde bisweilen musikalisch untermalt.

→ Abb. 24

Die Untersuchung des Körpers von Elisabeth Carfelser dürfte für Thurneysser insofern sehr aufschlussreich gewesen sein, als zur Sektion freigegebene weibliche Leichen Seltenheitswert hatten. Abgesehen von den Hexenverbrennungen wurden Frauen vergleichsweise selten hingerichtet, und auf den Schlachtfeldern waren in der Regel nur männliche Leichname zu finden. Thurneysser lobte die Qualität des ihm überlassenen Leichenguts und beschreibt die Tote in seiner »Confirmatio Concertationis« als »unmangelhafte, junge, starke Weibsperson«. Die in dieser Publikation veröffentlichten anatomischen Holzschnitte in Form von Tafeln, bei der Bauch und Brust von zwei weiblichen und einem männlichen Körper aufgeklappt und die inneren Organe aufgehoben werden können, spiegeln Thurneyssers Erkenntnisgewinn aus seinen Untersuchungen wider. Der kreative Einfall, Einblicke in den menschlichen Leib durch Klapptafeln zu gewähren, hat Schule gemacht[142], das Prinzip wurde 1583 vom sächsischen Schnitt- und Wundarzt Georg Bartisch und 1615 vom Tiroler Arzt Stephan Michelspacher für den »Pinax Microcosmographicus«[143] übernommen.[144]

Da Leonhard Thurneysser seine Forschungen außerhalb des geregelten akademischen Betriebs durchführte, genoss er die Freiheit, Elisabeth Carfelsers Leiche selbst zu sezieren. Bei den üblichen Obduktionen an den Universitäten herrschte eine strenge Arbeitsteilung. Der Professor dozierte jeweils auf dem Katheder einen dem Eingriff entsprechenden Text Galens. Der Ostensor bezeichnete die Stellen der Leiche, die zu sezieren waren. Und der Dissector, ein Barbier oder Chirurg, führte mit einem schraubenzieherförmigen Skalpell die Schnitte durch. Kein Professor hätte sich damals am Seziertisch die Hände schmutzig gemacht. Chirurgen und Barbiere waren dafür gut genug, da sie zusammen mit Wundärzten, Scharfrichtern, Abdeckern, Zahnbrechern und Starstechern einen unreinen Beruf ausübten.

Warum sich die aufgeklärten Gelehrten gegen die über Jahrhunderte unkritisch tradierte Lehre Galens auflehnten, zeigt sich unter anderem im anatomischen Vorstellungsbild des menschlichen Uterus. Im Analogieglauben des griechischen Arztes und Naturforschers aus dem 2. Jahrhundert spiegelt die Gebärmutter die Anzahl Brüste wider und besteht somit aus zwei Kammern. Gestützt auf dieses Konzept sezierte man im 13. Jahrhundert in der maßgebenden medizinischen Lehr- und Forschungsanstalt Salerno Schweine, da man die Analogie zwischen der Anatomie des Schweins und des Menschen bereits erkannt hatte. Galens Theorie wurde aber dermaßen extensiv ausgelegt, dass die sieben Paar Zitzen eines Schweins die anatomische Vorstellung des menschlichen Uterus belebte. So bildeten sich die Anatomen ein, die menschliche Gebärmutter hätte sieben Uteruskammern: drei Kammern rechts, drei Kammern links und eine oben in der Mitte. Einzelne Anatomen gingen in Salerno so weit, daraus ein anatomisches Modell zu entwerfen, wonach sich in den rechten Kammern die männlichen und in den linken Kammern die weiblichen Föten bilden. In der mittleren Kammer wurden ihres Erachtens die Hermaphroditen entwickelt.

Für fortschrittliche Wissenschaftler der Renaissance wie den Basler Professor Johannes Huber waren diese überlieferten Vorstellungen unhaltbar. Möglicherweise hatte Huber seinem Famulus Leonhard seinerzeit Gelegenheit gegeben, jener spektakulären Leichensektion beizuwohnen, die der flämische Arzt Andreas Vesalius in der medizinischen Fakultät der Universität Basel 1542 eigenhändig vorgenommen hatte.[145] Sicherlich wurde Thurneysser aber von Vesalius' monumentalem Werk »De Humani Corporis Fabrica Libri Septem« beeinflusst, das Johannes Oporin[146], ein ehemaliger Gehilfe von Paracelsus, 1543 in Basel herausgegeben hatte. Vesalius hielt übrigens in Basel bis 1546 anatomische Vorlesungen, die der junge Thurneysser möglicherweise dank seiner Beziehung zu Professor Huber besuchen durfte.

Thurneysser hatte offenbar mehrmals Gelegenheit, Leichen zu sezieren. In einem späteren Lebensabschnitt verschaffte ihm Markgraf Johann Georg von Brandenburg das Privileg, den Körper des am 28. Januar 1573 hingerichteten Übeltäters Paul Limmer zu untersuchen. Thurneysser betont in einer Tafel seiner »Confirmatio« aus dem Jahre 1575, dass es sich bei dieser Leiche um einen »unmangelhaften«, jungen und starken Menschen gehandelt hat.

Glanz und Gloria in der gefürsteten Grafschaft Tirol

→ Abb. 6

Was Thurneyssers Beziehung zu ERZHERZOG FERDINAND II. VON ÖSTERREICH betrifft, lassen sich seine Selbstauskünfte nicht verifizieren. In der Hofkorrespondenz sind jedenfalls keinerlei Aufzeichnungen zu finden, die für eine besondere Nähe des Schweizer Gewerken zum Tiroler Landesfürsten sprächen. Will man indessen Moehsen, dem ersten Biographen Thurneyssers, glauben, wurde Ferdinand II. auf den Basler Metallurgen aufmerksam und ließ sich von dessen profunden alchemistischen Kenntnissen beeindrucken.

Im Hinblick auf die späteren Beschäftigungen Thurneyssers, für den der Erzherzog sicherlich eine gewisse Vorbildfunktion hatte, sind dessen Steckenpferde und Vorlieben bemerkenswert. Nachdem dieser zum Landesfürsten von Tirol und den Vorlanden gewählt worden war, zog er in die prachtvolle Burg Ambras bei Innsbruck ein, die ihm fortan als Sommerresidenz diente. Kaum angekommen, ließ er das mittelalterliche Anwesen durch den späteren Hofbaumeister Giovanni Lucchese in ein dem

Zeitgeschmack entsprechendes Hochschloss umgestalten und schenkte es seiner mit ihm in »Ehe zur linken Hand«[147] lebenden Frau Philippine Welser zur finanziellen Absicherung.

→ Abb. 8

Mit großer Leidenschaft richtete Ferdinand II. auf SCHLOSS AMBRAS eine Kunst- und Wunderkammer sowie Rüstkammern und ein Antiquarium mit Bronzebüsten der römischen Kaiser ein.[148] Den Grundstock dafür hatte er bereits in seiner Zeit als Statthalter von Böhmen zusammengetragen. Das Ausstellungsgut war, dem Zeitgeist entsprechend, streng unterteilt in *Naturalia* und *Artificialia*. Der Bereich *Naturalia* war eine einzigartige Akkumulation von zoologischen, botanischen und mineralischen Raritäten wie Nautilusschalen, Korallen, Straußeneier, Haie und Kugelfische, Krokodilhäute, erlesene Mineralien und botanische Kuriositäten. Zum Bereich *Artificialia* gehörten kunsthandwerkliche Preziosen wie die berühmte Saliera des Bildhauers und Goldschmiedes Benvenuto Cellini, die Ferdinand II. vom französischen König Karl IX. geschenkt bekommen hatte. Zur Erzeugung von Prunkgläsern für seine Sammlung ließ der Erzherzog 1570 in Innsbruck eine Glashütte errichten, in der venezianische Spezialisten beschäftigt wurden. In der Rüstkammer stellte Ferdinand II. unter anderem Harnische von wichtigen Regenten seiner Zeit aus, die er als »ehrliche Gesellschaft«[149] bezeichnete, und ergänzte sie mit entsprechenden Porträtmalereien.[150]

Die Gliederung des Ambraser Sammlungsbestandes folgt einer Hierarchie der Materialien und reicht vom Naturobjekt bis zu deren künstlerischen Verarbeitung. Einen besonderen Stellenwert nehmen dabei die unter dem Begriff »indianisch« zusammengefassten Exotica ein, die die älteste Sammlung außereuropäischer Objekte abgegeben. Diese in seiner Zeit einzigartige Dokumentation fremder Kulturen wurde durch den weltumspannenden Herrschaftsanspruch der Habsburger geprägt.[151]

Für den Aufbau seiner Sammlung kamen Erzherzog Ferdinand II. seine weit verzweigten Beziehungen zugute. Er war mit fast sämtlichen großen Sammlern und Kunstliebhabern

Deutschlands, Italiens, Frankreichs, Spaniens und der Niederlande verwandt oder verschwägert.[152] Im Gegensatz zu früheren fürstlichen Sammlungen, die keinem nachvollziehbaren Ordnungssystem folgten, wurde auf Ambras die breite Palette von Naturalien und Artefakten nach Ordnungsprinzipien aufgefächert, wie sie von Theoretikern des 16. Jahrhunderts verschiedentlich vorgeschlagen wurden. Dadurch spiegelt die Ambraser Kunst- und Wunderkammer Phasen der Befreiung des Menschen aus dem Stadium des verständnislosen Staunens in das eines Individuums, das, Material und Technik beherrschend, die Welt nach seinen Vorstellungen gestalten kann.[153]

Die systematische Abfolge des Ausstellungsgutes war ein Postulat des niederländischen Arztes und Humanisten Samuel Quiccheberg, der mit seinem 1565 in München herausgegebenen Traktat »Inscriptiones vel Tituli Theatri Amplissimi« die erste Grundlage des Museumwesens in Deutschland schuf. Ein weiterer Schrittmacher des Sammelwesens, der gewissermaßen den Vermittlungsauftrag der Museen vorweggenommen hat, war Gabriel Kaltemarckt, der mit seiner Schrift »Bedencken wie eine Kunst-Cammer aufzurichten seyn möchte« dem Kurfürsten Christian I. von Sachsen Kriterien des Sammelns nahelegte und die Bedeutung der Kunstkammer für den Sammler und für die Öffentlichkeit festlegte. Vorläufer war das 1550 in Buchform erschienene »Theatrum« des an den Fürstenhöfen und Universitäten gepriesenen Gelehrten Giulio Camillo aus Udine. Mit diesem ursprünglich als Holzkonstruktion im Auftrag des französischen Königs Franz I. verwirklichte enzyklopädisch konzipierte »Theatrum« ging es ihm wohl darum, das systematische Lernen durch Anschauung gleichsam einer griffigen Formel darzustellen. Die Umsetzung dieses Anliegens war umso wirkungsvoller, als sie in einer Zeit erfolgte, die für symbolhafte und mythologische Vergleiche überaus empfänglich war.[154]

Als passionierter Jäger besaß der Erzherzog neben seinen Jagdgebieten auch einige Tiergärten. Besonders stolz war er auf die Menagerie bei der Weiherburg, wo sich heute der Innsbrucker Alpenzoo befindet. Im Umfeld seiner Residenz ließ er Zwinger für Löwen, Leoparden, Bären und Wölfe sowie ein »stübl für mörschwein« und ein »affenheusl« bauen. Die allgemeine Schaulust steigerten auch »indische Vögel mit langen Schwänzen«.[155]

Eine bekannte Persönlichkeit, der der Zugang zur erzherzöglichen Wunderkammer verwehrt wurde, war der französische Politiker, Schriftsteller und Philosoph Michel Eyquem de Montaigne, der 1580 die Grafschaft Tirol bereiste. Nachdem der Erzherzog von Tirol den Dichter zweimal hatte abweisen lassen, beklagte sich dieser lauthals. Darauf wurde ihm mitgeteilt, der Erzherzog liebe die Franzosen nicht, weil sie Feinde des Hauses Österreich seien.[156] Vermutlich hatte Montaigne auf Ambras aber deshalb Hausverbot, weil er sich über die Sammelleidenschaft der Mächtigen und ihre Vorliebe für Exotika ausgesprochen abschätzig geäußert hatte. Die Begegnung mit einem Mann, der Zugriff auf die Schätze der Neuen Welt hatte, beeindruckte ihn in keinster Weise. »Unsere Augen, fürchte ich, sind größer als der Magen, und unsere Neugier größer als die Fassungskraft. Nach allem greifen wir, aber wir fassen nur Wind«, schrieb er im Essay »Die Menschenfresser«. Und Menschen, die ihr ganzes Leben lang Kuriosem und Obskuren nachjagten, bezeichnete er unverhohlen als Narren.[157]

Das Sammelfieber in der Renaissance war für den Gelehrten- und Adelstand typisch. Der holländische Numismatiker und Kupferstecher Hubert Goltzius zählte zwischen 1556 und 1560 die ihm bekannten Sammlungen in den Niederlanden, in Deutschland, Österreich, der Schweiz, Frankreich und Italien.[158] Er kam auf die beachtliche Zahl von 986.

Es ist nicht von der Hand zu weisen, dass Erzherzog Ferdinand II. von Österreich Maßstäbe für Leonhard Thurneyssers Vorstellung von fürstlichem Gehaben setzte. Als sich Thurneysser, nachdem er Tirol verlassen hatte, im Dunstkreis des brandenburgischen Kurfürsten bewegte, unterhielt er in seiner Berliner Residenz ebenfalls einen Tiergarten. Wie der Erzherzog richtete er sich ein alchemistisches Laboratorium ein, installierte eine Schriftgießerei und führte zeitweilig eine Glashütte. Zudem unterhielt er eine reichhaltige Bibliothek, sammelte militärische Artefakte, beauftragte Künstler und baute eine Kuriositätenkammer auf.

Im Regentenhaus war vor allem die Landesfürstin der Alchemie zugeneigt. PHILIPPINE WELSER, Freifrau von Zinnenburg, stammte aus einer reichen Augsburger Patrizierfamilie und soll so schön und zart gewesen sein, »dass man einen Schluck Rotwein durch ihre Kehle fließen« sehen konnte. Sie studierte in der Hofapotheke alte Kräuterbücher, experimentierte im ebenfalls schlosseigenen Laboratorium und befasste sich neben der Heilkunst auch mit der Kochkunst. Zum Bestand der Österreichischen Nationalbibliothek gehören zwei Folianten ihrer medizinischen Hausmittel und Lieblingsrezepte. Daraus kann man unter anderem erfahren, wie man aus Maiblüten ein Öl erzeugt, das Entbindungswehen lindert.[159]

→ Abb. 7

Die Frage bleibt offen, ob Thurneysser überhaupt je auf Schloss Ambras geladen wurde. Nicht ausgeschlossen ist, dass ihn die Hofschranzen, zu denen er im Zusammenhang mit seiner rührigen Tätigkeit als Gewerke zwangsläufig immer wieder Kontakte pflegte, eingeführt hatten. Und wie und wo kam er mit jenen eminenten Persönlichkeiten zusammen, auf die er sich später mit Selbstruhm bezog? Denkbar ist, dass Thurneyssers Schmelzhütte dem Hof als Referenzanlage diente, zu der ausländische Besucher geleitet wurden.

Thurneysser rühmte sich, mit führenden Geistesgrößen seiner Zeit zusammengekommen zu sein. Belegt ist unter anderem, dass er um 1570 in Tarrenz vom großen Universalgelehrten Gerolamo Cardano besucht wurde, der an der Universität Bologna als Professor für Medizin gewirkt hatte. Dieser wurde vom Papst und zahlreichen Fürstenhäusern konsultiert. Eine seiner vielen Pionierleistungen war eine umfassende Arbeit über das Fleckfieber. Er publizierte sie 1536 unter dem Titel »De Modo Recentiorum Medicorum Usu Libellus«.[160] Cardano befasste sich aber genauso mit Ingenieurwissenschaften, Mathematik, Wissenschaftsgeschichte, Physik, Chemie, Pharmazeutik und Architektur. Ferner interessierte er sich für Astronomie, Astrologie und Traumdeutung. Im Laufe seines mehrwöchigen Aufenthalts in Tirol besuchte er Thurneyssers Produktionsanlagen, unterrichtete ihn in theurgischen Techniken und schulte ihn in der damals hoch im Kurs stehenden Astrologie.[161] Cardano war allerdings der Auffassung, dass Astrologie keine absolute Sicherheit verbürgende *Scientia exquisita,* sondern eine Zukunftshypothesen entwerfende Vermutungswissenschaft sei.[162]

Der italienische Universalgelehrte verfasste über zweihundert Schriften, die sich durch ein rational gesteuertes Bemühen um eine fortschreitende wissenschaftliche Erklärung der Realität auszeichnen.[163] Thurneysser muss einige der in Basel herausgegebenen Bücher gekannt haben. Zumindest die alchemistisch zentrierte Enzyklopädie »De subtilitate libri XXI«, die der Verleger Ludwig Lucius 1554 herausgegeben hatte, dürfte er aufmerksam gelesen haben. In dieser monumentalen, reichbebilderten Prachtausgabe spricht der italienische Gelehrte in den höchsten Tönen von den Errungenschaften der Alchemie. Die Begegnung Thurneyssers mit Cardano erfolgte wohl kurz nach dessen dreimonatiger Inhaftierung in Bologna durch die Inquisition. Der Magie beschuldigt, musste Cardano nach seiner Freilassung die Professur in Bologna aufgeben, nach Rom ziehen und auf seine rege Publikationstätigkeit verzichten.

Zu seinen prominenten Besuchern zählte Thurneysser auch Pier Paolo Vergerio. Der ehemalige päpstliche Nuntius und Bischof von Capo d'Istria, der sich nach seiner Begegnung mit Luther als einziger katholischer Kirchenfürst der Reformation zugewandt hatte, beschäftigte sich ebenfalls mit Fragen des Bergbaus.[164] Das Interesse der Reformer an bergmännischen Leistungen war auffallend. So begab sich auch Graf Ladislaus von Fraunberg zu Haag aus Niederbayern, nachdem er in seiner Grafschaft die Religionsfreiheit eingeführt hatte, ebenfalls nach Tirol.[165] Thurneyssers Persönlichkeit und seine profunden bergmännischen Kenntnisse dürften den Grafen mächtig beeindruckt haben. Jedenfalls übertrug er ihm die Direktion der Eisenbergwerke seiner Grafschaft. Das Vertrauen, das der Graf dem Schweizer Vielwisser entgegenbrachte, zeigt sich auch in einem Brief vom 10. Juli 1566. Darin ersucht er Thurneysser um einen Gegendienst: »Er [Thurneysser] möchte ihm in seiner Krankheit dienstlich seyn, und nach Hag kommen, und seine Schriften mitbringen, wenn er etwas darin fände, dass ihm dienlich seyn könte, wie er denn gute Hoffnung zu ihm hätte, weil er wüsste, dass er in Krenkheitssachen wohl erfahren wäre.«[166]

Schwefel und Feuer in der Schmelzhütte

Obwohl es keine Belege dafür gibt, lässt sich davon ausgehen, dass Thurneysser Georgius Agricolas »De re metallica libri XII« aus dem Jahr 1556 oder zumindest dessen ein Jahr später in Basel erschienene Übersetzung »Vom Bergkwerck«[167] gründlich studiert hatte. Dieses Werk enthält alles über das Probieren der Erze, der achte Band geht auf den Aufbereitungsprozess ein. Und im neunten Band finden sich ferner die damaligen Verfahren zur Metallgewinnung sowie genaue Handlungsanweisungen zum Schmelzofenbau. Diese systematische und anschauliche Beschreibung des Bergbau- und Hüttenwesens blieb bis Mitte des 18. Jahrhunderts das maßgebliche Standardwerk der Montanistik. Verfasst wurde es von Georgius Agricola. Kenntnisse über Bergbaupumpen oder Erzaufbereitung erwarb sich dieser hauptsächlich aus der Korrespondenz mit befreundeten Fachleuten. Dazu gehörte zum Beispiel Johann Dernschwamm, der als Faktor für das Fuggersche Unternehmen in Neusohl (Banká Bystrica, heute Slowakei) tätig war.

Thurneysser dürfte sich auch für Agricolas medizinische Schriften interessiert haben, zumal sie sich mit Anatomie auseinandersetzen. Der Graben zwischen den rationalen Ansichten des Arztes Agricola und dem paracelsischen Weltbild Thurneyssers war indes unüberwindbar.

In seiner 1534 in Straßburg erschienenen Schrift »Alchimi und Bergwerk« greift Agricola die »Chymisten« oder »Chemiekaster« genannten Alchemisten scharf an, die »mit ihrem Blendwerk sogar die Bergleute benebelt« hätten: »Doch wie sehr sie [die Meinung der Alchemisten] ganz und gar von jeder vernünftigen Überlegung entfernt ist und zu keiner stimmt, will ich an der Erfahrung zeigen, dieser besten Lehrmeisterin und Führerin zu lehren und lernen. Hören wir aber zuerst ihre bloß auf Vermutungen beruhende Lehre.« Zentraler Angriffspunkt Agricolas war die Überzeugung der Alchemisten, dass alle Metalle wesensähnlich seien und aus zwei Grundsubstanzen, nämlich Schwefel und Quecksilber, bestünden. Ihrer Meinung nach beherbergte das Erdreich diese Basissubstanzen in verschiedenen Mischformen und unterschiedlichen Reifegraden. Agricola forderte die »gewitzteren Chymisten« deshalb auf, »das Innere der Erde [zu] durchforschen«, dann würden sie schon die Unhaltbarkeit ihrer Behauptung erkennen.[168]

Agricola hatte ein erstaunliches Gespür für alles, was unter der Erde liegt. In seinem Werk »De natura fossilium« kommt er beispielsweise auf Gefäßfunde bei Lübben in der Niederlausitz zu sprechen und identifiziert sie richtig als Leichenbrandbehälter vorchristlicher Kulturen. Thurneysser war mit der Einordnung dieser Artefakte überfordert. Im Buch »Pison« fasst er zwar alle landläufigen Erklärungen zu den erwähnten Bodenfunden zusammen, enthält sich selbst aber jeder Deutung. Er hält die gefundenen Gefäße für nützliche Medizin, sofern sie den Patienten in pulverisiertem Zustand verabreicht werden.[169]

→ Abb. 17

In den ersten Jahren seines Tirolaufenthalts war Thurneyssers ganz auf die Sulfurproduktion konzentriert. Da Schwefel in den Tiroler Alpen in gebundener Form auftritt, musste er in Schmelzmeilern aus dem Gestein extrahiert werden. Ein technologisch genaues Bild der von Thurneysser angewandten VERFAHREN vermittelt eine Illustration in Agricolas siebtem Band von »De re metallica libri XII«. Sie zeigt einen Herd, der mit einer Eisenplatte bedeckt ist. Auf dieser Platte befanden sich in der Regel zwei mit Pyrit gefüllte Behälter, die ebenfalls mit einem eisernen Deckel verschlossen waren. Die Tüllen der Behälter führten zu einem anderen Topf. Dieser hatte die Funktion eines Kühlers. Sowohl Deckel und Ränder der Behälter wie auch die Löcher im Topf waren mit Lehm abgedichtet, um das Entweichen der Schwefeldämpfe zu verhindern. Im Kühlbehälter kondensierte der Schwefeldampf zu flüssigem Schwefel und tropfte dann in einen darunter stehenden Napf ab.

Möglicherweise ging man in Thurneyssers SCHWEFELHÜTTEN nach einer anderen Methode vor, die Agricola ebenfalls in seinem Werk aufzeigt. Eine zweite Illustration stellt eine entlang der Wand liegende Bank dar, an deren Ende massive viereckige Eisenplatten mit einem Loch angebracht sind. Auf dieser Bank, zentriert mit dem Loch in den Platten, wurden Behälter platziert, deren Böden mit vielen Löchern versehen waren. Um diese Behälter herum, die mit Schwefelerz oder erdigem Schwefel gefüllt waren, wurde ein Feuer entfacht. Der geschmolzene Schwefel tropfte durch die Löcher in den Behälterboden hinunter und floss dann in einen mit Wasser gefüllten Topf ab. In beiden Fällen wurde der Schwefel dann in Formen gegossen, um Ziegel oder Stangen zu erhalten.[170] Über die Qualität des nach diesen Methoden erzeugten Schwefels äußert sich Thurneysser selbst: »[...] bis der sulphur [...] nicht mehr steigt oder sich sublimieren will [...] und hat der Schwefel in sich selbst [...] ein mechtige starcke und krefftige composition oder vereinbarunge und steiffe Zubereitung [...] ist doch sonsten ein steiffes ertz, und wol zu haawen [...]«[171]

→ Abb. 18

Im Gegensatz zum grünen, »nicht annehmlichen« Schwefel[172] war Thurneyssers gelber Schwefel von einwandfreier Qualität. Den Nachweis erbrachten tüchtige Pulvermacher in Innsbruck, Hall und im Elsass, die vom Innsbrucker Zeugmeister auf Order der für die Finanzverwaltung zuständigen Kammer beauftragt wurden, die eingesandte Ware »zu mustern und probieren«. Augrund der positiven Gutachten wies die Tiroler Regierung den Bergrichter in Imst an, Thurneysser im Laufe des Jahres vom gelben Schwefel vierzig Zentner »wienisch Gewichts«[173] abzunehmen und ihm dafür vier Gulden »Rheinisch Münz« in bar auszuzahlen. Die darüber hinausgehende Produktion an gelbem Schwefel sowie sämtlichen grünen Schwefel dürfe Thurneysser nach Belieben verkaufen, heißt es in den Kopialbüchern.[174]

Der Bedarf an Schwefel war im Habsburgerreich enorm. Verwendet wurde er vorwiegend für die Erzeugung von schwarzem Schießpulver[175], das aus Salpeter, Holzkohle des Faulbaums und Schwefel bestand.[176] Diese Bestandteile wurden in Pulvermühlen fein zermahlen und im richtigen Verhältnis vermischt. Die Nachfrage war deshalb so groß, weil die kaiserlich-königliche Armee einmal mehr mit den Türken im Krieg lag. Nachdem die beiden Mächte 1555 einen auf acht Jahre befristeten Friedenspakt geschlossen hatten, brach Sultan Süleyman I. zu einem erneuten Heerzug gegen Ungarn auf, wo ein von den Habsburgern angezettelter Aufstand von Johannes Sigismund Zápolya, König von Ungarn, gegen den Sultan im Gange war. Die Kampfhandlungen, bei denen von der k.k.-Armee Unmengen von Pulver verschossen wurden, wurden erst 1558 mit dem Friedensabkommen von Adrianopel beendet.

1556 reichte Thurneysser ein Ansuchen an Ferdinand II. ein, ihm Schürfrechte am Sprecher[177] genannten Berg zu gewähren. Darauf ließ der Erzherzog gegenüber der Regierung und der Kammer verlautbaren, ein gewisser Lienhart Thurnisser und seine Mitgewerken hätten das Ansinnen, im Raum Imst nach Gold zu schürfen. Der Fürst war einer Bewilligung des Gesuchs zwar nicht abgeneigt, wünschte aber vorher ein Gutachten der Regierung. Diese ersuchte den Bergrichter in Imst, einen Augenschein im besagten Bergwerk zu nehmen und abzuklären, ob das Ansinnen nicht der Bergwerksordnung zuwiderlaufen könnte und ob fürstliche Durchlaucht »billiger Weise nit auch Teil dabei haben solle«. Außerdem holte die Regierung noch ein juristisches Gutachten ein. Damit beauftragt wurde Erasmus Reislander, Fürstlicher Rat und Oberfaktor zu Schwaz.

Sein bergrechtliches Urteil war vernichtend. Des Petanten Ansuchen sei abzuweisen, weil es »wider die alten löblichen Bergwerksgebräuche, Ordnungen und Herkommen« verstoße. Ob sich Thurneysser tatsächlich über die lokalen Sitten und Gebräuche hinweggesetzt hatte oder Opfer einer Intrige war, sei dahingestellt. Fest steht nur, dass er die ihm auferlegte Abgabepflicht von Schwefel versäumt hatte, so dass die Obrigkeit ihm gegenüber eine zunehmend harschere Gangart einschlug. Jedenfalls machte ihm die ablehnende Haltung der Landesregierung einen Strich durch die Rechnung – der Traum von Gold und unermesslichem Reichtum war vorderhand ausgeträumt und das Projekt verlor sich in den Tiroler Aktenbergen.

Ende der Fünfzigerjahre kam es zu einem folgenschweren Ereignis, nachdem Leonhard von seinem Bruder Alexander in Tirol aufgesucht worden war. Das unverhoffte Auftauchen des ansonsten in Basel als Winkeladvokat tätigen Familienmitglieds dürfte Leonhard insofern überrascht haben, als sich die Brüder nach vielen Streitigkeiten entzweit hatten. Leonhard zeigte sich jedenfalls versöhnlich und beteiligte Alexander an seinen Hüttenwerken. Der Friede währte aber nicht lange, und um 1560, dem Todesjahr von Vater Thurneysser in Basel, führte die brüderliche Partnerschaft zu einem Desaster. Während Leonhard auf Dienstreise war, hatte Alexander das gemeinschaftliche Unternehmen zu verwalten. Dieser vernachlässigte seine Aufsichtspflicht jedoch auf sträfliche Weise und ließ das Unternehmen verludern. Leonhard machte ihn gar für eine Feuersbrunst verantwortlich, die seine Schwefelhütte bei Biberwier 1564 in Schutt und Asche gelegt hatte.[178]

Der durch diesen Vorfall entzündete Streit war nicht die letzte Auseinandersetzung zwischen den Brüdern Thurneysser. Ihr Verhältnis wurde durch immer wieder aufflackernde Zwistigkeiten zunehmend getrübt. Alexanders ausgesprochene Schlampereien dürften Leonhard zu heftigen Gefühlausbrüchen provoziert haben. Gut vorstellbar, dass er angesichts seiner zerstörten Existenzgrundlage regelrecht ausgerastet ist.

Die Regierung in Innsbruck ließ den eidgenössischen Immigranten nach der Brandkatastrophe nicht fallen. Sie gewährte ihm einen beachtlichen Kapitalvorschuss,[179] um die Schmelzwerke und vor allem die abgebrannte Schwefelhütte wiederaufzubauen. Das Darlehen war allerdings an die Bedingung geknüpft, die Rückzahlung in Form von Schwefelabgaben zu leisten. Gleichzeitig stand dem verzweifelten Unternehmer auch Reichsgraf Ladislaus von Fraunberg zu Haag mit großzügigen finanziellen Zuwendungen bei.

Thurneysser wurde wiederum vom Goldfieber gepackt. Mit Hilfe des begüterten Reichsgrafen erstand er zwölf Zechen in Bartholomäberg[180] im Vorarlberg, wo »güldenes Bleierz« abgebaut wurde. Dieser vom Biographen Moehsen verwendete metallurgische Begriff lässt Rückschlüsse auf den damals üblichen Schmelzprozess von goldhaltigen Erzen zu.[181] Die Ausbeute war karg. Zum Teil begnügten sich die Gewerke mit dem unvorstellbar geringen Goldgehalt von weniger als 0,00005 Prozent. Dennoch gelang es dem Stehaufmann Thurneysser innerhalb von kurzer Zeit erneut, ein erfolgreiches Unternehmertum zu entfalten. Dabei kämpfte er an allen Fronten: Verdruss mit dem Bruder, Schwierigkeiten mit den Behörden und Zank mit den Konkurrenzgewerken vergällten ihm die Freude an der Arbeit.

Thurneysser blieb vom Pech verfolgt. Zu allem Unglück schwärzten ihn seine Tiroler Gegenspieler übel an. Ferdinand II. hielt, trotz aller Verleumdungen, zu seinem Schützling und ermunterte ihn, ferne Länder zu bereisen, um seine bergmännischen Kenntnisse zu vertiefen und neue zu erwerben. Der Landesfürst erklärte sich sogar bereit, sich an den Reisekosten zu beteiligen.

1560 brach der Basler Bergwerker zu einer Grand Tour[182] auf und zog vorerst in Richtung der Königreiche England und Schottland. Seine in den nächsten sechs Jahren umtriebige Reisetätigkeit, die ihn 1561 wiederum auf die iberische Halbinsel und von dort aus angeblich über die barbareskischen Staaten bis in den Nahen Osten führte, wirft viele Fragen auf und bildet ein Kapitel für sich.

Zurück in den tirolischen Landen setzte er sich allem Anschein nach über behördliche Bestimmungen hinweg und handelte sich, trotz fürstlicher Protektion, erhebliche Schwierigkeiten mit der Obrigkeit ein. Am 30. April 1566 befahl die Regierung dem Bergmeister in Imst, die Schwefelvorräte des Schweizers zu erkunden und allen »mittler Weilen gemachten und ungemachten Schwefel, der sei verkauft oder nicht, zu beschlagnahmen«, da die römisch-kaiserliche Majestät »zu ihrer Kriegsexpedition wider dem gewaltigen Erbfeind der Christenheit, den Türken, eine Anzahl Centner Schwefel zu haben bedürftig«. Zwei Jahre später, Ende Juni 1568, erhielt der Bergrichter die Anweisung, Thurneysser mit einer Festnahme zu drohen, falls er seine Schuld von 100 Gulden nicht mit Geld oder Schwefel »bis Jacobi«, also dem 25. Juli, getilgt hätte. Doch der Bergrichter und der mit der Verhaftung beauftragte Pflegsverwalter (Landrichter) von Imst, Georg Schegg, folgten dem Befehl auf lockere Weise. Erst am 11. Oktober 1569 wurde in den Akten lakonisch festgehalten, dass sich Thurneysser »abwesig gemacht« hätte.[183] In diesem Jahr soll Erzherzog Ferdinand II. seinen Schützling gewissermaßen dienstlich nach Ungarn und Böhmen delegiert haben, um die dortigen Bergwerke zu untersuchen. Vor seiner Abreise verkaufte Thurneysser seine Wertgegenstände in Imst. Als er aus Transleithanien (Königreich Ungarn zusammen mit dem halbautonomen Königreich Kroatien-Slawonien) Ende der Sechzigerjahre wieder nach Tirol zurückkam, rühmte er sich, in Ungarn große Zechen mit hochwertigem Braunerz gefunden zu haben[184], derweil er in der k.k.-Armee gedient habe. Und in Böhmen habe er die Bekanntschaft von Graf Joachim von Schlick gemacht, seines Zeichens Landvogt von Bautzen in der Oberlausitz.

Als sich die obrigkeitliche Schlinge um seinen Hals langsam zuzog, machte sich Thurneysser aus dem Staub und ließ seine Frau mit den drei Kindern Julius, Elisabeth und Hedwig und einem Haufen Schulden in Tarrenz zurück. Da sie »groß schwanger« war, ließen die Behörden Milde walten und sahen von einer Zwangsversteigerung von Thurneyssers Hab und Gut ab. Sie erlaubten Anna Thurneysser-Hüettlin, so viel zu verkaufen, wie sie zur »Erhaltung ihres Viechels braucht«. Weitere amtliche Eintragungen betreffen die Bemühungen der Behörden, Thurneyssers »Häusl, Frühgärtl und Mahstückl«[185] zu Geld zu machen. Als Bieter habe sich der Bergrichter aus Imst gemeldet, der dafür insgesamt 92 Gulden bezahlen wolle. Nach der Auflösung des Hausstandes zog Anna Thurneysser-Hüettlin mit den drei Kindern zu ihrem Vater nach Konstanz.

Offensichtliche Spannungen zwischen den Tiroler Bergbaubehörden und Thurneysser dürften dessen Beziehung zum Tiroler Landesfürsten kaum getrübt haben. Dafür spricht eine aktuelle Quellenauswertung, die eine neue Beurteilung des bisher schwer einschätzbaren zwischenmenschlichen Verhältnisses von Erzherzog Ferdinand II. von Österreich zu seinem zugewanderten Untertanen ermöglicht: Im Frühsommer 2011 wurden in der umfangreichen Sammlung »Manuscripta borussica« drei Briefe gesichtet, die der Landesfürst an Thurneysser gerichtet hatte.[186] Während sich der Herrscher in einem dieser Schreiben nach den Erfahrungen erkundigt, die Thurneysser mit seiner Schwefelproduktion in Tirol sammeln konnte, bedankt er sich in den beiden anderen mit Juli 1580 datierten Briefen ausführlich für ein Fass voller Memorabilien, das ihm Thurneysser im Vorjahr aus Berlin zukommen ließ.[187] Unter diesen dem Erzherzog zugeeigneten Sammlungsstücken befanden sich neben verschiedenen Bildnissen von namhaften Persönlichkeiten auch »Armaturen, Kürass sowie Leibharnisch, Schurz und Pantzer des ehrenwerten Albrecht von Brandenburg«, die er unter anderem in den Schlachten von Nürnberg und Braunschweig getragen haben soll.[188] Dieser Kostümharnisch, zu dessen Helm eine Teufelslarve gehört, befindet sich noch heute in der Ambraser-Sammlung. Er dürfte von einem niederdeutschen Plattner zur Vermählung des Markgrafen Albrecht von Brandenburg-Ansbach

(1490–1568), Hochmeister des Deutschen Ordens in Preußen, mit Dorothea von Dänemark 1526 geschmiedet worden sein.[189]

Die Briefe des Erzherzogs von Österreich sind auch in formaler Hinsicht aufschlussreich: Ferdinand II. duzt darin Thurneysser, was auf ein ausgesprochen vertrautes Verhältnis schließen lässt. Wäre er ihm der Schweizer Bergwerker nicht nahegestanden, hätte er ihn in wohl auf die damals übliche Weise geerzt, das heißt in der dritten Person Singular angesprochen.

Wallfahrt mit Grabesrittern

Ende des 18. Jahrhunderts vermerkte der Zürcher Bürgermeister Hans Jakob Leu (1689–1768) im »Allgemeinen Helvetischen und Eydgenössischen oder Schweizerischen Lexicon«, Thurneysser sei von Spanien über Nordafrika bis nach Syrien gereist und dreimal in Jerusalem gewesen, zuerst zwischen 1561 bis 1566 und zuletzt 1584.[190] Für den Konstanzer Chemiker Günther Bugge, der die Archivalien im Statthalter-Archiv Innsbruck ausgewertet hatte, entspringen diese bis ins 20. Jahrhundert kolportierten Eskapaden Thurneyssers der Phantasie des Renaissancemenschen, da dieser sich im Zeitraum von 1560 bis 1565 in Tirol aufgehalten und sich erst 1569 »abwesig« gemacht habe.[191]

Eine historische Verifizierung der in einer Vielzahl von Publikationen wiedergegebenen Informationen über Thurneyssers Grand Tour ist insofern nicht möglich, als die dünne Quellenlage auf Selbstauskünften beruht, die der Protagonist in seinen Schriften zum Ausdruck brachte. Zudem weisen die in seinen Büchern und Briefschaften zerstreuten Zeitangaben gewisse Ungereimtheiten auf, was eine genaue Chronologie der angeblichen Aufenthalte im Nahen Osten verunmöglicht. So bleibt die Frage unbeantwortet, ob er die erwähnten Länder im

Zeitraum zwischen 1560 und 1568 auf einer einzigen, mehrjährigen Reise besuchte, oder ob er alle paar Jahre wieder von Tirol aus in die Ferne zog. Einmal spricht Thurneysser von seiner Rückreise aus dem Gelobten Land über Spanien, England nach Deutschland, ein anderes Mal ist davon die Rede, dass die Route um 1565 von Palästina über den Balkan und Italien nach Tirol geführt hatte.

Überprüfbar, aber nicht beweisführend sind einzig Thurneyssers geographische Angaben, die er mit historischen Geschehnissen in Verbindung bringt. Ein solcher Schlüsselsatz ist in einem Brief zu finden, den er seinem Bruder Alexander schrieb: »[...] Ich aber, mich fernner zuversuchen in ander Land begeben. bin also auffgesessen und in Hispanien gefahren. Und als die Weissen Mohren geschlagen, bin ich ferner, ins heilig Land, Ægypten, Æthiopiam, unnd darnach durch Africam wider durch Hispanien, Franckreich, Hiberniam [Irland], Schotten, Engelland heraußgezogen [...].«[192]

Kriegshändel mit Weißen Mohren und Meergeusen

Mit »Weissen Mohren« bezeichnete Thurneysser die in Spanien lebenden, oberflächlich assimilierten Mauren. Nachdem die Truppen der katholischen Könige Ferdinand II. von Aragón und Isabella I. von Kastilien die Stadt Granada 1492 eingenommen und Sultan Muhammad XII. entthront hatten, wurde die muslimische Bevölkerung immer mehr drangsaliert. Wie die jüdischen Marranen wurde auch sie über längere Zeit schubweise zum Christentum bekehrt. Die Mehrheit dieser Zwangskonvertiten hing aber weiterhin dem alten Glauben an und praktizierte ihre Kulte im Geheimen. Der offizielle Übertritt zum Christentum war für diese Morisken genannten Moslems meistens der einzige Ausweg, um dem Gefängnis zu entgehen. Der Generalinquisitor von Granada, Don Fernando de Valdés Salas, bemerkte 1560 richtigerweise: »Alle Morisken sind insgeheim Muslime.« Offenbar wusste er, dass der Koran die sogenannte *Taqiya* zulässt. Danach ist die Verheimlichung des eigenen Glaubens und der Religionsausübung erlaubt, wenn äußere Zwänge es erfordern. Die Morisken konnten sich auf die Fatwa eines Juristen aus Oran berufen, die den unter zunehmendem Bekehrungsdruck leidenden Muslimen ausdrücklich erlaubte, ihre Haut mit Hilfe der *Taqiya* zu retten. Sollte beispielsweise ein Muslim genötigt werden, vor einem Altar zu knien, während seine Glaubensbrüder ihr Gebet gegen Mekka gewandt verrichten, ist sein Gebet zu Allah gültig. Und wenn er gezwungen wird, den Propheten Muhammad zu schmähen, sollte er seinen Namen wie die Christen aussprechen und dabei an den Teufel denken.[193]

1562 verbot man den Morisken das Tragen von Waffen. Zudem wurden die bisher kaum befolgten Regeln des Edikts von 1526 energisch durchgesetzt, wonach den Moslems unter anderem das Baden oder der Gebrauch der arabischen Sprache und der Berberdialekte verboten wurde. Zur Explosion kam es 1568. Der zweite große Moriskenaufstand unter Führung von Abén Humey (geborener Fernando de Valor) entzündete sich in Granada, wurde dann aber hauptsächlich in der Gebirgsregion der Alpujarras ausgetragen. Dort übernahm der Halbbruder des spanischen Königs Philipp II., Johann von Österreich, den Befehl über die katholischen Truppen und schlug die Morisken endgültig nieder. Die etwa achttausend Überlebenden mussten das frühere Königreich Granada verlassen und wanderten nach Westandalusien, Kastilien und La Mancha aus.

Exotische Szenen auf den Scheibenrissen und bildnerische Andeutungen in seinen gedruckten Werken bürgen genauso wenig für Authentizität wie die schriftlichen Reiseschilderungen Thurneyssers. Die Stadtbibliothek Zofingen besitzt einen Scheibenriss mit einer Schlachtszene aus dem Moriskenaufstand. Der zeitweilig in Basel und Straßburg lebende Glasmaler Christoph Murer schuf die lavierte Federzeichnung als Entwurf für ein Glasgemälde. Grundlage für diese Vorarbeit bildete eine Visierung, die Thurneysser in Spanien geschaffen haben will.

Das geht ebenfalls aus dem erwähnten Brief an seinen Bruder Alexander hervor.

Kämpfte Thurneysser allenfalls als Söldner auf Seiten der spanischen Truppen gegen die Morisken oder war er nur Zaungast? Die Darstellung der Morisken als halbnackte Wilde mit Federn auf dem Kopf lässt eher darauf schließen, dass Thurneysser die Aufständischen nur vom Hörensagen kannte, da sich die in Spanien lebenden Mauren optisch kaum von ihren katholischen Mitbürgern unterschieden.

Offenbar betrachtete Thurneysser die Verwicklung in kriegerische Handlungen als eine biographische Referenz. Im Brief an seinen Bruder Alexander deutet Leonhard zum Beispiel an, auf einer Seereise unfreiwillig in spanisch-holländische Kriegshändel verwickelt worden zu sein. Diese Aussage betrifft den Widerstand, der sich in den Niederlanden gegen Don Fernando Álvarez de Toledo y Pimentel, HERZOG VON ALBA, formierte. Der verhasste Edelmann im Dienste Philipps II. führte als Statthalter der spanischen Niederlande ein Schreckensregime sondergleichen. Nachdem unter seiner Ägide in Antwerpen und Mecheln mindestens achtzehntausend Menschen hingerichtet worden waren, verließen 1569 die Wasser- oder Meergeusen genannten Widerstandskämpfer mit etwa 18 Kriegsschiffen die englische Ostküste und machten Jagd auf spanische Karavellen. Auf dem Weg zu den westfriesischen Inseln kaperten sie in weniger als einem Monat sechzig Schiffe, die nach Amsterdam segeln wollten. Thurneyssers Aussage »Aber hinder Engelland, sampt andern eylff Schiffen zu Wasser nidergeworffen, angenommen, nach ersuchung, als kein Brieff oder schreiben, so dem von Alben [Herzog von Alba] zustendig, by mir funden, ledig gelassen, als dann in See-land [Zeeland/Niederlande] und gen Antorff [Antwerpen] komen. – Nach dem bin ich zu Münster in Westphalen ankommen, [...]«[194] ist so zu verstehen, dass er auf seiner Schiffsreise vor der englischen Küste von holländischen Widerstandskämpfern aufgegriffen wurde und schließlich des-

→ Abb. 26

halb freikam, weil die Überfallenen Gegner des Herzogs von Alba waren.[195]

Thurneyssers Gefangenschaft durch die Meergeusen war offenbar nur von kurzer Dauer, denn bereits Ende November 1569 hielt er sich in Münster auf. Seine Reiseroute wirft zwar Fragen auf, aber seine brieflichen Aussagen zu den Geschehnissen in Spanien und Holland stimmen mit den historischen Fakten überein.

Kopfreisen ins Heilige Land

Ob die weitverbreiteten Pilgerberichte der Renaissance immer auf tatsächliche, persönliche Erlebnisse der Verfasser beruhen, ist fraglich. Die Authentizität der Berichterstattung war kein Qualitätskriterium. Was zählte, war die Fähigkeit der Autoren, Schriften von prominenten Orientreisenden wie zum Beispiel Bernhard von Breydenbach oder Felix Fabri so zu kompilieren, dass sie der Leserschaft eine geistige Führung oder zumindest eine erbauliche Unterhaltung boten. Fiktive Pilgerberichte von Reisen ins Heilige Land bildeten bis ins 17. Jahrhundert eine eigene Literaturgattung. Mit der religiösen Erbauung der Leserinnen und Leser war der zensurierenden Obrigkeit literarisch Genüge getan. Je kräftiger die vermischten geographischen und ethnologischen Angaben mit Exotik gewürzt waren, desto beliebter waren sie. Schriftsteller, die die Gabe hatten, Pilgerfahrten so anschaulich und wundervoll zu schildern, dass sie den kleinen Leuten Kopfreisen zu den heiligen Stätten des Morgenlandes ermöglichten, waren verdienstvolle Vermittler. Mit ihren Schriften förderten sie die Auseinandersetzung mit dem sowohl irdischen wie auch geistigen JERUSALEM und stärkten dadurch den christlichen Glauben. Deshalb war die Herausgabe von vorgespiegelten Reiseerlebnissen für die Autoren selbst dann nicht ehrenrührig, wenn es sich um Plagiate handelte.

→ Abb. 10

Einzelne Pilgerberichte erfüllten hingegen die Funktion eines Reiseführers und können durchaus als Vorläufer von »Baedeker« oder »Lonely Planet« betrachtet werden. Sie boten den Leserinnen und Lesern einen Orientierungsnutzen und vermittelten eine Fülle von praktischen Tipps. Beispielhaft ist der Reisebericht des aus einem begüterten Nürnberger Patriziergeschlecht stammenden Pilgers Hans Tucher der Ältere. Er konzipierte seinen Bericht als Handbuch für Jerusalemfahrer. Seinen ausführlichen Reiseanweisungen und -empfehlungen fügte er mehrere thematische Vertiefungstexte bei. Zwischen 1482 und 1486 erschienen insgesamt fünf Ausgaben, was auf eine große Nachfrage schließen lässt.[196] 1584 wurde das Werk vom bekannten Drucker und Verleger Sigmund Feyerabend in Frankfurt am Main nochmals herausgegeben. Weitere Ausgaben wurden bis ins 19. Jahrhundert veröffentlicht. Die Drucke wurden auch fleißig abgeschrieben, so dass heute 27 verschiedene Handschriften in europäischen Archiven verstreut liegen.

Dass mitunter Felix Fabri dieses in einem handlichen Format herausgegebene Werk als Reiseliteratur auf seine Pilgerfahrt mitnahm, ist nachweisbar. Erstaunlicherweise hatte »Tuchers Reiseführer« in der zweiten Hälfte des 16. Jahrhunderts keineswegs an Popularität und Aktualität eingebüsst. Davon zeugt unter anderem ein Verweis im 1551 verfassten Pilgerreisebericht des Würzburger Domherrn Sigmund Thunger.[197]

Interessanter als die Frage nach dem Wahrheitsgehalt von Thurneyssers Orientreise sind Informationen über seine angeblichen Aufenthaltsorte. Durch die Vergegenwärtigung seiner abenteuerlichen Route lassen sich Rückschlüsse auf seine Phantasien, seine Sehnsüchte und sein kulturgeschichtliches Wissen ziehen.

Überraschenderweise führt Thurneyssers Reiseroute zunächst über die iberische Halbinsel nach Nordafrika. Üblicher Ausgangspunkt für eine Reise ins Heilige Land war nämlich seit dem Mittelalter die Republik Venedig, von wo die Pilger mit Galeeren zur levantinischen Küste gebracht wurden. Nur eine kleine Minderheit der mitteleuropäischen Pilger schiffte sich in Marseille oder Genua ein.[198]

Der Seeweg führte in der Regel der dalmatinischen Küste entlang über die Inseln Rhodos, Kreta und Zypern nach Jaffa. Das war zweifellos die schnellste Route nach Palästina. Galeeren vermochten bei günstigsten Verhältnissen immerhin 200 Kilometer pro Tag zurückzulegen, während ein Pferdegespann bestenfalls 60 Kilometer leistete. Ganz zu schweigen von den gefährlichen Fußmärschen, bei denen auch Pilger in bester körperlicher Verfassung höchstens 40 Kilometer pro Tag erzielten.

Die Bevorzugung der venezianischen Schifffahrt hatte auch finanzielle Gründe. Beispielsweise veranschlagte Hans Tucher der Ältere für seine Pilgerreise 300 venezianische Dukaten. Für diese Summe hätte ein Maurermeister 15 Jahre und ein Taglöhner 38 Jahre lang arbeiten müssen. Im günstigsten Fall musste ein Bauhandwerker für die Schiffsreise Venedig–Jaffa das Einkommen von zwei Jahren aufwenden. Im 16. Jahrhundert nahm die Reisedauer aus finanziellen Gründen immer mehr ab; der Aufenthalt an den heiligen Stätten beschränkte sich in der Frühneuzeit auf lediglich zehn bis vierzehn Tage.[199] Kosten und Aufenthaltsdauer waren für Thurneysser aber wohl kein Thema.

Die Wunder des Nordens

Thurneyssers Reiseroute, so will es das Quellenmaterial, ist in der Tat ziemlich verschlungen. Vieles spricht dafür, dass er auf einer Reise von Österreich nach Ägypten und Palästina von Spanien aus einen Abstecher über England und Schottland nach den Orkney-Inseln unternahm. Der ansonsten zielstrebige Mann musste für diesen Umweg handfeste Gründe gehabt haben. Als historisch interessierter Metallurg ging er vielleicht den Zinnwegen der Vorzeit nach und spürte die alten Zinngruben in den Grafschaften Cornwall und Devonshire auf. Über die Zinnwege der Phönizier, die ein ganzes Netzwerk zwischen England und der iberischen Halbinsel geknüpft hatten, schreibt Strabon in seiner »Geographica«:

Die Kassiteriden [übersetzt ›Zinninseln‹] sind zehn an der Zahl und liegen dicht beieinander, weit nördlich im Ozean vor dem Hafen der Artabrer [in Nordwestspanien; Brigantium; heute La Coruña]. Eine der Inseln ist unbewohnt; die anderen bewohnt von Menschen, die gekleidet sind in schwarze Mäntel und umgürtete Leibröcken, welche bis zu den Füßen reichen; sie tragen beim Gehen lange Stöcke und sind so ein Abbild der Erinyen in unseren Tragödien-Spielen. Sie leben meist als Hirten von ihren Herden. Doch gibt es bei ihnen auch Bergwerke, in denen Zinn und Blei gewonnen werden, und für diese Metalle werden von den Kaufleuten Häute, Töpferware, Salz und Kupfergeschirr erhandelt. Lange vor unserer Zeit unterhielten die Phöniker allein zu ihnen Handelsbeziehungen und verheimlichten allen anderen den Seeweg dorthin. […] Dennoch fanden die Römer nach verschiedenen Versuchen den Seeweg heraus. Auch Publius Crassus fuhr zu jenen Inseln hinüber und sah, wie dort Metalle in geringer Tiefe aus der Erde gebrochen wurden und die dortigen Menschen wie zum Zeitvertreib das Meer befuhren. So teilte er allen Interessenten den Seeweg mit, obwohl er [von Brigantium] aus weiter ist, als die Strecke, die Britannien vom [gegenüberliegenden] Festland trennt. So viel von Iberien und den vorgelagerten Inseln.[200]

Für die sonderbare Destination im wilden Norden mag es unter anderem religiöse und alchemistische Gründe gegeben haben. Folker Reichert, Professor für Mittelalterliche Geschichte an der Universität Stuttgart, weist in seinem Werk über Reisen und Kulturbegegnungen im Mittelalter darauf hin, dass eine Reise nach Schottland mit seinen als wild und schwer zu zivilisierend geltenden Bewohnern einem Abstecher ins Fegefeuer gleichkam. Die mittelalterliche Mystifizierung des weitgehend unbekannten und bedrohlichen Nordens wirkte in der Frühen Neuzeit nach. Die geographische Randlage Schottlands war der Inbegriff kultureller Ferne und bot den Reisenden die Aussicht, dort Wunderbares zu erleben.[201] Zeuge mirakulöser Geschehnisse will der Berner Patrizier Konrad von Scharnachthal gewesen sein: eine schwimmende Insel im Loch Lomond, eine Quelle, aus der Öl floss, Fische ohne Eingeweide, Wind ohne Wellen und Wellen ohne Wind[202]. Eine starke Faszination ging auch von den sagenhaften Magnetbergen aus, von denen es hieß, sie würden das Eisen und die Nägel aus den zu nahe herankommenden Schiffen ziehen.

Alchemistisch motivierte Gründe, die Thurneysser zu den Orkney-Inseln geführt haben, gibt Moehsen indirekt in seinem Beitrag »Gelehrte Reisen und Wanderschaften der Chymischen Aerzte des sechzehnten und einiger vorhergehenden Jahrhunderte«. Darin vermerkt er, »verschiedene von dieser Art Philosophen hätten sich, wegen den vielen Unruhen in den beiden Königreichen [England und Schottland], im fünfzehnten Jahrhundert nach den Orkadischen Insel begeben, auf welchen sie als Eremiten ungestört die Chymie trieben; doch kamen zuweilen auch einige zum Vorschein, die auf ihren Reisen sich durch chymische Prozesse ein Ansehen gaben.«[203]

Thurneysser soll die St. Magnus-Kathedrale in Kirkwall auf der orkadischen Hauptinsel Mainland aufgesucht haben. Diese sagenumwobene, in rosafarbenem Sandstein gebaute Domkirche galt als besonders heilkräftig.[204] Nebst der Ergründung dieses besonders mystischen Gotteshauses wollte der Forscher vielleicht auch den über hundertjährigen Insulanern das Geheimnis ihrer Langlebigkeit entlocken. Dieses Phänomen war der »Encyclopædia Britannica« noch über zweihundert Jahre später den Eintrag wert, dass auf der Insel tatsächlich einige 105-Jährige leben.

Wenn man davon ausgeht, dass Thurneysser in Basel einer okkulten Gemeinschaft angehörte, ergibt sich für sein ausgefallenes Reiseziel eine weitere Erklärung. In der 1137 gebauten St. Magnus-Kathedrale von Kirkwall liegt nämlich das Grab eines Tempelritters. Darüber ist das in esoterischen Kreisen als bedeutsam erachtete Motiv der »Rose des Lebens« in Stein gehauen, die in ihrem Zentrum das »Ei des Lebens«, das heißt den Ursprung allen Lebens visualisiert.[205] Und auf der Nordseite des Kirchenschiffes prangen zwei mysteriöse plastische Köpfe. Die linke Figur hält einen Finger vor dem Mund, als hätte sie eben ein Geheimnis ausgeplaudert. Oder ermahnt sie die Wissenden zum Schweigen?

Für die in der hermetischen Denktradition verhafteten Rosenkreuzer hatte die Kathedrale einen hohen Symbolwert, da sie sich gerne auf den im Mittelalter durch König Philipp den Schönen und Papst Clemens V. zerschlagenen Templerorden beriefen.[206]

Neben dem Stellenwert der Orkney-Inseln in der esoterischen Überlieferung dürfte wohl auch die allgemeine Mystifizierung des hohen Nordens Thurneyssers Entschluss genährt haben, diese abgelegenen und öden Inseln zu erkunden. Man erzählte sich, dass es dort Bäume gebe, die entenförmige Früchte trügen, die, sobald sie reif seien, in einen Fluss fielen und dann als Vögel davonflögen. Thomas Platter der Jüngere berichtet 1559 in seiner »Englischen Reise«, derartige Baumgänse gesehen zu haben.[207] Als Enea Silvio Piccolomini, der Sekretär des Kardinals Domenico Capranica in Basel und spätere Papst Pius II., von diesem Wunder auf den Orkney-Inseln erfuhr, prägte er den denkwürdigen Ausspruch, »dass die Wunder immer weiter entfliehen« *(didicimus miracula semper remotius fugere).* Er ahnte nicht, dass die Mythe von den aus Baumfrüchten entstehenden Gänsen zwei zoologisch grundverschiedene Phänomene vermengt. Einerseits handelte es sich bei der vermeintlichen Baumgans um die Barnikelgans *(Branta bernica)*, deren Brutpflege so lange unbekannt war, bis ihre Nistplätze 1907 entdeckt wurden. Andererseits wurde diese abstruse Vorstellung vom Erscheinungsbild eines Entenmuschel *(Pollicipes pollicipes)* genannten tropischen Krebstiers überlagert, das von alters her immer wieder im Spülsaum nordeuropäischer Küsten angeschwemmt wird.[208] Weil diese leicht nach Phantasiefrüchten aussehenden Krebse häufig auf Treibholz festsitzen, wurde bis 1801 angenommen, dass sie auf Baumästen heranreifen, bevor sie ins Wasser fallen.

Auch Olaus Magnus, der letzte katholische Erzbischof von Uppsala, wusste gar Wundersames über seine nordische Heimat zu berichten: »Die Orkneyinseln [Orcades] sind 33 an der Zahl, und seit alten Zeiten nennt man sie ein Königreich. Die größte heißt Pomona oder Seland. Dort gibt es eine Bischofskirche und die Gräber vieler Könige aus alter Zeit. Die Leute sprechen dort Norwegisch zum Beweis dessen, dass sie, wie auch viele Inseln in der Umgebung, diesem Reich zugehören.«[209] Der Herrscher der Orkneys habe zwei Schlösser auf der Insel Thule besessen, die Olaus Magnus auf dem achtundsechzigsten Breitengrad seiner Landkarte angesiedelt hatte. Ihre dreißigtausend Bewohner würden ihr Glück und ihren Wohlstand mit keinem anderen Volk tauschen wollen. Möglicherweise knüpfte der Kirchenmann hier an den weitverbreiteten Mythos der Glückseligen an, einer Wohnstätte der Hesperiden, die allenthalben auch mit der Insel Thule identifiziert wurde.

Wer in Thurneyssers Briefen und Aufzeichnungen nach einer Landschaftsbeschreibung der Orkney-Inseln sucht, wird kaum fündig werden, denn der Drang zur Selbstfindung durch Landschaftserlebnisse war kein Motiv des frühneuzeitlichen Reisenden. Dazu war er von der Landschaft noch viel zu wenig abgegrenzt – er verstand sich als Teil davon.

Zweifellos hatte Thurneysser spirituelle Motive, sich auf den Weg nach den Orkney-Inseln zu machen. Sollte er den Cuilags (433 Meter über Meer) auf der Orkadischen Insel Hoy bestiegen und von dort aus die rauen Klippen neben Feldern in zarten Grüntönen bestaunt haben, mag es ihm vielleicht wie dem italienischen Dichter und Humanisten Francesco Petrarca ergangen sein, der 1336 die Landschaft in bewusster Weise als Bild deutete. Dieser verstand seine Besteigung des Mont Ventoux in der französischen Provence als Erhebung zum seligen Leben und rechtfertigte seine kühne Wanderung mit dem Hinweis, diese ermögliche es ihm, von oben im genießenden Anblick der großen Natur ringsum »liebend Gott zu vergegenwärtigen«.[210] Allerdings hatte Petrarca der Landschaftsbetrachtung gegenüber eine zwiespältigen Haltung. Er schwankte zwischen der sinnlichen Erfahrung der Rundsicht von gleichsam betäubender Intensität und den metaphysischen Betrachtungen des Kirchvaters Augustinus, der in seinen um das Jahr 400 verfassten »Confessiones« die Selbstverlorenheit des an die irdische Natur hingegebenen Menschen beklagt.[211]

Thurneyssers Blick war zwar wohl auf die Schöpfung gerichtet, sein Interesse galt aber nicht der Landschaft als Erlebnisraum, sondern den unbekannten Erscheinungen der Natur. Auch die Megalithanlagen und keltischen Steinsetzungen der Orkney-Inseln ließen ihn, sofern er sie überhaupt wahrnahm, gewiss unberührt – Archäologie war nie sein Ding. Sein wissenschaftliches Interesse galt, neben dem humanen Bereich, den Gestirnen, den Tieren, den Gesteinen, den Pflanzen und den Gewässern.

Die unwirschen Mönche vom Katharinenkloster

Dass sich Thurneysser von der dazumal verfügbaren Literatur inspirieren ließ, ist anzunehmen. Als Reiseführer diente ihm vielleicht der vom Zürcher Dominikanermönch Felix Fabri verfasste Reisebericht. Dieses monumentale Werk erschien 1457 unter dem Titel »Evagatorium in Terrae Sanctae, Arabiae et Egypti Peregrinationem«. Der gelehrte Verfasser beschreibt darin zwei Wallfahrten, die er 1480 und 1482/84 nach Jerusalem unternahm. Auf der zweiten Pilgerreise besuchte er das KATHARINENKLOSTER am Fuße des Bergs Sinai.

→ Abb. 14

Thurneysser reiste gegen den Strom. Der Berg Sinai war für eine große Mehrheit der Wallfahrer ein sekundäres Ziel. Die primäre Destination der Wallfahrer lautete Jerusalem; Ägypten und der Sinai kamen einer *Peregrinatio secunda* gleich, gewissermaßen eine Option für all jene Pilger, die bereit waren, weitere Strapazen auf sich zu nehmen und Risiken einzugehen, um in den Genuss eines zusätzlichen Ablasses zu kommen. Die guten Christen fürchteten vor allem den Kontakt mit den »Heidenvölkern«. So wurde zum Beispiel über die Bredouillen, in die Hans Tucher geraten war, ausführlich berichtet und erwähnt, dass er in Alexandria von einem »Heiden« mit einem Brotmesser in den Hals gestochen worden war.[212] Über die Gründe, die zu diesem Zwist geführt hatten, wird allerdings kein Wort verloren.

Der wochenlange Ritt durch die steinige und brandheiße Negevwüste war für die Pilgerscharen eine besonders harte Bewährungsprobe, zumal die christlichen Karawanen auch immer wieder zur Zielscheibe der Beduinen wurden.[213] Die wagemutigen Wallfahrer hatten aber gute Gründe, Entbehrungen auf dem langen und beschwerlichen Weg zum Katharinenkloster auf sich zu nehmen. Ihr Ziel war, den 2285 Meter hohen Gipfel des Mosesberges zu erklimmen, wo nach der alttestamentarischen Überlieferung der Dornbusch gebrannt und Moses die Gesetzestafeln erhalten hatte. Das Kloster selbst war für sie eine spirituelle Raststätte – umso mehr, als in der Basilika die von einem Engel herbeigetragenen Gebeine der Großmärtyrerin Katharina von Alexandrien ruhen.[214]

Als Thurneysser den Sinai bereiste, stand Ägypten unter der Herrschaft der Ottomanen. Er mag sich gewundert haben, dass dieses älteste Kloster der christlichen Welt von den Türken unangetastet blieb. Hierfür gibt es verschiedene Erklärungen. Ein Grund mag auf das 11. Jahrhundert zurückgehen, als der Kalif Al-Hakim (al-Hākim bi-amri 'llāh, 985–1021) das Kloster zu schleifen drohte. Die bedrängten Mönche ließen listigerweise neben der Kirche eine Moschee mit einem Minarett errichten und schufen somit ein auch für Muslime unantastbares Gelände. Abgesehen davon ist das trutzige Kloster mit einer zwölf Meter hohen und sechs Meter dicken Wehrmauer umfriedet. Bis anfangs des 20. Jahrhunderts gab es keine Pforte, Waren und Besucher wurden in Körben mit Seilzügen über die Klostermauer gehievt.

Die in der Einsamkeit des Katharinenklosters lebenden Mönche gehörten damals wie heute der Gemeinschaft der Basilianer an und unterstehen der autonomen Mönchsrepublik Athos in Griechenland. Sie leben nach der Regel des heiligen Basilius von Caesarea (um 330–379).

Das Verhältnis zwischen den griechisch-orthodoxen Mönchen und den römisch-katholischen Wallfahrern war bis tief in die Neuzeit hinein labil und zeitweilig äußerst gespannt. Von diesen Differenzen weiß schon Frater Felix Fabri in seinem »Evagatorium« ausführlich zu berichten:

> *[...] dass aber diese Mönche exkommuniziert, Schismatiker und Häretiker sind, folgt daraus, dass sie Griechen sind und Griechenland kopflos ist. [...] Und sie sind Orientalen, denen die wahre Sonne unterging [...] Ich bestätige dies aus meiner Erfahrung, denn als wir dort waren, befolgten sie ein Verbot und hielten während unseres Aufenthaltes keinen ihrer Gottesdienste für uns ab, die wir für sie als Angehörige der Römischen Kirche Exkommunizierte waren. Dasselbe zeigte sich daran, daß sie uns in ihrer Kirche keinen Altar zur Verfügung stellen wollten, an dem wir hätten Messen lesen können mit der Begründung, es gäbe bei ihnen eine Verordnung, nach der, wenn immer ein Lateiner an einem griechischen Altar die Messe feiere, dieser dadurch ausgesondert und entweiht sei und durch den Bischof neu konsekriert werden müsse. Aus dem allem erklärt sich eine gewisse Feindseligkeit bei ihnen uns gegenüber, wenn wir im Namen Gottes zu ihnen kommen, sind sie unfreundlich und weit entfernt, uns irgend etwas zu Gefallen zu tun, falls sie etwas tun, dann nur aus Liebe zum Geld, wie auch die Sarazenen, die aber in vielem verlässlicher sich verhalten.*[215]

Fabri fügt diesem gehässigen Charakterbild der Mönche und ortsansässigen Beduinen, die man seiner Meinung nach besser totschlagen sollte, die Bemerkung hinzu, dass die Mönche reich waren. Grund dafür sei, dass sie von einem kretischen Erzbischof, einem glühenden Verehrer der heiligen Katharina, unterstützt würden. Dieser schenke dem Kloster die besten Zehnten aus der ganzen Insel und einen Teil der Zolleinnahmen.[216] Zu Zeiten von Thurneyssers Fernreisen war der Reichtum der Mönche vom Gottesberg längst geschmolzen, ihr Verhältnis zu den »Lateinern« hatte sich jedoch kaum verbessert. Deshalb kann man davon ausgehen, dass Thurneysser, falls er den Sinai tatsächlich je bereist hat, im Katharinenkloster höchstwahrscheinlich nicht mit offenen Armen empfangen wurde.

Die Leidensgeschichte der heiligen Katharina von Alexandrien wurde erst nach dem 10. Jahrhundert verbreitet. Die blutrünstige, bis ins 15. Jahrhundert wachsende Legendenbildung sorgte dafür, dass Katharina – eine der 14 Nothelfer – die nach der Gottesmutter Maria am meisten verehrte Heilige wurde. Die Legende will, dass sie vom römischen Kaiser Maxentius (um 278–312) zum Tod verurteilt wurde. Die Beschreibung ihres Martyriums scheut keine Grausamkeiten. Katharina soll mit Rädern gepeinigt worden sein, die mit Nägeln und eisernen Sägen gesäumt waren.[217] Auf ihr Stoßgebet hin erschien jedoch ein Engel und zerstörte das Folterinstrument mit solcher Wucht, dass dabei gleich viertausend Heiden getötet wurden. Letztendlich wurde Katharina enthauptet. Aber aus ihren Wunden floss kein Blut, sondern Milch.

Eine der ältesten, bekanntesten und vielleicht schönsten Darstellungen dieses Wunders stammt von den Brüdern Paul, Jan und Herman von Limburg und ist als Buchmalerei in den »Très riches heures du Duc de Berry« zu finden. Das Werk der niederländischen Miniaturmaler zeigt drei Engel, die den Leichnam der heiligen Katharina auf Händen tragen und über dem Gipfel des Bergs Horeb auf dem Sinai schweben.

Thurneysser muss die Geschichte vom Martyrium der Heiligen aus der »Legenda aurea« wohl gekannt haben. Als Protestant dürfte ihn der Kult um die Märtyrerin aber kaum berührt haben. Was ihn hingegen zweifellos faszinierte, war die wunderbare Ikonensammlung und die Bibliothek des Katharinenklosters, wo in vier Räumen heute noch um die sechstausend Handschriften in griechischer, syrischer, äthiopischer, arabischer, georgischer und kirchenslavischer Sprache verwahrt werden. Etwa die Hälfte dieser Werke stammt aus der Antike. Zu Thurneyssers Epoche befand sich die Bibliothek allerdings in einem erbärmlichen Zustand. Als der Bibelforscher Konstantin von Tischendorf dort 1859 den »Codex Sinaiticus«[218] – die älteste Handschrift des Neuen Testaments aus dem Jahr 350 n. Chr. – aufstöberte, waren viele Manuskripte am Zerfallen. Durch einige der Pergamente krochen Madenwürmer, andere waren zusammengepappt.

Im Katharinenkloster soll Thurneysser zur Belohnung seiner Mühsal zum Ritter des Katharinenordens geschlagen worden sein – wie alle Wallfahrer seiner Zeit, die den unendlich langen und beschwerlichen Weg von Tarfet über den rund 1400 Meter hohen Watiya-Pass zum Bergkloster auf sich genommen hatten. Er war aber schlau genug, diese Auszeichnung mit dem Titel *Miles Sinai* nicht an die große Glocke zu hängen. Möglicherweise spielte er darauf an, als er in einem später verfassten Ausschreiben von seinen »Adelsfreiheiten« sprach.[219] Das Risiko, dass sich seine Feinde über die dubiose Ordensverleihung lustig gemacht hätten, wäre ansonsten zu groß gewesen. Denn im 16. Jahrhundert war der Glanz dieses einst geistlichen Ritterordens aus den Zeiten der Kreuzzüge längst verblasst. Von den Pflichten der Ritter, das Grab der heiligen Katharina zu bewachen und Pilger vor Raubüberfällen zu beschützen, war keine Rede mehr. Und dass die Ritter einst das Gelübde der ehelichen Keuschheit und des bedingungslosen Gehorsams gegenüber dem Abt des Klosters ablegen mussten, schon lange in Vergessenheit geraten.

Unter heilsamen Mumien

Wie die meisten Geheimwissenschaftler begeisterte sich Thurneysser auch für die Mysterien der alten Ägypter. Davon zeugt unter anderem ein Scheibenriss aus dem Zyklus von Glasmalereien, die er um 1579 zur Ausstattung seines Hauses in Basel vom Zürcher Künstler Christoph Murer erstellen ließ. Diese unlängst vom Kunstmuseum Basel in Paris erworbene lavierte Federzeichnung zeigt THURNEYSSER BEIM ERWERB EINER MUMIE in einem orientalischen Umfeld. Das Motiv soll nicht nur seinen Aufenthalt in Ägypten dokumentieren; der Medicus zeigt sich auch an der Quelle eines über Jahrhunderte hochbegehrten Heilmittels. Mumien wurden wegen des enthaltenen Erdpechs und der ihnen zugeschriebenen magischen Eigenschaften zermalen und unter der Bezeichnung »Mumia vera aegyptica« vertrieben. Über die Verwendung dieses Heilmittels weiß die »Oeconomische Encyclopädie« von Johann Georg Krünitz Näheres zu berichten:

→ Abb. 3

> *Der ächten ägyptischen Mumie von starkem aber nicht widrigen Geruche, welche rein, schön, leicht und schwarz, aber nicht glänzend, dabey bitter von Geschmack ist, legen einige verschiedene heilende Kräfte bey. Man rühmt sie sehr, das geronnene Geblüt und die Geschwulst zu zertheilen, und sie soll nicht bloß vermöge ihrer bituminösen und balsamischen Theile, sondern auch vermöge des flüchtigen Salzes wirken. [...] Die Tinctur, welche daraus gemacht wird, besitzt die balsamischen Eigenschaften der Mumie; man gibt sie von 12 bis 24 Tropfen. Beym Einkaufe müssen die Droguisten und Apotheker darauf sehen, daß sie große Stücke, die Fleisch haben, und keine bloße Knochen sind, bekommen, und die, wenn man etwas davon auf Kohlen wirft, zwar stark, aber nicht nach Pech riechen. Je schöner und balsamischer der Geruch ist, desto höher schätzt man die Waare.*[220]

Für den bisweilen als Zeichner und später auch als Drucker tätigen Thurneysser und seine Zeitgenossen hatten ägyptische

Mumien noch eine ganz andere Bewandtnis. Aus ihnen wurde eine begehrte Malerfarbe hergestellt. Der lasurhaft helle, warme Braunton wurde vorwiegend zum Schattieren verwendet. »Die letzte Mumie, die wir hatten«, wird der Vertreter eines englischen Farbenherstellers zitiert, »war eine egyptische Frau. Sie war noch nicht 2100 Jahre alt und gab ein schönes Braun.«[221]

Auf der fünften Glasmalerei seines Scheibenzyklus präsentiert sich der Basler Selbstdarsteller in einem orientalischen Hof. Mit einem Harnglas in der Hand gibt er einem Potentaten »chymischen Unterricht«.[222] Das Bild ist zeittypisch. Wer sich in der Heilkunde und in den okkulten Wissenschaften einen Namen machen wollte, schmückte seine Autobiographie mit einem orientalischen Erfahrungshintergrund und berief sich auf griechisch-arabisches Geheimwissen. Selbst vage Andeutungen auf Begegnungen mit arabischen Ärzten, Astronomen und Alchemisten oder vorgegebene Studien an kabbalistischen Lehranstalten im spanischen Untergrund brachten den Gelehrten einen ungemeinen Prestigegewinn ein.

Ritterschlag in der Grabeskirche

Eine Biographie Thurneyssers aus der ersten Hälfte des 19. Jahrhunderts weiß darüber zu berichten, wo sich der umtriebige Reisende im Heiligen Land überall aufgehalten hat. Er soll die Gestade des Toten Meeres erkundet haben, den Ufern des Jordan gefolgt sein, die Ebene von Jericho durchwandert und die Berge Thabor und Carmel bestiegen haben. Außerdem besuchte er, gemäß dem anonymen Biographen, die Geburtskirche in Bethlehem und die Grotte der Verkündigung in Nazareth und machte Bekanntschaft mit Drusenstämmen. Über die Quellen schweigt sich das Werk aber aus.[223] Diese Angaben sind nicht abwegig, zumal die erwähnten Stationen seit dem Mittelalter zu den »Standardausflügen« des höchst effizient organisierten Pilgerwesens gehörten. Seltsamerweise erwähnen weder

der anonyme Autor noch Thurneysser, der sich für die Kabbala brennend interessierte, die Stadt Safed im nördlichen Galiläa. Dabei war Safed das geographische Zentrum kabbalistischer Mystik. Eine Vielzahl der damals rund zehntausend Einwohner waren Nachkommen der 1492 aus Spanien vertriebenen Juden, die das spirituelle Vermächtnis der Mystiker Josef ben Abraham Gikatilla und Isaak Luria pflegten.

Nach 1470 wurden optionale Ausflüge zu den heiligen Stätten bereits in Venedig angepriesen. Auch in Palästina selbst wurden die Exkursionsangebote an geeigneten Orten angeschlagen. So berichtet Otto Heinrich, Pfalzgraf von Pfalz-Neuburg, dass im Franziskanerkloster auf dem Berg Zion seit 1516 eine neue Tafel hing, auf der alle heiligen Stätten nach Orten gegliedert aufgelistet waren. Dazu waren eine kurze Charakteristik ihrer Bedeutung und die in Aussicht gestellten Ablässe verzeichnet.[224] Wer die Kosten und Mühen einer Pilgerreise auf sich nahm, ließ es sich nicht nehmen, von der eigentlichen Destination Jerusalem aus auch andere heiligen Stätten aufzusuchen. Das Reiseverhalten im 16. Jahrhundert unterschied sich somit nicht wesentlich von jenem der heutigen Massentouristen. Und wie heute rivalisierten die verschiedenen Glaubensgemeinschaften untereinander und stritten sich um die historische Legitimation zur Betreuung der heiligen Stätten. Diese Zwistigkeiten wurden nicht nur zwischen den drei abrahamitischen Religionsgemeinschaften ausgetragen, sondern auch zwischen der griechisch-orthodoxen und der römisch-katholischen Kirche, die sich liturgisch weit voneinander entfernt hatten. Größter Streitpunkt war aber stets die Kontrolle über das HEILIGE GRAB. Als besondere Erniedrigung empfanden Christen die Tatsache, dass die Schlüssel zur Grabeskirche seit der Eroberung Jerusalems durch Sultan Saladin (1137/38–1193) in der Hand der beiden muslimischen Familien Nusseibeh und Dschudeh lag und immer noch liegt.

→ Abb. 13

Die Grabeskirche wird von den Franziskanern seit 1333 für die Verleihung der Ritterwürde genutzt. Nach 1480 wurden am

Heiligen Grab jedoch nicht mehr ausschließlich Adlige, sondern grundsätzlich alle zahlungswilligen Christen ausgezeichnet. Bei der Aufnahme in den Ritterorden handelte es sich stets um Einzelritterschaften; die Ritter vom Heiligen Grab kannten keine Satzungen und blieben organisatorisch ungebunden. Zweckbestimmung des Ordens war die Unterstützung der Christen und die Förderung des katholischen Glaubens im Heiligen Land. Der für einen Nichtkatholiken ungewöhnliche Wunsch, Mitglied des Ordens zu werden, war im Fall des evangelisch-lutherisch getauften Thurneysser wohl weniger religiös motiviert, sie kam vielmehr seinem Prestigestreben entgegen.

Da die Verleihung der Ritterwürde für die Mönche ein einträgliches Geschäft war, holte der Guardian genannte Kustos jeweils die an Land gehenden Pilger im Hafen von Jaffa ab (heute ein Vorort Tel Avivs) und geleitete ihre Karawane nach Jerusalem. Unterwegs diente ihnen ein Pilgerhospiz im Städtchen Ramla als Raststätte. Die Investur wurde jeweils vom Guardian des Franziskaner-Konvents[225] nach drei Gottesdiensten in der Grabeskirche vollzogen.[226] Eine Stunde vor Mitternacht hatten sich die angehenden Ritter im Mittelschiff zu versammeln, wo nach alter christlicher Auffassung die Weltmitte liegt. Nach einer längeren öffentlichen Ermahnung zum rechten Verhalten und zur Einhaltung der ritterlichen Pflichten begab sich der Guardian zum Grabmal, und die Ritter in spe stellten sich vor dem Eingang auf. Sodann rief er den ranghöchsten Pilger auf, ihm ins Innere der Grabhöhle zu folgen, wo sich das Allerheiligste befindet. Dort gürtete er ihm ein Schwert um die Hüfte, schnallte ihm Sporen an die Füße und forderte ihn auf, niederzuknien und mit Brust und Armen die Grabplatte zu berühren. Alsdann ergriff der Guardian das dem Pilger umgehängte Schwert, zog es aus der Scheide und schlug ihm im Namen des Vaters, des Sohnes und des Heiligen Geistes mit der flachen Klinge dreimal auf die Schulter. Dann half er dem frischgeschlagenen Ritter wieder auf die Beine, küsste ihn und entbot ihm einen Segenswunsch.[227]

Der ansonsten unbescheidene Thurneysser spielte auf seine Zugehörigkeit zum Ritterorden der heiligen Katharina nur indirekt an. Mit der Bekanntmachung seiner angeblichen Mitgliedschaft zum Orden vom Heiligen Grab[228] *(Ordo equestris sancti Sepulcri hierosolymitani)* ging er gleichermaßen diskret um. Vermutlich befürchtete er, mit einer allzu markanten Betonung dieser beiden katholischen Prädikate in seinem evangelisch-lutherischen Umfeld anzuecken. Deshalb beschränkte er sich darauf, die Insignien der Ritterschaft in Bildwerken allegorisch zum Ausdruck zu bringen. Paul-Henry Boerlin weist in seiner Arbeit auf eine im Zweiten Weltkrieg zerstörte Tischdecke hin, die 1578 durch Egidius Wagner in Berlin gewirkt wurde. Darauf figurierten, um das zentrale Familienwappen Thurneyssers angeordnet, zahlreiche allegorische Kompositionen. Unter anderem war das Jerusalemskreuz (fünf Kreuze als Hinweis auf die fünf Wunden Christi) zusammen mit dem zerbrochenen Rad und Schwert, den Attributen des Ordens der heiligen Katharina, zu sehen. Diese Chiffren der Ordenszugehörigkeit sind auch auf zahlreichen Bildnissen Thurneyssers zu sehen.[229]

*

Die Verwebung von biographischen Realitäten mit imaginären Reisen ist in der Renaissanceliteratur keine Seltenheit und wurzelt tief in der Antike. Berühmtestes Beispiel dieses mittelalterlichen Literaturgenres ist neben Marco Polos Reisebericht »Il Milione«[230] das phantastische Buch »The Travels of Sir John Mandeville« aus dem Jahr 1371, verfasst von einem unbekannten Autor unter dem Pseudonym John Mandeville beziehungsweise Jean de Mandeville. Der rätselhafte Autor speiste sein Volksbuch mit sensationellen Begebenheiten aus verschiedenen antiken Quellen. Seine literarischen Rosinen pickte er unter anderem aus dem »Speculum Naturale« von Vincenz von Beauvais, der Lebensgeschichte von Alexander dem Großen oder aus der »Legenda aurea« von Jacobus de Voragine. Je weiter sich der kühne Weltreisende in seinem Werk von Europa entfernt, desto sagenhafter sind seine Schilderungen. Er beschreibt zum Beispiel die Einfüßler Ägyptens, die sich vor der Hitze dadurch schützen, indem sie sich mit einem großen Fuß Schatten ins Gesicht spenden.[231]

Adlige, die sich in ausgedehnten Europareisen von Hof zu Hof hangelten, waren umso willkommener, wenn sie ihre Gastgeber mit Erlebnisberichten aus fernen Ländern unterhalten konnten. Nach der Verbreitung des Buchdrucks Mitte des 15. Jahrhunderts stieg der Bedarf an literarischer Unterhaltung rapide an.

Sind die Fernreisen des jungen Forschers allesamt Fiktionen, mit denen er seinen Lesern ein glanzvolles und abenteuerliches Leben vorspiegeln wollte? Ganz abwegig ist diese von Bugge gemachte Unterstellung nicht; eine Reihe von Indizien erhärtet seinen Verdacht. Andererseits vermittelt Thurneysser in seinen Werken überraschende Detailkenntnisse fremder Kulturen, die er sich kaum angelesen haben konnte.

Die Wunderkammer

→ Abb. 11

Vom einst prachtvollen GRAUEN KLOSTER[232] an der heutigen Kloster-straße Berlins steht nur noch die Ruine des gotischen Kirchenschiffes. Die Basilika mit dem dreischiffigen Langhaus und vier kreuzgewölbten Jochen galt als der älteste reine Backsteinbau der Stadt. Mit seinen gebündelten Pfeilern und hohen Arkaden überragte er, zumindest in kunsthistorischer Hinsicht, alle anderen Berliner Kirchen. Das Graue Kloster war allerdings nicht grau, sondern feuerrot,[233] die Bezeichnung »Grau« bezieht sich auf die dunkelgrauen Mönchskutten der Franziskaner.

Als der vom Kurfürsten Johann Georg von Brandenburg frischberufene Schweizer Leibmedicus 1571 ins Graue Kloster einzog, war die Kirche schon ziemlich verfallen. Thurneysser zeigte sich später spendabel und ließ sie auf eigene Kosten renovieren. Auf der Innenseite der Westwand war über dem Hauptportal folgende Inschrift zu lesen:

> *ich dann diese kirche Gott, der heiligen Dreyfaltigkeit zu ihren, yhrer Chur[fürstl], und F[ürstl.] G[naden] damit zu beweisen meyne uderthenigste dankbarkeit und dem gemeynen nutzen zu gute, auch mir zu ewigen unvergesslichen gedechnis, aus meynem eygenen vermögen habe renoviren*

und erneuern lassen, und isst den 18. aprillis anno 1584, Gott sey ewiger dank, glücklichen verfertiget worden.[234]

Als großer Liebhaber von Glasmalereien hatte Thurneysser kunstvolle Kirchenfenster in Auftrag gegeben, in die er seine Zeichnungen einbrennen ließ. Offenbar überwachte er den Produktionsprozess in der Glashütte. Moehsen gibt nämlich den Hinweis, dass ihm seine speziellen Kenntnisse der Glasfärberei dienlich gewesen seien.[235] Zu den Fenstern stiftete er der Kirche auch ein neues Taufbecken aus Sandstein.

Mit diesen großzügigen Zuwendungen zugunsten des Berliner Bauerbes beeindruckte Thurneysser sowohl den Kurfürsten wie auch das gottesfürchtige Kirchenvolk. Offensichtlich genoss er die ihm entgegengebrachte Wertschätzung in vollen Zügen. Ein Diener soll 1584 erzählt haben, dass der kurfürstliche Leibarzt an einem Sonntag auf einer Bank unter dem Klostertor gesessen habe »und gelugt, wie das Volkh Inn sin Kilchen die er erst nüw ußtgestrichen, und die götzen darinn ußbutzen loßen, sich verfüege«.[236]

Vor der Reformation soll die Kirche prachtvoll ausgestaltet gewesen sein. Auf den freien Flächen zwischen gotischen Heiligenfiguren und in den Seitenschiffen hingen unter anderem Ölgemälde aus der Schule von Lucas Cranach dem Älteren. Der allenthalben maßlose Kirchenprunk war bekanntlich einer der vielen Beweggründe zur Reformation. Den Ausschlag für den Umbruch gab aber wohl der überbordende Ablasshandel, der in Preußen besondere Blüten trieb. Vor der Kirche St. Nikolai, unweit des Grauen Klosters, verkaufte beispielsweise der Dominikanermönch Johann Tetzel Schriftstücke zur »Vergebung der Sünden« an gutzahlende Bürger. Eine Hälfte der Einnahmen diente dem Bau des Petersdoms in Rom, die andere Hälfte teilten sich die Ablassprediger und der mächtige Erzbischof Albrecht von Brandenburg.

1540 – ein Jahr, nachdem die reformatorische Verkündung in Brandenburg freigegeben worden war – ließ Kurfürst Joachim

II. alle wertvollen Kirchengeräte von seinen »Sylberknechten« einsammeln und der kurfürstlichen Schatzkammer zuführen. Dennoch wurde in der Kirche bis 1559 fleißig weitergepredigt. Offenbar zeigte sich der reformierte Kurfürst gegenüber den Franziskanern tolerant, obwohl sich der Orden aus wirtschaftlichen Gründen gegen die Reformation gestellt hatte. Als Thurneysser 1571 ins Graue Kloster einzog, war das Kloster bereits verwaist; der letzte darin verbliebene Mönch, Bruder Peter, starb am 4. Januar 1571[237]. Drei Jahre später wurde im Konvent das »Gymnasium zum Grauen Kloster« errichtet, das die Kirche als Aula und Gesangssaal nutzte. Diese Zweckentfremdung war umso leichter möglich, als die Klosterkirche keine Pfarrkirche war, sondern die Filialkirche von St. Nikolai.

Wie sein Vater Joachim II. war Johann Georg dem Luxus keineswegs abhold und verbrachte die meiste Zeit auf der Jagd. 1579 brüstete er sich gegenüber seinem Freund Landgraf Wilhelm IV. von Hessen-Cassel mit seinen Abschusszahlen: »Es sind in diesem Herbst in der Mark Brandenburg an Wild gefangen und geschossen worden: 436 Hirsche, 190 Stück Wild, 4 Bären, 1363 Schweine, 130 Füchse und ein Gehörne hat 18 Enden gehabt.«[238]

Johann Georg war bei Gott kein großer Staatsmann. Seine Taten lassen sich an einer Hand abzählen: Er führte die unter Kurfürst Joachim II. angefangenen Verhandlungen zur Sicherung des Friedens zwischen den Kronen Dänemarks und Schwedens weiter. Alles andere, was er mit in- und ausländischen Fürsten zu tun pflegte, war das Abstatten von Freundschaftsbesuchen und Gegenbesuchen, die man mit allerlei Lustbarkeiten zu würzen wusste.[239] Ansonsten soll unter seiner Ägide 1585 eine regelmäßige Nachtwache organisiert worden sein. Ältere Chronisten schreiben ihm auch die Ehre zu, als erster Landesfürst das Postwesen eingeführt zu haben. Die Dienstleistungen der von ihm errichteten Postboten-Anstalt beschränkten sich allerdings auf die Mark Brandenburg. Von gesundheitspolitischer Bedeutung war sein 1593 erstmals erteilter Befehl, die zumeist unbepflasterten Gassen der Stadt zu reinigen.[240]

In einem Punkt unterschied sich Johann Georg deutlich von seinem Vater Joachim II.: Er war härter und zielstrebiger. Als strammer Lutheraner setzte er die von Joachim II. eingeleitete Reformation konsequent durch und unterzeichnete 1580 auf Rat des kurfürstlichen Kanzlers Lampert Distelmeyer die strenge lutherische Konkordienformel. Mit dieser von Kurfürst August I. von Sachsen initiierten und von Jakob Andreae aus Tübingen entworfenen Eintrachtsformel sollte die Zwietracht beigelegt werden, die nach dem Tod Luthers 1546 zwischen den schwäbischen und niedersächsischen Lutheranern entflammt war. Dennoch gab es unter den Berliner Gottesleuten Zoff und Zank. Daniel April, ein schockierter Scribent aus Thurneyssers Belegschaft, vermerkte:

> *Wunder habe ich gehört, wie sich unsre Pfaffen schlagen, schelten und zanken, dass es Sünde und Schande ist. In der St. Niklauskirche haben sie sich mit den Leuchten wollen schlagen. Die zu St. Marien haben sich auf dem Neuen Markt einander mit Steinen beworfen, so dass man sie mit grosser Mühe hat voneinander bringen müssen, und ist dies alles um das leidige Geld zu thun, das sind ihre guten Exempel in diesen gefährlichen Zeiten.*[241]

Dispute zwischen den verschiedenen Lehrmeinungen wurden zum Teil mit fanatischem Eifer geführt. Vom rüden Tonfall an den protestantischen Universitäten des Nordens sprach schon Luthers Hausgenosse Johannes Mathesius. Er beklagte die rohe Wildheit der Theologiestudenten und sprach von der trostlosen Aussicht der neuen Kirche, wenn diese Menschen einmal in die Pfarreien und Predigerstellen einrücken würden:

> *Junge Gesellen, künftige Theologen, blocken und schreien wie die andern Waldesel, und da sich sonst der Bergbauer und Handwerksgesell bürgerliche Ordnung ziehen und zähmet lässet, so haben Büttel und Wächter an jenen zu ziehen und discipliniren; und die sollen darnach Diener Jesu Chris-*

ti geben und treulich predigen und Kinder zu Gottesfurcht und Tugend erziehen, das will mir in meinen Kopf nicht.[242]

Der Geist im Glas

So stark sich die Anhänger der verschiedenen nachreformatorischen Konfessionsrichtungen auch voneinander abgrenzen mochten – sie standen einander viel näher, als ihnen bewusst war. Im Zusammenspiel von theologischen, politischen und kulturellen Faktoren überbrückte der gemeinsame Dämonen- und Teufelsglaube zeitweilig alle Differenzen. Das imaginäre Feindbild führte namentlich im Norden Europas zu einer kollektiven Hysterie sondergleichen. Während in der katholischen Welt die Inquisition primär Jagd auf Häretiker machte, schmorten auf den protestantischen Scheiterhaufen als Hexen oder Hexer abgeurteilte Menschen. Zu den Scharfmachern, die den späteren Hexenwahn antizipierten, gehörte Martin Luther. »Sie [die Hexen] schaden mannigfaltig. Also sollen sie getötet werden, nicht allein weil sie schaden, sondern auch, weil sie Umgang mit dem Satan haben«, deklarierte er in seiner Predigt vom 6. Mai 1526. Ein Beispiel aus Norddeutschland: Erdmuthe, eine Tochter des Kurfürsten Johann Georg von Brandenburg und Ehefrau des Herzogs Johann Friedrich von Pommern-Stettin, erlitt eine Fehlgeburt. Um das Fieber zu senken, übermittelte ihr die aus dem märkischen Uradel stammende Elisabeth von Doberschütz, geborene von Strantz, ein Heilmittel. Darauf wurde diese Edelfrau beschuldigt, der Herzogin von Pommern-Stettin mit einem »Hexentrank« Schadenzauber angetan zu haben. Elisabeth von Doberschütz flüchtete in den brandenburgischen Landkreis Crossen an der Oder. Dort wurde sie von den kurfürstlichen Häschern gefangen genommen, mit ihrem Ehemann in Stettin eingekerkert und am 17. Dezember 1590 wegen Hexerei zum Tode verurteilt. Präzis ein Jahr später wurde sie auf dem Stettiner Heumarkt enthauptet und danach auf dem Scheiterhaufen vor den Stadttoren verbrannt.[243]

Dieser dämonologische Hexenglaube der Frühen Neuzeit, der unter allen Ständen verbreitet war, lässt sich nur durch das Neben- und Miteinander von Religion und Magie erklären.[244] Thurneysser lebte also gefährlich. Durch seine harmlose Beschäftigung mit exotischen Naturalien und sein Experimentieren im Laboratorium geriet er bald in Verruf, mit dämonischen Kräften in Verbindung zu stehen. Unheimlich mutete den kleinen Leuten ein Glas mit einem in Baumöl eingelegten Skorpion an, das er in seiner Apotheke im Grauen Kloster aufbewahrte. »Man behauptet, ich habe den Teufel im Glas, von dem ich alles erfahre, was kein Mensch wissen könne«, erklärte Thurneysser 1580 in einer Streitschrift. Darin rechtfertigt er sich, dass das »Skorpionöl« gegen allerlei Gebrechen und Krankheiten diene. Und in seinem Werk »Pison« schreibt er: »So dich der Scorpion gebissen oder gestochen, wirstu eben mit denselbigen Oli, darinn ein ander Scorpion gestorben, den schaden bestreichen, und darvon geheilet werden.«[245]

Skorpionöl scheint in der Volksmedizin eine beliebte Ingredienz von vielen Heilmitteln gewesen zu sein. Unter dem Titel »Wie mit Beulen und Plattern zuhandeln« gibt beispielsweise der an der Universität Ingolstadt theoretische Medizin und Anatomie lehrende Arzt Franz Ignaz Thiermair in seiner 1679 erschienenen Publikation über »Curation und Genesung der bösen Sucht« verschiedene Rezepturen zur Zubereitung von trefflichen Salben gegen »allerlei böse Schäden« bekannt. Danach ist Terpentin mit verschiedenen Kräutern und Wurzeln auf kleinem Feuer aufzukochen und unter anderem mit Skorpionöl, Angelika-Pulver, Theriak und Safran zu vermengen.[246] Einen Hinweis darauf, dass Skorpionöl in der europäischen Volksmedizin möglicherweise noch heute verwendet wird, liefert ein Internet-Beitrag aus dem Jahre 2006:

Mir ist in Südtirol öfters das ›Skorpion-Öl‹ begegnet. Dazu wird ein lebender(!) Skorpion in eine Flasche Öl getan, und in seinem Todeskampf stößt der Skorpion sein Gift aus und färbt das Öl rot. Dieses Öl soll bei einem Skorpionstich helfen ... Nun wird das Serum gegen Schlangenbisse ja auch aus dem Gift der Schlangen gewonnen. Könnte das Skorpionöl also wirklich eine Art Gegengift sein oder ist es einfach bäuerlicher Aberglaube?[247]

→ Abb. 20

Für die argwöhnischen Zeitgenossen des Alchemisten war das garstige schwarze Wesen, das in einem KRISTALLGLAS eingeschlossen war, ein *Spiritus familiaris.* Dieser Flaschengeist konnte sich je nachdem in Gestalt eines Wurzelmännchens, eines Käfers oder eben eines Skorpions zeigen. Von solchen mittelalterlichen Vorstellungen vermittelt Hans Jakob Christoffel von Grimmelshausen in seiner »Lebensbeschreibung der Ertzbetrügerin und Landstörtzerin Courasche« aus dem Jahre 1670 eine Ahnung. Danach verleiht der Flaschengeist seinem Besitzer Reichtum, Macht und Weisheit. Als Preis dafür verlangt er dessen Seele. Leander Petzold, Direktor des Instituts für Europäische Ethnologie der Universität Innsbruck, erinnert in seinem 1990 herausgegebenen »Kleinen Lexikon der Dämonen und Elementargeister« an die noch bis weit ins 19. Jahrhundert verbreitete Vorstellung, dass es für den Besitzer eines Elementargeistes gar nicht einfach war, sich seiner zu entledigen. Die Schwierigkeit lag darin, dass er jedes Mal für weniger Geld verkauft werden musste, als man für ihn bezahlt hatte. So gerät der letzte Besitzer in die Fänge des Teufels.[248]

Ein Zauberteufel am Kohlmarkt

Zur naturwissenschaftlichen Forschungsarbeit gehörte in der Renaissance auch das Anlegen von zoologischen und botanischen Sammlungen. So unterhielt auch Leonhard Thurneysser neben einem botanischen Garten einen kleinen zoologischen Garten mit einheimischen und exotischen Tierarten, die er zum Teil in Hamburg einhandelte. Exotische Tierarten dürfte er auch von türkischen Händlern erworben haben, die damals die Menagerien belieferten. Mit diesem ersten Zoo Berlins befriedigte er seine naturwissenschaftliche Wissbegierde und wohl auch seine Renommiersucht, zumal Menagerien zu den höfischen Prestigeanlagen der Renaissance gehörten. Indem sie seltene Tiere zur Schau stellten, zu denen Elche, Wisente und Bären zählten, dokumentierten die Regenten Reichtum, Bildung und Beziehungen zu fernen Ländern.

Im Grauen Kloster tummelte sich über ein Jahr lang ein mächtiger Elch, den Thurneysser von Fürst Mikolaj »Rudy« Radziwill, Großhetman von Litauen[249], neben pachtvollen Gewehren und anderen Raritäten als Geschenk erhalten hatte. Ein lebender Elch war ein wahrlich fürstliches Geschenk, das wohl aus den fernen Brachlandschaften des Großfürstentums Litauen oder aus Radziwills ausgedehnten Ländereien in Polen stammte. Für die Berliner des 16. Jahrhunderts handelte es sich um eine völlig fremde Tierart, zumal das Elchwild in Mitteleuropa schon im frühen Mittelalter durch übermäßiges Jagen ausgerottet worden war. So lässt sich denn auch auf den Schusslisten des passionierten Jägers Johann Georg von Brandenburg kein einziger Elch ausmachen.

Eines Tages kam Thurneysser auf die Idee, das früher »Waldesel« genannte Tier dem in Basel tätigen Mediziner und Naturaliensammler Felix Platter zuzueignen, um es in seiner Heimatstadt vorzuführen zu lassen. Insgeheim hoffte er natürlich, damit einen Prestigegewinn bei seinen ehemaligen Mitbürgern zu erzielen. So beauftragte er 1579 seinen Faktor Burkhard Speidel mit der Spedition des Tieres nach Basel. Als der Elch am Kohlmarkt zur Schau gestellt wurde, erregte er in der Öffentlichkeit tatsächlich großes Aufsehen. Der Eindruck, den diese weltweit größte Hirschart auf die Einwohner Basels machte, muss gewaltig gewesen sein. Mit seiner Schulterhöhe von über zwei Metern überragte das zur Schau gestellte Tier wohl selbst die größten Pferde. Da es sich um ein fürstliches Geschenk handelte, war es bestimmt ein Bulle mit einem jener mächtigen, schaufelförmigen Geweihe, die bis zwei Meter

Spannweite erreichen können. Mit seiner merkwürdigen Kopfform, dem langen Nasenspiegel und der stark überhängenden Oberlippe unterschied sich der Elch von allen in der Schweiz bekannten Wildtieren.

Die Schaulust schlug aber zunehmend in Feindseligkeit um. Der offene Neid, den die Basler Gelehrten gegenüber dem »Chymiker und preußischen Medicus« hegten, lenkte die üblen Nachreden auf den Elch. So sahen die frommen Eidgenossen im Waldesel bald einmal einen Zauberteufel; um ihn unschädlich zu machen, warf ihm eines Tages eine alte Frau einen mit zerbrochenen Nadeln bespickten Apfel zum Fraß hin, worauf die arme Kreatur qualvoll zugrunde ging. Die Schaustellung des Elchs in Basel kann in Anbetracht des kommerziellen Unternehmens Thurneyssers durchaus auch als frühkapitalistische Promotion betrachtet werden, die zum Ziel hatte, den Absatz seiner Druckerzeugnisse zu fördern. Ungeklärt sind die Umstände, die Fürst Radziwill veranlasst hatten, einen Untertanen des Kurfürsten derart reich zu beschenken. Sehr wahrscheinlich zeigte er sich für ärztliche Dienste erkenntlich, die Thurneysser ihm oder seiner Frau, Prinzessin Katarzyna Tomicka, erwiesen hatte.

Thurneysser hatte durchaus auch naturwissenschaftliche Motive, sich mit der Tierwelt zu beschäftigen. Er gehörte zu den ersten Forschern, die das Geheimnis der Vogelzüge mit der damals bahnbrechenden Methode der Vogelberingung zu ergründen suchten. Ein Schreiben eines Nürnberger Bürgers an den Reichserbmarschall Veit zu Pappenheim, das wohl 1567 verfasst wurde, geht darauf ein. Danach hat Thurneysser junge Störche aufgezogen und gezähmt. Er soll sie mit einem »Messinghöslein« ausgestattet haben, dessen Aufschrift den Finder um Nachricht ersucht.[250] Ein Nürnberger Korrespondent erklärte ergänzend, der Kurfürst von Brandenburg habe einen dieser Störche auf der Jagd abgeschossen; dieser Nachtrag ist indessen unglaubwürdig. Auch der Hinweis: »Das eingesandte Bein habe ein Höslein aus Gold getragen und den Bescheid vermittelt, der Kurfürst wolle den Mann sehen, der der Natur so fleißig nachforscht«,[251] könnte ein bewusst geleisteter Beitrag zur Mythenbildung um die Beziehung des Schweizer Alchemisten zum Kurfürsten sein.

Die erste Schneekugel

Thurneysser selbst scheute keine Mühen, seinen eigenen Mythos aufzubauen. Dazu diente ihm mitunter sein silbernes Buch, dem die Aura der großen alchemistischen Geheimnisse anhaftete und zu den Präziosen seiner Bibliothek zählte. Dessen buchbinderische Machart mit Deckeln aus massivem Silber und komplizierten Schließen gehörte in der Renaissance zu den Renommierstücken der Privatbüchereien. Die hochdotierte Dienstleistung Thurneyssers bestand darin, aus dem Silberbuch Abschriften von »geheimen« Aufzeichnungen für zahlungswillige Kunden zu erstellen und ihnen somit das Gefühl einer Vorzugsbehandlung zu vermitteln.

Thurneysser akkumulierte alles, was selten, merkwürdig, fremdartig war und gemäß dem Zeitgeschmack als schön galt. Besonders reichhaltig soll seine Schnecken- und Muschelsammlung gewesen sein. Auch sein botanischer Garten und sein Herbarium waren für die Epoche einzigartig. Im Herbarium hatte er 1689 verschiedene gepresste Pflanzenarten und Samen aus aller Welt eingeklebt. Daneben gab es noch 336 ungeordnete Arten. Um seine Naturaliensammlung laufend zu erweitern, hielt der Basler Forscher seine zahlreichen Schreiber und Boten an, auf ihren Dienstreisen auch Mineralien, gesiebte Erden und seltene Steine zusammenzutragen. So wundert es nicht, dass Thurneysser im Schriftverkehr mit namhaften Botanikern stand. Einer davon war der Arzt Johannes Thal, der 1577 die »Sylva Hercynia« schrieb. Dieses Verzeichnis der Flora des Harzgebirges war insofern einzigartig, als sich Thal nicht auf medizinisch wirksame Pflanzen beschränkte, sondern alle in der Region verbreiteten Gewächse zu erfassen und zu beschreiben versuchte. Am 24. März 1582 bat er Thurneysser, ihm Samen von zwei botanischen Raritäten erster Güteklasse zukommen zu lassen: indischer Kalmus (*Acorus calamus*) und, genauso selten und aufsehenerregend, der aus dem Himalayagebirge stammende Gemeine Rhabarber.[252]

Thurneyssers Kräuterbuch »Historia Unnd Beschreibung Influentische / Elementischer und Natürlicher Wirckungen / Aller fremden unnd Heimischen Erdgewechssen« aus dem Jahre 1578 gehört wohl zu den typgraphisch schönsten und inhaltlich besten seiner Werke. Darin werden die wichtigsten Doldenblütler unter verschiedenen Gesichtspunkten in konsistenter Weise vorgestellt. Nach der Einführung zu Geschlecht, Ort und Name der jeweiligen Pflanze und einer Beschreibung der Gestalt und Konstellation folgt jeweils ein Beitrag über »Wirckende Krafft und gebrauch« sowie über »Artt, Eigenschafft und gebrauch nach Paracelsischer weis«. Im Anschluss geht Thurneysser auf die Stellung der Pflanze in der antiken Philosophie sowie auf deren magischen Anwendungen ein. Bemerkenswert ist zudem der für ihn charakteristische wissenschaftliche Apparat. Im sorgfältig gestalteten Register sind neben den deutschen Pflanzennamen die entsprechenden Bezeichnungen in hebräischer, griechischer und lateinischer Schrift aufgeführt.[253]

Thurneyssers Kräuterbuch war Teil eines überaus ehrgeizigen Projektes. Seine ursprüngliche Absicht war, ein umfassendes, zehnbändiges Pflanzenbuch über die Flora Deutschlands herauszugeben. Hierfür suchte er die Mitwirkung von namhaften Wissenschaftlern, und es gelang ihm, für sein Vorhaben unter anderem Albinus Mollerus zu gewinnen. Der aus der Straupitz stammende Pfarrer und Naturwissenschaftler legte 1582 ein Verzeichnis von 240 verschiedenen Kräutern an, die er jeweils mit lateinischen, deutschen und sorbischen Bezeichnungen versah. Seine Arbeit war aber umsonst – es blieb beim ersten Band von Thurneyssers ehrgeizigem Projekt. Fast hundert Jahre später verwertete der Arzt Thomas Panckow, ein Nachfolger Thurneyssers am brandenburgischen Hof, die vom Schweizer Leibmedicus veranlassten Zeichnungen in seinem Herbarium einigermaßen übersichtlich und ordentlich.[254] Dazu standen ihm um die tausendsechshundert Druckstücke aus dem Bestand des Basler Forschers in Form von Holzschnitten zur Verfügung.

Was Thurneysser antrieb, dieses gigantische Projekt auf überstürzte Weise in Angriff zu nehmen, dürften Konkurrenzgefühle gegenüber Conrad Gessner gewesen sein. Dieser hatte ein ähnlich gigantisches Projekt ins Auge gefasst, das Thurneyssers Arbeit wohl in den Schatten gestellt hätte. Der große Zürcher Arzt und Naturforscher starb aber 1565 im Alter von 45 Jahren unerwartet an der Pest. Gessner hatte schon 1559 von seiner Absicht gesprochen, ein Buch über die Gärten Deutschlands zu publizieren. Später unterhielt er sich darüber freimütig mit jedem Gelehrten, der ihn in Zürich aufsuchte. Die »Historia plantarum« sollte mit über tausendfünfhundert Abbildungen ausgestattet werden, doch nach Gessners Tod verschwanden die Manuskripte in den Archiven. Eine Teilausgabe brachte zwar der Arzt und Botaniker Casimir Christoph Schmiedel zwischen 1751 und 1771 unter dem Titel »Conradi Gesneri Opera botanica« heraus, doch zur vollständigen Herausgabe dieses naturwissenschaftlichen Monuments kam es erst in der zweiten Hälfte des 20. Jahrhunderts, als die verschollen geglaubten Manuskripte in Erlangen auftauchten.

Gessner und Thurneysser verfolgten grundlegend verschiedene Ansätze. Der Zürcher Polyhistor war wesentlich systematischer als sein Basler Zeitgenosse, zudem war er der Magie vollkommen abhold. Das zeigte sich unter anderem auch in seiner ausgesprochen ambivalenten Haltung gegenüber Paracelsus. Gessner bewunderte diesen zwar für seine chemischen Erkenntnisse, lehnte aber sein esoterisches Weltbild kategorisch ab.

Ein weiteres Konkurrenzwerk, das ebenfalls in Vorbereitung war und Thurneysser ein Dorn im Auge gewesen sein musste, war das »kreuter Büchlin«[255] des Schweizers Bartholomäus Carrichter. Der Walliser Astrobotaniker – Hofarzt der Kaiser Ferdinand I. und Maximilian II. – hatte sein paracelsisch zentriertes Werk bereits 1564 in Dresden beendet. Herausgegeben wurde es aber erst elf Jahre später vom Paracelsus-Übersetzer und Dichter Michael Toxites.

Thurneyssers Gepflogenheit, seine Werke mit mehrsprachigen Nomenklaturen zu schmücken und sich dabei auch exotischer Sprachen zu bedienen, mag heute als Imponiergehabe wirken. Doch die Ergänzung von wissenschaftlichen Publikationen mit fremdsprachigen Namensregistern war eine für die Renaissance charakteristische Innovation. Diesbezügliche Pionierarbeit leistete auch Conrad Gessner in seiner berühmten, 1551 erschienen »Historia animalium (Liber I)«, in der er die einzelnen Tierarten in bis zu 13 erloschenen und modernen Sprachen benannte. Die Tiernamen ergänzte er jeweils mit einer Etymologie, die Beinamen und metaphorische Verwendungen im Griechischen und Lateinischen erläutert. Das Werk kam zu einer Zeit heraus, als sich in der Wissenschaft die ersten Bestrebungen durchsetzten, Nationalsprachen neben dem Latein als Ausdrucksmittel der Forschung zu etablieren. Dabei spielte wohl auch die Absicht der Autoren mit, ihre Werke einer breiteren Leserschaft von Nichtlateinern zugänglich zu machen. Zudem spricht dieses Phänomen für das steigende Interesse an der Sprache als Forschungsobjekt. Bereits in den »Mithridates«, die 1540 bei Froschauer in Zürich herausgegeben wurden, stellte Gessner Beispiele aus 55 Sprachen einander gegenüber. Deshalb gilt er als Pionier der vergleichenden Sprachwissenschaft.[256]

Thurneyssers botanische Beschäftigungen gingen wesentlich weiter als bloße Sammeltätigkeiten. Sie pendelten zwischen astrobotanischen Betrachtungen und wissenschaftlichen Experimenten, die für die moderne analytische Chemie Schrittmacherdienste leisteten. Dazu zählen seine Versuche mit Pflanzensäften. Er fand beispielsweise heraus, dass sich Veilchensaft als Indikator bei der Gewinnung von Schwefelsäure nutzen lässt. Dabei differenzierte er sehr genau zwischen schwefeliger

Säure, das heißt Schwefeldioxid, und echter, »Vitriolsäure« genannter Schwefelsäure.[257] Während Veilchensaft die schwefelige Säure entfärbt, rötet sie die Schwefelsäure. Anderseits ließ sich Thurneysser von Ansichten leiten, die aus der Antike überliefert worden waren. So lobt er in seinem Kräuterbuch aus dem Jahre 1575 das Eisenkraut, das große Liebeskraft verleihen soll, weil es in einer besonderen Verbindung zum Planenten Venus stehe. Seine Empfehlung lautet: »verbeen [Eisenkraut] charfreytags graben, hilft dir sehr, dass dir die frawen werden hold, doch brauch kein eisen, grabs mit goldt.« Seine Kunst- und Wunderkammer schloss sowohl Naturalien als auch merkwürdige Artefakte ein. Dazu zählten unzählige getrocknete Organe menschlicher und tierischer Herkunft. Was sich nicht konservieren ließ, wurde in Zeichnungen oder Malereien festgehalten oder als Holzmodell gefertigt – Thurneyssers Sammlung enthielt ein paar Tausend derartiger Holzfiguren.

Eine vortreffliche Beschreibung der Wunderkammern und Kuriositätenkabinette liefert Umberto Eco in seinem Buch »Die unendliche Liste«. In wenigen Sätzen schildert er das Ambiente so, als sei er zu Gast im Grauen Kloster gewesen:

> *Hier wurde systematisch alles zusammengetragen, was man kennen musste, und das gesammelt, was außergewöhnlich und unerhört war, einschließlich verblüffender Wunderdinge wie ein ausgestopftes Krokodil, das in einem Gewölbe aufgehängt war, und den ganzen Raum beherrschte. In vielen dieser Sammlungen wie beispielsweise in der Peters des Großen in Sankt Petersburg zeigte man monströse Föten, fein säuberlich in Spiritus aufbewahrt. In der Wachsfigurensammlung des Naturwissenschaftlichen Museums La Specola in Florenz reihen sich anatomisch getreue Nachbildungen des menschlichen Körpers aneinander, hyperrealistische Meisterwerke von geöffneten und nackt dargestellten Leibern, in einem wahren Farbenrausch von Rosa über Dunkelrot bis zum Braun von inneren Organen, von Leber, Lunge, Magen und Milz.*[258]

Der Besitz von kostbaren Naturalien und Kunstwerken diente den Sammelnden sowohl zur Repräsentation von Herrschaft als auch zur Demonstration von Gelehrsamkeit. So erfüllte die Wunderkammer im Grauen Kloster die Funktion eines wichtigen Knotenpunktes im europaweit verzeigten Netzwerk von Gelehrten und Machthabern. Die Wunderkammern der Renaissance boten ihren Besitzern aber auch den praktischen Nutzen, Forschungen am Objekt selbst vorzunehmen zu können.

Begehrt waren in der Renaissance und in der Frühneuzeit auch Artefakte, denen etwas Magisches anhaftete, weil sie unter geheimnisvollen Umständen hergestellt wurden. Dazu gehörte eine Glaskugel, die Thurneysser 1572 in der brandenburg-preußischen Waldglashütte auf Burg Grimnitz[259] in der Uckermark, die er zeitweilig leitete, in Form eines Vogelkäfigs herstellen ließ. Das Besondere an dieser mit Wasser gefüllten Zauberkugel war, dass sich das Innenleben auf zwei Ebenen abspielte: Im Zentrum sprang ein Vogel munter herum, während im Mantel Fische schwammen. Dieses kunstvolle Objekt gilt als Vorläuferin der sogenannten Schneekugeln. Gemeint sind jene heute in Souvenirläden feilgebotenen Kunststoffkugeln, die nach einer Handdrehung Schneeflocken auf irgendeine Zauberwelt rieseln lassen. An der Pariser Weltausstellung von 1878 wurde eine nach Thurneyssers Prinzip konstruierte Schneekugel präsentiert, die statt dem Vogel ein Männchen mit einem aufgespannten Regenschirm einschloss.

Geheimnisvolle Mineralwaren

Die Herstellung von farbigem Glas war ein durch und durch alchemistischer Prozess. Dabei kamen Thurneysser seine bergmännischen Kenntnisse sehr zustatten, da zur Erzeugung von farbigem Glas unter anderem Alaun benötigt wurde. In seiner »Magna Alchymia« räumt er dem Alaun deshalb einen breiten Raum ein. »Künstlichen Allaun zur Alchymey dienstlich zu machen« heißt das 15. von insgesamt 16 Kapiteln, in denen er unter anderem die Eigenheiten von 13 verschiedenen Alaun-Bergwerken vorstellt.

Im 16. Jahrhundert verstand man unter Alaun lediglich schwefelsaures Doppelsalz von Kalium und Aluminium, während später weitere schwefelsaure Doppelverbindungen damit bezeichnet wurden. Das Salz galt noch in der Barockzeit als höchst mysteriöse Mineralware. »Zedlers Universal-Lexikon« – das im 18. Jahrhundert umfassendste enzyklopädische Werk Europas – vermerkt dazu: »Die Bestanderde des Alauns ist noch bis dato ein Geheimnis der Natur, und den Naturforschern eine unbekannte Sache, sie ist keine Kreide, keine Kalkerde, und doch hat sie mit diesen Dingen eine Ähnlichkeit [...]«[260]

Nachgewiesen ist, dass Thurneysser in der Mark Brandenburg verschiedene Alaun-Siedereien aufgebaut hatte, wo die bei Bad Freienwalde an der Oder und in Gleißen abgebaute Alaunerde verwertet wurde. Der Herstellungsprozess war nicht ganz einfach und sehr langwierig. Zunächst musste der schwefelhaltige Alaunschiefer zerkleinert und geröstet werden. Unter Zutritt von Luft bildete sich dann allmählich Schwefelsäure, die sich mit der Tonerde zu Alaun vereinigte. Durch Auslaugen des gerösteten Minerals mit Wasser und nochmaliges Abdampfen kristallisierte dann der Alaun in achteckiger Gestalt.[261] Die Nachfrage war groß. In erster Linie wurden Zeugfärbereien beliefert, die damit Stoffe beizten, um eine haltbare Verbindung der Farbstoffe mit dem Gewebe zu erzielen. Weißgerbereien brauchten Alaun, weil er den tierischen Leim haltbar macht, die Papiermühlen benötigten ihn zum Verleimen und die Goldschmiede zum Färben von Goldwaren. Sogar die Bäcker setzen dem Brotteig das Allerweltsmittel Alaun zu, um schlechtes Mehl genießbar zu machen.

Aus Kupfer werde Gold

Der Alchemiebegriff wird heute zumeist auf die Vorspiegelung des Goldmachens reduziert. Was als betrügerisches Laborieren von mittelalterlichen Obskuranten abgetan wird, ist ein geistesgeschichtlich vielschichtiger Ideenkomplex, der sich mit der Läuterung und Veredelung des Menschen und, in Entsprechung dazu, mit der Natur befasst. Die an vielen Fürstenhöfen von Scharlatanen vorgegaukelte Goldmacherei ist indessen ein Auswuchs der Spätrenaissance. Und das aus heutiger Sicht geldgierige und hoffnungslose Bestreben der Alchemisten, unedle Metalle in einem Transmutationsprozess in Gold zu verwandeln, ist nur ein Aspekt der Alchemie.

Organische und anorganische Stoffe waren im alchemistischen Weltbild gleichgestellt. Die Lehre ging von der Überzeugung aus, dass das Erdinnere unter anderem mit Edelsteinen und Metallen belebt ist, die sich in einem fortwährenden Prozess entwickeln und veredeln. So gesehen war es nur logisch, anzunehmen, dass sich unedle Metalle wie Blei oder Quecksilber mit der Zeit in Gold verwandeln würden. Indem der Alchemist danach trachtete, diesen natürlichen Wandlungsprozess durch geistiges und materielles Eingreifen abzukürzen, arbeitete er an seiner eigenen spirituellen Entwicklung. Dazu projizierte er sehr bewusst bestimmte Sinnbilder in die unbelebte Natur hinein. Diese Läuterung würden aber nur jene vollziehen können, die Zugriff auf eine »Stein der Weisen« oder *Lapis philosophorum* genannte Substanz hatten, die gewissermaßen als Katalysator wirkte. Die Herstellung des Steins der Weisen gehörte zum »Großen Werk« und war das eigentliche Ziel jedes Alchemisten. Allerdings war der Stein der Weisen kein Stein, sondern ein rotes Pulver. Die Bezeichnung Stein war rein metaphorisch gemeint, weil Feuer dem roten Pulver nichts anhaben konnte. In alchemistischen Schriften wird der Stein der Weisen sehr oft mit Decknamen wie »roter Lee« oder »Elixier« bezeichnet. Der ohnehin schon komplizierte Bedeutungsgehalt des Begriffs ist umso verwirrender, als der Stein der Weisen – je nach Zielsetzung des Alchemisten – zu verschiedenen Zwecken eingesetzt werden konnte. Die Transmutation der Metalle war nur eine mögliche Anwendung. Er konnte angeblich auch zur Erzeugung eines ewigen Lichts oder, in Wein aufgelöst, als universal wirkende Medizin angewandt werden.

Für heutige Naturwissenschaftler ist die Transmutation von Metallen eine Fiktion des Mittelalters, die allen chemischen und physikalischen Gesetzen widerspricht. Ihnen hält der Chemiker Helmut Gebelein, emeritierter Professor für Didaktik der Chemie an der Justus-Liebig-Universität Gießen, in seinem Werk »Alchemie« die Überlegung entgegen, es sei schwer vorstellbar, dass alle dokumentierten Transmutationen nur Illusion und Schwindel waren.[262] Dazu zitiert er eine Passage aus dem Werk »Vom Goldmachen« aus dem Jahre 1923: »Wenn die ›historischen‹ Beweise genügen, als unverrückbar anzunehmen, dass ein Chruskerfürst Hermann die Varusschlacht [...] schlug, dass ein gewisser Gutenberg die Buchdruckerkunst erfand [...], dann steht auf Grund gleichwertiger Nachweise auch unerschütterlich fest, dass es [...] Männer gegeben hat, welche ein Präparat zu erzeugen wussten, mit dessen Hilfe unedle Metalle in reinstes Gold verwandelt werden kann.«[263] Die Identität dieser vor allem im 17. Jahrhundert umherreisenden Adepten blieb meist unbekannt. Sie besuchten am liebsten Privatpersonen, die an der Möglichkeit der Metallumwandlung zweifelten. So ist beispielsweise in der 1667 in Amsterdam herausgegebenen Schrift »Vitulus aureus, quem mundus adorat et orat« (Das Goldene Kalb, das die Welt anbetet und bewundert) von einem Adepten die Rede, der 1666 den in Den Haag tätigen deutschen Arzt Johann Friedrich Helvetius aufsuchte und ihm ein winziges Körnchen des Steins der Weisen aushändigte, mit dem dieser eine Transmutation von Blei in Gold erfolgreich zuwege brachte.[264] Danach soll sich der einstige Gegner der Alchemie ebenfalls als Adept verstanden haben.

Im 20. Jahrhundert führten der legendäre aus Odessa stammende Chemiker, Physiker, Spion und Schriftsteller Jacques Bergier und der Journalist Louis Pauwels in ihrem wahrhaft phantastischen Buch »Le matin des magiciens« verschiedene Beispiele sensationeller Transmutationserfolge auf, die bis ins 20. Jahrhundert reichen und weit über die Erzeugung von Gold hinausgehen. Bergier erwähnt die Begegnung mit einem Alchemisten 1937 in einem Pariser Café, der auf die Kernspaltung zu sprechen kam. Später war der Physiker überzeugt, sich mit dem sagenumwobenen Adepten Fulcanelli unterhalten zu haben, dessen Warnung er literarisch verarbeitete:

> *Die Befreiung der Kernenergie ist leichter zu erreichen, als Sie glauben. Und die künstlich erzeugte Radioaktivität kann in wenigen Jahren die Atmosphäre unseres Planeten vergiften. Außerdem lassen sich mit Zuhilfenahme von ein paar Gramm Metall Atom-Sprengköper fabrizieren, die ganze Städte vernichten können. Ich sage Ihnen klipp und klar: die Alchimisten wissen es seit langem [...] es bedarf lediglich einer bestimmten geometrischen Anordnung außerordentlich reiner Stoffe, um die Atomkräfte zu entfesseln.*[265]

Thurneysser war wohl wie alle ernsthaften Adepten von der Möglichkeit überzeugt, unedle Metalle mit Hilfe eines transmutationsfähigen Elixiers in edle verwandeln zu können. In seinen Schriften behauptete er aber nie, dass ihm dieser Prozess gelungen sei. Hingegen versuchte er in seinem Leben zweimal, seine Umgebung für dumm zu verkaufen. Als Junge misslang ihm der Versuch, einem jüdischen Pfandleiher einen vergoldeten Bleibarren zu verkaufen, als reifer Mann gaukelte er seinen Bewunderern die Umwandlung einer Nagelspitze in Gold vor. Ein Kunststück brachte er indessen tatsächlich fertig: Er machte zwei präzise formulierte Handlungsanweisungen zur Goldmacherei zu Geld. Diese Anleitungen zur Transmutation erschienen unter den Titeln »Bericht von dem ganzen Gebrauch und Bereitung der Transmutation Veneris in Solem und allen dazu dienlichen Arbeiten« und »Die Rheinische Kunst«.[266] Das zweibändige Büchlein im Kleinoktav umfasst 52 Pergamentseiten, alle fein säuberlich von Hand beschrieben. Darin erklärt Thurneysser, wie sich aus Rheingold reines Dukatengold machen lässt. Für die in rotem Samt gebundene und mit vergoldetem Silber beschlagene »Rheinische Kunst« bezahlte der Kurfürst, nach Prüfung der verheißungsvollen Vorrede, stolze 9000 Taler. Und für das Manuskript »De Transmutatione Veneris in Solem« (Verwandlung des Kupfers in Sonne [Gold]) soll Thurneysser ein Honorar von jährlich 500 Talern eingeheimst haben.[267] Von seinen Gegnern wurde bisweilen behauptet, er habe den Kurfürsten mit alchemistisch verbrämten Tricks und Versprechungen hinters Licht geführt. Für solche ihm unterstellten Verfehlungen gibt es in den Hofchroniken aber nicht die geringsten Anzeichen, geschweige denn Beweise. Erstaunlicherweise distanziert sich Thurneysser in seinem Werk »Pison« sogar von der Goldmacherei: »Diese zwar, nemlich die Veränderung der Metalle, habe ich oft vor Fürsten und Herren, auch schlechten Leuten gethan, die Reduction auch oft, aber nicht so dick, aber ein Metall inn das andere transmutiren, hat mich dickermalen ein schlechte Kunst zu seyn bedunkt.«[268]

In der Vorrede zur »Rheinischen Kunst«, das Thurneysser seinem Herrn und Gönner Kurfürst Johann Georg von Brandenburg widmete, gibt er redliche Beweggründe zur Publikation vor und will gleichzeitig Vertrauen in seine Befähigung zur Goldmacherei schaffen. Des Alchemisten pekuniäre Absichten treten aber stellenweise blank zutage. Unter dem Hinweis, dass Bergwerke und Erze einem steten Wandel unterzogen seien, rechnet er den Verlust von insgesamt 10 000 Talern vor, die er durch seine Forschungsarbeiten erleiden musste. Mit dieser Publikation habe er die Absicht, dem Kurfürsten derartige Verluste zu ersparen. Geschickt zeichnet er dabei goldene Perspektiven auf, die sich dem Kurfürsten in den kommenden Jahren eröffnen werden. Der Herrscher solle die ihm vermittelte Kunst über zwei, drei Jahre für sich nutzen und ein ansehnliches Vermögen erwirtschaften. Gleichzeitig gibt Thurneysser Johann Georg von Brandenburg zu belieben, ihm und seinen Kindern die vorinvestierten 10 000 Taler mit einer jährlichen Verzinsung von fünf Prozent zurückzuerstatten. Er betont zwar, dass weder er noch seine Kinder diese Hauptsumme in bar begehren, regt aber an, ein Vertragswerk auszuarbeiten, das ihm und seinen Nachkommen die Hinterlegung des gebührenden Anteils zusichere. Des Weiteren spricht er die gewünschten Vertragsmodalitäten an. So regelt er die Bedingungen, unter denen seine Kinder ihre Ansprüche geltend machen oder verwirken können. In vorgespielter Großzügigkeit vermerkt er dazu, dass, sollten seine Kinder ohne leibliche Erben verscheiden, die Restsumme als ein freundschaftliches Geschenk zu betrachten sei, über das niemandem Rechenschaft abgelegt werden müsse.

Die 34 Kapitel des Werks geben erstaunlich klare Handlungsanweisungen. Er verzichtet auf die in den alchemistischen Werken seiner Zeit üblichen Verschlüsselungen durch metaphorische Umschreibungen. Die Bezeichnungen der zu verwendenden Substanzen wie auch die im Laufe des Prozesses gewonnenen Stoffe entsprechen dem Stand der zeitgenössischen Alchemie. Auch die angegebenen Gewichtsmengen der für den Transmutationsprozess notwendigen Stoffe sind zumeist präzise und mit zeitüblichen Gewichtsstufen wie Lith, Mark, Quart, Unce oder Pfund bezeichnet.

In Thurneyssers alchemistischem Arsenal kommen alle in seiner Zeit gängigen Materialbezeichnungen vor. Kernstück bilden die sieben Metalle der mittelalterlichen Alchemie, nämlich Kupfer, Blei, Zinn, Quecksilber, Eisen, Silber und Gold. Dazu kommen die flüchtigen Stoffe – unter anderem Schwefel, Salmiak, Arsenik und Spiesglas (Antimon oder Antimonit[269]) – sowie Salze wie Alaun, Salpeter und Vitriol. Unter den Lösungsmitteln nennt Thurneysser Bier- und Weinessig, Harn, gebrannten Wein und Mineralsäuren. Die Aufzählung der erforderlichen Geräte mit Buchstaben und allgemeinen Bezeichnungen wie Kessel, Tiegel oder Helm sind indessen meist unklar und verwirrend. Was für uns unspezifisch klingt, war für die Zeitgenossen Thurneyssers vermutlich eindeutig.

Das Geschäft mit Glücksbringern

Eine der zahlreichen Erwerbsquellen Thurneyssers bildeten astrologische Beratungen und entsprechende Schriften. Dazu gehörten sogenannte Practica. Mit diesem Begriff wurden Tabellen mit astrologischen Jahresvorhersagen bezeichnet. Im 16. Jahrhundert galten sie als unabdingbarer Teil eines Kalenders und fanden jeweils reißenden Absatz. Thurneysser ließ seinen ersten, auf das Jahr 1572 ausgerichteten Kalender, bei Eichorn in Frankfurt an der Oder verlegen. Später betrieb er dieses Geschäft auch im Selbstverlag und gab Jahr für Jahr ein neues, gestalterisch äußerst gepflegtes Kalenderwerk heraus. Seine letzte Praktik verfasste er auf sein Todesjahr 1596.[270]

Angenommen wird heute, dass die Practica in der Regel auf der Basis von astronomischen Berechnungen erstellt wurden. Jedenfalls wurden sie als praktische Anwendung der ASTRONOMIE für das irdische Leben betrachtet. Grundthemen waren das Wetter des kommenden Jahres, Aussichten auf die nächsten Ernten sowie Hinweise auf drohende Gefahren wie Kriege, Seuchen oder Katastrophen.[271] Sie dienten als Wegweiser und Kompass hinsichtlich der Ungewissheiten der Zukunft und spiegeln ihre Epoche mit ihren Nöten, Erwartungen und Hoffnungen wider.[272]

→ Abb. 19

Der Glaube an die Korrespondenz zwischen Planeten und menschlichen Organen war in der ausgehenden Renaissance allgemein verbreitet. Der dänische Hofastronom Tycho Brahe stellte in der zweiten Hälfte des 16. Jahrhunderts den Lehrsatz auf, dass die Leber dem Jupiter unterworfen und Sitz des sanguinischen Temperamentes sei. Die phlegmatischen Nieren gehören seines Erachtens der Venus an, die Milz dem Saturn und die Galle dem cholerischen Mars.

Für das Kalendermachen war der Astronomus und Mathematicus zuständig. Selbst Johannes Kepler, der Entdecker der Gesetze der Planetenbewegung, sicherte seinen Lebensunterhalt mit dem Verfassen von Kalendern. Zu seiner Rechtfertigung schrieb er: »Wenn Gott einem jeden Thiere die Mittel zur Erhaltung seines Lebens verlieh, warum sollte es nicht sein, dass er in gleicher Absicht dem Astronomen die Astrologie gegeben.«[273]

Die »Historia von D. Johann Fausten, dem weitbeschreyten Zauberer und Schwartzkünstler, wie er sich gegen den Teuffel auff eine benandte Zeit verschrieben [...] bis er endtlich seinen wol verdienten Lohn empfangen. Mehrentheils aus seinen eygenen hinterlassenen Schriften [...] zusammengezogen [...]« des Frankfurter Verlegers und Buchdruckers Johann Spies porträtiert 1587 den historischen Doktor Faust, der Goethe zu seinem literarischen Monument »Faust« inspirierte, als Verfasser von Practica:

> *Doctor Faustus, als er von Gottseligen Fragen vom Geist keine antwort mehr bekommen konnte, mußt er's auch ein gut Werk sein lassen, finge demnach an, Calender zu machen, ward also derselben Zeit ein guter Astronomus oder Astrologus, gelehrt vnd erfahren, von seinem Geist in der Sternkunst, vnd Practickenschreiben, wie männiglich wol bewusst, dass alles, was er geschrieben, unter den Mathematicis das Lob darvon gebracht [...]*[274]

Thurneysser war schlau genug, für seine Prophezeiungen in den Jahreskalendern doppelsinnige Ausdrücke und schwammige Umschreibungen zu verwenden. Meistens begnügte er sich, einige Tage des Monats mit großen lateinischen Buchstaben zu versehen. Dank dieser List konnte er im Kalender des Folgejahres, wo jeweils die Auflösung des Rätsels erschien, diese Buchstaben willkürlich deuten. Es versteht sich von selbst, dass sich die Prophezeiungen nachträglich immer als vollkommen richtig erwiesen. Ein Beispiel: Im Kalender für das Jahr 1579 standen neben 12. Oktober die Worte »B. L. hart angegriffen« und neben dem 13. Oktober die Buchstaben »F. N. R.«. Thurneyssers spätere Erklärung lautete: »B. L. = des Bayernfürsten Leben hart angegriffen« – ein Herzog von Bayern war im Oktober 1579 tatsächlich erkrankt. Und die Buchstaben F. N. R. sollen dessen

Tod vom 28. Oktober vorausgesagt haben – fatum = das Geschick Gottes, necat = tötet, *Ratisboniensem* = den zu Regensburg geborenen Fürsten.[275]

Kalenderexemplare, die er fürstlichen Häuptern zukommen ließ, ergänzte der Basler Astronom gerne mit speziellen Erläuterungen. Diese handschriftlichen, auf den Empfänger zugeschnittenen Anmerkungen brachte er jeweils zwischen den stark durchschossenen Zeilen an. War ein Unglück angesagt, schickte er gleich Glücksbringer mit, um es abzuwenden. Die Rechnung ging auf, und die Dienstleistung wurde ihm meistens ungemein hoch bezahlt.[276]

Die Produktion und der Vertrieb von Glücksbringern bildeten ein besonders lukratives Standbein von Thurneyssers Unternehmungen. Die Frage, ob es sich bei diesen magischen Objekten um Talismane oder Amulette handelte, lässt sich insofern nicht leicht beantworten, als die Abgrenzung der beiden Glücksbringertypen unklar ist. Allgemein wird im heutigen Sprachgebrauch das Amulett als abwehrendes Schutzschild verstanden, das den Träger vor negativen, schädlichen Energien abschirmt. Der Talisman tut das Gegenteil. Er wehrt nicht ab, sondern zieht das Positive wie ein Magnet an. Diese landläufige Kategorisierung der Glücksbringer ist aber insofern problematisch, als viele Glücksbringer beide Funktionen in sich vereinen.

Während der Talisman im Gegensatz zum Amulett im Mittelalter keine große Bedeutung hatte, war er in der Spätrenaissance und in der Barockzeit hoch im Kurs. In der Aufklärung gerieten sowohl Talismane als auch Amulette fast in Vergessenheit. Ein erneuter Aufschwung erfolgte im Zuge der Esoterikwelle des 20. Jahrhunderts. Im Internet werden heute Glücksbringer auf einer Flut von Homepages angeboten.

Zur Thurneyssers Zeiten waren Talismane insbesondere von Soldaten begehrt. Namentlich Angehörige der deutschen Armeen schützten sich damit vor Kriegsverletzungen. Sie waren von der Möglichkeit einer machtvollen Abwendung unheilvoller Energien bestimmter Gestirnskonstellationen überzeugt und investierten einen Großteil ihres Soldes in Amulette und Talismane. Um die metallenen Anhänger vor dem Anlaufen zu schützen, wurden sie von ihren Besitzern jeweils in ein Seidentuch geschlagen und um den Hals oder auf der Brust getragen. Da sie die Krieger furchtlos und draufgängerisch stimmten, ließen einzelne Fürsten Glücksbringer, auf denen der Mars im ersten Zeichen des Skorpions eingezeichnet war, an ihre Landsknechte verteilen.[277] Die Soldaten trugen sie, wie übrigens auch magische Zettel, auf der Haut und stürzten sich mit einem Gefühl der Unverwundbarkeit in Gefechte und Schlachten. Wie beliebt diese Anhänger unter den Soldaten waren, zeigte sich im Anschluss an das durch François I. de Lorraine, Herzog von Guise, an den Hugenotten verübte Massaker von Vassy. Nachdem die ihren Glaubensbrüdern zu Hilfe geeilten deutschen Truppen geschlagen worden waren, fand man bei der Plünderung der Toten und Gefangenen, dass fast alle Talismane oder magische Zettel auf sich trugen.

Thurneysser sprach selbst nicht von Talismanen, zumal der Begriff erst 1646 im Zusammenhang mit dem orientalischen Zauberwesen vom Französischen in die deutsche Sprache eingeführt wurde. In der Renaissance wurden die Glücksbringer allgemein als *Sigilla* (= Siegel) bezeichnet, auch wenn sie nicht die Funktion einer Petschaft hatten.

Thurneyssers Einstellung zu den Glücksbringern war vom Gedankengut Albertus Magnus' geprägt. So kritisch der deutsche Kirchenvater der Astrologie auch gegenüberstand – für ihn stand außer Frage, dass die Planeten einen entscheidenden Einfluss auf die individuelle Befindlichkeit der Menschen haben. »In dieser Wissenssparte ist es ein feststehender Grundsatz, dass alles Naturgeschehen den ersten Anstoß von den Kräften des Weltalls bekommt«[278], lautete sein Axiom. Nach der neuplatonischen Vorstellung vom Fließen der Kräfte glaubte er, dass auf den planetarischen Einfluss eingewirkt werden könne. Günstigenfalls ließe sich der Einfluss verstärken, im negativen Fall abwenden. Zur Untermauerung seiner Aussagen berief er sich auf uraltes orientalisches Wissen und bezog sich unter anderem auf den Ägypter Hermes Trismegistos[279], auf den Babylonier Dschābir ibn Hayyān (721 bis ca. 815) und auf Thebit Ben Corat, der im 9. Jahrhundert in Bagdad Alchemie mit Bezug auf Glücksbringer lehrte. Albertus Magnus' Ausführungen über den Wirkungszusammenhang zwischen Gestirnen, Gesteinen beziehungsweise Metallen und den Menschen sind nicht etwa in seinen theologischen Schriften zu finden, sondern in seiner Gesteinskunde.

Zu Beginn seiner *Sigilla*-Produktion ließ Thurneysser Glücksbringer mit dem Abbild von Jupiter aus Zinn gießen und ging dabei nach den Prinzipien von Paracelsus vor. Die figürlichen Darstellungen auf den Talismanen lehnten sich nicht etwa an die Antike an, sondern folgten eigenen astrologischen Gesetzesmäßigkeiten und bildeten Entsprechungen zu Sonne, Mond, Merkur, Venus, Mars, Jupiter oder Saturn. Auf der Kopfseite der Jupiter zugedachten Medaillen präsentiert sich ein bärtiger, professoraler Jupiter, der in einen pelzgefütterten Mantel gekleidet ist. In der linken Hand hält er ein Buch, mit der rechten führt er den Gestus eines Dozierenden aus. Auf der Gegenseite ist ein sogenannter Abakus dargestellt, der für die paracelsische Zahlenmagie steht. Dieses Zahlenquadrat besteht aus insgesamt sechzehn Zahlenfeldern. Die Besonderheit dieser Zahlenordnung liegt darin, dass die Quersumme jeder vierstelligen Zahlenreihe, sowohl in der Vertikalen wie in der Horizontalen oder in den Diagonalen, in jedem Fall die Zahl 36 ergibt. Eine äußerst komplexe Erklärung der magischen Wirkung derartiger Zahlenquadrate liefert der deutsche Jesuit und Universalgelehrte Athanasius Kircher in seiner 1656 herausgegebenen »Arithmologia & de abditis numerorum mysteriis«.

Die Zweckbestimmung dieser Kategorie von Glücksbringern war in erster Linie die Abwehr von Krankheiten, von denen man glaubte, dass sie von den Planeten regiert wurden. Unter anderem schuf Thurneysser einen 14 Dukaten schweren, hochkarätigen Talisman. Diese nach alchemistischen Gesichtspunkten gegossene und geschnittene *Sigilla solis* sollte die Trägerschaft in erster Linie vor von der Sonne beherrschten Gebrechen bewahren. Darunter fielen alle das Gehirn betreffenden Krankheiten. Der außerordentlich kostbare Talisman ist in feinster Goldschmiedearbeit gefertigt und trägt die Jahreszahl 1574. In diesem Jahr bemühte sich Thurneysser, den dementen Herzog Albrecht Friedrich I. zu kurieren. Verschiedene Anzeichen sprechen dafür, dass Thurneysser diesen Talisman zum Zeitpunkt der günstigen astrologischen Konstellation selbst gegossen und graviert hatte und ihn zur Behandlung des offensichtlich psychisch kranken Adligen einsetzte. Doch der Talisman scheint nicht sonderlich wirksam gewesen zu sein. Albrecht Friedrichs Gemahlin Anna Maria von Braunschweig-Calenberg vermerkt zwar in Briefen an befreundete Fürstinnen, dass sich der Zustand des Herzogs gebessert hätte und es Aussicht auf Genesung gäbe. Aber daraus wurde nichts. Der zweite Herzog von Preußen blieb bis zu seinem Ableben unzurechnungsfähig.

Vorsichtigerweise gab Thurneysser mit dem Verkauf seiner Glücksbringer keine Heilungsversprechen ab. Er positionierte sie vielmehr als machtvolle Werkzeuge zum Stellen der Nativität. Der Begriff der Nativität spielt in seinem Werk eine Schlüsselrolle. Mit diesem Ausdruck wurde vom Mittelalter bis zur Frühneuzeit das Geburtshoroskop bezeichnet.[280] Thurneysser nannte die Nativitäten auch »Geburtsfiguren« und leitete sie meistens mit einem *Figura Coeli*[281] bezeichneten astrologischen Schema ein. Zum Teil erläuterte er dazu auch seine Berechnungsweise. Beispielsweise legt er die Nativität eines am 26. Februar 1536, 7:38 Uhr Geborenen mit Prophezeiungen dar, die sich über zahlreiche Kapitel erstrecken und eine Vielzahl von persönlichen Merkmalen und Lebensbereichen berühren wie »Quantitet« (= Länge) des Lebens, Form, Gestalt, Statur, Komplexion, Temperament, Krankheiten, Ehren, Ehestand, Kinder, Freundschaften, Feindschaften, Reisen. Zum Schluss vermerkt Thurneysser, ob der Betreffende eines natürlichen oder unnatürlichen Todes sterben wird.[282]

Stellte Thurneysser bei seinen Patienten fest, dass die Krankheit im Zusammenhang mit einer ungünstigen astrologischen Konstellation stand, ließ er den Arzneimitteln entsprechende Glücksbringer beilegen, um damit das Übel abzuwenden. In seiner Korrespondenz finden sich auch viele Bestellungen von Ärzten, die Talismane therapeutisch einsetzten.

Der begabte Medicus kreierte für seine *Sigilla* eine verblüffende Vielzahl von Motiven und konnte seiner Käuferschaft somit eine ungemeine Sortimentsbreite anbieten. Ob ihn dazu kaufmännisches Gespür oder alchemistische Einsichten führten, ist schwer auszumachen; vermutlich war beides im Spiel. Will man die Qualität seiner Glücksbringer nach ihrer materiellen Beschaffenheit und handwerklichen Ausgestaltung beurteilen, so gehören sie zum Feinsten, was in den Handwerksstätten des Manierismus geschaffen wurde. Da der vielbeschäftigte Alchemist aber kaum Zeit fand, die Produktion der Talismane selbst in die Hand zu nehmen, ließ er die Stempel für seine Glücksbringer von einem Goldschmied namens Andreas Hindenburg aus Berlin-Cölln fertigen. Er gab ihm genaue Anweisungen, in welchen Konstellationen er die Metalle schmelzen und die Medaillen gravieren musste und in welchen astrologischen Aspekten er sie auszuprägen hatte.

Thurneyssers schwunghafter Handel mit seinen *Sigilla* löste in kirchlichen Kreisen heftige Kontroversen aus. Auf der einen Seite verfolgten der Bischof von Regensburg, Abt Johannes Trithemius und viele Mönche die magischen Praktiken durchaus wohlwollend und stellten die Wirkung der Gestirne auf die Menschen nicht in Abrede; auf der anderen Seite hatten viele Theologen den Kampf gegen den Glauben an die Macht der Glücksbringer aufgenommen. Für sie waren diese magischen Erzeugnisse Relikte des Heidentums. Was ihnen besonders verdächtig erschien, waren die auf den Glücksbringern dargestellten Götter der Antike. Andere, selbst protestantische Theologen, standen den Glücksbringern hingegen durchwegs positiv gegenüber. Der bekannte Nürnberger Reformator Andreas

Osiander trug eine goldene Kette um den Hals. Damit man ihn nicht eines hoffärtigen Charakters bezichtigen konnte, rühmte er – wohl auch aus Überzeugung – die Macht des Goldes als vorbeugendes Mittel gegen Aussatz und andere Krankheiten.

→ Abb. 32

Um theologische Angriffe gegen die GLÜCKSBRINGER ins Leere laufen zu lassen, wandten Johannes Trithemius, der gelehrte Abt des Klosters Sponheim, und seine Schüler eine abgefeimte List an. Sie empfahlen den *Sigilla*-Produzenten, nebst Zeichen der Planeten und Zahlenquadraten den Namen Gottes und der Engel in hebräischen Buchstaben einzusetzen. Trithemius hatte dazu in einem Traktat alle Engel benannt, die über Planeten und Tierkreiszeichen herrschten und die vier Hauptwinde regierten. Dazu identifizierte er auch die Schutzengel, welche die vier Elemente und vier Weltgegenden verwalteten. Diese Namen schöpfte Trithemius sowohl aus der Bibel als auch aus der frühen kabbalistischen Literatur. Jedem Planeten wurde überdies ein Dämon zugeordnet, der die feindlichen Aspekte und deren schädliche Wirkung befehligten. Thurneysser, der anscheinend selbst etwas Hebräisch konnte, erkannte in dieser Empfehlung gleich eine Chance, mit den weitgehend unbekannten Symbolen das magische Ansehen seiner Produkte bei den Unwissenden zu erhöhen.

Die metallurgische Beschaffenheit der Talismane war mindestens so wichtig wie ihre Inschriften und Bildmotive. Nach der gängigen Lehre übten die Planeten ihren Einfluss nämlich nicht nur direkt auf Menschen aus, sondern auch auf Metalle, die auf die Menschen zurückwirken konnten. Unter anderem schuf Thurneysser einen Taler, der aus einer Legierung gegossen wurde, die aus allen Metallen der Planeten bestand. Diese Legierung nannte man Elektrum[283]. Daraus wurden auch Fingerringe verfertigt, die »sympathetische Ringe« hießen. Paracelsus sowie der flämische Arzt und Naturforscher Johann Baptist van Helmont versicherten: »Wenn ein an Fallsucht leidender Mensch einen derartigen Ring am Finger trägt, so wird er von einem Anfall verschont.«

Mittlerweile hat die Allergieforschung den Beweis geliefert, dass verschiedene Metalle, vor allem Chrom, Nickel und Kobalt, als Allergene wirken können. Bei Körperkontakt geben Metallobjekte Ionen frei, die die Haut penetrieren. Darauf reagieren Abwehrzellen und setzen Botenstoffe frei, die zu Entzündungsreaktionen führen. Wenn also gewisse Metalle bei bestimmten Personen gesundheitliche Probleme auslösen, ist nicht einzusehen, warum Hautkontakt mit Metallen nicht auch einen positiven Einfluss auf den Köper haben kann.

Besonders günstige Eigenschaften wurden seit dem Altertum dem Kupfer zugeschrieben. So standen Personen, die beruflich mit Kupfer zu tun hatten, im Ruf, vor Seuchen gefeit zu sein. Die Kupferschmiede sollen bei den großen Pestepidemien in der Lage gewesen sein, infizierte Leichen wegzuschaffen, ohne sich selbst anzustecken. Der Berliner Internist Bernhard Zondek (1891–1966) wies den direkten Zusammenhang von Kupfer und Vitamin B im Organismus nach. Ebenso schrieb Zondek die Abwehrkräfte gegen Infektionskrankheiten unter anderem dem Kupferspiegel des Blutes zu. Er fundierte seine Thesen mit einer aufschlussreichen Statistik über die durch Cholera bedingte Sterblichkeit. In den Jahren 1830 bis 1870 kamen auf zehntausend an Cholera erkrankte Einwohner durchschnittlich 37 Todesfälle, während unter zehntausend Arbeitern in Kupferbergwerken nicht einmal drei Cholera-Fälle verzeichnet wurden, die tödlich verliefen.[284] Nach diesen Erkenntnissen lässt sich Thurneyssers Talisman-Produktion nicht mehr einfach als Scharlatanerie abtun.

Der bis heute ungebrochene Glaube an den Effekt von Talismanen und Amuletten geht auf die von Albertus Magnus beschriebene Korrespondenz zwischen Gestirnen und Edelsteinen zurück. Nach seiner Vorstellung konnten Edelsteine so präpariert werden, dass sie die spezifischen Kräfte der ihnen zugeordneten Planeten wie ein Magnet auf sich zogen. Der deutsche Universalgelehrte Heinrich Cornelius Agrippa von Nettesheim (1486–1535) ließ sich von den Überlieferungen aus der Antike inspirieren und brachte die zwölf Steine der Apokalypse – gestützt auf ihre Farbgebung – in Beziehung zu den zwölf Tierkreiszeichen. Diese Zuordnung beeinflusste die Astrologie bis ins 19. Jahrhundert. Die in jüngster Zeit, namentlich in der New-Age-Bewegung aufgekommene Literatur über »Glückssteine« hat mit der zu Thurneyssers Zeiten landläufigen Vorstellung über die Wirkungsweise der Steine und Metalle allerdings wenig gemeinsam. Was uns in der westlichen Welt als altes, esoterisches Wissen verkauft wird, ist ein Amalgam aus antiken Vorstellungen, indischer Astrologie und merkantilen Aussagen von gewieften Juwelieren. Ein heute gängiges Konstrukt wurde am 12. August 1912 in Kansas City anlässlich eines Treffens der »American National Retail Jeweler's Association« erstellt, bei der die Zuordnung der Edelsteine zu den Kalendermonaten aufgrund von Kundenpräferenzen willkürlich festgelegt wurde.

Ein Wunderstern über Berlin

Die Mineralogie war für die meisten Universalgelehrten der Renaissance eng mit der Astrologie und Astronomie verknüpft. So befasste sich auch Thurneysser selbstverständlich mit sternkundlichen Fragen. Er beobachtete regelmäßig den Nachthimmel und berechnete als erster Forscher Berlins die Ephemeriden für die Jahre 1580 bis 1590. Diese Aktivitäten wurden von ihm wohl erwartet, zumal sie am Berliner Hof Tradition hatten. Schon Kurfürst Georg Friedrichs Großvater, Joachim I. von Brandenburg, beschäftigte einen Mathematiker und Astrologen, mit dem er vom Turmzimmer des Stadtschlosses aus jeweils in den Sternenhimmel guckte. Dieser Hofmechanikus war kein Geringerer als Johannes Carion, der mit seiner 1532 erschienenen Chronik des Weltzeitalters (»Chronicon Carionis«) weit über die Grenzen des Heiligen Römischen Reichs Deutscher Nation hinaus bekannt wurde.

Am 8. November 1572, es war eine sternenklare Nacht, sah Thurneysser am nördlichen Sternenhimmel über der Stadt Halle etwas ganz Außergewöhnliches. Bei der Kassiopeia – eines der 48 Sternbilder der antiken Astronomie, das sich wie ein *W* präsentiert – leuchtete ein bisher nie dagewesener, unwahrscheinlich heller und großer Stern. War dies ein Zorneszeichen Gottes, eine sich anbahnende kosmische Katastrophe oder ein neuer Stern? Ein Komet konnte es jedenfalls nicht sein, denn das Himmelslicht rührte sich anscheinend nicht von der Stelle.

Thurneysser beobachtete diese himmlische Lichtquelle noch mindestens zweimal von Berlin aus, und zwar am 19. Dezember 1572 und am 1. Januar 1573. Auch wenn er den phantastischen Stern in einem Einblattdruck großartig beschrieb, war er nicht dessen Entdecker. Neben Thurneysser hatten wohl Tausende von Menschen aus ganz Europa die einzigartige Himmelserscheinung gesehen. Der eigentliche Entdecker des Wundersterns war vermutlich der Mathematikprofessor Wolfgang Schüler aus Wittenberg, der ihn schon am 6. November 1972 um 6.00 Uhr vormittags gesichtet hatte.[285]

Schüler ist in Vergessenheit geraten, die Ehre der Entdeckung gebührt heute dem großen dänischen Astronomen Tycho Brahe, dem der neue Stern fünf Tage später ins Auge fiel. Er beschrieb seine Beobachtungen unter dem Titel »De stella nova«[286] und bezeichnete den Stern als »ein Wunder, wie es seit Anbeginn der Welt nicht gesehen wurde«.[287] Mit seiner entsprechenden Schrift erregte er bei den europäischen Astronomen ein umso größeres Aufsehen, als er zum Schluss kam, dass die *Stella nova* der Fixsternebene zuzuordnen sei. Indem er den Beweis lieferte, dass die Sternsphären weder ewig noch unveränderlich sind, brachte er die aristotelische Weltordnung gehörig ins Wanken.

Was am Firmament tatsächlich zu sehen war, bezeichnet man heute als Supernova, Typ I. Es handelt sich dabei um Explosionen in Doppel- oder Mehrfachsternsystemen, zu denen die Hälfte aller Sterne im Universum gehören.[288] Mit bloßem

Auge sichtbare Supernovae sind äußerst selten; bis heute wurden höchstens acht Supernova-Explosionen beobachtet.[289]

Thurneysser schrieb dem von ihm als *Stella prodigiosa* bezeichneten Phänomen eine astrologische Wirkung zu, die genau zwei Jahre, neun Monate und neun Tage anhalten würde. Seiner Meinung nach wurde der WUNDERSTERN vom nahegelegenen Jupiter entzündet, nahm an der ersten Bewegung am Fixsternhimmel teil und driftete außerdem in 53 Tagen und 19 Minuten schnurstracks auf den Polarstern zu.

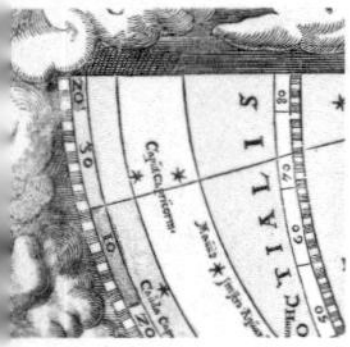

→ Abb. 31

Dass das Erscheinen des neuen Sterns düstere Prognosen hervorrief und zu Erklärungen für Kriege und ungünstige Naturerscheinungen führte, erstaunt insofern nicht, als es den breiten Volksmassen zur Mitte des 16. Jahrhundert zusehends schlechter ging. Sie hatten die Folgen von Kriegen und Missernten zu tragen und litten unter Hungersnöten. 1576 löste König Heinrich III. den sechsten Hugenottenkrieg aus, in den Niederlanden terrorisierten die vom spanischen König Philipp II. um den Sold geprellten Söldner die Bevölkerung, und in Norditalien wütete eine furchtbare Pestwelle. Die unheilvollen Vorhersagen wurden im November 1577 lauter, als plötzlich ein gewaltiger Komet am Firmament erstrahlte. Der Schweifstern war derart gleißend, dass er selbst am helllichten Tag von allen Teilen Europas aus gesehen werden konnte. Da die meisten Menschen die durch die *Stella prodigiosa* ausgedrückte göttliche Warnung nicht beherzigt hätten, meinte Thurneysser, habe Gott fünf Jahre später einen »Cometen / oder beweglichen Stern vnd schein / vnder das ander / vnd vor langest erschaffen Gestirn / doch noch über ds Gewülk [...]« gesetzt.

Selbstverständlich blieben Naturkatastrophen auch im 16. Jahrhundert nicht aus. Am 17. August 1595 überuferten die sächsischen Wasserläufe. In Zittau – wo heute die Grenzen Deutschlands, Tschechiens und Polens zusammenlaufen – beschädigten die Fluten Teile der Stadtmauer, und in der Stadt selbst ertranken viele Einwohner. Ob die Menschen Mitteleuropas indessen Kenntnis vom bis anhin größten Erdbeben in

China hatten, das am 23. Januar 1556 die kaiserliche Provinz Shaanxi erschütterte und mindestens achthundertdreißigtausend Todesopfer forderte, ist eine offene Frage.

Völlig unverständlich ist für unser heutiges Denken, dass Himmelserscheinungen von einzelnen Gelehrten als Zeichen von zurückliegenden Ereignissen betrachtet wurden. Für den protestantischen Geistlichen und Kalenderschreiber Georg Caesius verwies der Wunderstern unter anderem auf die blutigen Ereignisse der vier Monate zurückliegenden Bartholomäusnacht vom 24. August 1572.[290]

Thurneysser befasste sich weniger mit dem astronomischen Phänomen des Wundersterns an und für sich als mit dessen schicksalhaftem Einfluss auf das politische und gesellschaftliche Geschehen. Er stellte die Sternerscheinung in dramatische Zusammenhänge und deutete Endzeiterwartungen an. In der 365 Reime umfassenden Practica seines Einblattdruckes geht er auf zahlreiche zwischen Januar 1573 und Oktober 1575 zu erwartende Ereignisse ein.

Ein Exemplar von Thurneyssers Einblattdruck über die *Stellae prodigiosae* – der Holzschnitt ist aus zwei Bildstöcken in Groß-Oktav produziert und handkoloriert – gehört zum Bestand der Zentralbibliothek Zürich.[291] Dass der Titel in griechischen Buchstaben[292] abgesetzt ist, verweist auf die für den Herausgeber charakteristische Effekthascherei. Das Blatt ist zweiteilig. Die obere Hälfte zeigt die in stereometrischer Projektion gezeichnete nördliche Himmelshalbkugel mit den Tierkreiszeichen. Unter dem Polarkreis, gleich neben dem Kolurkreis, ist die *Stella nova* erbsengroß eingezeichnet. Links und rechts eines die Halbkugel umfriedenden Wolkenbandes sind Naturkatastrophen dargestellt. Einerseits ein Hagel- oder Steinregen, andererseits eine brennende Stadt hinter einem Turbanträger mit der Mondsichel auf der Fahne. Darunter sind acht Streithähne abgebildet. Die Bildersprache ist mit einer Fülle von apokalyptischen und politischen Anspielungen durchsetzt. Die folgende politische Prognose erhellt die kryptischen Bildelemente:

Ein schädlich fewr / das lang her brennt /
Fellt / wils Gott / vnd nimpt auch sein end /
Vnd wirdt sein gewalt einm andern gehen /
Damit der last ein end wirdt nehn.
Ein hochs Haupt auch in Gott entschlafft /
Durch deß abgang viel werden gstrafft /
Versammlung gschicht in Deudschem land /
Fried widt gemacht / hat nicht lang bstand /
Das bsieglet Buch durchlesen wirdt /
Dem Reich ein grosse nutzung gbirdt.
Der Türe sich etwas frewen sol /
Wils Gott / so kann ers wenden wol /
Der bhuot vns vors Tyrannen gwalt /
Vnd vns im fried vnd ruh erhalt.[293]

Auf der zum Einblattdruck gehörenden Practica sind Länder, Regionen und Städte aufgeführt, die von den astrologischen Auswirkungen des Wundersterns in besonderem Maße betroffen sein werden. Und in der linken Spalte sind Bibelstellen erwähnt, die das Jüngste Gericht sowie die himmlischen und irdischen Vorzeichen für das Nahen des Richters ankündigen. Aber Thurneysser war ein vorsichtiger Prognostiker. Er relativierte die neben den Planetenaspekten verzeichneten Voraussagen von Unglücksfällen mit dem Hinweis, dass Gott über den Gestirnen stehe, da er sie erschaffen habe, und ihre ungünstigen Einflüsse abwenden könne, sofern sich die Menschen zur Buße und Umkehr bereit zeigten.

Das im Einblattdruck prognostizierte Ungemach wandte sich eines Tages gegen Thurneysser selbst, der immer mehr Feindseligkeiten auf sich zog. Offenbar fiel das Blatt auch seinen Widersachern in die Hände. Mit feinsäuberlicher Schrift brachte ein anonymer Leser die giftige Marginalie am rechten Bildrand an: »Der Thurnscheisser ist [ein] grosser Narr [...] Wer es nicht g[laubt? ...] halt ich auch.«

– Leonhard Thurneysser
chnitt mit griechischer Umschrift, aus »Magna Alchymia«, 1583,
aniel Seidel im Grauen Kloster geschnitten

Abb. 2 – Figurenscheibe mit Darstellung der Geburt von Leonhard Thurneysser von Basel
Der Auftraggeber zeigt sich als Wunderkind.
Glasgemälde von Christoph Murer, 1579

Abb. 3 – Leonhard Thurneysser beim Erwerb von Mumien
Damit wollte der Medicus gelehrtes Handeln auf seiner Orientreise dokumentieren. Detail eines Scheibenrisses von Christoph Murer, um 1579

Abb. 4 – Albertus Magnus mit einem Lobspruch auf seine Verdienste
Kupferstich von Theodor de Bry aus »Bibliotheca Chalcographica hoc est Virtute …« von Jean Jacques Boissard, 1669

Abb. 5 – Paracelsus – Vorbild Thurneyssers
Kupferstich unbekannter Herkunft in Anlehnung an das Paracelsus-Porträt von Augustin Hirschvogel, 1530

Abb. 6 – Erzherzog Ferdinand II. von Österreich
Landesfürst von Tirol ab 1564 und
Schutzherr Thurneyssers.
Francesco Terzio, Öl auf Leinwand, nach 1557

Abb. 7 – Philippine Welser aus Augsburg
Gemahlin von Ferdinand II.
Unbekannter Meister, Öl auf Leinwand,
um 1557

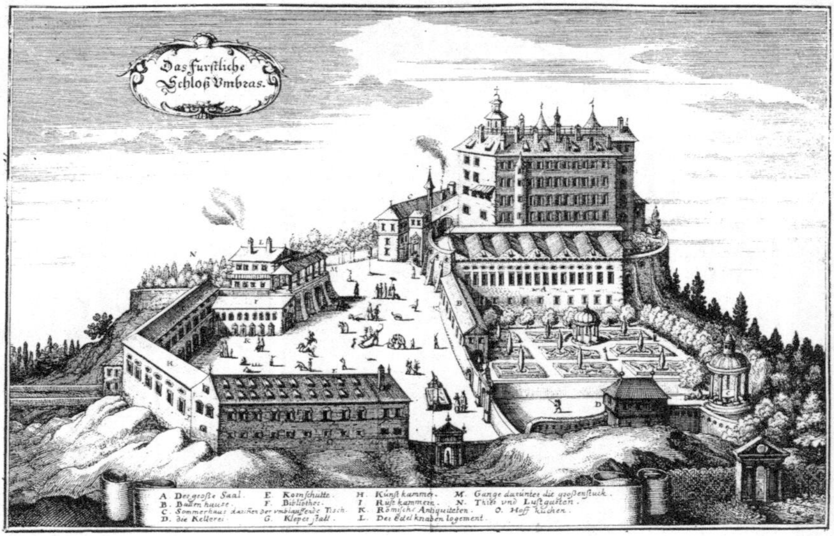

Abb. 8 – Schloss Ambras bei Innsbruck
Kupferstich des Basler Künstlers und Verlegers Matthäus Merian d.Ä.
aus seiner »Topographia Germaniae«, Frankfurt a.M. 1649

Abb. 9 – Kurfürst Johann Georg von Brandenburg
Kupferstich aus Custos, Dominicus: »Atrium heroicum Caesarum, regum, […] imaginibus […] illustr[atum]«, Augsburg 1600–1602

Abb. 10 – Jerusalem – Gesamtansicht aus der Höhe
Kupferstich von Matthäus Merian d. Ä. aus Johann Ludwig Gottfried: »Neuwe Archontologia cosmica«, Frankfurt a. M. 1646

ilati behaúsung.
Steffans thor.
hrt da Steffanus=
steinigt worden.

20. Straß nach Behtlehem.
21. Der Bach Cedron.
22. Valle Iosaphat.

23. Helisei begrebnus.
24. Der Bilgern begrebnuß.

Abb. 11 – Das Graue Kloster in Berlin mit der Klosterkirche
Wirkstätte Thurneyssers und Sitz des Berlinischen Gymnasiums.
Photographie um 1920

Abb. 12 – Vogelschaukarte der Stadt Basel
Kupferstich von Matthäus Merian d.Ä. aus Martin Zeiller, »Topographia Helvetiae«,
Frankfurt a.M. 1642

Abb. 13 – Das Heilige Grab in Jerusalem
Das Innere der Rotunde nach einer Zeichnung aus Cornelis de Bruyn: »Reizen [...]door Klein Asia, Aegypten, Syrien en Palestina«, Delft 1698

Abb. 14 – Katharinenkloster am Fuße des Bergs Sinai
Der Gebäudekomplex hat sich seit dem 16. Jahrhundert kaum verändert. Zeitgenössische Photographie, 2009

Abb. 15 – Harnbeschauender Arzt und Wundarzt
Holzschnitt aus Redericus Zarmorensis (Rodriguez Sánchez de Arévalo):
»Spiegel des menschlichen Lebens«, Augsburg 1479

Abb. 16 – Johannes Huber (1507–1571)
Der Basler Medizinprofessor war Thurneyssers Mentor.
Holzschnitt aus der »Schweizer Chronik« von Johannes Stumpf, Zürich 1547/48

Abb. 17 – Arbeitsprozess in einer Schwefelhütte
Aufbereitungsprozess von Schwefel gemäß Band VIII
Holzschnitt aus Georgius Agricola: »De re metallica libri XII«, Basel 1556

Abb. 18 – Alternative Schwefelproduktion im 16. Jahrhundert
A: Topf mit Abflussrohr, B: Topf ohne Abflussrohr, C: Deckel
Holzschnitt aus Georgius Agricola: »De re metallica libri XII«, Basel 1556

Abb. 19 – Vom Mercurio Solis
Selbstdarstellung Thurneyssers als Astronom
Holzschnitt aus Thurneyssers »Quinta Essentia«, Leipzig 1574

Abb. 20 – Gefäße mit eingeschlossenen Drachen
Das uralte Uroborus-Symbol steht für die sich wandelnde Materie. Holzschnitt aus Thurneyssers »Quinta Essentia«, Leipzig 1574

Abb. 21 – Die ewige Heimligkeit
Holzschnitt aus Thurneyssers »Quinta Essentia«, Leipzig 1574, nach einer Zeichnung von Jost Amman

Abb. 22 – Von den Sal Solis
Zusammenhang von Elementen, Körpersäften, Sternzeichen und Charakter. Allegorischer Holzschnitt aus Thurneyssers »Quinta Essentia«, Leipzig 1574

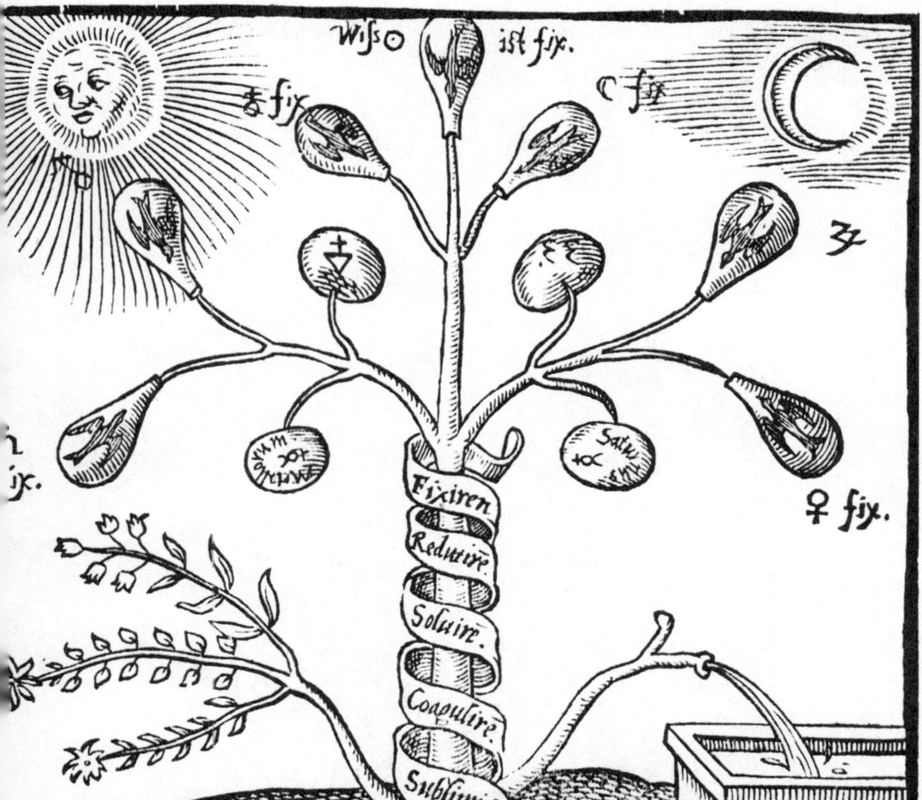

Abb. 23 – Vom Quecksilber
Lebensbaum, an dem die paracelsischen Prinzipien reifen.
Allegorischer Holzschnitt aus Thurneyssers »Quinta Essentia«, Leipzig 1574

Abb. 24 – Das anatomische Theater zu Leiden, Niederlande
Kupferstich von Willem Swanenburgh nach Johannes Woudanus, Leiden 1610

RELIQVIS QVÆ IBI EXTANT DELINEATIO.
NOSCE TE IPSUM.
PULVIS & UMBRA SUMIS.
MORS SCEPTRA LIGONIBUS ÆQUAT.
And. Cloucq. Bibliopol. divulgavit.

Abb. 25 – Leonhard Thurneysser
Der Meister mit einem Zirkel als Symbol der kosmischen Ordnung
Holzschnitt aus Thurneyssers »Preoccupatio«, Frankfurt/Oder 1571

Abb. 26 – Don Fernando Álvarez de Toledo y Pimentel
Der 3. Herzog von Alba schlug in den Niederlanden die protestantischen
Aufständischen nieder. Kupferstich, undatiert

Abb. 27 – Thurneysser besiegt seine Feinde
Allegorie aus »Impletio, oder Erfüllung der verheissung Leonhart Thurneyssers«
Holzschnitt von Jost Amman, wohl Basel 1580

Abb. 28 – Hinrichtung des Münzmeisters Lippold Ben Chluchim
Thurneysser heizte damit 1573 die antijudaistische Stimmung in der Mark Brandenburg an. Kupferstich aus der Offizin des Grauen Klosters

Om̃is. Ænima quæ
fecerit abominatiõe hanc, eradicabitur.

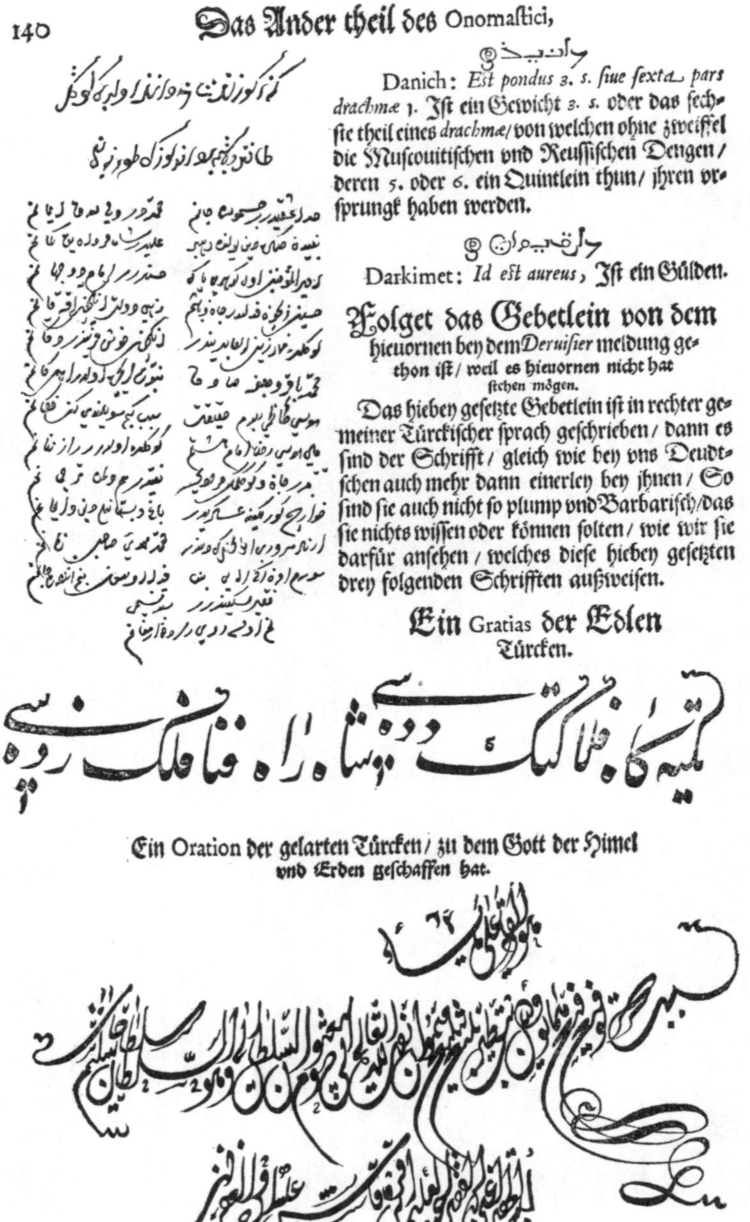

140 Das Ander theil des Onomastici,

Danich: *Est pondus 3. s. siue sexta pars drachmæ* 1. Ist ein Gewicht 3. s. oder das sechste theil eines *drachmæ*/ von welchen ohne zweiffel die Muscouitischen vnd Reussischen Dengen/ deren 5. oder 6. ein Quintlein thun/ jhren vrsprungk haben werden.

Darkimet: *Id est aureus*, Ist ein Gülden.

Folget das Gebetlein von dem hieuornen bey dem *Deruisier* meldung gethon ist/ weil es hieuornen nicht hat stehen mögen.

Das hieben gesetzte Gebetlein ist in rechter gemeiner Türckischer sprach geschrieben/ dann es sind der Schrifft/ gleich wie bey vns Deudtschen auch mehr dann einerley bey jhnen/ So sind sie auch nicht so plump vnd Barbarisch/ das sie nichts wissen oder können solten/ wie wir sie darfür ansehen/ welches diese hieben gesetzten drey folgenden Schrifften außweisen.

Ein Gratias der Edlen Türcken.

Ein Oration der gelarten Türcken/ zu dem Gott der Himel vnd Erden geschaffen hat.

Diß ist

Abb. 29 – Thurneyssers Beiträge in orientalischer Typographie
Der Text ist in persischer Sprache verfasst, die Schrift wurde im osmanischen Stil gewählt. Schriftbild aus Thurneyssers »Onomasticum«, Berlin 1583

Abb. 30 – Illustration zu den »Cabalischen Oraculen / oder Sibylischen Weissagungen«
Warnung vor dem großen Kometen, der 1577 gesichtet wurde.
Holzschnitt aus Thurneyssers »Ein Kurtzer und Einfeltiger bericht«, Berlin 1577

ΤΗΡΉΣΕΙΣ Μ: ΤΕΩΡΟΛΟΓΙΚΑΊ.

Stellæ prodigioſæ, **Anno** 1572. **den** 8. **tag Nouembris in Dodecatemorio Tauri / am vnderſten teil des halſes des himliſchen** Bildes der Caſſiopeæ genandt / erſtlich erſchienen / von Leonharten Thurneiſſern zum Thurn / Churfürſtlichen Brandenburgiſchen beſtalten Leibs Medico / Erſtmal zu Hall in Sachſen / vnter des Poli höhe 51. grad vnd 40. minuten / 119. tag Nouembris: Andermals aber den 19. Decembris zu Berlin / vnter des Poli höhe 52. grad / 50. minuten / welche obſeruationen beyde mal vmb rechte völffte ſtunde der Mitternacht beſchehen / Iſt ſeiner entzündung / ſtands / höhe / gröſſe / vnd fortgangs / wie hernach kürtzlich anzeigt / erfunden / aus welchen (ſampt mit r zeit ſich zutragenden Conſtellationen / vñ anſchawunge des Mons / vnd der Planeten gegeneinandern / auch auff vnd vntergangs des Geſtirns / Coſmici vnd Acronich / vnd denn der zukünfftigen folgenden groſſen Eclypſis Lunæ / ſo des 1573. jhars / den 8. Decembris / vmb 8. vhr / 45. minuten / nach Mittage / auch der Finſternis der Sonnen / ſo das 1574. jhar / den 13. Nouembris beſchehen wirdt) die folgende Prognoſtication auff die zwey nachgehende jhar / 9. Monat vnd 9. tag / ſoweit ſich denn nach Aſtronomiſcher rechnung die wirckunge dieſer aller erſtrecken wirdt / prognoſticirt vnd angezeigt / allein aus Natürlichen vrſachen / nach art vn eigenſchafft des Geſtirns / ohn allen miſsgunſt vnd ſuperſtition / menniglich zu gut / **vnd den ewigen vnuerhinderlichen Rathſchlegen Gö. tlicher Mayeſtat vneingeredt.**

Die dritte Obſeruation / ſo zu Berlin am end obernents 72. vnd am anfang des 73. jars / den 1. Jan. vmb 4. vhr vor mittage beſchehen / in welcher ſtund die Planetē an folgenden teilen der himliſchen Cörper erfunden ſind / Nemlich alſo /

♄ in 22. grad	16. min.	♏	Orient.
♃ in 20. grad	55. min.	♈	Occident.
♂ in 28. grad	49 min.	♒	Occident.
♀ in 4. grad	35. min.	♓	Orient.
☿ in 27. grad	14. min.	♑	Occident.
☊ in 13 grad	2. min.	69.	
☉ in 21. grad	54. min.	♑	
☽ in 19. grad	37. min.	♓	

Die erſte Entzündunge dieſes Sternen / ſo beſchehen den 8. Nouembris vmb 8 vhr / nach Mittage / entſtundt (wie glaublich iſt) vom Ioue / Sein erſte bewegunge von Auffgang in Nidergang / vnd hinwiederumb / ſein bewegung der breite nach / vom Mittage dem Polo zu / gar langſam bringt von 8. Nouembris 1572. biſs zum erſten Januarij 1573. das iſt / in 53. tagen / nicht mehr denn 194 Minuten / 6. ſecunden / 1. tertien / Sein höhe iſt 15. Semidiametrorum / Sein breitte 750. meilen Teutſch / Sein farb fewerfarb glantz mit etwas rötte / Sein gewiſſen ſtand in der letzten obſeruation / hat er in der rechten ſchulter / zwiſchen dem zweitten vnd ein vnd zweintzigſten Sternen / des himliſchen Bildes Caſſiopea genandt / auff der Aequinoctialiſchen Colurs Linien / Vnd ſol ſich ſein wirckunge erſtrecken / 33. Monat / 9. tage / Welche wirckung / ich alſo durch 365. Columnas / da jede ein tag (deren gleich ſouiel im jahr ſind) zubedeuten hat / vnd ſind bey jedem tag / die fürnemſten gegenſtend / zamenkunfften / vnd andere Aſpecten / ſo der Mon mit den Plan ten / vnd die Planeten vnter ſich ſelbert haben / ſampt der zal der tagen / der Monaten angezeigt / da die ſo am nechſten bey den Reimen ſtehen / das 1573. die mitlern / das 1574. aber die euſſerſten das 1575. jahr / biſs auff den 9. tag Octobris / zubezeichnen haben / Welche arbeit der gutthertzige Leſer alſo im beſten (wie es denn auch von mir beſchehen iſt) verſtehen mag.

Abb. 31 – Die Stellae prodigiosae von 1572
Einblattdruck Thurneyssers zum Erscheinen der Supernova.
Holzschnitt in Großoktav aus zwei Bildstöcken. Kupferstich, Berlin 1573

Abb. 32 – Vorder- und Rückseiten von zwei Glücksbringern aus Thurneyssers Offizin
Nach einem Kupferstich aus J. K. W. Moehsen: »Leben Leonhard Thurneissers zum Thurn«, Berlin/Leipzig von 1783

Abb. 33 – Leonhard Thurneysser
Holzschnitt mit dem Signet von Thurneyssers Druckerei – ein Pegasus mit der Armillarsphäre über dem Familienwappen

Segensreiche Gewässer

Thurneysser besaß ein untrügliches Gespür für Menschen, die seinen Plänen förderlich sein konnten. Und er wusste genau, an welchen Orten er die größten Chancen hatte, seine Projekte zu verwirklichen. So begab er sich Ende 1569 zielstrebig nach Münster in Westfalen. Die Stadt hatte sich nach der Reform der Domschule um das Jahr 1500 zu einem bedeutenden humanistischen Zentrum entwickelt, wo sich viele Buchdruckereien angesiedelt hatten, die wiederum vorzügliche Formschneider und Kupferstecher beschäftigten. Ein weiterer Anziehungspunkt der Stadt war für Thurneysser der dort residierende Fürstbischof Johann IV. Graf von Hoya, der auch Bischof von Osnabrück und Paderborn sowie Reichskammergerichtspräsident war. Er war ein Neffe von König Gustav I. von Schweden und hielt einen glänzenden Hof.

Thurneysser kam schnell zum Ziel. Nachdem die Erstausgaben seiner »Archidoxa« und »Quintessenz« 1569 in der Offizin des Drucker und Verlegers Johan Ossenbrügge herausgekommen waren, bewegte er sich im August 1570 im Gefolge des Bischofs, der die 16-jährige Prinzessin Elisabeth von Österreich – eine Tochter Kaiser Maximilians II. und Braut des französischen Königs Karl IX. – nach der von den Spaniern beherrschten Stadt Nijmegen begleitete. Der Bischof ließ sich vom kenntnisreichen Schweizer beeindrucken und beauftragte ihn mit dem Aufbau einer Apotheke in Münster.

Thurneysser richtete mit der großen Kelle an. In der Absicht, die Apotheke nach paracelsischen Prinzipien mit einem Laboratorium zu verbinden, besorgte er sich, auf Kosten des Bischofs, kostspielige Gefäße und Gerätschaften.[294] Die *Materia medica* war auch nicht billig, denn neben pflanzlichen, tierischen und mineralischen Heilmitteln galt es im Unterschied zur Einrichtung einer galenischen Apotheke auch seltene chemische Substanzen zu besorgen. Mit diesem Aufwand hatte der Bischof aber nicht gerechnet; es kam zu einem ausweglosen Zerwürfnis. Thurneysser teilte ihm darauf in einem Brief unverblümt mit, er habe es satt, großen Herren umsonst zu dienen; außerdem müsse er sich nach einer besseren Gelegenheit umsehen, um seine noch unveröffentlichten Schriften drucken zu lassen.

Jagd nach dem Stein der Weisen

Im gleichen Jahr soll sich im Wittenberger Alchemistenmilieu ein aufsehenerregender Meuchelmord ereignet haben. Die Geschichte bringt die Obsession vieler Alchemisten zum Ausdruck, um jeden Preis in den Besitz des Steins der Weisen zu gelangen, um damit unendlichen Reichtum und Macht zu gewinnen.

Opfer des Verbrechens war der in Skeuditz bei Leipzig geborene Sebastian Siebenfreund, der 32 Jahre lang in einem Benediktinerkloster bei Verona gelebt hatte, wo er als »chymischer Laboribus« tätig gewesen war. Dort weihte ihn ein alter, ihm nahestehender Klosterbruder in das Große Werk der Alchemie ein. Auf dem Totenbett liegend, vermachte dieser seinem jungen Freund Sebastian eine schriftliche Anweisung zur Erzeugung des Steins der Weisen. Siebenfreund reiste darauf nach Preußen und zog sich ins Kloster Oliva bei Elbing zurück. Dort laborierte er drei viertel Jahre lang in seiner Zelle und stellte, der schriftlichen Anweisung folgend, die wundersame Tinktur her.

Als der Adept später einmal in einem Hamburger Gasthaus weilte, erlitt ein schottischer Mitbewohner einen überaus schmerzhaften Gichtanfall. Der Gutmensch Siebenfreund behandelte ihn mit seiner Geheimtinktur. Die sofort eintretende Heilung ließ den Patienten ahnen, dass der Mönch über den Stein der Weisen verfügte. Zusammen mit zwei Studenten aus Wittenberg namens Nikolaus Clobes und Jonas Agricola von Freyburg sowie einem windigen Gesellen aus Zwickau, der Sebald Schwartzer hieß, provozierte er Siebenfreund so lange, bis dieser gestand, die verwendete Arznei sei dasselbe Mittel, mit dem sich auch metallische Transmutationen verrichten ließen. Zur Beweisführung nahm er einen Zinnlöffel, erhitzte ihn über einer Flamme und rieb die Löffelschale mit zwei, drei Tröpfchen der Tinktur aus. Diese drangen sofort in das Metall ein und wandelten das Zinn des Löffelbodens in Gold um. Der verblüffte Schotte bat vergebens um etwas Tinktur, Siebenfreund schenkte ihm lediglich den nun goldenen Löffel als Andenken.

Als Siebenfreund abgereist war, beschlossen der schottische Edelmann und die drei Burschen, ihm nachzustellen. Vier Monate später erschien die Bande in Wittenbach, in Begleitung eines weiteren Gesellen. Der Vierte im Bunde soll Leonhard Thurneysser gewesen sein. Als Siebenfreund berauscht von einer Hochzeit nach Hause torkelte, überfiel ihn das unselige Quartett, schnitt ihm die Kehle durch und warf den Leichnam über die Stadtmauer in den Zwinger. Alsdann suchten die vier Verbrecher das Weite. Siebenfreunds Diener Martin fand im Kleid seines Herrn die eingenähte Anweisung zur Herstellung des Steins der Weisen, die Tinktur indessen fehlte. Auf der Jagd nach der Rezeptur war ein gewisser Matthias Weiß jahrelang hinter Martin her. Als er ihn endlich in einem Wald bei Clausthal in Niedersachsen aufgestöbert hatte, erdolchte er ihn und fledderte die Handschrift. Weiß starb später elendiglich in Holstein, worauf die begehrte alchemistische Anweisung dem König von Dänemark übermacht worden sein soll.[295] In einer Erzählvariante behauptet Martin, dass sich nicht Weiß, sondern Thurneysser der Tinktur bemächtigt habe. Damit habe dieser in Brandenburg »oculariter«, also nach Augenschein, »glücklich viel morbos incurabiles curirt«, dann sei er nach Italien gegangen und habe ein verzweifeltes Ende gefunden.

Auch die Gottesstrafe wird nicht ausgelassen: Der schottische Edelmann sei in England wegen Sodomie hingerichtet worden, der Student aus Zwickau habe eine Zeitlang »tingirt«[296], dann dem Marktgrafen Johann Friedrich von Brandenburg »einen vermeinten Process substituirt« und sei »ad dies vitae zu Dresden in dem Graben in Eisen zu gehn condemnirt« worden. Nach der Bluttat habe sich Sebald Schwertzer in den Dienst von Kaiser Rudolph II. gestellt, der ihn zum Berghauptmann von Joachimsthal ernannt und ihn unter dem Namen Falkenberg in den Adelsstand erhoben habe. 1585 sei Schwertzer einem Schlaganfall erlegen – als Strafe für den Meuchelmord an Siebenfreund.[297]

Die Fakten dieser Geschichte sind historisch insofern nicht verbürgt, als ihre Erstveröffentlichung 135 Jahre nach der Tat erfolgte.[298] Zudem hat der Verfasser darauf verzichtet, seine Quellen offenzulegen. Anzunehmen ist, dass er ein anhaltendes Gerücht aus der Gegnerschaft Thurneyssers aufgriff. Der Bericht ist aber zeittypisch für die Aufklärung, in der Alchemisten von vielen wissenschaftlichen Autoren als Obskuranten und Scharlatane diskreditiert und in den Dunstkreis des Verbrechertums gestellt wurden. Möglicherweise liegt dieser Anschuldigung Leonhard Thurneyssers eine Verwechslung zugrunde. Die von Paul-Henry Boerlin geäußerte Vermutung, dass von Alexander Thurneysser begangene Untaten mit der Zeit auf Leonhard übertragen wurden, klingt insofern plausibel, als Alexander in seiner Jugend in einen Raubmord verwickelt gewesen und zur Strafe für fünf Jahre aus Basel verbannt worden war.[299]

Die pauschale Kriminalisierung der Alchemisten blieb auch im 19. Jahrhundert ein Topos der Naturwissenschaftler. 1857 fällte beispielsweise der Botaniker Ernst Meyer, ein Mitarbeiter Goethes, ein vernichtendes Urteil über Thurneysser: »So begegnen wir in Thurneisser, einem der erklärtesten Anhänger des Paracelsus, wieder einem entschiedenen Talent, aber zugleich der barsten Gaunerei. Und zugleich gehört das Bild, welches er [Moehsen] aufstellt, zu den widerwärtigsten der ganzen Literaturgeschichte.«[300]

Edelsteine in deutschen Flüssen

Thurneysser setzte höchste Ansprüche an seine Verleger. Erste Erfahrungen sammelte er mit dem aus Köln stammenden Johan Ossenbrügge in Münster (Westfalen), bei dem er 1569 die Werke »Archidoxa« und »Quinta Essentia« drucken ließ. Diese beiden Arbeiten lagen ihm besonders am Herzen, zumal er sie nach eigenen Aussagen im Laufe seiner Seefahrten geschrieben haben will. »Archidoxa« enthält Planetentafeln und galt als prognostisches Monument, das astrale und terrestrische Einflüsse aufzeigt, die sich auf das persönliche Schicksal des Lesers auswirken und auch Naturereignisse herbeiführen. »Quinta Essentia« verbindet hingegen alchemistische Einsichten mit medizinischen Ausführungen.

Ossenbrügges Arbeit war für ihn eine bittere Enttäuschung. Deshalb reiste er im Winter 1570/71 mit den zwei Büchern und einem dicken Manuskript unter dem Arm nach Frankfurt an der Oder, wo er beim Drucker und Verleger Johann Eichorn vorstellig wurde. Einen berühmteren Drucker und Verleger als Eichorn hätte er kaum finden können. Dieser hatte sich durch die Produktion von Musikalien – unter anderem die erste Kirchenliedersammlung der Mark Brandenburg sowie Lautentabulaturen und Musiktraktate – einen Ruf geschaffen, der sich über den ganzen deutschen Sprachraum erstreckte. Er beschäftigte hervorragende Zeichner und Formschneider und legte bei Bedarf selbst Hand an. Zudem pflegte Johann Ossenbrügge ausgezeichnete Beziehungen zum kurfürstlichen Hof, war für reiche Stadtbürger tätig und unterhielt einen blühenden Zweigbetrieb in Stettin.

Eichorn war vom Schweizer Gelehrten Thurneysser und seinem neuen Werk angetan und nahm ihn in seine Wohnung auf. Allein schon das verheißungsvolle Titelschlagwort »Pison« versprach ein verlegerischer Großerfolg zu werden. Denn die bibelfeste Leserschaft des 16. Jahrhundert wusste sehr wohl um die Bedeutung dieses Namens aus dem Alten Testament. »Und in Eden entspringt ein Strom, um den Garten zu bewässern, und von da aus teilt er sich in vier Arme. Der eine heißt Pischon. Das ist jener, der das ganze Land Chawila umfließt, wo es Gold gibt, und das Gold jenes Landes ist kostbar. Dort gibt es Bdellionharz und Karneolstein«, heißt es in der Genesis 2,10–12.[301] Der vollständige Titel Thurneyssers Arbeit lautet: »Pison. Von Kalten / Warmen / Mineralischen und Metallischen Wassern, sampt der Vergleichunge[n] Plantarium und Erdgewechsen«. Das 420 Folioseiten starke Werk ist ein nach Flussläufen geordneter Bericht über die Gewässer Norddeutschlands.

Als die ersten Bogen von »Pison« durch die Druckpresse gingen, erfuhr Thurneysser, dass der Landvogt der Oberlausitz, Graf Joachim von Schlick, den er auf einer Reise durch Böhmen kennengelernt hatte, in Frankfurt an der Oder zu Besuch weilte. Thurneysser schmeichelte sich bei dessen Sekretär ein und reiste dann im Gefolge des Grafen nach Prag. Dort trug er Maximilian II. – Kaiser des Heiligen Römischen Reiches Deutscher Nation und Erzherzog von Österreich – das Ansinnen schriftlich vor, den Druck und Vertrieb seines Buches selbst zu besorgen. So gelang es ihm, den Kaiser oder zumindest die Prager Hofschranzen von der Bedeutung seines Werkes zu überzeugen. Die als Privileg bezeichnete Erlaubnis zur Verbreitung des Buches ließ nicht lange auf sich warten. Am 3. April 1571 wurde das entsprechende Dokument gegen Entrichtung einer Kanzleitaxe von 30 Goldgulden von Prag nach Frankfurt übermittelt. Damit war Thurneysser gegen Raubdrucke von »Pison« urheberrechtlich geschützt. Dieses Vorgehen lässt darauf schließen, dass Thurneysser, entgegen der damals üblichen Praxis, das volle verlegerische Risiko übernahm. Der Wortlaut des in »Pison« abgedruckten Privilegs sagt allerdings mit vielen Worten recht wenig:

> *Wo dieselbigen Bücher / von anderen zu jrem Besuch und Vortheil / alßbald nachgedruckt / verhandtiert werden sollten / und Uns darauf demütiglich angeruffen und gebeten / das wir ihme hierinnen mit unserer keyserlichen Hülff und Vorsehung / zu erscheinen genediglich geruechten / das wir demnach gnediglich angesehen / solch sein Leonharten Thurneyssers underthenig zimlich bitte / und ihme darumb diese gnad gethan / und freyheit gegeben / Thun und geben ihme / die auch hiermit vom Römische Keyserliche macht / wissentlich in kraft diß brieff / also das vorgenandter Leonhard Thurneysser obbestimpte Büche / öffentlich in druck außgehn lassen möge [...]*[302]

In der Frühen Neuzeit feierten Raubdrucke Urstände. Kaiserliche Druckprivilegien boten nur einen schwachen Urheberschutz, zumal länderübergreifende Kontrollen der Editionen weitgehend illusorisch blieben. Als Thurneysser Kunde davon bekam, dass von seinem auf das Jahr 1591 ausgerichteten Kalender 1590 an verschiedenen Herbstmessen illegale Kopien feilgeboten wurden, griff er zur Selbstjustiz. Unter dem Titel »Admonition« verfasste er 1591 eine geharnischte Warnschrift, die er bei Leonhard Straub in Rorschach (Kanton Thurgau) drucken ließ. In der 13 Druckseiten umfassenden Moralpauke beklagt sich der Autor über die leichtfertigen Lügner und Landesbetrüger, die seine Kalender und Practica hinter seinem Rücken druckten. In langatmigen Tiraden bezeichnet Thurneysser diese unter anderem als aufgeblasene Wohngeister, Windschiffer, Brillenreißer und Schreivögel.[303] Dabei unterlässt er es auch hier nicht, seine eigenen Tugenden und seine Gelehrsamkeit herauszustreichen. Diese zweifellos im Affekt produzierte Kampfschrift des verbitterten Publizisten dürfte ihr Ziel allerdings kaum erreicht haben.

Wegbereiter der Analytischen Chemie

»Dis Wasser der Sprew [...] ist etwas grünferbig und lauter«, heißt es in der Erstausgabe von »Pison«.[304] Dazu behauptet Thurneysser, dass der Fluss in seinem Schlick 23½-karätiges Gold führe und eine schöne Glasur habe. Und der als Bolus bezeichnete Ton werde bei seinem »ursprung erhebt 50. Grad und 57. Minuten«. Auf diese Weise beschreibt er mehrere Flüsse, fügt mineralische Angaben bei und geht auf die medizinische Wirkung des Flusswassers bei verschiedenen Krankheiten ein.

Originell, aber unhaltbar ist Thurneyssers These, dass gewisse Wasserqualitäten einen ungünstigen Einfluss auf die menschliche Psyche haben. So schreibt er über die Havel: »Die Hauel helt in jhr nichts besonders, ein Fischreich, schwer, vnd vngesund, fault wasser, danon etliche Weiber die es trinken gar boese, scharpffe vnd lügenhafftige zungen vberbekommen, den Leuten arges nachzureden.«

Seine Untersuchungsmethode zur Bestimmung des Mineraliengehalts von Flusswasser ist hingegen geradezu genial. Er vergleicht das Gewicht eines bestimmten Volumens der Wasserprobe mit einem identischen Volumen Regenwasser. Alsdann lässt er die Flusswasserprobe verdampfen und glüht die Rückstände. Aus der Färbung der Flamme zieht er Rückschlüsse auf die vorhandenen Substanzen. Seine Erkenntnisse hält er in umständlichen Reimen fest: »KupferLasur gibt ein blaue Flamme – Sie ist dunkel und schwarz beim Kobaltschlamme.« Und weiter: »Das Salz im Feuer klopft und springt. Grau-blau heißt Schwefel und so es stinkt.«[305] Wesentlich detaillierter äußerte er sich über das Gasteiner Mineralwasser in den Hohen Tauern: »Dises Wasser helt Anthimonium 3, Marcasiten 1, Gold 2, Schwefel 1, Salpeter 2, Kalchstein –, Wild Wasser 13 Part.«[306] Die sogenannte Flammenanalyse ist ein heute noch gültiges Verfahren zur Analyse von chemischen Elementen oder deren Ionen.[307]

Einfluss der Uferpflanzen

Thurneysser schrieb den verschiedenen Gewässern Nord- und Ostdeutschlands medizinische und psychoaktive Eigenschaften zu. Dabei ging er vom originellen Ansatz aus, dass die am Ufer wachsenden Gewächse einen direkten Einfluss auf die Eigenschaften des Wassers hätten.

Dieses Gedankengebäude blieb über dreihundert Jahre unbeachtet. In den Dreißigerjahren des 20. Jahrhunderts entwickelte der britische Arzt Edward Bach ein sehr ähnliches Konzept. Sein Ausgangspunkt war allerdings grundverschieden – Bach war ein Anhänger C. G. Jungs und ging von den archetypischen Verhaltensmustern der menschlichen Natur aus. Er ließ sich von der Überzeugung leiten, dass jede Krankheit auf eine von 38 möglichen seelischen Gleichgewichtsstörungen wie beispielsweise Angst, Einsamkeit oder Schüchternheit zurückzuführen sei. So ordnete er jedem disharmonischen Gemütszustand Blüten, Blätter, Knospen oder Stängel einer bestimmten Pflanzenart zu. Um ihre energetischen Schwingungen im Sinne eines positiven Gegenpols zur jeweiligen Gleichgewichtsstörung nutzbar zu machen, legte er das Pflanzenmaterial für eine Weile in kaltes Quellwasser oder brühte es auf. Diese Urtinkturen wurden in einer Potenz von 1:240 extrem stark verdünnt und als Blütenessenzen vermarktet. Bachs bioenergetisches Verfahren erfuhr in den 1980er Jahren unter der Bezeichnung »Bachblütentherapie« einen großen Aufschwung in der Esoterikszene. Deren medizinische Wirksamkeit ist wissenschaftlich nicht erwiesen. Glaubt man indessen an die feinstoffliche Übertragung von pflanzlichen Energien auf den menschlichen Organismus über das Medium Wasser, sind auch Thurneyssers Erläuterungen nicht von der Hand zu weisen.

Noch sechzig Jahre nach Thurneyssers Tod spotteten deutsche Wissenschaftler über diese Aussagen und machten ihn lächerlich. Einer davon war der große deutsche Geologe und Mineraloge Gottlob Johann Lehmann, seines Zeichen »Königl. Preuß. Berg-Rath, Mitglied der Königlichen Academie der Wissenschaften, wie auch der Churmäyntzischen Academie nützlicher Wissenschaften«. Mit seinem Werk »Versuch einer Geschichte von Flötz-Gebürgen betreffend deren Entstehung, Lage, darinne befindliche Metallen, Mineralien und Fossilien [...]« gilt er als Begründer der modernen Stratigraphie. Gleich in der Vorrede dieses Buches verhöhnt er Thurneysser, als wollte er ihm den wissenschaftlichen Rang posthum streitig machen:

> *[...] Besonders hat der ehemalige Churfürstliche Leib-Medicus allhier, Thurneiser zum Thurn in seiner Pison, bey Gelegenheit der Beschreibung der Spree, ein hauffen angeführet, als worinnen er bald Gold, bald Silber, bald Diamanten, bald Perlen, bald wer weiß was will gefunden haben, aber bey der Untersuchung findet man, dass er in hoc passu ein Ertz-Charlatan gewesen. Ich habe mir daher vorgenommen, diesesmal die Staaten unseres allergnädigsten Monarchens ein wenig durchzureisen, und einige Nachrichten von denen in solchen befindlichen Mineralien, Metallen und Fossilien zu geben. Ich gestehe zum voraus, dass diese Nachricht sehr unvollkommen seyn wird; allein, mir soll zum Vergnügen gereichen, wenn ich andere Naturforscher ermuntern werde, ihre Gegenden etwas genauer zu untersuchen, und uns ihre Nachrichten davon mitzutheilen. [...]*[308]

Thurneysser hatte recht – die Spree führt tatsächlich Gold und Edelsteine. »Juwelen« wie Zyrkop, Pyrop und Spinell sind häufig im Flusssand zu finden, kommen allerdings nur in Form von winzigen Kristallen vor.[309] Auch der Hinweis, dass es in den Gewässern der Mark Brandenburg Saphire und Rubine gibt, ist goldrichtig. Die glazialen Sedimente der Lausitz enthalten tatsächlich Schwerminerale wie den blauen Saphir oder den roten Rubin. Sogar der Schriftsteller Theodor Fontane, der führende Vertreter des poetischen Realismus, kommt 1868 in seinen »Wanderungen durch die Mark Brandenburg« darauf zu sprechen, wobei er Thurneyssers Einschätzung nur bedingt teilt:

Wann zuerst des Bades [Freienwalder Gesundbrunnen] Erwähnung geschieht, ist nicht mit voller Gewißheit festzustellen. Leonhard Thurneysser, der bekannte Alchimist, schrieb zwar schon um 1572 ›Zwischen Freienwalde und Neustadt, am Gebirge, ist ein Flüßlein, das führt Rubinlein mit sich, gar klein aber schön an Farbe‹, – es bleibt indessen zweifelhaft, ob unter diesem Flüßlein das Quellgewässer des Freienwalder Gesundbrunnens zu verstehen ist. Wenigstens fehlen jetzt die ›Rubinlein‹ die kleinen wie die großen.[310]

Das Spreegold stammt aus dem Lausitzer Bergland, das auch andere Gewässer wie die Schwarze Elster, die Wesenitz, die Sebnitz und die Polenz mit Edelmetall beliefert. Dass der Bergwerker Thurneysser ein scharfes Auge für Gold führende Gewässer hatte, ist nicht weiter verwunderlich. Schon als Lehrling musste er zwangsläufig Kontakt mit Goldwäschern gehabt haben, die den Basler Goldschmieden ihre Ausbeute an Rheingold veräußerten.

Das sagenhafte Rheingold

Goldspuren sind in praktisch allen europäischen Fließgewässern vorhanden. Das Edelmetall präsentiert sich in Form von dünnen Plättchen, die ursprünglich im Gestein eingelagert waren. Verwitterungsprozesse sorgen dafür, dass es ins Flusswasser gelangt. Auf dem Transportweg werden die Goldflitterchen dann immer reiner, runder und flacher.

Der Rhein bot den Goldsuchern deshalb gute Ertragsaussichten, weil sich die Goldflitterchen in sogenannten Flussseifen ablagerten. Diese Mineralanreicherungen waren in Sedimenten zu finden, die sich vor der Rheinbegradigung[311] vor allem im Winter und nach Hochwasser auf Kiesbänken, Inseln oder in Buchten bildeten.

Ein professioneller »Golder« erkannte schon an der Farbe des Sandes, ob sich das mühsame Waschen lohnen würde. Lukrativ war das Handwerk nur, wenn eine Schaufel voll Sand mindestens zehn bis zwanzig Goldflitterchen enthielt.

In der Schweiz wurde Flussgold meist aus den goldhaltigen Sanden der Aare und der Reuss gewaschen. Die Goldwäscherei an der Reuss wurde nachweislich bereits im 11. Jahrhundert betrieben. 1523 verfügte Luzern, dass alles gewonnene Gold dem Staate abzugeben sei. Über die abgelieferte Menge wurde genau Buch geführt. So weiß man, dass der Obrigkeit bis 1800 ein beachtliches Quantum von über 31 Kilogramm Gold zufiel.

Vom Goldwaschen ist schon in der Argonautensage die Rede. Den historischen Hintergrund zum Mythos vom »Goldenen Vlies« und des Widders Chrysomallos lieferte der römische Geschichtsschreiber Appian im »Mithridatischen Krieg«: »Die einheimischen Bewohner [im Kaukasus] halten dichtwollige Schafsfelle ins Wasser, in denen sich der Goldsand fängt.« Diese archaische Technik, die zu Thurneyssers Lebzeiten noch praktiziert wurde, bestand darin, vor dem Anschwellen der Flüsse Schafsfelle am Flussbett oder an den Uferböschungen festzumachen. Um später den darin haftenden Goldstaub zu gewinnen, wurden sie entweder gebürstet oder verbrannt. Nach dieser Methode sollen in der Schweiz vereinzelte Goldwäscher noch im 19. Jahrhundert vorgegangen sein.[312]

Die präzise Beschreibung einer etwas raffinierteren Technik der Goldwäscherei liefert im 19. Jahrhundert Rudolf Fetscherin, Pfarrer in der Berner Gemeinde Sumiswald:

> *Die Arbeiter haben einen Waschbock vor sich, auf welchem oben ein Kistchen befestigt ist. In dieses wird nun mit einem Gohn [langstieliger Schöpflöffel] das Kies samt Sand und Wasser aufgeschöpft, das Kies oben abgeworfen und der Sand über den mit einem Wollentuch überzogenen Bock herabgeschwemmt, so bleibt denn das Gold im Tuch in Gestalt sehr feiner Plättchen von ein bis höchstens zwei Linien Größe (eine Linie = 3 mm), meist aber kleinere zurück. Durch mehrmals wiederholtes Ausschlemmen wird der Sand da-*

von geschieden, die ferneren Unreinigkeiten bleiben auf dem Quecksilber zurück, mit welchem das Gold noch weiter geläutert wird. In kleine Stücke von zwei Quintli bis ein Lod zusammengeschmolzen, wird es an Goldschmiede verkauft, die ungefähr 5 Kreuzer vom Gran zahlen.[313]

Die lohnenden Goldwäschermeilen erstreckten sich vom Alten Rhein bis nach Rheinland-Pfalz. Unterhalb von Mainz wäre das Goldwaschen offenbar vergebene Liebesmüh gewesen, jedenfalls wurde es dort zu keiner Zeit betrieben. Das Rheingold wurde an Sammelstellen abgegeben oder man brachte es zu den Münzstätten. Mit der Zeit entwickelte sich ein reger Schwarzhandel, da die von der Obrigkeit festgesetzte Vergütung des Goldes unter dessen Wert lag. Auch brachte der Schreibsand, ein Nebenprodukt des Goldwaschens, das zum Trocknen schreibnasser Tinte verwendet wurde, eine willkommene Nebeneinnahme, wurde aber ab Mitte des 17. Jahrhunderts immer mehr vom Löschpapier verdrängt.

Trotz technischer Weiterentwicklungen gingen im 19. Jahrhundert die Erträge bei der Rheingoldgewinnung erheblich zurück. 1874 wurde in der Münze von Karlsruhe das letzte Mal Gold abgeliefert. Es waren genau 89 Gramm. Damit erlosch eine zweitausend Jahre währende Tradition.[314]

Vergällte Badefreuden

Thurneysser suchte in den Gewässern nicht nur Gold und Edelsteine, er setzte sich auch mit der heilenden Kraft des Wassers auseinander und beschäftigte sich mit Thermalbädern und Badeordnungen. Er tüftelte an technischen Badeeinrichtungen herum und verbesserte das 1547 vom deutschen Arzt Johann Dryander entwickelte System zur Erwärmung der Kräuterbäder.[315] Daneben laborierte er an einem Verfahren zur künstlichen Erzeugung von Quellwasser.[316] Er qualifizierte eine Vielzahl von Bädern, unter anderem das im Erzgebirge gelegene

Bad Einsiedel in Seiffen, Bad Paderborn in Westfalen und Bad Gastein im Salzburger Fürstentum.[317] Zu Letzterem meinte er, es stärke das Herz und Hirn, mache unkeusch und gebe viel Sperma.[318] Bad Flinsberg (Świeradów-Zdrój) im Isergebirge beruft sich in seiner Werbung noch heute auf das Urteil des Basler Medicus aus dem Jahre 1572.[319] Im gleichen Jahr äußerte sich Thurneysser auch über ein Bad in seiner Heimatstadt:

> *Da auf beiden Seiten im Hauss etliche Kasten verordnet sind, dahin dann jährlich die Einwohner auss der Stadt Basel, auch andere nechstgelegene Landleute ziehen und etliche ihrer Beschwerden zum dickern mal [öftern] entledigt worden sind. Es ist auch offtermalen in diesem Bad nachbeschriebene Kranckheiten durch zuthun Göttlicher Gnaden hinweg gebadet worden: Rauden [Hautkrankheiten], Mägere, überflissige Feuchtigkeit und Schleim im Leib, Ayssen [Abzesse], schwartze Plattern [schwere Verlaufsform der Pocken], Gelbsucht, faule, stinckente Geschwär Eyssen, Erstarrung, Lameglieder, schwache Nerven.*[320]

Die frühen Badekuren unterschieden sich von den heutigen Wellnessferien in Spa-Hotels vor allem durch die Badedauer. Die Heilsuchenden dümpelten tagelang im Wasser; in einzelnen Häusern wurden die Mahlzeiten auf schwimmenden Servierbrettern angerichtet. Die von Hans Stockar von Schaffhausen 1528 aufgezeichnete Kur ist zeittypisch: »Uff dye Zitt hein jch 33 Dag Wasser badett jn mim Hus, und schlug hefftig us.«[321] Über den von ihm angesprochenen Badeausschlag, der jeweils von einem starken Juckreiz begleitet war, beschwerte sich niemand. Er war sogar erwünscht, zumal lange angenommen wurde, dass sich dabei die Krankheit aus dem Inneren des Körpers auf die Haut verlagert und mit dem Abheilen der Hautveränderungen verschwindet.

Thurneyssers Forschungen fielen in eine Zeit, in der die Einstellung der Mediziner zur Badekultur, namentlich zu den

Badestuben, ambivalent war. Chymiker im Schlepptau von Paracelsus erkannten in den Badekuren das heilsame Einwirken der im Wasser gelösten Mineralien auf den menschlichen Organismus und schrieben den einzelnen Thermen spezifische Heilwirkungen zu. Gleichzeitig wurde die mittelalterliche Badelust gedämpft, weil öffentliche Bäder als Horte von Krankheiten und Stätten des Sittenzerfalls verschrien waren. Für den Rückgang und die Neuordnung des öffentlichen Badens gab es sowohl religiöse als auch triftige sanitärische Gründe, denn im sittenstrengen Jahrhundert der Reformation grassierte die Syphilis in einem unvorstellbaren Ausmaß. Außerdem verursachten ein zunehmender Holzmangel und die somit steigenden Betriebskosten einen empfindlichen Rückgang des Badewesens.

Von den freizügigen Badefreuden des Mittelalters legte unter anderen der päpstliche Sekretär Poggio Bracciolini Zeugnis ab. Er reiste 1416 in die Schweiz und besuchte die Thermen von Baden (Kanton Aargau). Von dort schrieb er seinem Freund Niccolo Niccoli nach Florenz: »In diesen einfachen Bädern geht ein promiskuitives Treiben vor sich: Männer und Frauen, Buben und Mädchen; zwar gibt es eine Trennwand zwischen den beiden Geschlechtern, doch mit Leichtigkeit lässt sich ins andere Lager schauen. Ob alte faltige oder junge Frauen, in aller Öffentlichkeit entblößen sie sich vollkommen nackt. Du kannst die Schenkel und den ganzen Rest sehen.«[322] Und 1569 schreibt der Arzt Walter Hermann Ryff alias Gualtherus Hermenius Rivium in seiner in Würzburg herausgegebenen »Newe heilsame vnnd nutzliche Badefahrt ...«, dass in etlichen Landen deutscher Nation, vornehmlich in den niederländischen Städten, die Badestuben am meisten »zu anreyzung der vnkeuscheyt erbawen, also des mehr mutwillens vnd schand darinn geübt wirdt, dann in offnen Frawen heuseren«, und er beklagt, dass die Obrigkeit diese Hurerei zulässt.[323]

Die Syphilis verbreitete sich vorerst in den Hafenstädten des westlichen Mittelmeeres. 1494 zog der französische König

Karl VIII. mit einem Söldnerheer nach Italien, um die Erbansprüche des Hauses Anjou auf das Königreich Neapel mit Hilfe von achttausend Schweizer Reisläufern durchzusetzen. Am 22. Februar 1495 nahmen seine Truppen nach kurzer Belagerung Neapel ein. Karl VIII. gab die Besatzung der Stadt aber sehr bald auf, weil er mit einer Einkesselung durch seine Gegner rechnen musste.[324] Während dieser Besatzung kam es unter den Söldnertruppen Karls zum ersten größeren Ausbruch der Syphilis in der Alten Welt. Im Oktober 1495 kehrte der klägliche Rest von 148 Schweizern nach Bern zurück. Die ausgemergelten und durch widerliche Hautausschläge gezeichneten Männer boten ein derart grauenvolles Bild, dass selbst den Berner Söhnen die Stadttore verschlossen blieben.[325] Man nimmt an, dass die aus Italien rückkehrenden Schweizer Reisläufer an der europäischen Verbreitung der Franzosenkrankheit maßgebend beteiligt waren.

Die furchtbaren, äußerlichen Symptome der an fortgeschrittener Lustseuche leidenden Menschen versetzten alle Bevölkerungsschichten in Angst und Schrecken. Die sich durchsetzende Erkenntnis, dass sich die Krankheit durch engen Körperkontakt verbreitet, ließ manche öffentlichen Bäder veröden. Erasmus von Rotterdam schrieb: »Vor fünfundzwanzig Jahren war dem Volke nichts so wert wie das Badehaus, welches heute leer und ungeheizt bleibt, weil der neue Hautausschlag uns gelehrt hat, die öffentlichen Bäder zu entbehren.« Die Kranken selbst bezeichnete er als lebende Leichname mit stinkendem Atem, deformiert eingestülpter Nase, fressenden Hautgeschwüren und hinkendem Bein.[326]

Seit dem 16. Jahrhundert wird angenommen, dass die Syphilis 1493 durch Kolumbus und seine Besatzung aus der neuen Welt nach Europa eingeschleppt wurde.[327] Diese Theorie wurde unlängst durch die amerikanische Evolutionsbiologin Kristin Harper aufgrund von genetischen Untersuchungen verschiedener Bakterienstämme fundiert.[328] Ihre These löste eine noch anhaltende historische und medizinische Kontroverse aus.[329]

Als Mittel der Wahl zur Behandlung der Syphilis galt das aus Mittel- und Südamerika stammende, schweißtreibende Guajakholz. Der spanische Arzt, Botaniker und Sklavenhändler Nicolás Bautista Monardes beschrieb Guajak als das effizienteste Heilmittel gegen die Syphilis und erklärte die Heilwirkung des »Palo santo« genannten Holzes durch dessen Herkunft. Damit vertrat er die damals gültige Auffassung, wonach ein Heilmittel am Ursprungsort der Krankheit zu suchen sei.[330] Die Einfuhr des Gujakholzes nach Europa war ein blühendes Geschäft, das vornehmlich in der Hand von Anton Fugger lag. Über das tatsächliche Ausmaß dieses Geschäftszweiges des Augsburger Familienunternehmens herrscht aufgrund der dünnen Quellenlage indessen Unklarheit.[331]

Paracelsus hielt nichts von der Guajaktherapie; für ihn war der Absud aus dem tropischen Wunderholz völlig wirkungslos. Zur Behandlung der »Franzosenkrankheit« verordnete er vorerst vorsichtig dosierte Arsenzubereitungen und später Quecksilber, das in Form von Hautaufträgen oder Räucherungen in Schwitzkuren verwendet wurde.[332] Dabei wetterte gegen die Fugger, die er wegen ihres Guajakhandels für den Tod von unzähligen Franzosenkranken verantwortlich machte. In Nürnberg ließ Paracelsus 1529 zwei Syphilisschriften drucken. Die Herausgabe eines dritten Werks unter dem Titel »Von Ursprung und Herkommen der Franzosen samt der Receptung Heilung« wurde daraufhin, offenbar auf Betreiben der Fugger, vom Nürnberger Rat unterbunden.[333]

Interessant ist, dass Thurneysser zur Behandlung der Syphilis nicht nur Badekuren und Medikamente propagierte, sondern auch Diätvorschriften erließ. Peter Morys liefert ein Beispiel aus einer handschriftlichen Antwort, die Thurneysser einem Arzt zukommen ließ, der ihm den Fall eines an Syphilis erkrankten 27- oder 28-jährigen Studenten schilderte: »Dieta unnd zum Essen unnd Trinckhen, daneben auch der gebrauch der medicamenten Dem Edlen [...] Hauptmann zum denn Lanndt zu Meckl[en]burg, den 12. Maij 1575 geschriebenn.« Die

Diätempfehlung: Der Patient solle sich von allen »flußmachenden Speijsen« wie beispielsweise Fleisch und Milchspeisen hüten. Als geschäftstüchtiger Medicus vergaß Thurneysser aber nicht, sein Gutachten mit einer gesalzenen Rechnung über 35 Taler für verschiedenste Medikamente abzuschließen.[334]

Zur balneologischen Behandlung der Syphilis hatte Thurneysser paracelsische Vorstellungen: Das Heilwasser dulde keine Unreinheiten. Von Pfäfers[335], wo Paracelsus 1545 als erster Badearzt gewirkt hatte, hieß es noch 65 Jahre später, es verletze diejenigen, die mit der französischen Krankheit, das heißt der Syphilis, behaftet seien, weil das als »hohe und heilige Arznei« bezeichnete Thermalwasser solche unreine Krankheit nicht annehme.

Die Einstellung der Paracelsisten zur Wirkung der Badekuren war ambivalent. Je nachdem waren die Bäder ein Gottesgeschenk oder eine Teufelsplage. Paracelsus sagte zu den warmen Bädern in Plombières-les-Bains (Vogesen), sie hätten einen unangenehmen Anhang: Was zum Guten auf der Bahn sei, fördere es, aber auch das Böse, so zum Bösen geschickt sei. Die Leuker Therme (Berner Oberland) hatte ebenfalls einen zweifelhaften Ruf: »Der Aussätzige möge beizeiten Heilung erwerben; badet er zulange, muss er darin sterben«, meint der Barbier und Meistersinger Hans Folz in seinem um 1491 in Nürnberg herausgegebenen »Badebüchlein«.[336]

Auch Thurneysser warnte vor gewissen Heilbädern: Vor Bad Pfäfers sollen sich auch Goldschmiede hüten, die viel vergoldet haben. Diese schwömmen darin empor. In den »Zehen Büchern von kalten und warmen mineralischen und metallischen Wassern« spricht er von einem ihm bekannten Goldschmied aus Lindau namens Hans Schlatter, der viel vergoldet und deshalb viel Quecksilber an sich gezogen habe. Als dieser nun an Fußgicht leidend nach Pfäfers kam, konnte er nicht unter Wasser bleiben und musste ungebadet wieder heimziehen, »weil das Wasser kein Quecksilber litt«.[337]

Ordnung für ein Kaltbad

1590 hielt sich Thurneysser, auf der Durchreise von Italien nach Deutschland, in der kleinen Schweizer Gemeinde Riedholz, genauer gesagt in der Siedlung Attisholz im Solothurner Gemeindegebiet Flumenthal auf. Was ihn zum Südfuß des Juras führte, war das gutbesuchte Gemeinschaftsbad Attisholz, das von der Badewirtin und Pächterin Katharina Erismann, Witwe des ehemaligen Badewirtes Heinrich Erismann, geführt wurde. Eigentümerin des Bades war indessen von alters her die Stadt Solothurn. Deren Regierung beauftragte den berühmten Basler Doktor aus Berlin, eine neue Badeordnung zu verfassen.[338]

Zu Thurneyssers Zeiten dürfte die Anlage schon ziemlich abgewirtschaftet gewesen sein, der letzte Umbau des Badehauses war 82 Jahre vor seinem Aufenthalt erfolgt. Erst 1627 wurde es mit »syben nüwe Bädlin mit zugeordneten Cameren« erweitert. Allem Anschein nach war auch die alte Badeordnung aus dem Jahre 1538 überholt. Schon damals häuften sich Klagen über das »ungeschickt, unordentlich Wäsen, das im Attisholz wider christenliche Ordnung verloufft, sowohl von Badenden als von andern, die an Sonn- und Frytagen und auch an Wärchtagen von Stadt und Land der Lust und des Zechens willen dahinkommen«. Besonders lästig seien die jungen Knaben gewesen, die »mit unziemlichen Geschrey, Sprützen und sonst ein solch mutwillig und ungeschickt Wäsen treiben, daß biderb Lüt [ruhige Leute], Fremde und Heimbsche, ihre Ruhe nicht haben«.[339]

Das an der Heilquelle liegende Kaltbad Attisholz war nicht nur ein Heilbad, sondern auch ein Ort, der zu Trunk und Imbiss einlud und somit als beliebtes Ausflugsziel galt. Davon zeugen alte Rechnungen; in einer Faktur von 1496 heißt es: »Als mine Herren giengen in das Attisholz, zu besechen das Wasser, ist verzert und zum Imbiß und Nachtmahl 41 Schilling 6 Pfennig.« 1588 hieß es: »Usgeben, so verzehrt worden in Attisholz durch mine Herren, als man den Windfall besichtigte, 8 Pfund 1 Schilling und 4 Pfennige.«

Franz Haffner, ein Solothurner Staatsschreiber aus dem 17. Jahrhundert, vermerkte, dass das Attisholzer Quellwasser insbesondere in den Monaten Mai, Juni, Juli und August heilsam und für allerhand Gebresten zu gebrauchen sei. In seinem Werk »Der klein Solothurner Allgemeine Schaw-Platz« stellt der Chronist die Resultate von Thurneyssers chemischer Analyse des Quellwassers vor und zitiert die angegebenen Indikationen:

Von dem Bad vnd Heylwasser in Attisholz hat Lienhard Thurneyser dises / wie folget:

In dem Solothurner Gebiet (ein halb Meyl wegs von der Statt gegen Oriens oder Auffgang der Sonnen) in einem schönen Thannwald / ligt ein Bad / das heissen die Landleuth Attishilz / derselbig Brunnen kombt herfür / auß dem 2. Grad der Erden / er halt in sich wie folget:

Quecksilber	5. Part
Schweffel	4. Part
Niter	2. Part
Wildwasser	13. Part
Die Mensur wiget	17 Loth
Maß wigt	68 Loth

Diß ist recht lieblich / schön / lauter / gut und gesund kalt Trinckwasser / es hat! (verstehe gwärmet) für diese Kranckheiten Hilff bewisen: Für die Lähme gebadet.
Trieffende Franzosen [Syphilis] / getruncken. Item die nach dem schmieren darinn gebadet / haben gute besserung in Glidern empfunden.
Feygwarzen / Krampff.
Mühde der Glieder seynd durch baden geheylet.
Für stinkenden Mund /

Fäulung der Zähn / Scharbock [Skorbut]
Mund- oder Durchfäule das Wasser getruncken.
So danne faule Schenckel / böse Raud [Dermatose] / Zittermähler [Krätze] / trieffende Augen / wüste Maasen oder Flecken von schwarzen Blatern [Pocken] / oder sonst Schrunden / Riselin Laub [Sommersprossen] oder Ruveflecken [Grindflechte] am Angesicht vnd der Haut. [...][340]

Unweit von Attisholz besaß die Stadt Solothurn die Bäder Lostorf, Meltingen und Flüh. Ob Thurneysser die entsprechenden Quellen ebenfalls untersucht hat? In den Archivalien sind keine entsprechenden Hinweise zu finden. Von Lostdorf ist indessen zu vernehmen, dass dort eine »Freyheit« besonderer Art herrschte: Das Bad gewährte Asylrecht für Übeltäter aller Art. Der erste Lehensbrief der Guldigmann in Lostorf aus dem Jahre 1534 hält fest, dass Totschläger, Diebe und dergleichen »schädlich Lütt« im Badehaus vor den Fängen der Obrigkeit geschützt seien und weder tags noch nachts gefasst werden dürfen. Erst jenseits der Dachtraufe, das heißt beim Verlassen des Hauses, könne man ihrer habhaft werden und sie verurteilen.[341]

Frühkapitalistisches Gebaren

Thurneyssers unternehmerischer Ehrgeiz, sein gesellschaftlicher Geltungsanspruch und das Ringen um wissenschaftliche Anerkennung bewogen ihn, sich mit zahlreichen Statussymbolen zu umgeben. Dazu gehörte neben äußerlichen Persönlichkeitssignalen auch seine Profilierung als Wissensträger, die er durch sprachlich-literarische Leistungen prägte. Das treibende Motiv war, abgesehen von seinem Prestige- und Gewinnstreben, ein zweifellos unbändiger Forschungsdrang. Auffallend ist seine Hinwendung zu den zaghaften Anfängen der vergleichenden Sprachwissenschaft. Er teilte sein lebhaftes Interesse für nichteuropäische Sprachen insbesondere mit Theologen, die sich durch die Komparatistik eine bessere Auslegung der Bibel versprachen und namentlich die Geschichte des Turmbaus zu Babel zu erhellen hofften. Während sich einige Zeitgenossen vorwiegend der systematischen Erforschung des als heilig geltenden Hebräischen widmeten, konzentrierte sich Thurneysser auf ein lexikalisches Sammeln, Vergleichen und Wiedergeben von orientalischen Eigennamen. Damit spiegelte er seinen Lesern eine polyglotte Gelehrigkeit vor und positionierte sich als Weltreisender.

Mit tausend Zungen

Thurneysser setzte sich, vermutlich in den Klosterbibliotheken, mit zahlreichen altorientalischen Sprachen auseinander. Außerdem stand er mit führenden Philologen in Kontakt – zum Beispiel mit den Hebraisten Valentin Schindler und Elias Hutter.

Bei Hutter besorgte sich Thurneysser arabische, syrische und äthiopische Alphabete. Der Leipziger Professor anerbot sich 1578 sogar, persönlich nach Berlin zu kommen, um den Schnitt der Schrifttypen zu überwachen. Von überall her ließ sich Thurneysser EXOTISCHE ALPHABETE zukommen. Diese typographische Sammeltätigkeit brachte dem Leibmedicus den Ruf ein, insgesamt 32 Sprachen zu verstehen.

→ Abb. 29

Hinter seiner vorgegebenen Gelehrsamkeit verbarg Thurneysser eine sprachliche Schwäche: Seine Lateinkenntnisse waren ausgesprochen dürftig. Dieser Makel war ihm umso peinlicher, als die Beherrschung eines gepflegten Neulateins zur selbstverständlichen Auszeichnung eines jeden Gelehrten der Renaissance gehörte. Das holperige, als »Küchenlatein« verschriene Mittellatein hatte in akademischen Kreisen ausgedient und wurde dem niedrigen Klerus überlassen. Gültige Norm der Humanisten war das klassische antike Latein, das sich in Stil und Wortwahl an Cicero und anderen Meistern der Antike orientierte. Um diesen Bildungsmangel zu beheben, nahm Thurneysser 1577, noch im Alter von 46 Jahren, Nachhilfestunden in Latein beim humanistisch gebildeten Jakobus Colerus, vulgo Jakob Köhler, der als Probst der Berliner St. Nikolaikirche und als Pfarrer der St. Marienkirche wirkte.

Thurneyssers Vorbilder aus der Antike entsprachen durchwegs der Referenzwelt des europäischen Bildungsadels. In verschiedene Anspielungen im Glasgemäldezyklus des Zürcher Künstlers Christoph Murer, die von Boerlin untersucht und gedeutet wurden, kommt die enge Verbundenheit des Auftraggebers mit Persönlichkeiten aus dem klassischen Altertum zum Ausdruck. Er lässt sie als Rahmenfiguren auftreten und bemüht sie gewissermaßen als Kronzeugen seines außergewöhnlichen

Lebens. Diese bildnerischen Zitate haben die gleiche Funktion wie die unzähligen Autoritäten, auf die er sich in seinem Werk beruft. Die bloße Nennung von großen Namen aus der Geschichte tritt bei Thurneysser oftmals an Stelle einer inhaltlichen Begründung seiner Theorien. Indem er den Nimbus von historischen Persönlichkeiten in die Nähe seiner eigenen Person transferiert, vermeint er wohl, seinen Thesen mehr Gewicht zu geben. Zudem kompensiert er mit seinem Wissensprunk sein subjektiv empfundenes Bildungsdefizit, das seine Gegner mit dem Vorwurf mangelnder Schulbindung gewiss förderten. Die Referenznennung mit Analogieschlüssen, die in die Antike zurückgreifen, hatte in der Renaissance die gleiche Wirkung wie heute das Namedropping als gesellschaftliches Imponiergehabe.

Zu den von Thurneysser immer wieder bemühten historischen Figuren gehörten Hannibal, Alexander der Große und Homer. Mit ihnen scheint er sich identifiziert zu haben. Paul-Henry Boerlin weist auf die Tatsache hin, dass Thurneysser im »Pison« zu den Ausführungen über das Bergwerkswesen die Marginalie anbrachte »Thurneysser ein Berckman«. Im Fließtext erwähnt er ein Bergwerk in Spanien namens Bebalo, das er gesehen haben will. Dazu vermerkt er, dass der Feldherr Hannibal dieses Werk zum gemeinen Nutzen der Karthager angelegt habe. Dazu fügt er wiederum eine Marginalie bei, diesmal »Hanibal Berckman«.

Mit Homer fühlte sich der Basler seelenverwandt. Weil er einen Teil seiner Schriften in Versen verfasst hatte, verstand sich Thurneysser ebenfalls als Dichter. Zudem dürfte ihn die Tatsache berührt haben, dass Homer in seinen Epen, wenn auch nur am Rande, auch den Segen der Heilkräuter zur Sprache brachte. In »Kurtze Verwandtschaft« schreibt Thurneysser: »Die Wirkung der Kräuter werde von zwyen Söhnen Asculapij, dem Poladirio und Machaone (wieweil es Historici auch gedencken) wie sie so viel wunderliche Schäden mit Kreutern geheilet haben.«

Den höfischen Gepflogenheiten seiner Zeit entsprechend, pflegte Thurneysser einen überaus schwülstigen und devoten

Schreibstil. In seinen Druckschriften verschleiert diese üppige Ausdrucksweise viele ohnehin schon geheimnisvolle Aussagen. Ansammlungen von Allegorien, Andeutungen und kodifizierten Begriffen machen seine »Quinta Essentia« oder »Archidoxa« zu Büchern mit sieben Siegeln. Nun wollte Thurneysser mit seinen Schriften aber gar nicht vermitteln, sondern beeindrucken. Zweifellos ging es ihm darum, sich in seinem Umfeld als Geheimnisträger zu positionieren. Das ist ihm gelungen, seine Werke brachten ihm einen riesigen Prestigegewinn ein.

Der verklausulierte Ausdruck von teilweise vertrackten Gedankengängen zieht sich wie ein roter Faden durch Thurneyssers Bücher. Im Gegensatz dazu steht der Stil seiner Streitschriften. Sie sind teilweise undiplomatisch direkt, teilweise gar von verletzender Offenheit.

Die Basler Autoren Manuel Bachmann und Thomas Hofmeier stellen in ihrem Werk »Geheimnisse der Alchemie« klar, dass die Alchemisten von der Antike bis zum 18. Jahrhundert das Geheimnis in den Mittelpunkt ihrer spirituellen und praktischen Anstrengungen stellten.[342] Die Alchemie handelt nicht nur von Geheimnissen, sondern versteht sich als Bewahrerin des Mysteriösen. Deshalb kann es gar nicht Thurneyssers Absicht gewesen sein, sich einer breiten Leserschaft verständlich zu machen. Wie alle Alchemisten wandte er sich nicht an die Öffentlichkeit, sondern an einen kleinen Kreis von Wissenden und Mächtigen. Sein Œuvre ist im wahren Sinne des Wortes esoterisch.

Mit seinem kryptischen Schreibstil provozierte Thurneysser über lange Zeit viele Leser. Carl Remigius Meyer, Professor für deutsche Sprache und Literatur in Basel, veröffentlichte Ende des 19. Jahrhunderts ein vernichtendes Urteil: »Eine qualvollere Lektüre als die von Leonhard Thurneyssers verschiedenen Schriften kann man sich kaum denken; man kann höchstens fragen, wer eigentlich übler daran war, ob der Leser, wenn er in diesem Buch blätterte, oder der Verfasser selbst, als er dasselbe schrieb.«[343] Meyer und die anderen Kritiker der Aufklärung und des 19. Jahrhunderts missachteten aber die Tatsache, dass verschlüsselte und nebulöse Texte zum eigentlichen Wesen der Alchemie gehörten.

In Thurneyssers »Quinta Essentia«[344] allegorisiert ein Holzschnitt des Formschneiders Peter Hille das Geheimnis durch die Personifikation der VERSCHWIEGENHEIT. Die anmutige Figur sitzt auf einer verschlossenen Schatztruhe mit der Aufschrift »Axoe« (= Stickstoff) und »Thoh«[345]. In der rechten Hand trägt sie einen großen Bartschlüssel, ihr linker Arm liegt auf einem Herbarium. Sie hat die Füße auf einen Band der »Archidoxa« gesetzt, dessen Schließen sichtbar sind. Links und rechts der Figur liegen Bücher mit den Titeln »Quinta Essentia«, »Astronomia«, »Biblia« und »Mutatio«. Auf einem Wandkästchen mit einem wuchtigen Vorhangschloss ist das Wort »Laudanus« vermerkt. Im Fenster über der »Verschwiegenheit« prangt eine Wappenscheibe mit den Initialen »LT z.T.«. Leonhard Thurneysser zum Thurn steht somit über der »Verschwiegenheit«; er setzt seine Werke auf die gleiche Stufe wie die großen Geheimnisse und Welträtsel.

→ Abb. 21

Das Medium Buch diente Thurneysser oftmals als Bühne zur Selbstdarstellung. Das in der Renaissance beliebte Stilmittel der Allegorie ermöglichte ihm, in den Buchillustrationen eigene Tugenden und unüberprüfbare Leistungen auf raffinierte Weise anzudeuten. Den Gipfel eitler Selbstüberhöhung erreicht Thurneysser im Teil I der »Historia und Beschreibung [...]«. Im Zentrum der Komposition thront Gottvater. Gabriele Spitzer weist darauf hin, dass dieses faustische Porträt die markanten Gesichtszüge des sich omnipotent wähnenden Medicus trägt: geschwungene Augenbrauen, tiefliegende Augen, eine lange, gerade Nase sowie den charakteristischen zweispitzigen Bart.[346]

Die Physiognomie als göttliche Geheimschrift

Die Scheibenrisse und Druckgraphiken mit Thurneyssers Porträt vermitteln ein idealisiertes Bild seiner Person. Immer wieder boten sich THURNEYSSERS BILDNISSE an, um daraus Rückschlüsse auf seinen Charakter zu ziehen. Solche wissenschaftlich unhaltbaren Deutungen aus dem Bereich der Physiognomik gehören seit dem Mittelalter zu den okkulten Künsten und werden in esoterischen Kreisen heute noch praktiziert.

→ Umschlag

Der Aufschwung der Physiognomik in der Spätrenaissance hängt mit der auch Humoralpathologie genannten Viersäftelehre zusammen. Diese bringt das menschliche Temperament in Zusammenhang mit den vier Körpersäften Blut, Schleim, gelbe Galle und schwarze Galle und setzt diese wiederum mit den Eigenschaften der vier Elemente (warm, kalt, feucht, trocken) in Beziehung. Nach dieser Lehre ist jeder Körpersaft einem bestimmten Organ zugeordnet, das ihn erzeugt, speichert oder umwandelt. Je nach Jahreszeit oder Alter herrscht der eine oder andere Körpersaft vor. Die Gesundheit des Menschen ist von der Balance der vier Säfte abhängig. Krankheiten sind hingegen eine Folge des Überschusses oder des Verderbs eines oder mehrerer Körpersäfte. An dieser Säftelehre hatten sich alle Therapien zu orientieren. Hierfür standen den Ärzten vor allem die Uroskopie sowie eine differenzierte Beobachtung der Pulsqualitäten zur Verfügung. Als Mittel der Wahl wurden evakuierende Maßnahmen eingesetzt. Dazu gehörten das Schröpfen, die Verabreichung von Brech- und Abführmitteln, die Förderung der Harnentleerung und des Schwitzens sowie das Niesen. Zur Prävention zukünftiger Krankheiten gab es diätetische Vorschriften, die sich im Sinne der hippokratischen *Diaita* auf die gesamte Lebensführung bezogen.[347]

Dass auch einfache Patienten ihre Befindlichkeit auf das Zusammenwirken der Körpersäfte zurückführten, zeigt sich im Brief des Breslauer Barbiergesellen Peter Müller, den er 1582 an Thurneysser richtete. Er klagt darin über »Kümmernis, Trawrigkeit, Angst und Forcht«. Die Erklärung liefert er gleich selbst dazu: Im »Geblüth und im ganzen Körper« laufe es ihm »so seltsam hin und wieder«. Das Geblüth scheine »gar keine bleibende Stadt« mehr zu haben, »welchs Gott im Himmel erbarme«. Es geschehe oft, »wenn ich mich selbes anrühre oder antaste, oder wenn ich mich stillsitzend umwende, und wenn ich etwas höre reden [...] so überschleicht mich das Geblüth in alle Gliedmaßen gleich als ob mir darin jemand etwas darinne vermischet«. Für Peter Müller war dabei entweder Zauberei im Spiel oder die Folgen eines Schreckens zu spüren, den er in seiner Jugend erlitten und nach dem er bald etwas getrunken habe, »welchs ich gar nicht zweifel, das nicht durch denselben Trunk das Geblüth so erschreckt und inspiriert ist worden«.[348]

Die Dominanz eines der Säfte prägt also auch Temperament und Konstitution eines Individuums. Der KÖRPERTYPUS ist demnach ein Spiegel des Charakters und Ausdruck des Temperaments. Die Humoralpathologie geht auf Galen zurück, der sich auf Hypokrates von Kós berief. Obwohl Thurneysser die galenische Medizin wie alle anderen Paracelsisten ablehnte, hielt er sich mit physiognomischen Urteilen nicht zurück. So äußerte er sich beispielsweise über Christoph Sparr, der als Oberhofmarschall und Kammerdirektor am märkischen Hof wirkte:

→ Abb. 22

Große und starke Personen sind kalter Natur, haben eine böse unreine Complexion, stinken und schwitzen viel, solcher Art ist auch Herr Christoph Sparr der kurfürstliche Oberhofmeister zu Berlin. Diejenigen, die von Person lang, schmal, dürr und kleine runde Köpfe haben, besitzen gar keine Geschicklichkeit. Führen weibische Reden, wie ehemals Kaiser Rudolph von Habsburg.[349]

Diese Art von Deutungen erfolgte in bester aristotelischer Tradition und knüpfte an physiognomische Betrachtungen von Albertus Magnus, Agrippa von Nettesheim und Paracelsus an. Prominentester Physiognomiker unter Thurneyssers Zeitgenossen war der neapolitanische Arzt und Universalgelehrte Giambattista della Porta. Seine Werke »De furtivis literarum notis« und »De humana physiognomia« aus den Jahren 1563 und 1586 decken ein ganzes Netz von in der Natur verborgenen Korrespondenzen auf. Formen im Tier- und Pflanzenreich, die sich im menschlichen Körper wiederfinden, lassen nach Meinung von della Porta auf charakterliche Analogien schließen. So hat ein Mensch, dessen Gesicht und Haare Ähnlichkeiten mit einem Löwen haben, auch das dominante Verhalten eines Löwen.

Das von Frans Floris de Vriendt I. geschaffene Bild Thurneyssers ist offen gemalt und zeigt im Gegensatz zu den düstern Graphiken einen hellhäutigen Mann mit rötlichem Kopf- und Barthaar. Er hat ausgewogene, scharfgeschnittene Gesichtszüge und wirkt ziemlich sensibel.

Floris gehörte zu jenen in Italien ausgebildeten niederländischen Malern, die als Romanisten bezeichnet werden. Zu seiner Zeit war er einer der prominentesten Künstler, der vorwiegend im Auftrag des Hofs, der Kirche und der Stadt Antwerpen arbeitete. Seine süßlich-antikisierende Salonkunst traf den Zeitgeschmack und brachte ihm den Beinamen »der flämische Raffael« ein. Zwischen diesem Malerfürsten und Thurneysser gibt es eine Parallele. Der Niederländer und der Schweizer waren herausragende Figuren des Frühkapitalismus, obgleich der Begriff Kapitalismus beziehungsweise Kapitalist damals noch nicht existierte.[350] Wie Thurneysser für seine Aktivitäten im Grauen Kloster eine Vielzahl von Arbeitern und Sekretären beschäftigte, unterhielt Frans Floris eine große Bildermanufaktur, in der über hundert Gesellen und Helfer Kunstwerke in einer ausgefeilten Arbeitsteilung produzierten. Eine weitere Eigenschaft verband Floris und Thurneysser: Sie waren beide Meister der Selbstvermarktung.

Waren Thurneysser und Floris befreundet? Der Leibmedicus schwärmte jedenfalls von Floris, in der »Confirmatio Concertationis« vergleicht er ihn mit Albrecht Dürer. Zudem behauptet er, bei ihm Zeichenunterricht genommen zu haben. Obwohl es hierfür keinerlei Belege gibt, hält Paul-Henry Boerlin dies für durchaus plausibel.[351]

Thurneyssers Auftragsporträts gehörten zu den zahlreichen Statussymbolen, mit denen er seinen gesellschaftlichen

Stand markierte. So vornehm er sich auch gab – adlig war er beileibe nicht. Vater Jakob Thurneysser und seine Söhne Leonhard und Alexander waren Handwerker und gehörten somit zur Basler Bürgerschicht. Leonhard behauptete in seinen Schriften wohlweislich nie, er sei adlig. Eine derartige Hochstapelei hätte sich in Basel, wo Mitte des 16. Jahrhunderts nicht einmal zehntausend Einwohner[352] lebten, schnell herumgesprochen. Im Ausland ließ er die Leute aber gerne im Glauben, er sei vornehmer Abkunft. Besonders weit ging er, als er in seiner »Quintessenz« (Ausgabe Münster 1570) einen gekrönten Helm auf sein Familienwappen setzte.

Leonhard zögerte auch nicht, seinem Familiennamen das Prädikat »zum Thurn« beizufügen, das Blaublütigkeit vorspiegelte. Offenbar besann er sich auf seine noch »Thurnhäuser« genannten Vorfahren, die sich den Beinamen zum Thurn beigelegt hatten, um als Abkömmlinge der Grafen von oder im Thurm zu gelten.[353] Thurneysser führte dieses herrschaftliche Namensanhängsel mit ausdrücklicher Genehmigung des Kurfürsten. Vermutlich hatte er seinen Antrag damit begründet, dass er seinen Wohnsitz im Grauen Kloster neben dem charakteristischen Turmbau hatte.[354] Nachdem ihm das Privileg der Namenserweiterung zugestanden worden war, reicherte er sein Familienwappen gleich mit zwei schwarzen Türmen an. Die Helmzier ergänzte er mit einem aufgebäumten Pegasus, der die Weltkugel in Form einer Amillarsphäre hält.

Die Amillarsphäre – das astronomische Messgerät als Symbol der portugiesischen Seefahrer – in Verbindung mit einem aufgebäumten Pegasus war auch Thurneyssers Druckersignet. Das geflügelte Pferd steht für die Dichtkunst. Pegasus' Hufschlag, so will es die griechische Mythologie, brachte die Quelle zum Sprudeln, die den Musen geweiht war und als Quelle künstlerischer Inspiration galt.

War Thurneysser ein Hochstapler? Den Begriff Hochstapler gab es zu seiner Zeit noch nicht. Das Wort ist rotwelschen Ursprungs. Es wird von »Stabuler« abgeleitet, das erst im 17. Jahrhundert auftauchte und so viel wie Bettler oder Brotsammler bedeutete. Die Scholaren pflegten damals rotwelsche Ausdrücke zu lateinisieren. Aus »stabulus«, wie sie den Bettlerstab nannten, entwickelten sich wiederum die Wörter »Stabler« und Hochstapler. Damit waren ursprünglich Vaganten gemeint, das heißt Personen, die herumzogen und sich vom Betteln ernährten. Möglicherweise enthält das Verb »stabulen«, also das Herumziehen, auch einen Hinweis auf das Unstete vieler Hochstapler. Das Attribut »Hoch« weist auf die Oberschicht dieses ursprünglichen Bettelbetrügers hin, weil ein Hochstapler einer war, der sich als verarmtes Mitglied der Oberschicht ausgab und bettelte. Das früher nur zur Beschreibung eines räumlichen Standortes verwendete »Hoch« wurde zur Spezifizierung eines gehobenen gesellschaftlichen Status verwendet. Nach heutigem Sprachgebrauch ist der Tatbestand der Hochstapelei erst dann erfüllt, wenn der Täter das ihm entgegengebrachte Vertrauen zur Begehung von Betrügereien nutzt.[355] Wenn sich danach der Begriff Hochstapler auf einen Menschen bezieht, der sich mit betrügerischen Absichten als Mitglied einer einflussreichen Gesellschaftsschicht ausgibt, ohne ihr tatsächlich anzugehören, dann ist Thurneysser aus heutiger Sicht ein Grenzfall.

Ein Herr in Samt und Seide

Leonhard Thurneysser zum Thurn war eine wahrlich imposante Erscheinung. In Samt und Seide und ganz in Schwarz gekleidet, grenzte er sich, solange er als Leibarzt des Kurfürsten diente, vom gemeinen Volk ab. Um den Hals trug er eine mehrlagige Goldkette, an denen Gnadenpfennige, Medaillen und sogenannte Kontrefaitmünzen mit dem Porträt der Kurfürsten hingen.

Thurneysser kleidete sich mit einem Wams, dessen Achselwülste ihm ein breitschultriges Aussehen verliehen. Dazu trug er ein modisches Samtbarett, dekorierte Hemden mit einer kleinen Halskrause und bis knapp unter das Knie reichende Hosen. Auf Scheibenrissen von Christoph Murer trägt er auch eine für die Epoche charakteristische, mit Pelzkragen verbrämte Schaube. Dieses weite, bis auf die Knie reichende Kleidungsstück trug er vorne stilgerecht offen, um seinen mit vielen Knöpfen geschlossenen Scheckenrock sichtbar zu machen. Anzunehmen ist, dass er dazu rahmengenähte Kuhmaulschuhe trug, die sich nach vorne verbreiteten. Sein behäbig-bürgerlicher Auftritt war das protestantische Gegenstück zur strikten Mode Spaniens. Im katholischen Weltreich Kaiser Karls V. standen steife Samthüte und weiße Stehkragen, die so groß wie Mühlsteine waren, sowie falsche Bäuche und Hosen mit dicken Gesäßteilen, mit denen man die »dekorative Würde« ihrer Träger betonen wollte, hoch im Kurs.

Buntfarben waren auch für die Garderobe der Damenwelt undenkbar. Die Oberschicht trug schwarze Kleider und putzte sich mit Leinen und weißem Zeug heraus. Sie hielt sich indessen nicht zurück, mit Edelsteinen besetzte goldene Hals- und Armbänder, goldene Hauben sowie kunstvolle Borten und Gürtel zu tragen.[356]

Viel Aufhebens wurde um Thurneyssers eitle Gewohnheit gemacht, täglich seidengewirkte Strümpfe zu tragen. Wie eng die höfischen Konventionen im protestantischen Berlin waren, schildert eine Anekdote, die Moehsen in einer Fußnote zu Thurneyssers Biographie vermerkt:

> *»Bartholde! Ich habe auch seidene Strümpfe: aber ich trage sie nur des Sonn- und Festtags«, sagte Markgraf Johannes zu Küstrin noch 1569 gegen seinen Geheimen Rath, Barthold von Mendelsloh, Amtshauptmann zu Kotbus, Gesandten auf verschiedenen Reichstagen und an fürstlichen Höfen, der sie mit aus Italien gebracht hatte, und einstmals an einem Wochentage mit solchen bei Hof erschien. Man sieht, wie rar sie zu der Zeit hier im Lande waren [...]*[357]

Die engen Konventionen hinderten den Hof aber keineswegs, eine bei kirchlichen Festtagen ungemeine Prachtentfaltung an den Tag zu legen.

Im September 1569 ließ Kurfürst Joachim II. von Brandenburg seine Belehnung zum Herzogtum Preußen feiern. Sämtliche Mädchen über zehn Jahre mussten zu den Festivitäten mit offenen Haaren und in weißen Kleidern erscheinen. Und alle Dorfprediger aus dem Umkreis von zehn Meilen hatten im Umzug, glitzernde Kelche und Patinen tragend, paarweise zu marschieren. Der Kurfürst ritt hinter dem Dompropst auf einem goldfarbenen Pferd und trug einen mit Zobel verzierten Mantel aus Goldtuch.[358]

Derart bombastische öffentliche Auftritte wären unter Georg Friedrichs Großvater, Kurfürst Joachim I., undenkbar gewesen. Die zunehmend üppigen Selbstdarstellungen und pompösen Festivitäten des Hauses Brandenburg kompensierten die im ausgehenden Mittelalter aus der Mode gekommenen Ritterspiele. Der Kurfürst frönte neben der Jagd den höfischen Lustbarkeiten wie Maskeraden, Ballabenden und Konzerten mit grandiosen Feuerwerken.

Eine 1580 erlassene Kleiderordnung richtete sich an die Unterschichten und bezweckte eine sichtbare, kastenartige Abgrenzung zwischen den einzelnen Ständen. Ärger gab es für die Träger von neumodischen Pluderhosen. Insbesondere die Geistlichen wetterten gegen diese Tracht und sprachen vom »Hosenteufel«. Als Kurfürst Joachim II. drei reiche Bürgersöhne sah, die in ihren weiten und dicken Hosen vor dem Schlosse auf und ab stolzierten und dabei von fiedelnden Musikanten begleitet wurden, ließ er sie in den vergitterten Drehkäfig, genannt Narrenhäuslein, beim Bernauschen Keller einsperren, wo sie – während die Fiedler ununterbrochen vor ihnen musizierten – einen Tag und eine Nacht lang dem Hohn des Pöbels preisgegeben wurden.[359]

Thurneysser wehrte sich stets gegen den Vorwurf eines hoffärtigen Auftritts. Er verteidigte sich mit der Erklärung, dass ihm wohl kostbare Gewänder von Königen und Fürsten geschenkt würden, er aber stets nur schwarze Kleider trage.[360] Für seine pompösen Berliner Ausfahrten ließ sich der Hofmedicus in einem bequemen Vierspänner kutschieren; seine Bediensteten hatten nebenher zu gehen. Wenn er das Graue Kloster verließ, wurde er nach 1580 jeweils von zwei adrett gekleideten adligen Knaben namens Christoph und Hans von Tetzel begleitet. Ihre Eltern, die in einem Reichsrittersitz in Dennenlohe wohnten, waren der Meinung, dass ihre beiden Kinder nirgendwo in Brandenburg besser zu Tugend und guter Ordnung erzogen würden als beim Schweizer Medicus. Und Thurneysser erhoffte sich wohl, dass etwas vom adeligen Glanz dieser Edelknaben auf seine Person abstrahlen würde.

Geschäfte an der Leipziger Messe

Thurneysser wurde von der kurfürstlichen Familie immer wieder mit neuen Aufgaben betraut. Er genoss insbesondere das grenzenlose Vertrauen der Schwiegertochter des Kurfürsten, Katharina von Brandenburg-Küstrin, die ihn schon 1577 mit der Einrichtung eines alchemistischen Laboratoriums im Schloss Moritzburg in Halle (Saale) beauftragte.[361] Die sozial engagierte Prinzessin kümmerte sich insbesondere um die Armen und Notleidenden Berlins. Dazu ließ sie von Hofbaumeister Rochus Graf zu Lynar im Westflügel des Schlosses eine Hofapotheke einrichten, wo Medikamente unentgeltlich an Bedürftige abgegeben wurden.[362]

Katharina schickte Thurneysser jeweils an die Leipziger Messe, wo er für sie heikle Geldgeschäfte verrichten musste. Daneben hatte er dort für die kurfürstliche Familie schöne Silberwaren und Preziosen zu kaufen oder zu verkaufen. Der Basler Goldschmied ließ sich keine Gelegenheit entgehen, dabei auch seine eigene Sammlung an Silberwaren aufzustocken. Sein späterer Feind Peter Hafftiz streute bald einmal das Gerücht, der kurfürstliche Leibarzt horte neun Zentner Silbergeschirr.[363] Mit diesen prunkvollen Objekten statte er wohl seine Wohngemächer aus. Beliebte Prestigeartikel waren damals auch lebensgroße, aus Holz geschnitzte Hirsche, die in Tanzsälen oder in den Hausfluren der Vermögenden anstelle von Kronleuchtern hingen. Den Holzfiguren waren echte Geweihe aufgesetzt, auf denen Messingleuchten prangten. Thurneysser ließ sich 1576 einen solch ungeheuerlichen Ziergegenstand durch den Cottbuser Goldschmied Simon Adelhäuser aus Silber fertigen und vergolden. Zusammen mit drei Gesellen und einem Jungen arbeitete dieser über Monate täglich daran. Thurneysser lieferte ihm das Silber und speiste ihn vorerst mit sechzehn Mark ab. Von Zeit zu Zeit folgten weitere Zahlungen von sechs oder acht Mark.

Leipzig war – nach Paris, Venedig und Basel – die viertgrößte Messestadt Europas. Diese Sonderstellung wurde durch verschiedene Messeprivilegien ermöglicht, die Kaiser Maximilian I. der Stadt 1497 und 1507 eingeräumt hatte. Zugleich bot Leipzig seinen Gästen bemerkenswerte Annehmlichkeiten: 1501 wurde die erste Leitung zur Trinkwasserversorgung verlegt, und zur Erquickung der Messebesucher bot sich auch eine vom Bürgermeister Hieronymus Lotter erbaute öffentliche Badestube beim Rannischen Tor an, die 1573 hoch gelobt wurde.[364]

In der Frühmoderne fanden die drei Leipziger Messen jeweils an Ostern, Michaelis (29. September) und Neujahr statt. Gefragt waren dort vor allem Tuch, Leder, Seidenstoffe, Juwelen, Edelmetalle, Manufakturwaren und selbstverständlich Bücher. Das bunte Treiben entsprach ganz den mittelalterlichen Jahrmärkten, wo sich zwischen den Verkaufsbuden professionelle Komödianten, Seiltänzer und allerlei Selbstdarsteller wie Riemenstecher, Taschenspieler, Schlangenbanner oder Spinnenfresser tummelten. Zum »schreienden Gesindel« gehörten auch Barbiere, Bruch- und Steinschneider, Zahnbrecher, Abtrittanbieterinnen mit mobilen Klosetts und Theriakskrämer. Viele Anbieter des Allerweltheilmittels Theriak stammten aus Nürnberg oder Amsterdam.

Was die Leipziger Messe von allen anderen Marktplätzen unterschied, war ihre Vormachtsstellung im Handel mit Rauchwaren.[365] Dank einem Abkommen mit Moskau und dem Voranschreiten der Ostkolonisation hatte sie sich zum größten Umschlagplatz der Alten Welt für Pelze und Kürschnerzubehör entwickelt und in dieser Rolle sogar Nowgorod überrundet. Nach und nach wurde die Leipziger Messe auch ein wichtiger Absatzmarkt für die damals Buchführer genannten Buchhändler, die dort Druckerzeugnisse aus ganz Europa feilboten. Einen starken Auftrieb erhielt dieser Handelsbereich 1539 durch die Wahl des Leipziger Druckers Melchior Lotter dem Älteren in den für die kurfürstlichen Druckprivilegien zuständigen Rat.

Wo sich Thurneysser zur Messe jeweils einquartierte, ist nicht bekannt. Wohl kaum im Gasthaus »Zum Roten Ochsen«, in der »Goldenen Eule« am Brühl oder in »Der Grünen Tanne«, wo die jüdischen Pelzhändler verkehrten. Viel eher logierte er bei adligen Bekannten. Und gewiss ließ er sich im »lateinischen Land« zwischen Paulinen-Kloster und Nikolaikirchhof sehen, wo sich die Drucker, Verleger und Buchhändler angesiedelt hatten, denn die Leipziger und Frankfurter Messen waren für Thurneysser wichtige Beschaffungsmärkte für den Aufbau seiner Bibliothek im Grauen Kloster.

Der leidenschaftliche Büchersammler Thurneysser kaufte bei jeder sich bietenden Gelegenheit ganze Bibliotheken auf. Beispielsweise erwarb er beim Buchhändler Joachim Lochner[366] den bibliothekarischen Nachlass des Nürnberger Stadtarztes Heinrich Wolf. Der Bruder des großen Philologen und Begründers der deutschen Byzantinistik Hieronymus Wolf arbeitete eng mit Wolfgang Geuß zusammen, der sich als Arzt, Pharmazeut und Kalenderschreiber einen Namen gemacht hatte. Auch er war ein Anhänger der alchemistischen Lehren von Paracelsus und fühlte sich der Iatromathematik genannten mittelalterlichen Astromedizin verpflichtet.[367] Wolfs Bibliotheksbestand lag somit ganz auf der Linie Thurneyssers.

Wolfs Sammel-, Übersetzungs- und Redaktionstätigkeit beschränkte sich jedoch nicht auf medizinisch-alchemistische Themen. Der in der Universitätsbibliothek Heidelberg aufbewahrte »Codex palatinus germanicus 454« enthält im Anschluss an das Vorwort ein handschriftliches Verzeichnis aus dem Jahre 1576, das auf »die schonen kunsten Wolfs, so dem waidwerkh vnnd jegerej, auch sunsten mancherlej lustige vnnd liepliche kunst, so der medicin vnd arcznej des menschen diennstlich jst« eingeht. Abschließend folgen knappe Inhaltsangaben zu einer heute verschollenen Jagdschrift.[368]

Im 15. Jahrhundert legten die Wohlhabenden und Gebildeten immer größere Bibliotheken an. Schon 1481 zählte die Vatikanische Apostolische Bibliothek dreitausendfünfhundert Bände und war eine der größten Büchersammlungen Europas. Übertroffen wurde sie einzig von der Bibliothek des ungarischen Königs Matthias Corvinus in Buda, die zehntausend Bücher umfasste. Diesen Umfang erreichten Privatsammler wie Hans Jakob und Ulrich Fugger in Augsburg erst in der zweiten Hälfte des 16. Jahrhunderts.[369] Thurneyssers Bibliomanie ist im Geist der Renaissancehumanisten zu sehen, die mit ihren Büchersammlungen den Grundstock der späteren öffentlichen Bibliotheken legten.

An den Jahrmärkten tauschte Thurneysser die von ihm herausgegebenen Bücher gegen Neuerscheinungen. Gleichzeitig deckte er sich mit erstklassigem Papier ein, zumal die einzige Papiermühle in der Mark Brandenburg[370], die Zacharias Beiger 1532 in der nahegelegenen Stadt Neustadt-Eberswalde in Gang gebracht hatte, den steigenden Bedarf der Offizin im Grauen Kloster nicht mehr decken konnte.[371] Die Margen der Papierhändler waren enorm. In Leipzig war der Papierpreis doppelt so hoch wie in Frankfurt. Einer der wichtigsten Geschäftspartner Thurneyssers war der rührige Wittenberger Drucker, Verleger und Buchhändler Samuel Selfisch. Dieser hatte in Frankfurt am Main große Stapellager angelegt. Er belieferte den Schweizer mit Druckbögen, die er unter anderem aus einer

1415 gegründeten Papiermühle in Straßburg bezog.[372] Gutes Papier scheint in dieser verlegerischen Aufbruchzeit Mangelware gewesen zu sein. Als gewiefter Geschäftsmann verließ sich Thurneysser deshalb nicht nur auf diesen einen Händler, der ihn für weitere Lieferungen immer wieder auf die nächste Messe vertröstete. 1572 und 1573 ließ er Vorräte an Druckbögen über den Papierhändler Alexius Schafhirt aus der Stadt Bautzen in der Oberlausitz kommen, wo seit 1443 Papier geschöpft wurde. Die auf die Offizin im Grauen Kloster ausgestellten Fakturen wurden immer höher. 1577 beliefen sich die Papierrechnungen auf etwas über 906 Floren.

Im Unterschied zu Leipzig bot man an der Messe in Frankfurt am Main auch Sammelausgaben von unterhaltender Prosa feil. So wurden dort 1560 das »Heldenbuch« und 1569 die unter dem Titel »Theatrum diabolorum, das ist ein nutzliches Verstenndiges Buch darauss ein jeder Christ sonderlich vnn fleissig zu lernen, wie dass wir in dieser Welt [...] mit dem Teuffel zukempffen« herausgegebenen satirisch-didaktischen Traktate lanciert. Diese Marktlücke für volkstümliche Publikationen füllte der Verleger Sigmund Feyerabend, der mit reichillustrierten Büchern an den Messen zusammen mit den Nachfolgern des Erstdruckers Christian Egenolff im Buchhandel den Ton angab.[373] Zu seinen Bestsellern gehörte 1578 eine gebundene Sammlung von Volksliteratur, die unter dem Namen »Buch der Liebe« erschien. In dieser populären Liga konnte der Verleger vom Grauen Kloster mit seinen hochgestochenen Werken nicht mitspielen.

Die Ermordung des Hofjuden

Neben allen wissenschaftlichen und verlegerischen Tätigkeiten verstand sich Thurneysser vorzüglich auf das Geldgeschäft. Ganz nebenbei betätigte er sich als Pfandleiher und Kreditgeber. Für den Einzug seiner Forderungen setzte er zuweilen ein drastisches Mittel ein: Er führte seine Schuldner, wenn es ihm geboten schien, in seinen Schriften namentlich auf.

Das Geschäft florierte umso mehr, als er in Berlin keine Konkurrenz der bisher in jüdischen Händen liegenden Geldgeschäfte zu fürchten hatte. Denn Kurfürst Johann Georg hatte einen dramatischen Vorfall zum Anlass genommen, die »Christusmörder« gnadenlos aus der Mark Brandenburg zu vertreiben. Dieser wahnhafte, rassistische Reflex war kein isoliertes, auf die Mark Brandenburg beschränktes Phänomen der Renaissance. Juden wurden in allen christlichen Ländern der Alten Welt drangsaliert. Das einzige Gebiet, wo tatsächlich Religionsfreiheit herrschte und Juden nicht verfolgt wurden, war der zum osmanischen Reich gehörende Balkan. Insbesondere in der Zeitspanne vom 11. bis 13. Jahrhundert kam es im übrigen Europa vielerorts zu schweren Ausschreitungen gegen die »Christusmörder«. Im fanatisierten Klima der Kreuzzüge, namentlich vor dem Aufbruch der bewaffneten Wallfahrer ins Heilige Land, wurden ganze jüdische Gemeinden ausgelöscht. Massenmorde erfolgten unter anderem in den Städten Mainz, Speyer, Troyes, Rouen und Metz.

Das 1573 in der Mark Brandenburg erfolgte Pogrom hängt mit einer unglücklichen Person namens Lippold Ben Chluchim zusammen, die aus Prag eingewandert war und sich als Hoffaktor unentbehrlich gemacht hatte. 1565 bekleidete Lippold, das volle Vertrauen des Kurfürsten Joachim II. Hector von Brandenburg genießend, das Amt des Schatullenverwalters und überwachte in dieser Funktion die Einhaltung des Exportverbots für Edelsteine und -metalle. Sehr bald wurde der tüchtige Mann zum kurfürstlichen Kammerdiener und Münzmeister befördert. Gleichzeitig oblag ihm die Oberaufsicht der Judengemeinden der ganzen Mark Brandenburg und die Verwaltung der bei der jüdischen Bevölkerung eingeforderten Steuern und Tribute. Daneben betrieb er auf eigene Rechnung ein florierendes Kreditgeschäft. Sein Geldhandel war dermaßen erfolgreich, dass bald nahezu der ganze Hof bei ihm in der Kreide stand. Die Reichspoliceyordnungen von 1530 und 1548, wonach Juden sich an einem Zinsrahmen von fünf Prozent Verdienstspanne zu halten hatten, galten dabei auch für ihn.[374]

In den Neujahrstagen 1571 zog sich Joachim II. auf der Wolfsjagd eine tödliche Infektion zu und starb am 3. Januar auf Schloss Köpenick. Bald darauf wurde Lippold von neidischen Hofschranzen des Mordes am Regenten verdächtigt und unter Hausarrest gestellt. Hinter dieser haltlosen Anschuldigung stand allem Anschein nach die Absicht des neuen Landesherrn Johann Georg, sich des unliebsamen Hoffaktors zu entledigen, um den von seinem verschwenderischen Vater übernommenen Schuldenberg von zweieinhalb Millionen Gulden bequemer abtragen zu können. Deshalb wurde der »Münzjude« auch der Unterschlagung bezichtigt. Obwohl ihm das Gericht nichts nachweisen konnte, händigte Kanzler Lampert Distelmeyer ohne jede Rechtsgrundlage allen Schuldnern Lippolds ihre versetzten Pfänder und ungetilgten Schuldscheine aus.

Der Kurfürst griff mit eiserner Hand durch und ließ die Häuser aller in Ungnade gefallenen Günstlinge seines Vaters durchsuchen und versiegeln. Die Untersuchung brachte im Wohnhaus Lippolds an der Stralauerstraße ein Zauberbuch zutage, das dem früheren Hoffaktor zum Verhängnis wurde. Obwohl es am natürlichen Ableben des Kurfürsten keinen Zweifel gab, wurde Lippold nach Paragraph 44 der Halsgerichtsordnung[375] dem Scharfrichter zum peinlichen Verhör übergeben. Meister Balzer folterte ihn so lange bis er zugab, die Gunst seines Gebieters durch Zauberei und seinen Tod durch Gift bewirkt zu haben. Obwohl er sein erzwungenes Geständnis widerrief, wurde er zum Tode verurteilt.

Am 28. Januar 1573 – Mittwoch vor Fastnacht – wurde der durch die Folter schwer lädierte Mann in einem Leiterwagen durch die Stadt geführt und an zehn verschiedenen Plätzen mit glühenden Zangen zum Gaudi des Pöbels gezwickt. Der Höhepunkt des mörderischen Spektakels erfolgte auf dem Berliner

Hofmarkt, wo zur EXEKUTION LIPPOLDS ein bühnenartiges Gerüst aufgestellt worden war. Nachdem er dort vor Publikum gerädert und gevierteilt worden war, ließ man seine Körperteile am Galgen aufhängen und seinen Kopf auf das Georgentor stecken. Seine Eingeweide wurden zusammen mit dem ominösen Zauberbuch an Ort und Stelle verbrannt. Als darauf eine große Maus unter dem Gerüst hervorkam, sah das gaffende Publikum im flüchtenden Tier den verwandelten Zauberteufel. Das nahm den Zuschauern den letzten Zweifel, dass der Hofjude Lippold zu Recht verurteilt worden war.[376]

→ Abb. 28

Ein Jahr nach der Hinrichtung erteilte Johann Georg allen in der Mark Brandenburg ansässigen Juden den Befehl, ihr Hab und Gut zu verkaufen und das kurfürstliche Gebiet innerhalb einer festgelegten Frist zu verlassen. Die meisten flüchteten nach Böhmen und Polen. Vorher mussten sie aber ihre Güter verkaufen und den Gerichten die Inventare, die Untersuchungskosten und die Abzugsgelder bezahlen.[377]

Das dramatische Ende des Kammerdieners Lippold zeigt, wie in der Barockzeit selbst Günstlinge der Fürsten unverhofft der Zauberei und des Teufelswerks bezichtigt werden konnten. Diesem Risiko war Thurneysser wie alle anderen Alchemisten permanent ausgesetzt.

Mit großer Wahrscheinlichkeit war Thurneysser Zeuge des der Exekution des Hofjuden folgenden Pogroms, zumal die Synagoge im »Kleinen Jüdenhof« an der nördlichen Klosterstraße vom Pöbel gestürmt und geplündert wurde. Thurneysser legitimierte jedenfalls die Hinrichtung Lippolds in einem illustrierten Flugblatt.[378] Unter dem Titel »Wahrhafftige Aconterfeyung oder stalt / des angesichts Leupolt Jüden« präsentiert er das Porträt Lippolds in einer zentral platzierten Kartusche. Die darüber liegende Exekutionsszene zeigt den auf der Schaubühne liegenden Leichnam neben drei Henkersknechten. Einer davon ist damit beschäftigt, ihn mit der Axt zu zerteilen. In den zwei unteren Ecken des Kupferstichs sind einerseits eine Marterszene und anderseits die Folterwerkzeuge abgebildet.

Auf der unteren Blatthälfte sind über zweihundert Knittelverse abgesetzt, die Thurneyssers Aussage, dass »kein Jüd auff erdreich sey / Der einem Christen günt was gut« untermauern. Dazu zählt er alle angeblichen Verbrechen auf, für die Lippold büßen musste: Teufelsbeschwörung, Zauberei, Unzucht mit christlichen Frauen, Giftmischerei, Meineid, Mord, Diebstahl und Verrat. Thurneysser rechtfertigt die Vollstreckung der Todesstrafe mit der Erklärung, Gott habe die Untaten ans Licht kommen lassen, der Übeltäter sei »nach Gott vnd Keyserlichem Recht« gefoltert und hingerichtet worden. In seinem Pamphlet zieht Thurneysser alle antijudaistischen Register, mit denen seit dem Mittelalter Pogrome ausgelöst und begleitet wurden: Hostienschändung, Brunnenvergiftung, Landesverrat, Ritualmord an kleinen Kindern etc.[379]

1579 adaptierte Thurneysser seinen antijudaischen Einblattdruck, um die Hinrichtung von 24 Juden in Frankfurt an der Oder publik zu machen. Unter dem neuen Titel »Ein wahrhafftige vnd Erschröckliche Geschicht / so sich begeben hat den andern tag Junij / auff Sant Mercelin tag / zu Fryanckfurt an der Ader / wie man 24 Juden verbrendt hat [...]« belässt er aber, mit geringfügigen Änderungen, die hetzerische Litanei des ersten Typendrucks.[380]

Seine Beweggründe, in den Hetzchor gegen Lippold einzustimmen, sind schwer auszumachen. Opportunismus, im Sinne der Redensart »Wes Brot ich ess, des Lied ich sing« stand gewiss im Vordergrund, zumal er gegenüber dem Kurfürsten in der Pflicht stand. Da sich mit sensationshaschenden Einblattdrucken gutes Geld verdienen ließ, dürfte seine Gewinnsucht ebenfalls eine Rolle gespielt haben. Andererseits ist sein antijüdischer Affekt wohl auf die weit zurückliegende Affäre mit dem Pfandleiher Jonas im aargauischen Wil zurückzuführen. Tiefenpsychologisch könnte man von einer negativen Identifikation sprechen. Er gibt seinen jüdischen Mitmenschen sozusagen das zurück, was sie ihm aus seiner subjektiven Sicht angetan haben. Selbst im Pfandleihgeschäft tätig und von seinen Gegnern des Wuchers bezichtigt, vermerkt er in seiner Lebensbeschreibung: »Ich hätte mich zu Basel so verhalten, wenn ich dahin käme, würde man nicht anders mit mir umgehen, denn mit dem Leupolt Juden hier zu Berlin.« Thurneyssers Einstellung gegenüber seinen jüdischen Mitbürgern ist allerdings insofern widersprüchlich, als er sich mit orientalischen Sprachen auseinandersetzte und zu den ersten Druckern im deutschen Sprachraum gehört, die sich hebräische Lettern zulegten. Außerdem interessierte er sich brennend für die Kabbala und pflegte auf seinen Reisen angeblich Kontakte zu jüdischen Gelehrten.

Für eine verhängnisvolle Belebung des Antijudaismus sorgte in den reformierten Gebieten kein Geringerer als Martin Luther. Zunächst hoffte er nämlich, seine jüdischen Mitbürger gegen das Papsttum aufwiegeln und somit für die reformierte Kirche bekehren zu können. Nachdem dieses Unterfangen aber kläglich gescheitert war, schlug seine anfänglich wohlwollende Haltung den Juden gegenüber in einen grenzenlosen Hass um. 1543 brachte er seinen ganzen Groll in einer infamen Schmähschrift mit dem Titel »Von den Juden und Ihren Lügen« zum Ausdruck. Noch drei Tage vor seinem Tod, am 15. Februar 1546, proklamierte er in seiner letzten Kanzelabkündigung in Eisleben die Vertreibung der Juden mit der Aufforderung: »Darum sollt ihr Herren sie nicht leiden, sondern wegtreiben!« Luthers antijudaistischen Worte fielen nicht auf taube Ohren, sie wurden von der Priesterschaft willig aufgegriffen und für ihre Predigten eifrig genutzt.

Der große Karrieresprung

1571 war für Thurneysser ein Schicksalsjahr. Der eben inthronisierte KURFÜRST JOHANN GEORG VON BRANDENBURG[381], ein Abkömmling des Hauses Hohenzollern, kam Anfang Jahr mit seiner zweiten Ehefrau, Prinzessin Sabina von Brandenburg-Ansbach, in Frankfurt an der Oder angereist, um sich huldigen zu lassen. Dort wurde er auf den vierzigjährigen Schwei-

→ Abb. 9

zer Wundermann und sein Werk »Pison« aufmerksam gemacht, das gerade durch die Druckerpresse ging. Als der Kurfürst einen Probebogen zu sehen verlangte, war Thurneysser klug genug, ihm ausgewählte Abzüge übermitteln zu lassen, in denen die Gewässer der Mark Brandenburg und ihre Eigenschaften zur Sprache kamen.

Johann Georg von Brandenburg las die Texte und zeigte sich tief beeindruckt, denn Thurneysser wusste vom Mineralreichtum der Mark, von Bernsteinlagern und von einem bestimmten Wald bei Friesack mit ergiebigen Gruben zu berichten. Gleichzeitig lieferte er überzeugende Vorschläge zur Hebung der Bodenschätze und entwickelte die Idee eines Kanals zwischen der Oder und der Spree, der in der Folge tatsächlich ausgehoben wurde. Vollends fasziniert von den Hinweisen, dass in der Spree Goldsand liege, bei Buchholz unweit von Berlin Saphire und um Strokow Rubine im Flusswasser vorkämen[382], ließ der Herrscher sich den gelehrten Schweizer vorstellen. Er fasste gleich Vertrauen und führte ihn zu seiner an Krämpfen leidenden Gemahlin. Die Angaben des fremden Wundermannes über die Ursachen der Krankheit und über die Möglichkeiten einer wirksamen Therapie überzeugten das Fürstenpaar, und die Kurfürstin ersuchte ihn, die Kur zu übernehmen. Thurneyssers Reaktion war schlau. Er zeigte sich bescheiden und stellte die Bedingung, sie nur unter Aufsicht von zwei gelehrten Ärzten zu behandeln.[383] Die Therapie wirkte und die Patientin genas rasch. Ihre Sympathie für den »selbstbewussten Mann mit dem schmalen bärigen Gelehrtenkopf«[384] wuchs schnell, da sie selbst ein Laboratorium unterhielt und eigenhändig Medikamente zubereitete.

Das begeisterte Fürstenpaar bot Thurneysser eine Anstellung als Leibarzt an und stellte ihm ein fixes Jahresgehalt von 1352 Talern in Aussicht. Neben diesem hohen Barlohn wurden ihm Privilegien und sogenannte Hofdeputate zugestanden. Zu diesen Naturalien gehörten unter anderem Hofkleidung, Futter für vier Pferde und Vorspann bei Reisen. Thurneysser ergriff die Chance sofort und folgte dem Fürstenpaar nach Berlin. Von nun an gehörte der Basler Auswanderer zu den Bestallten des Hofes – zusammen mit vornehmen Bediensteten, Kämmerern, Kammerjunkern, Hofjunkern, Hofkammer- und Renteibedienten[385], Kammerdienern, Kammermusikanten, Pagen, Hof- und Fechtmeistern, Reitpagen, Lakaien, Fournieren, Stallbedienten, Paukern und Trompetern sowie einer Menge anderer Bediensteten, die für Küche und Keller zu sorgen hatten.[386] Die Kölner Apothekerin Erika Eikermann gibt in ihrem Artikel über Thurneysser den interessanten Hinweis, dass der Basler Leibmedicus die Nachfolge von Dr. med. Paul Luther antrat, der ein Sohn des Reformators war. Dieser wirkte zuerst am Hofe von Joachim II., nach dessen Ableben im Jahre 1571 wurde er als Leibarzt von August I., Kurfürst von Sachsen, nach Dresden beordert.[387]

Thurneyssers Stellung als Medicus war aber nicht konkurrenzlos. Der Kurfürst beschäftigte für seine Familie noch weitere Leibärzte. Einer davon war ein gewisser Dr. Quarus Wigand aus Küstrin. Er musste, sooft er am Hofe verlangt wurde, in Berlin erscheinen. Dafür erhielt er Proviant für die Reise, jährlich Hofkleidung für zwei Personen und ein vergleichsweise geringes Jahresgehalt von 100 Talern.[388]

Das magere Gehalt von Dr. Wigand zeigt, in welchem Maße Thurneysser privilegiert wurde. Sein Lohn von 1352 Talern war im wahren Sinne des Wortes fürstlich.[389] Zum Vergleich: 1567 ließ sich ein Nürnberger Hausknecht mit vier den Talern gleichwertigen Gulden Bargeld pro Jahr abspeisen. Dazu wurden ihm vom Arbeitgeber allerdings Kost, Logis und Kleidung gestellt.[390]

Berlin war ein bescheidenes Städtchen – kein Vergleich mit den Großstädten, die Thurneysser in Spanien und Portugal besucht hatte. Die Residenzstadt der Mark Brandenburg, ein beschaulicher Ort, war dreimal kleiner als Köln; Lübeck, Danzig, Magdeburg, Nürnberg, Straßburg und Augsburg hatten mindestens doppelt so viele Einwohner wie die Doppelstadt Berlin-Cölln.[391] Ein Hinweis des Berliner Chronisten Karl Eduard

Geppert auf die Zunahme der Kunsthandwerker Ende des 16. Jahrhunderts zeigt, welches Schattendasein Berlin im Vergleich zu den europäischen Hauptstädten fristete. Im ganzen Ort gab es nur je einen einzigen Messingschläger, Messerschmied, Schönfärber und Pergamentmacher.[392] Dieses kulturelle Brachland bot einer vielseitig begabten Persönlichkeit wie Thurneysser den Humus für eine einzigartige Entfaltung.

Metamorphose im Grauen Kloster

Kurfürstin Sabina von Ansbach wollte ihren neuen Vertrauensarzt in der von ihr gegründeten Schlossapotheke einquartieren, wo sie den Bedürftigen kostenlos Medikamente verabreichen ließ. Doch Thurneyssers Platzansprüche veranlassten das Fürstenpaar, ihm eine geräumigere Unterkunft anzubieten. Sie überließen ihrem Leibmedicus einen zum Lagerhaus gehörenden Teil des säkularisierten Grauen Klosters als Wohnung und Arbeitsstätte. Sein Anwesen wurde nach und nach auf das ganze Kapitelhaus und das angrenzende Langhaus ausgedehnt. Er baute ein geräumiges Laboratorium auf und richtete Instrumenten-, Naturalien- und Gemäldekabinette ein. Dazu kamen eine Bibliothek, Werkstätten für die Formschneiderei, eine Schriftgießerei und eine Buchdruckerei.

Der Basler Unternehmer hatte das Graue Kloster mit dem im Juli 1574 eingeweihten »Gymnasium Berolinense« zu teilen, das aus den zusammengelegten Pfarrschulen von St. Marien und St. Nikolai gebildet worden war. So herrschaftlich der kurfürstliche Leibmedicus wohnte, so schwierig waren die Verhältnisse im Schulbetrieb. Kirche, Kirchhof, Kreuzgang, Garten und Beichthaus wurden zu Unterrichtszwecken für sieben Klassen umgebaut. Da in der Staatskasse aber nicht mehr viel übrigblieb, mussten die beiden Berliner Bürgermeister Thomas Matthias Hübner und Hieronymus Tempelhof die Dächer der Klosterkirche und -gebäude auf eigene Kosten neu decken lassen. Die Zustände im neuen Gymnasium kritisierte der kurfürstliche Lehnssekretär Joachim Steinbrecher, der erhebliche Mittel aus seiner Privatschatulle zum neuen Schulbetrieb beigesteuert hatte: Die Lehrer hätten keine freie Wohnung erhalten; die armen Gesellen seien so miserabel besoldet gewesen, dass sie sich von ihrem Gehalt nicht einmal das trockene Brot hätten leisten können. Es blieb ihnen nichts anderes übrig, als die Tradition der sogenannten Heischegänge weiterzupflegen. Dazu gingen sie viermal jährlich mit den Schülern von Tür zu Tür und sangen Lieder, »um die Wohltätigkeit gegen sie in Erinnerung zu bringen«[393]

Das Graue Kloster war so geräumig, dass das Gymnasium und die Druckerei einander nicht ins Gehege kamen. Die Protektion des Kurfürsten und die monopolistische Stellung der Druckerei in der Mark Brandenburg sicherten dem Unternehmen von Anfang an einen beachtlichen Auftragsbestand. Zu den anspruchsvollsten Fremdaufträgen gehörte die Drucklegung des »Breviarium collegiatae ecclesiae coloniensis«, das Johann Georg initiiert hatte. Absicht des Kurfürsten war, damit ein verbindliches Regelwerk zur Schlichtung der ständigen Streitigkeiten zwischen den Theologen zu schaffen. Die Federführung des 1574 in Angriff genommenen Regelwerks lag beim Domprediger Paul Musculus, einem Sohn des Superintendenten und Theologen Andreas Musculus. Das siebenteilige Werk, das in vier Quartbänden gebunden wurde, umfasst einen Auszug des Tag-Amt genannten Hauptgottesdienstes, Betstunden, Gesänge und »andere[r] Gebräuche der hohen Stiffts-Kirche in der Marck zu Coelln an der Spree«. Gedruckt wurden insgesamt 440 Bogen. Die langjährige Arbeit brachte der Druckerei einen Ertrag von 660 Talern ein.[394]

Thurneysser war sich nicht zu schade, auch lukrative Kleinaufträge prosaischen Inhalts anzunehmen. Er gestaltete und druckte beispielsweise die »Newe Straffordnung« für die Berliner Gastwirte. Er leitete diesen Erlass mit folgenden Worten ein: »Wer denen fleißigen Spielern über die Achseln gucket, also daß ine eyn heisse Angst wurt, den soll man bald verjagen und heißt ihn ein Kiebitz.«[395] Derartige Aufträge waren umso einträglicher, als viele davon auf Kosten des Kurfürsten ausgeführt wurden.

Das Marktvolumen für die Drucker des 16. Jahrhunderts war wesentlich größer, als gemeinhin angenommen wird. Zu Beginn der Frühen Neuzeit zählte das Deutsche Reich rund zwanzig Millionen Einwohner. Etwa fünf Prozent davon waren des Lesens und Schreibens mächtig, so dass sich für die Buchhändler ein Verkaufspotenzial von vier- bis achthunderttausend Lesern und Leserinnen ergab. Schätzungen beziffern die deutschsprachige Gesamtproduktion im 16. Jahrhundert auf hundertdreißig- bis hundertfünfzigtausend bibliographische Einheiten. In dieser Richtgröße ist eine Unmenge von Einblattdrucken eingeschlossen, die neben der Verbreitung von Sensationsmeldungen auch religiösen Zwecken dienten. Wenn man von einer durchschnittlichen Buchauflage von tausend bis tausendfünfhundert Exemplaren ausgeht, dürften im deutschen Sprachraum im 16. Jahrhundert siebzig bis neunzig Millionen Bücher auf den Markt gekommen sein. Die Zahl der gedruckten Titel stieg dabei um den Faktor fünfzig. Gemessen an den Bevölkerungszahlen hat sich das Buch somit in dieser Zeitspanne von der Rarität zum Massenmedium gewandelt.[396]

Was das Wachstum des Lesermarktes ungemein begünstigte, war neben der Entwicklung des graphischen Gewerbes die heute oft unterschätzte Innovation der Brille.[397] Die Lesehilfen hatten sich vom einfachen Lesestein zu vielfältigen Brillenarten wie Monokel, Zwicker, Mützen-, Bügel-, Stirnstreifen- und Gelenkbrillen gewandelt. 1535 wurde in Nürnberg die erste Brillenmacherzunft gegründet. Und etwa 25 Jahre später erschien bereits eine Frühform der Brillenreklame. Neben einem Holzschnitt von Jost Amman ist im »Ständebuch« von 1568 ein achtzeiliger Vers des legendären Schuhmachergesellen, späteren Meistersingers und Poeten Hans Sachs abgesetzt: »Ich mach gut Brillen / klar und liecht / Auff mancherley Alter gericht / [...]«

Ferndiagnosen und Schwarzkunst

Gute HARNSCHAUER – und dazu zählte sich Leonhard Thurneysser – waren angeblich in der Lage, zwischen männlichem und weiblichem Urin zu differenzieren und Schwangerschaften festzustellen. Notker, ein aus Rhätien stammender Mönch des Klosters St. Gallen, prophezeite um 950 aufgrund der Untersuchung einer Harnprobe des Bayernherzogs Heinrich I., dass dieser in einem Monat niederkomme. Dieser Befund erfreute den Herzog über alle Maßen, hatte er doch die Medizinkenntnisse der St. Galler Mönche auf listige Weise auf die Probe gestellt, indem er statt seines eigenen Urins den einer hochschwangeren Magd hatte einreichen lassen.[398]

→ Abb. 15

Einer der berühmtesten Harnschauer des Spätbarocks war Michael Schüppach, genannt »Schärer Micheli«, in Langnau im Emmental. Als gelernter Scherer wirkte er in der Tradition der Wundärzte und zählte somit zu den Handwerkern. Wie Thurneysser versorgte er seine Patienten nach der Harnschau mit Heilmitteln aus der eigenen Wunderapotheke. Im Gegensatz zu Thurneyssers Leistungen wurden seine Diagnosen und Heilungserfolge aber auch von der akademischen Medizin anerkannt. 1747 wurde er von der ärztlichen Standesorganisation der »Chirurgischen Societät Meiner Gnädigen Herren und Oberen der Stadt Bern« zum »Kunsterfahrenen Medicinae et Chirurgiae Practico« ernannt. Schüppachs Ruf verbreitete sich über ganz Europa, und seine Heilkünste machten Langnau im Emmental zu einem medizinischen Wallfahrtsort. Zu seinen zahlreichen prominenten Gästen zählte unter anderem Herzog Carl August von Sachsen-Weimar-Eisenach, der ihn mit seinem älteren Freund Johann Wolfgang von Goethe am 17. Oktober 1779 aufsuchte.[399]

Harndoktoren praktizierten noch anfangs des 20. Jahrhunderts in der Normandie und in gewissen Landstrichen Nordfrankreichs.[400] Diese aus heutiger Sicht zur Gilde der Quacksalber zu zählenden »Diagnostiker« waren schon im Mittelalter Zielscheiben für Spott und Häme. Im 15. Jahrhundert machte sich beispielsweise der Walkmüller und Volksdichter Olivier Basselin über diesen Berufsstand lustig, als er den Helden seines Schwank »Maître Panthelin« Gift und Galle spucken ließ: »In seinen wahnsinnigen Redereien auf die Ärzte [...] weil sie für seinen Harn kein Verständnis haben [...]«

Die Uroskopie kam schon früh in Verruf, weil Quacksalber die mittelalterliche Auffassung, dass sich alle Krankheiten und Gebrechen im Harnglas spiegeln, für ihre Zwecke pervertierten. Dieser Missbrauch gipfelte in der Uromantie genannten Harnwahrsagerei.

Thurneysser verließ sich für die Harnproben auf ein eigenes Lehrkonstrukt. Er zog aus den Niederschlägen im Destillierglas Rückschlüsse auf Krankheiten und Gebrechen seiner Patienten. Dazu stützte er sich auf die antike Proportionslehre, die er bei Michelangelo und Frans Floris fand, und unterteilte den menschlichen Körper der Länge nach in sieben Hauptabschnitte und 24 Grade. Diese Einteilung übertrug er maßstabsgerecht auf ein menschenförmiges Destillierglas. Kleine Markierungen, bei denen sich im Laufe der Destillationsprozesses Dämpfe, Tröpfchen oder feste Ablagerungen festsetzten, gaben ihm konkrete Hinweise auf die betroffenen Organe oder Körperstellen seiner Patienten. Weitere Indikationen zur Diagnose vermittelte ihm die Beschaffenheit der festen Ablagerungen im Destillierglas. Dabei ging Thurneysser wie Paracelsus davon aus, dass SCHWEFEL, SALZ UND QUECKSILBER (Sulfur, Sal und Mercurius) das Grundprinzip aller Dinge auf dieser Welt bildeten. »Verstehet hier kurz, dass alle Farben vom Salz stammen, denn Salz liefert die Farben, den Balsam und die Koagulation. Der Sulfur liefert den Körper, die Substanz und das Gebäude. Der Mercurius liefert die Eigenschaften, Kräfte und Arcana[401]«, schrieb Paracelsus in seinem Werk »Über die Entstehung der Metalle und Minerale«.[402] Deshalb galt es für Thurneysser festzustellen, in welchem Verhältnis die drei paracelsischen Elemente in der Harnprobe zueinander standen. Zu diesem Zweck wurden sie durch Destillation voneinander getrennt und ihr gegenseitiges Verhältnis mit Hilfe einer Hebelwaage bestimmt.[403]

→ Abb. 23

Thurneysser liefert damit ein frühes Beispiel für die erfolgreiche Einführung eines technischen, apparativen Verfahrens in die medizinische Frühdiagnostik.[404] Mit seinen Destilliermethoden leistete er auch Schrittmacherdienste in der Erdölforschung. Seine entsprechenden Verdienste lassen sich am Beispiel der seit 1498 dokumentierten Erdpechquelle Pechelbronn im elsässischen Niederrhein nachweisen, die zu den frühesten in Europa ausgebeuteten Erdöllagern gehört. Die erste wissenschaftliche Abhandlung über den therapeutischen Nutzen des »schwarzen Goldes« geht auf ein Destillierverfahren Thurneyssers ein. Verfasst wurde diese Dissertation 1734 von Johann Theophil Hoeffel, der davon ausging, dass die Eigenschaften von Bitumen durch einen mehrstufigen Destillationsprozess verbessert werden könnten.[405] Von allen erprobten Methoden erwies sich jene von Thurneysser als vorzüglich. Gemäß seinen Vorgaben war ein Teil Erdöl mit zwei Teilen Essig zu destillieren. Damit ließe sich ein besonders klares und helles Öl erzeugen, zumal »die salzigen Säuren eine Fällung aller erdigen Teile bewirke«. Zudem biete dieses Verfahren ein höchst angenehmes Spektakel: Es legte »kleine aus zwei Teilen Wasser und einem Teil Öl zusammengesetzte Tröpfchen frei, die sich im Behälter spontan teilen würden«.[406]

Frühformen des Marketings

Harn-Ferndiagnosen und der dazugehörige Medikamentenversand waren ein wichtiges Standbein von Thurneyssers Betrieb. Krankenbesuche interessierten ihn nicht, zumal er damit kaum zu Ehren und Vermögen gekommen wäre. Erfasst man dieses frühkapitalistische Unternehmertum aus der heutigen Perspektive und projiziert man darauf aktuelle betriebswirtschaftliche Kriterien, zeichnen sich erstaunliche Pionierleistungen ab. Thurneysser betrieb Marketing, und zwar rund 320 Jahre bevor der Begriff an amerikanischen Universitäten geprägt wurde. So grenzte er seine iatrochemischen Erzeugnisse gegenüber dem traditionellen Angebot seiner sich an der Lehre Galens orientierenden Konkurrenten mit einem ungemeinen Kommunikationsaufwand ab.

Seine Marktbearbeitung war einzigartig. Mit Hilfe seiner zahlreichen Skribenten und Boten betrieb er Direkt- und Printwerbung in Form von regelrechten Kampagnen. Daneben besuchte er jeweils die Leipziger Warenmesse, die damals den größten deutschen Handelsplatz für den Güteraustausch zwischen West- und Osteuropa bildete. Um seinen Ruf zu vermehren, konzentrierte er seine Direktwerbung auf die Mächtigen Europas. Zur Produktion der Werbemittel war ihm nur das Beste gut genug, der Versand von Flugblättern aus Zeitungspapier kam nicht in Frage. Seine Botschaften kamen in Form von vornehm ausgestatteten Folianten und Quartanten daher – auf edlem Papier gedruckt und mit prächtigen Holzschnitten geziert.[407]

Die in der Offizin im Grauen Kloster erzeugten Publikationen gehören zu den graphischen Spitzenerzeugnissen des 16. Jahrhunderts und lösten eine Flut von begeisterten Leserreaktionen aus. Mitunter erreichten ihn Briefe von Kaiser Maximilian, Königin Elisabeth I. von England, Friedrich II. oder Stephan Báthory, König von Polen.

Der Werbeerfolg konnte sich sehen lassen: Täglich trafen in Berlin Boten aus allen Ecken des Heiligen Römischen Reichs mit Harnproben ihrer Herrschaften ein. Der Großteil der Hilfesuchenden stammte aus Böhmen, Mähren, Schlesien, Polen oder Preußen. Einzelne Kuriere kamen sogar aus Basel, Straßburg, München oder Wien angereist.

Mit seinen Ferndiagnosen ging Thurneysser kaum Risiken ein. Zu seiner Zeit hatten Fehldiagnosen und Therapieversagen in der Regel keinerlei Konsequenzen für die Ärzte – selbst dann nicht, wenn sie zum Tod des Erkrankten führten. Manche Patienten waren der festen Überzeugung, der »allmechtige Gott« habe sie mit ihrer Krankheit angegriffen oder heimgesucht. Diese Ursachenerklärung kommt in Briefen an Thurneysser klar zum Ausdruck: Das Leiden käme aus »Gottes Vorhenckung« oder seien eine Warnung des Allmächtigen, der »seiner Zeytt ein selig Ende verleyen wolle«.[408] Dieser Glaube, dass die letzte Stunde auf Gottes unerfindlichem Ratschluss gründet, vermochte in der Frühen Neuzeit die ärztliche Autorität zu festigen.[409]

Unter der Dachmarke »Thurneysser« führte der Basler Medicus ein breites Sortiment mit Dutzenden von Produkten. Neben einer Unmenge von Heilmitteln vertrieb die »Firma Thurneysser« auch eine zukunftsweisende Innovation: die Reiseapotheke. Das kostspielige Produkt »Feld- und Reiseapotheke« umfasste 120 verschiedene Medikamente und wurde für den stolzen Preis von 386 Talern und 5 Groschen feilgeboten. Indem Thurneysser eine Auswahl von Arzneien »in geringerem Gewicht, aber fürtrefflicher und durchdringender Wirkung« auf kompakte Weise verpacken ließ, antizipierte er die moderne Reiseapotheke insofern, als er deren Grundnutzen voll erfüllte. Die dazugehörige Gebrauchsanweisung wurde 1602, also sechs Jahre nach Thurneyssers Tod, gedruckt und über den Buchhandel erfolgreich vertrieben. Der von der Handschrift übernommene Titel ist eine kuriose Mischung von Inhaltsangabe und marktschreierischer Eigenwerbung des Autors:

Reise und KriegsApoteken / Darinnen nicht allein die Beschwerlichsten Kranckheiten an des Menschen Leibe / so ausser und innerhalb Krieges / die Menschen zubefallen pflegen /

> *vermeldet / Sondern auch die geheimen und fürtrefflichsten Medicamenta Chimica, an Tincturen, Essentien, Oele / Magisterien, Elixiren, Arcanen, Extracten, und dergleichen / nach ihren kräfften / gebrauch und praeparationen beschrieben werden. Wie sie der Ehrnvheste und Hocherfahrne Herr Leonhard Thurneisser zum Thurn / weiland Churf. Brandenb. bestalter Leibmedikus an Keiserlichen / Königlichen / Chur und Fürstlichen / Auch andern fürnemen Personen / viel Jahre mit grossem nutze und lob practiciret / und gebraucht hat. Durch Agapetum Kozerum Austropedium. Liebhabern der Chimischen Artzney / demne sie vertrawlich zugestellet / Männiglich zugutem in druck verfertigt. In vorlegung Jocob Apels / Buch: in Leipzigk. Anno Christi M.DCII.*[410]

Noch im gleichen Jahr wurde die Publikation in der Leipziger Pharmakopöe mit einem lobenden Hinweis aufgenommen: »Darinnen – die geheimen u. fürtrefflichsten Medicamenta chimica – nach ihren Preparationen beschrieben werden. Wie sie Leonhard Thurneysser zum Thurn – gebraucht hat.« Daraufhin hielten des Meisters Anweisungen auch Einzug in militärische Arzneibücher. Zahlreiche zivile Spitäler sowie Garnisonen und Grenzorte in Österreich, Preußen, Bayern und Frankreich sowie später auch in Dänemark und Norwegen rüsteten sich entsprechend aus.[411]

Seinen Tinkturen und Extrakten gab Thurneysser verheißungsvolle Namen wie *Magisterium Mikrokosmi, Thurbith minerale ex Saturno oder Diaphoretikum solis.* All diese Erzeugnisse hatte er hochpreisig positioniert. Die Verkaufspreise seiner Spezialitäten scheinen fix gewesen zu sein; hingegen kamen, je nach Zielgruppen, unterschiedliche Beratungshonorare zur Anwendung, die jeweils von der Kaufkraft des Kunden abhingen. Die Schere ging bis zum Faktor zehn auseinander. So ließ er sich von Adligen und wohlhabenden Bürgern einen medizinischen Rat mit bis zu sechzig Talern bezahlen. Indes: Weniger begüterte Klienten hatten für eine Konsultation nur vier bis fünf Taler zu entrichten. Nichts deutet darauf hin, dass diese ungleiche Kundenbehandlung aus sozialen Gründen erfolgte – vielmehr war sich Thurneysser bewusst, wo wie viel zu holen war, und zog aus jedem Geschäft hemmungslos den größtmöglichen Profit.

Eine Goldgrube im Grauen Kloster war das Laboratorium, das Thurneysser wahrscheinlich an seine Apotheke gekoppelt hatte. Darin ließ er ein ganzes Gespann von Laboranten für sich arbeiten. Zusammenhänge zwischen Betriebskosten und Preisgestaltung waren im Unternehmen so wenig gegeben wie in der heutigen Pharmaindustrie. Miete hatte der Patron keine zu bezahlen, die Löhne waren tief, und die Einkaufskosten für pharmazeutische Rohstoffe scheinen in keinem Verhältnis zu den Verkaufspreisen gestanden zu haben.

Die Kölner Apothekerin Erika Eikermann weist darauf hin, dass es den Apothekern gemeinhin verboten war, eigenständige Rezepturen und Defekturen herzustellen und an Kranke abzugeben. Als Günstling des Kurfürsten hatte Thurneysser diesbezüglich keinerlei Probleme. Er durfte seine *Arcana* selbst produzieren und ohne Einschränkungen vertreiben.[412]

Arbeitskräfte wurden der Offizin im Grauen Kloster namentlich von der Kurprinzessin Katharina von Brandenburg-Küstrin mit der Absicht vermittelt, sie zu Laboranten und Gehilfen auszubilden und vom Meister höchstpersönlich in der Nachbildung von Rubinen und Smaragden sowie im Wappen- und Steinschneiden unterrichten zu lassen.[413] Die Personalkosten fielen kaum ins Gewicht, zumal die zahlreichen Lehrlinge nicht entlöhnt wurden. Im Gegenteil – Thurneysser kassierte für sie viel Lehr- und Kostgeld. Für die Ausbildung von Michael Aschenbrenner, dem späteren Hofapotheker am kurfürstlichen Hof und Münzmeister des Reichs, bezog Thurneysser 125 Taler.[414] Dabei wurden die Laboranten kaum ausgebildet. Der Prinzipal erteilte Direktiven, Erklärungen gab es dazu wohl keine. War er mit der Leistung seiner Arbeiter unzufrieden, stellte er sie gnadenlos auf die Straße. So entließ er 1582 – nach elf Jahren Zusammenarbeit – den Formschneider Jakob

Anton Reinhausen, von seinen Arbeitskollegen Bringsaufen genannt. Aber schon im März des Folgejahres fand dieser eine neue Anstellung beim berühmten Hofmaler und Kartographen Melchior Lorich in Kopenhagen.[415]

Thurneysser rekrutierte seine Arbeiter wohl auch unter den niederländischen Protestanten, die massenweise vor der Schreckensherrschaft des spanischen Herzogs von Alba geflüchtet waren und in Brandenburg Asyl erhalten hatten. Da viele von ihnen hervorragende Handwerker und Kaufleute waren, wurden sie auf Veranlassung des märkischen Kanzlers Lamprecht Distelmeyer willkommen geheißen.[416] Der Schweizer Patron beschäftigte aber auch Landsleute. Einer seiner Schreiber war der Basler Adam Seidel, dessen Sohn Daniel in der Offizin als Formscheider beschäftigt wurde. Wie alle Künstler und Arbeiter hatte dieser einen Übernamen und wurde seiner Kleinwüchsigkeit wegen Danielmännchen genannt. Er zeichnete seine vorzüglichen ARBEITEN jeweils mit den versalen Initialen DS und bildete dazu ein Messerchen ab. Von ihm stammt die kunstvolle Einfassung des Titels der »Magna Alchymia« und des »Onomasticon«.[417] 1577 stellte der Patron einen weiteren Eidgenossen ein, der sich in Augsburg einen Namen als Kunststecher und Goldschmiedgeselle gemacht hatte. Er hieß Johann Baptist Reichard und stammte aus Stein am Rhein.[418]

→ Abb. 1

Der Schweizer Unternehmer hatte keinerlei Hemmungen, die besten Fachleute seiner Konkurrenten abzuwerben. Beispielsweise gelang es ihm 1571, seinem ehemaligen Geschäftspartner Eichorn den Handwerker Peter Hille – einen der begabtesten Holzschneider weit und breit – abspenstig zu machen. Zur Belegschaft der Offizin gehörten polyvalente Kunsthandwerker. Beispielsweise ist in den Archivalien von einem gewissen Hans Schnellbolz die Rede, der im Grauen Kloster als Illuminierer bedienstet war. Seine Arbeit beschränkte sich aber nicht nur auf das Ausmalen von bunten Initial- und Kapitalbuchstaben der Kräuterbücher; um 1576 war er zudem als Schriftsetzer tätig.[419]

Rauschende Feste

Neben allen Geschäftigkeiten in der Offizin und Pflichten des Alltags fand Thurneysser Zeit für ein ausgesprochen mondänes Gesellschaftsleben. Er bewegte sich in einem illustren Freundeskreis und galt als großzügiger Gastgeber. Seine glanzvollen Empfänge und rauschenden Feste waren legendär. Moehsen führt eine lange Liste von prominenten Persönlichkeiten auf, die bei Thurneysser ein und aus gingen. Zu seinen Gästen gehörten Grafen, Hofprediger, Propste, Geheimräte, Kammerräte, Stadtrichter und andere Notabeln.

Wer sich je mit den Ess- und Trinksitten der Frühneuzeit beschäftigt hat, kann sich das Geschehen im Grauen Kloster vorstellen: Schwarz-weiß gekleidete Herrschaften bewegen sich an den mittelalterlichen Gemäuern vorbei zum Refektorium. Geweihleuchten mit unzähligen Kerzen verzaubern den Raum mit flackernden Lichtspielen. Auf den unendlich langen Nussbaumtischen mit Einlegearbeiten funkelt schweres Silbergeschirr zwischen glitzernden Kristallgläsern. Im Hintergrund erklingt Tafelmusik, vielleicht Kompositionen des gefeierten Meisters Orlando di Lasso, vorgetragen von Instrumentalisten der Hofkapelle. Statt Schalmei, Pommer und Dudelsack erschallen neumodische Musikinstrumente wie Posaunen, Krummhörner, Ranketten und Rauschpfeifen. Denkbar ist auch, dass die Spielleute kostbare Saiteninstrumente, zum Beispiel ein Spinettino oder ein Pseltarium, zum Erklingen bringen. Kräftiges Bernauer Bier und erlesene Weine fließen dabei in Strömen. Getrunken wird nicht etwa Blauer Burgunder aus einem der zahlreichen Berliner Weingärten, sondern fruchtiger Riesling aus dem Rheingau, der gewürzt wurde. Die Gäste prosten einander zu, und kein Mensch würde es wagen, die vom Hausherrn großzügig gekredenzten Getränke abzulehnen. Das Fest artet wie üblich in ein Kampftrinken aus – mit einer streng reglementierten »Maßlosigkeit zur kontrollierten Aufhebung der Kontrolle«.[420]

Fleischhunger im protestantischen Norden

Als verantwortungsvoller Hausherr kümmerte sich Thurneysser auch um das Wohl seiner Belegschaft. Die meisten Handwerker, Arbeiter und Bediensteten waren verheiratet und wohnten bei Thurneysser im Grauen Kloster oder in den umliegenden Häusern. Für das Wohl dieser zuweilen zweihundert Personen zählenden Belegschaft hatten der Patriarch und seine Gemahlin aufzukommen. Ihr Mittagstisch durfte sich alleweil sehen lassen. Thurneysser ließ fast jeden Monat einen Ochsen schlachten; außerdem wurde mit einer Menge Schweine-, Hammel- und Räucherfleisch aufgewartet.

Was in den Quellen nicht zur Sprache kommt, ist der zusätzliche Genuss von Geflügel, der am Brandenburger Hof gewiss ins Gewicht fiel. Denn zu Thurneyssers Zeiten hatten sich der Lebensstil des Adels und damit auch dessen Essgewohnheiten stark gewandelt. Nachdem der Kriegsadel vom Hofadel verdrängt worden war, hatten sich die Tischsitten verfeinert und die Nachfrage nach weißem und leichtem Fleisch war gestiegen. Ein italienischer Arzt bezeichnete das weiße Fleisch »als sehr bekömmlich für diejenigen, die mehr auf die Übungen der Seele als auf die des Körpers bedacht sind«.[421]

Zum ernormen Fleischbedarf seiner Hauswirtschaft äußerte sich Thurneysser selbst:

> *Dessen sie sich gewundert von wegen des das ich soviel Fleisch allein zu meiner Haushaltung geschlachtet. Weil mancher Metzger in Basel sein, der not einmal alle Monat einen Ochsen schlachte. Darauf ich geantwortet, dass sie sich solches nit wundern lassen, es wäre mancher Metzger zu Prag, Breslau, Cracau und sonderlich seien deren etliche zu Dantzig, die immer zwischen Michaeli und Martini alle Wochen 40–50 Ochsen, ja wohl 40–60 Ochsen auf einem Sambstag schlachte und auch das Fleisch ohne not wohl vertreiben und verkaufen kunnte. Darauf haben sie spöttischer Weise einander angesehen und nach ihrem Ge-*

brauch schmutzlechelt und vermeinet, wo dann so viel Viehes zu wege zu bringen? Hab ich sie erinnert, daß in Ungarn, Dennemark, Frißland, Holland, Pohlen und Pommern ein stattliche Viehzucht, also daß noch über vorige etliche viel tausend Haupt an anderer Herren und Fürsten Höfen desgleichen in große Städte als in Schwaben und am Reinstrom, sonderlich aber gen Köln getrieben und verkauft werden. Darbei ist es aber nit mit geringem Gespött geblieben [...][422]

Thurneyssers Erklärungen gegenüber den Basler Metzgern verraten etwas über die komplexe Ernährungssituation in Europa zur Frühen Neuzeit. Offenbar war die wichtigtuerische Angabe Thurneyssers über den Fleischkonsum in fernen Städten für die einfachen Basler Bürger schlichtweg unvorstellbar und somit unglaubwürdig. Deshalb verspotteten ihn die Kinder und riefen ihm »Ochsenfresser« nach.[423] Dies lässt wiederum darauf schließen, dass Fleisch im alten Basel als Luxus galt.

Bei der Einschätzung des Fleischverbrauchs im Grauen Kloster ist vorerst zu berücksichtigen, dass sich die erwähnten Schlachtmengen auf die Tafelfreuden einer herrschenden Schicht beziehen und sich mit den kargen Mahlzeiten der kleinen Leute und Bauern nicht vergleichen lassen. Im Mittelalter und in der Frühen Neuzeit zeigten sich Unterschiede in den Essgewohnheiten generell nicht so sehr zwischen den geographischen Regionen als vielmehr zwischen den breiten Volksmassen und der zahlenmäßig kleinen, aber ausgesprochen reichen Oberschicht. Deren Ernährung zeichnete sich durch einen beachtlichen Konsum aus – sowohl in Bezug auf die Quantität als auch hinsichtlich Qualität und Auswahl.[424]

Der extrem hohe Fleischkonsum in Thurneyssers Haushaltung ist als Folge der Reformation zu sehen, die sich den von Rom festgelegten Fastenzeiten widersetzte. Erinnert sei an den Zürcher Fastenbruch vom 9. März 1522, der weit über die helvetischen Grenzen hinaus für Aufruhr sorgte. An diesem ersten Sonntag der vorösterlichen Fastenzeit veranstalteten die

Protestanten im Hause des Buchdruckers Christoph Froschauer ein Wurstessen. Mit dieser Provokation im Beisein Zwinglis wurde das geltende Fastengebot bewusst gebrochen. Der Rat von Zürich ordnete darauf sofort eine Untersuchung des Frevels an. Zwei Wochen später nahm Zwingli in seiner Predigt zum Fasten Stellung, deren Text dann bereits am Gründonnerstag als Kampfschrift unter dem Titel »Von Erkiesen [Auswählen] und Fryheit der Spysen«[425] erschien. Darin bezog sich der Reformator auf das Zürcher Wurstessen und untermauerte seine Aussagen mit Bibelzitaten, um die evangelische Freiheit zu veranschaulichen.

Luther blies ins gleiche Horn und überließ die Nahrungswahl dem Gewissen und der Entscheidung jedes Einzelnen. Seine Position, die Familie solle dem väterlichen Willen folgen, ansonsten aber essen, trinken und sich kleiden, wie es ihr gefalle, da Gott sich nicht darum kümmere, wie die Menschen äßen oder tränken, stützte sich auf die Schriften der Evangelisten und auf Paulus.[426] Eine Forderung, die im streng lutherischen Brandenburger Hof bestimmt nicht auf taube Ohren stieß.

Im katholischen Jahreszyklus waren rund 140 bis 160 Tage fleischlos. Das von der Kirche auferlegte Gebot, sich des Fleischkonsums zu enthalten, bezog sich auf den Freitag und lange Zeit auch auf den Mittwoch sowie auf die Vortage von Festtagen. Hinzu kamen, abgesehen von der Karwoche, weitere Fastentage, die jeweils von den lokalen Bräuchen abhingen. Die Überwindung dieser kirchlichen Fastengebote durch die Reformation löste nördlich der Alpen einen wahren Fleischhunger aus. Der Zürcher Kunsthistoriker und Ethnologe Theo Ruff geht in seinem Beitrag »Zwischen Fleischeslust und Völlerei« auf ein im 16. Jahrhundert aufkommendes Genre der niederländischen Stilllebenmalerei ein, das die Auflehnung gegen die katholischen Fastengebote deutlich macht. Neben traditionellen Motiven wie Blumen, Musikinstrumente und Sanduhren, ist in diesen Bildern rohes Fleisch inszeniert. Es waren vor allem der niederländisch-flämische Maler Pieter Aertsen und sein Neffe Joachim Beuckelaer, die sich der Kunstgattung der »Küchenstücke« widmeten. Ein Schlüsselwerk aus dem Anfang dieser künstlerischen Entwicklung ist die »Fleischerbude« von Pieter Aertsen aus dem Jahr 1551. Aus der Bildmitte starrt ein blutiger, enthäuteter Ochsenkopf aus dunklen Kulleraugen den Betrachtenden an. Eine reiche Schlachtauslage umgibt den Ochsenkopf, unter anderem Würste, Schinken und ein halbes Schwein.[427]

Die geradezu obsessive Thematisierung des Schlachtfleischs in der Malerei spiegelt die privilegierte Situation der Niederlande ab Mitte des 16. Jahrhunderts wider. In dieser Zeit war der Fleischkonsum aller begüterten Schichten, namentlich des städtischen Patriziats und der unabhängigen Großbauern in sich zum Protestantismus bekennenden Provinzen, im Steigen begriffen, ging später aber im übrigen Europa stark zurück. Schätzungen beziffern den Verbrauch in Deutschland im 14. und 15. Jahrhundert mit jährlich bis zu 100 Kilo pro Kopf gegenüber einem Tief von 14 Kilo pro Kopf im 18. und 19. Jahrhundert. Für diesen massiven Rückgang gibt es verschiedene Erklärungen: Einerseits ist die Entwicklung auf die Bevölkerungszunahme bei gleichzeitiger Verringerung der Reallöhne zurückzuführen. Hinzu kommt die rapide Urbanisierung und das damit aufgekommene Verbot der Tierhaltung in den Städten. Andererseits wirkte sich das Stocken der Fleischimporte aus Osteuropa auf die Ernährungslage in Deutschland aus. Grund für diesen Versorgungsengpass war die Eroberung Ungarns, eines der wichtigen Exportländer für Fleisch und Vieh, durch das osmanische Reich.[428]

Viel einschneidender und folgenreicher als Engpässe in der Fleischversorgung waren für die breite Bevölkerung lange Perioden von klimabedingten Hungersnöten. Die »Kleine Eiszeit«, die nach dem Klimaoptimum des Mittelalters eintrat, führte zu einer empfindlichen Lebensmittelknappheit, weil der Zeitraum von 1570 bis 1630 bitterkalt war. Die Schönseite dieser Kälteperiode ist im Amsterdamer Rijksmuseum oder im Kunsthistorischen Museum Wien zu sehen. Niederländische und flämische Maler wie Hendrick Avercamp oder Pieter Breughel der Jüngere lassen den Betrachtenden durch den Zauber der Winterlandschaften die klirrende Kälte ihrer Zeit spüren. Das bunte Treiben auf den vereisten Seen mit Schlittschuhläufern, Händlern und unbeschwert flanierenden Bürgern entspringt einer romantischen Vereinnahmung des Winters durch die Kunst.

Auf der widerwärtigen Seite der »Kleinen Eiszeit«[429] ist Meister Schmalhans zu Gast. Hunger und Kälte setzten Millionen von Menschen fast Jahr für Jahr zu. Bisweilen legte sich bereits im Spätherbst eine Schneedecke über die Städte, die so dick war, dass sich kein Fuhrwerk mehr von der Stelle rühren konnte. So musste wohl auch Thurneysser, wann immer ihn der Kurfürst aufbot, den Weg vom Grauen Kloster zum Berliner Stadtschloss über die damals Oderberger Straße genannte Rathausstraße zu Fuß zurücklegen. Während er im Sommer für diesen Gang nur eine gute Viertelstunde brauchte, musste er im weißen Winter bis zu vierzig Minuten durch die hohen Schneemassen stapfen.

In diesen Hungerzeiten wagten sich manchmal ganze Rudel von ausgehungerten Wölfen in die Städte. 1568 wurde im Städtchen Zeitz südlich von Leipzig eine Anzeige erstattet, »dass sich Wölfe im Zeitzer Forst aufhielten, welche in die Dörfer liefen und den Leuten das Vieh angriffen«. Der Kurfürst wies den Amtmann an, »er solle den Wölfen mit Fleiß nachtrachten, dass sie möchten aufgefangen oder geschossen werden«.[430] Und 1594 kam es vor den Toren der Stadt Zürich zu einer unheimlichen Ansammlung von Wölfen, die mehrere Kinder rissen.[431]

Die schweren und unendlich langen Winterzeiten verkürzten die Vegetationsperioden und führten zu miserablen Ernten. Die Sommer waren dermaßen kalt und nass, dass der Weizen auf den Halmen verfaulte. Und wenn die selten angelegten Getreidevorräte nicht verschimmelten, wurden sie von hungrigen

Bauern geplündert. Die Hungersnöte ließen die europäischen Bevölkerungszahlen erstmals seit dem 9. Jahrhundert wieder schrumpfen.

Die dramatische Versorgungslage dieser Jahre wurde vom französischen Ökonomen Jean Fourastié bestätigt, der die reale Preisentwicklung von Roggen in Europa von 1500 bis 2000 analysiert hat. Die zunehmende Getreideverknappung aufgrund von Klima und Kriegen ließ die Preise im Laufe des 16. Jahrhunderts um etwa das Dreifache ansteigen.[432] Gegenüber dem Index 100 für das Jahr 1950 werden für das Jahr 1600 nahezu 2000 Indexpunkte ausgewiesen.[433]

Die klimatische Verschlechterung ging zu allem Übel mit einer drastischen Holzverknappung einher. Dadurch stiegen zwangsläufig die Preise für Brennholz. Die Klage ging um, dass es nicht einmal mehr genügend Holz gäbe, um die Falschmünzer vorschriftsgemäß verbrennen zu können. Gejammert wurde in der Mark Brandenburg wie anderswo. In Ostpreußen war der Brennstoffmangel äußerst prekär, so dass der Holzverbrauch in der Stadt Königsberg streng reglementiert werden musste.[434] Die »Kleine Eiszeit« machte sich auch südlich der Alpen bemerkbar und ließ die Quecksilbersäulen über längere Zeiten unter den Gefrierpunkt sinken. In Bologna berichtet eine »Wehklage der Armut über die äußerst große Kälte des gegenwärtigen Jahres 1587« von den Folgen des Holzmangels: »Viele verbrennen ihre Bettstatt, ihre Stühle und Schemel, ihre Taschen und Körbe, ihre Kisten und Kasten ...«[435]

Der freie Fleischgenuss blieb im protestantischen Nordeuropa dennoch ein bis ins 17. Jahrhundert anhaltender Topos. Entsprechende Traktate bilden das Gegenstück zu den Schriften der Gegenreformation, die in katholischen Gegenden überall auftauchten und dem Volk den Speisezettel diktierten. Die Kontrolle der Küchentöpfe durch den Klerus ging nach dem Konzil von Trient (1545–1563) so weit, dass im Florenz des 17. Jahrhunderts ein Inquisitor während den kirchlich festgelegten Fastentagen schnüffelnd durch die Straßen zog, um anhand der aus den Häusern strömenden Küchendüfte festzustellen, ob jemand Fleisch esse.[436]

Unverschämte Preisgestaltung

Thurneysser wurde wegen seiner exorbitanten Apothekerpreise von der Ärzteschaft immer wieder scharf angegriffen.[437] Um Antwort war er nie verlegen. Er wehrte sich mit dem Argument, »er wünsche einem jeden, dass er sie nicht bedürfte. Er biete sich niemandem an, und schicke zu keinem, dass er sich von ihm kuriren ließe, wem sie zu teuer wären, könne sie ihm lassen, und andere nehmen, er hätte mehr Kranke zu anderen Ärzten gewiesen, als selbst übernommen, und viele umsonst kurieret, sich aber nicht schuldig, auch seine mit vieler Mühe zubereitete Arkana noch oben ein und umsonst zu geben.«[438]

Neben dem Arzneisortiment baute Thurneysser eine Kosmetiklinie aus, zu der Schönheitsöl, Schminke, Schönpflästerchen und »Waschwasser wider die roten Pikeln« gehörte. Dazu gibt Moehsen in einer Fußnote einen amüsanten Hinweis: »Es finden sich bereits vom April 1571 verschiedene Schreiben von einigen Fräulein, die auf dem Lande wohnten, und von verheirateten Damen, worin sie teils um Schminke, teils um Waschwasser und Schönheitsöl ersuchen, nebst Beschreibung des Gebrauchs. Sie schließen gemeiniglich mit der Bitte: es niemand wissen zu lassen, noch andern davon zu geben.«[439] Der jungvermählten Gräfin Anne zu Lynar schickte Thurneysser einmal Öle und andere Mittel zum äußerlichen Gebrauch zusammen mit der happigen Forderung von 35 Talern. Dazu vermerkte er: »Ihro Gnaden würde zum besonderen Vergnügen gereichen, diese kleine Unkosten zu tragen, damit Sie nichts einnehmen dürften.« Der Hofmedicus hatte alles Interesse daran, sich mit der Gräfin zu Lynar gut zu stellen.[440] Ihr Mann, Graf Rochus zu Lynar, war einer der mächtigsten Persönlichkeiten am Brandenburger Hof. Eigentlich hieß er Rocco Guerrini Conte di Linari, am Hof sprach man aber nur vom »welschen Grafen«. Er wirkte als Festungsbaumeister und genoss das uneingeschränkte Vertrauen des Kurfürsten von Brandenburg.

Aus Thurneyssers Preisliste

1 Loth[441] Oelum Vitrioli dulce	4 Taler
Meisterwurzessenz	3 ½ Taler
Bernsteinessenz	5 Taler
Destilliertes Amethystenwasser	3 Taler
Destilliertes Korallenwasser	3 Taler
1 Quent Oleum Absynthii	5 Taler
1 Quent Oleum Vitrioli	5 Taler
12 Gran[442] Turbith minerale ex Saturno	3 Taler
2 Quent Magisterium Mikrokosmi	5 Taler
1 Loth Smaragdtinktur	11 Taler
1 Loth Amehtystentinktur	4 Taler
1 Loth Rubintinktur	4 Taler
1 Loth Sapphirtinktur	12 Taler
1 Loth Korallentinktur	4 Taler
1 Loth Turbith Solis	15 Taler
1 Loth Spiritus Bini	4 Taler
1 Loth Spiritus Vitrioli	6 Taler
1 Loth Oleum Einnamoni	12 Taler
1 Loth Rhabarberextrakt	2 Taler
1 Loth Diaphoretikum solis	10 Taler
1 Loth Tinktura Antimonil	16 Taler
1 Loth Spiritus Vini korekti	6 Taler[443]

Betriebausgaben der Thurneysserschen Offizin	
1 Stempel schneiden lassen für gewöhnlichen Talisman mit Planetenzeichen	12 Groschen
1 Zentner Fuhrlohn Leipzig – Berlin	13 Groschen
1 Zentner Quecksilber (1583 Leipzig)	43 Floren
1 Zentner Spießglas[erz]	4 Floren
1 Zentner Antimon	4 Floren
1 Pfund Antimon (Berlin)	2 Groschen + 6 Pfennige
1000 Stück Mauersteine	4 Taler
1 Haufen Holz [= 486 Kubikfuß]	4 Taler
1 Elle Schwarz holländisches oder Leidner Tuch	20 oder 29 Silbergroschen
Parchent [Brachent]	4 Groschen
1 Elle Samt	2 Floren, auch 2 ½ Taler
1 Elle Gelbseidener Atlas	40 Silbergroschen
1 Loth Steppseide	4 Groschen
1 Loth Nähseide	6 Groschen
1 Mantel machen lassen	12 Groschen
1 Paar Herrenstiefel	7 Ortstaler oder 1 Taler und 18 Groschen
1 Oktavband[444] in rotem Pergament	3 Groschen
1 Oktavband in weißem Pergament	2 Groschen[445]

Das Unternehmen war bis zum Inkassowesen durchorganisiert. Harnuntersuchungen erfolgten prinzipiell nur gegen Vorauskasse von zehn Talern. Seine vornehmen Klienten hatten ihren Kurieren gefälligst vierzig, fünfzig oder mehr gemünzte Taler mitzugeben, um die chemischen Medikamente unverzüglich begleichen zu können. Unmenschlich war der Schweizer Medicus aber nicht – im Notfall gewährte er seinen Patienten befristete Kredite. Wenn der Harnprobe lediglich zehn Taler beigefügt waren, übermittelte er dem Klienten trotzdem einige Arzneien mit einem ausführlichen Krankenbericht. Diese Berichte erfüllten mitunter die Funktion der Packungsbeilagen heutiger Pharmaka. Mit dem Unterschied allerdings, dass Thurneysser seine Erklärungen in Form von weitgehend unverständlichen und zusammenhanglosen Wortwülsten abgab.

Bestseller Trinkgold

Leonhard Thurneyssers Sortiment umfasste auch das sagenhafte Trinkgold *Aurum potabile* – eine aus purem Gold gewonnene Essenz, die schon in mittelalterlichen Texten als Wundermittel gepriesen worden war.[446] Der Glaube an die Effizienz dieses Allheilmittels – drei bis vier Tropen sollten unter anderem Herz und Geist stärken, vor Altersschwäche schützen, die Zeugungskraft steigern sowie vor Aussatz und Fallsucht bewahren – ließ eine Goldsage entstehen, die Paracelsus angedichtet wurde.

Die Geschichte zieht sich durch einen Großteil der einschlägigen Volksliteratur: König Ferdinand lag schwer erkrankt darnieder, und die Ärzte waren am Ende ihres Lateins angelangt. Da ließ der König den berühmten Paracelsus rufen. Nach seiner Ankunft entnahm dieser dem Knauf seines Degens einen kleinen Behälter, der eine rubinrot leuchtende schwere Flüssigkeit enthielt: Goldtinktur! Er gab einige Tropen davon in einen mit Wein gefüllten Becher. Der Wein wurde zuerst weiß, dann gelb und sah schließlich wie flüssiges Gold aus. Der König trank aus dem Becher mit *Aurum potabile* aus der Hand von Paracelsus und fiel sogleich in tiefen Schlaf. Nach ein paar Stunden erwachte er kerngesund.[447]

Mythen dieser Art vermochten den Absatz des Wundermittels aus der Thurneysserschen Offizin mächtig zu fördern. Mit dem Vertrieb seines *Aurum potabile* erschloss sich der Leibmedicus eine wahre Goldmine, die ihm den wunderbaren Erlös von 16 Talern pro Loth einbrachte.

An der rätselhaften Tinktur scheiden sich bis heute die Geister. Während Schulmediziner deren Heilwirkungen ins

Märchenreich verbannen, wurde sie von der Komplementärmedizin neu entdeckt. Das Gold wird in einem sehr aufwendigen Prozess zermahlen, mit Flüssigkeiten vergoren, mit Säuren traktiert und immer wieder destilliert. Die Reste werden zu Asche verbrannt, das Lösliche herausgespült und gemeinsam mit den anderen Flüssigkeiten aufs Neue destilliert. Obwohl das Wässerchen bei diesem alchemistischen Prozess tatsächlich aus reinem Gold gewonnen wird, enthält es keinerlei chemisch nachweisbare Metallspuren. Für die Anhängerschaft ist es indessen keine Frage, dass das Mittel auf der feinstofflichen Ebene wirkt. Ein gegenwärtiger Hersteller beruft sich seit einiger Zeit auf folgendes Testergebnis:

> *Drei gleiche Flaschen wurden nach einer Ablaufphase nacheinander aus der gleichen Quelle mit Wasser gefüllt. Dem ersten Behältnis wurden mit einer genormten Pipette fünf Tropfen des Aurum potabile zugefügt, der zweiten Flasche fünf Tropfen eines chemisch identischen Alkohols. In die dritte Flasche wurden 105 Tropfen der Goldessenz gegeben. [...] Das ›Trinkgold der Alchemisten‹ weist eine um zirka 43 Prozent höhere Biophotonen-Abstrahlung auf als die Vergleichsprobe. Bei der dritten Probe, die mit 105 Gold-Tropfen einen um 2100 Prozent höheren Gehalt besaß, stieg die Biophotonen-Abstrahlung um durchschnittlich 120 Prozent an.*[448]

Das spagyrische Prinzip

Thurneysser erzeugte viele seiner Heilmittel nach spagyrischen Prinzipien. Der Begriff »Spagyrik« ist auf Paracelsus zurückzuführen, der ihn zunächst als Synonym für Alchemie verwendete. In einer späteren Lebensphase bezeichnete er damit die angewandte Form der Alchemie zur Herstellung von chemischen Medikamenten, um sie von den rein pflanzlichen, »galenischen« Heilmitteln abzugrenzen. Das Wort »Spagyrik« stammt aus dem Griechischen und bedeutet so viel wie »trennen, lösen, scheiden«, zugleich aber auch »binden« und »vereinigen«. Denn Spagyrik war die Kunst, eine Substanz nach dem alchemistischen Prinzip *solve et coagula* energetisch zu trennen, um sie zu einer neuen, höherwertigen Materie wiederzuvereinigen. Ein und derselbe Begriff bezeichnet also die beiden wissenschaftlichen Prinzipien der Analyse und der Synthese.[449]

Das Grundprinzip der Spagyrik beruht auf der Überzeugung, dass sich die Naturkräfte der Pflanzen durch ein bestimmtes, hochkomplexes Verfahren freisetzen lassen. Dadurch sollen sich die aktiven Substanzen der Pflanzen auf besonders wirkungsvolle Weise entfalten können und den natürlichen Heilungsprozess aktivieren. Spagyrik wird immer wieder mit Homöopathie verwechselt; mit Samuel Hahnemanns Glaubenssatz *similia similibus curentur* (»Ähnliches soll durch Ähnliches geheilt werden«) hat sie aber nichts zu tun. Nachdem die Spagyrik über drei Jahrhunderte als Quacksalberei abgetan wurde, ist sie in den letzten Jahrzehnten wieder aufgeblüht. Inzwischen gibt es fast in jeder Großstadt mehrere Apotheken, die spagyrische Heilmittel verkaufen. Der moderne Herstellungsprozess ihrer Spagyrika unterscheidet sich im Wesentlichen nicht von Thurneyssers alchemistischem Verfahren: Zuerst werden wildwachsende Heilkräuter zum Zeitpunkt ihrer vollen Blüte samt den Wurzeln ausgegraben. In einem zweiten Arbeitsschritt muss das Pflanzenmaterial gereinigt und zermanscht werden. Unter Zusatz von Wasser und Hefe kommt diese Maische zur Gärung, bei der sich bestimmte Wirkstoffe aus ihrer chemischen Bindung lösen. Nach abgeschlossener Gärung destilliert man die Maische und konzentriert das Destillat in einem weiteren Arbeitsgang. Der Pflanzenrückstand im Destillationskolben muss, nachdem er getrocknet und behutsam verascht wurde, mit dem Destillat ausgelaugt werden. Damit werden alle Spurenelemente und Mineralien der Pflanze zurückgewonnen. Zu guter Letzt wird das angereicherte Destillat nach mehrfacher Filtrierung wie ein großer Rotwein zur Reifung gebracht.[450]

Neben Harnuntersuchungen beschäftigte sich Thurneysser offenbar auch mit anderen Naturheilpraktiken. Einen aufschlussreichen Hinweis gibt der Sanitätsrat und Medizinhistoriker Michael Benedict Lessing in der ersten Hälfte des 18. Jahrhunderts: »Auch sah er [Thurneysser] in einer beginnenden *Phthisis* nach dem Gebrauch des Guajak-Öls Hydatiden auswerfen.«[451] Mit dem Begriff Phthisis wurden verschiedene Formen der Tuberkulose bezeichnet, Hydatiden sind Parasiten, die sich im Zusammenhang mit der Tuberkulose in Form von Zysten im Organismus einlagern können.

Ein graphisches Großunternehmen

Die Offizin im Grauen Kloster war in jeder Beziehung einzigartig. Das wohl größte und innovativste Unternehmen der Mark Brandenburg brauchte in seiner Blütezeit von 1574 bis 1577 keinen Vergleich mit den anderen Verlagsdruckereien im Heiligen Römischen Reich Deutscher Nation zu scheuen. Im historischen Rückblick gibt es für den Patron Thurneysser neben Gutenberg allenfalls nur ein Unternehmen, das seinem Betrieb in punkto Größe, Organisation und Wagemut überlegen war und alle anderen graphischen Betriebe für lange Zeit in den Schatten stellte: Anton Kobergers Offizin in Nürnberg. Bis Ende des 15. Jahrhunderts produzierte dieser etwa 250 Buchtitel, vorwiegend theologische, juristische und philosophische Werke. Seine bedeutendste verlegerische Leistung war die Produktion der »Weltchronik« von Hartmann Schedel im Jahre 1493. Die Herausgabe dieser mit über tausendachthundert Holzschnitten illustrierten Chronik bildete das größte verlegerische Unternehmen des Spätmittelalters.

Bei Anton Koberger, so erinnert sich der Schreibmeister Johann Neudörffer, waren täglich 24 Pressen in Betrieb. Er beschäftigte über einhundert Gesellen, die zum Teil als Setzer, Korrektoren, Drucker, Possilierer (= Metteure), Illuminierer, Componisten und Buchbinder wirkten.[452] Einer seiner berühmtesten Lehrlinge war sein Patenkind Albrecht Dürer. Zum Absatz seiner Werke organisierte Koberger ein über ganz Europa erstrecktes Vertriebsnetz, baute unter anderem in Wien, Venedig, Mailand, Paris und Lyon eigene Niederlassungen auf und beschäftigte ausländische Verlagsdruckereien im Rahmen von partnerschaftlichen Vereinbarungen.

Der Verbund von zahlreichen Spezialisten war auch ein Merkmal der Offizin im Grauen Kloster. Die Schreiber und Boten hatten des Meisters Manuskripte für den Druck zu bearbeiten, Berge von Korrespondenz zu erledigen, Rezepte und Analysen von Harnproben zu kopieren sowie die fertigen Bücher auszuliefern. Unter den zahlreichen Schriftsetzern waren in der Offizin auch solche am Werk, die gleichzeitig Buchdrucker waren und »Schweizerdegen« genannt wurden. Neben Schriftsetzern und Buchdruckern beschäftigte Thurneysser in seinem graphischen Betrieb Stempelschneider, Schriftgießer, Korrektoren und Illuminierer. Außerdem war er auf gute Formschneider angewiesen. Diese spezialisierten Kunsthandwerker erstellten Holzschnitte für die Abbildungen, Einfassungen und Zierungen der Druckwerke. Sie übertrugen die Zeichnungen auf Birn- oder Buchsbaumtafeln und schnitten sie mit Messerchen, rautenförmigen Grabsticheln und Stechbeuteln so aus, dass alle nicht zu druckenden Stellen im Holz vertieft wurden.[453] Dabei erfolgte der erste Schnitt in Faserrichtung, der zweite in die Gegenrichtung. Zur gezielten, gleichmäßigen Ausleuchtung des Druckstocks verwendeten die Formschneider eine Frühform der Spotleuchte. Diese als Schusterlampe bezeichnete Vorrichtung besteht aus einer mit Wasser gefüllten Glaskugel, die die Strahlen der dahinterliegenden Lichtquelle bündelt und auf das Werkstück fokussiert. Im Gegensatz zum Formschneider gravierten die Schrift- oder Stempelschneider Buchstaben, Figuren oder Wappen in Metallstempel. Während die Schriftschneider damit Matrizen für die Gussformen der Schriftgießer fertigten, waren die Stempelschneider im Grauen Kloster vor allem für die Gestaltung der Talismane zuständig.

Der Holzschnitt war in der Spätrenaissance bereits hoch entwickelt. Albrecht Dürer der Jüngere und Hans Baldung hatten die künstlerische Messlatte, nach denen sich ehrgeizige Verleger wie Thurneysser richteten, sehr hoch gesetzt. Deshalb beauftragte Thurneysser berühmte Formschneider wie den ebenfalls in Deutschland tätigen Schweizer Künstler Jost Amman, Figuren für seine Bücher zu schneiden.[454]

Die Setzerei im Grauen Kloster war, zumindest was die VIELFALT DER SCHRIFTARTEN betraf, einzigartig. Neben den gewöhnlichen lateinischen, griechischen und gotischen Typen standen den Setzern auch exotische Schriften zur Verfügung. Die entsprechenden Matrizen und Gussformen schnitt Thurneysser selbst. Dass er darauf besonders stolz war, zeigt sich in seiner Sammlung von 32 verschiedenen Alphabeten, die er unter dem Titel »Tabula quarundam Syllabarum« 1583 im Grauen Kloster drucken ließ. Enthalten sind darin unter anderem hebräische, arabische, koptische, armenische, samaritanische und sogar indische Drucktypen.[455]

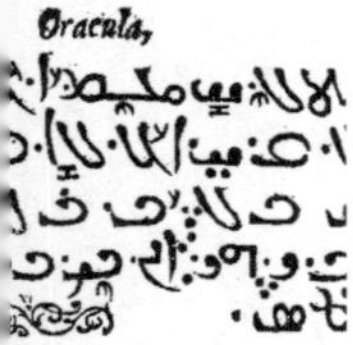

→ Abb. 30

Die Auswahl der in der Offizin des Grauen Klosters verfügbaren Schrifttypen widerspiegelte nicht nur das ästhetische Empfinden in der Frühmoderne, sondern auch den tiefen Graben zwischen der evangelisch-lutherischen und römisch-katholischen Kirche. Den Antiqua-Schriften der lateinischen Welt standen gebrochene Schriften wie die Schwabacher oder Fraktur gegenüber, die allgemein als »deutsche Schriften« galten und immer noch gelten. Wie heutige Werbegraphiker die Typographie auf den Inhalt der Botschaft abstimmen, diktierte die Literaturgattung schon damals die zu verwendenden Typenfamilien.

Thurneysser war den Antiqua-Schriften zweifellos mehr zugetan, zumal die Lettern der Humanisten seinem Anspruch auf Gelehrsamkeit besser Rechnung trugen. Das religiös aufgeladene und überhitzte Klima zwang ihn jedoch, sich den norddeutschen Konventionen zu beugen. So ließ er deutschsprachige Texte grundsätzlich nur in gebrochene Schriften absetzen und begnügte sich damit, Antiqua-Schriften für die zahlreichen lateinischen Texteinschübe zu verwenden. Als Basler musste er im streng lutherischen Brandenburg dauernd auf der Hut sein, um nicht als reformierter Handlanger der verschrienen Zwinglianer und Calvinisten angeschwärzt zu werden.[456] Dass sich Simon Sulzer, Antistes (Vorsteher) des Basler Münsters, von den helvetischen Reformatoren, namentlich von Calvin, distanziert hatte und zu dieser Zeit Annäherung an die Lutheraner suchte, dürfte den Brandenburgern entgangen sein. Warnungen, die Thurneysser davor bewahrten, in konfessionelle Fettnäpfchen zu treten, gab es genug. Beispielsweise erfährt er in einem auf 1574 datierten Brief, dass der Formschneider Magister Ernst Vögtlein ins Gefängnis kam, weil er ein calvinisch orientiertes Buch gedruckt und verkauft hatte.[457]

Vom Wüten der Pestilenz

Kurz nach Neujahr 1576 erreichte der Schwarze Tod Berlin. Johann Georg von Brandenburg entzog sich dem Schicksal seiner betroffenen Untertanen und übersiedelte Hals über Kopf mit dem ganzen Hof nach dem etwa 80 Kilometer östlich von Berlin entfernten Küstrin. Dass sein Leibarzt Thurneysser keine andere Wahl hatte, als ihm in die ländliche Abgeschiedenheit zu folgen, versteht sich von selbst. Hoch anzurechnen ist ihm, dass er sich vor seiner Abreise noch ernsthaft bemühte, einen Arzt zur Betreuung der ohne medizinische Pflege zurückgelassenen Berliner Bevölkerung auf eigene Kosten anzustellen.[458] Aber dazu war keiner bereit.

Die Reaktion des Kurfürsten auf die verheerende Pestwelle entsprach einem im christlichen Abendland durchaus üblichen Verhalten der Herrschenden. Hofhaltungen, Regierungsbehörden, Gerichte, Ständeversammlungen und höhere Lehranstalten versuchten dem Schwarzen Tod jeweils dadurch zu entrinnen, dass sie ihren Wohnort panikartig verließen. Selbst ein Großteil der Gymnasiallehrer des Grauen Klosters und die meisten Schüler suchten das Weite. Eine Ausnahme mit Vorzeigecharakter bildete Martin Luther, der bei den Pestausbrüchen, die Wittenberg in den Jahren 1516, 1527, 1535 und 1539 heimsuchten, standhaft blieb und somit »dem Teufel trotzte«.[459]

In Küstrin erkrankten Thurneysser und einige weitere Personen aus dem kurfürstlichen Gefolge. Der Leibmedicus blieb zwar von der Pest verschont, wurde aber von einer »hitzigen Hauptkrankheit« befallen und lag fünf Wochen lang darnieder. In dieser Zeit fühlte er sich einsam und verlassen, denn aus Angst vor dem Schwarzen Tod sorgte jeder für sich selbst – um andere kümmerte sich niemand. Bei der unspezifischen Diagnose »hitzige Hauptkrankheit« dürfte es sich um Fleckfieber gehandelt haben. Diese Infektionskrankheit, die unter anderem durch Flöhe und Läuse übertragen wird, wurde auch »Ungarisches Fieber« genannt und entwickelte sich 1556 zu einer Epidemie, die ganz Deutschland erfasste.[460]

Besorgt, dass Thurneyssers Erkrankung ein Ausbruch der Pest sein könnte, verließ Johann Georg von Brandenburg bald auch Küstrin und begab sich, trotz des strengen Winters, zusammen mit der kurfürstlichen Hofkanzlei in sein Jagdschloss nach Karzig in der Neumark (heute Karsko, Polen). Die 27-jährige Schwiegertochter des Kurfürsten, Markgräfin Katharina von Brandenburg-Küstrin, floh indessen nach Driesen (heute Drezdenko, Polen). Da der Hof der Meinung war, dass der Schwarze Tod nun auch über der Stadt Küstrin dräute, schrieb sie Thurneysser, er möge doch auf ihr Schloss im Städtchen Damm[461] kommen. Sie legte ihrem Brief einen schriftlichen Befehl an den Schlosshauptmann Hans Vorhauern bei: »Wenn Thurneisser sich in das Amt Tamme [Damm], seiner Gesundheit zu pflegen, begeben möchte, so sollte ihm der Schlosshauptmann in Futter und Mahl Unterhalt geben, mit jungen Hühnern und sonsten wohl speisen lassen, auch wenn er es begehrte, von ihrem Wein, den sie jüngst zu Tamme gelassen, täglich etwas vorreichen und allen guten Willen beweisen.«[462]

Als sich Thurneysser besser fühlte, begab er sich jedoch nicht nach Damm, sondern folgte dem Kurfürsten nach Karzig, wo er ganze neun Monate auszuharren hatte. In dieser Zeit wurde ihm nicht erlaubt, nach Berlin zurückzukehren, um in seiner Druckerei und im Laboratorium nach dem Rechten zu sehen.

Der Medicus und Botanicus forschte bereits seit geraumer Zeit auf dem Gebiet der Pestbehandlung und veröffentlichte im selben Jahr die Pestschrift »Regiment. Kurtzer und einfeltiger Bericht, wie sich [...] der Pestilenz [...] zühalten sey«. Während die landesüblichen Therapieversuche sich damit begnügten, Pestbeulen aufzuschneiden, schweißtreibende Mittel zu verabreichen und Krankenzimmer auszuräuchern, hatte Thurneysser einen Balsam anzubieten, der gegen die »pestilenzische Kranckheiten« auf Zunge, Nase, Ohren und Schläfen aufzutragen war. Eine wichtige Ingredienz der Salbe bildete das Sumpfsilge, Sumpf-Haarstrang oder Ölsenich genannte *Peucedanum palustre* (L.).[463] Interessant ist, dass die eiförmigen Früchte dieses Doldenblütlers einen hohen Anteil Cumarine enthalten.[464] In den 1920er Jahren konnte in Kanada nachgewiesen werden, dass diese Substanzgruppe die Blutgerinnung hemmt.

Die Epidemie dauerte im Schreckensjahr 1576 bis Dezember und forderte in der Doppelstadt Berlin-Cölln rund viertausend Tote; somit raffte sie rund ein Drittel der Bevölkerung dahin. Die Krankheit verbreitete sich rasant. Die vermeintlich gesunden Krankheitsträger, namentlich mobile Bevölkerungsgruppen wie Händler oder Wallfahrer, hatten also Zeit genug, den Pestbazillus unbemerkt von einem Ort zum andern zu tragen. Deshalb war es der Berliner Bevölkerung strengstens verboten, Personen zu beherbergen, die aus infizierten Orten angereist kamen. Zur Kontrolle des Fremdenverkehrs durften nur die gewöhnlichen Zugangsstraßen benutzt werden; der Einmarsch in die Stadt über Schleichwege war untersagt. Kämmerei-Rechnungen aus dem Jahr 1576 belegen, dass ganze Straßen mit eisernen Ketten versperrt wurden und Stadtknechte an den Ausgängen Wache halten mussten. Die beauftragten Wächter hatten einen Eid abzulegen, sich den Infizierten nicht zu nähern. Alles, was für die Kranken bestimmt war, mussten sie abholbereit in der Mitte der Straße deponieren. Um die Betroffenen kümmerten sich sogenannte Kreuzfrauen, Pestchirurgen, Barbiere und Pestilenzprediger, die vom Stadtrat besoldet wurden.[465]

Die Stadtflucht beim Ausbruch von Pestepidemien festigte die in ganz Europa verbreitete Überzeugung, dass der Pesthauch durch die verschmutzten Gassen der Städte wabere.[466] Eine Pestordnung aus Leipzig erklärte die Fäulnis zur Ursache der Seuche und schrieb deshalb vor, die Fenster zweimal pro Tag zu öffnen, um die feuchte Luft aus den Häusern entweichen zu lassen. Zudem war es bei Höchststrafe verboten, Unrat auf die Straße zu schütten. Auch Tierleichen hatten im Straßenbild nichts mehr zu suchen. Sie mussten zum Schindanger an den Stadtrand gekarrt werden.[467] Diese verordneten Hygienemaßnahmen trugen möglicherweise zum Abflauen der Epidemien bei, zumal mit der Beseitigung des Unrats auch die Rattenpopulationen zurückgingen.

Kaum war die Pestepidemie vorbei, ereilte Thurneysser ein gesundheitlicher Einbruch ganz anderer Art. Im September 1577, er war gerade 46 Jahre alt, erlitt er einen Schlaganfall, der eine halbseitige Lähmung und Sprachstörungen zur Folge hatte. Die Hemiplegie hinderte ihn daran, seine Arbeiten in der Druckerei und im Laboratorium fortzusetzen. Moehsen spricht von einer Verfinsterung des Gemüts. Heute weiß man, dass zu den Folgeerscheinungen eines Gehirnschlags sehr häufig Depressionen gehören. Thurneysser kurierte sich selbst: Er bereitete einen Absud aus gehacktem, weißem Taubenfleisch, Kampfer und Milch zu und strich damit die gelähmten Körperteile ein.[468] Die Therapie wirkte Wunder, er wurde körperlich gesund. Er soll indessen an einem zunehmenden Heimweh gelitten haben.

Moehsen erklärte sich Thurneyssers verfinsterter Gemütszustand mit der sogenannten »Schweizer Krankheit«. Hatte der Mediziner Moehsen ein Stereotyp über die Schweizer Bergler aufgegriffen? Vermutlich stützte er sich auf die berühmte Dissertation des Arztes Johannes Hofer aus Mülhausen. Dieser beschrieb 1688 das Heimweh in seiner »Dissertatio medica de Nostalgia oder Heimwehe« erstmals als psychische Erkrankung und nannte sie »Schweizer Krankheit«.[469] Auslöser von starkem Heimweh konnten offenbar Schweizer Volkslieder sein. Jean-Jacques Rousseau erwähnt in seinem Musiklexikon, dass Schweizer Söldner beim Anhören des Kuhreihens *(Ranz des vaches)* von einem unerträglichen Heimweh gepackt wurden und zuhauf desertierten. Deshalb wurde den Reisläufern bei Todesstrafe verboten, den Kuhreihen zu pfeifen oder zu singen.[470]

Buchgeschenke erhalten die Freundschaft

Der psychosoziale Zusammenhang zwischen Thurneyssers Heimweh und seinen öffentlichen Handlungen liegt auf der Hand: Einsamkeitsgefühle in einem kulturell fremden Umfeld steigerten seine Sehnsucht nach der verlorenen Basler Gemeinschaft. Der Wegfall des Vertrauten führte dabei zu einer Idealisierung der Heimat, zu einem Konstrukt von positiven Gefühlen. Unangenehme Erinnerungen wie der Konflikt mit dem Pfandleiher in Wil oder das Scheitern seiner ersten Ehe dürften von der Sehnsucht überlagert worden sein, den verlorenen Zustand wiederzuerlangen. Die Schere zwischen der idealisierten Vergangenheit und der enttäuschenden Konfrontation mit den veränderten Realitäten in der Heimatstadt erklärt seine spätere selbstzerstörerische Aggressionsabfuhr gegen die Basler Obrigkeit.

Begleiterscheinungen vom Ringen des Eidgenossen nach sozialer Anerkennung waren einerseits seine mäzenatischen Zuwendungen zur Renovation und Ausschmückung der Klosterkirche und anderseits sein unstillbares Bestreben, hochrangige Persönlichkeiten mit seinen Schriften zu beeindrucken. Beispielsweise ließ er dem brandenburgischen Landesfürsten von jeder Neuerscheinung ein druckfrisches Vorzugsexemplar zukommen, selbstverständlich prachtvoll in Leder gebunden und mit kunstvollen Schließen versehen. Er zögerte auch nicht, seine Werke ausländischen Regenten durch seine Schreiber überbringen zu lassen. Diese devoten Zuwendungen mögen aus heutiger Sicht ausgesprochen anbiedernd wirken. Sie gehörten aber zur damaligen Etikette und waren so normal wie die Praxis vieler heutiger Autoren und Verlage, den Landesbibliotheken jeweils ein Belegexemplar ihrer Neuausgaben kostenlos zu überlassen.

Diese Kultur des Bücherschenkens hing mit der zunehmenden Verbreitung der Druckerzeugnisse und der daraus folgenden bibliophilen Sammellust der Fürstenhäuser zusammen. Mit Buchgeschenken an Albrecht Friedrich von Preußen und Georg Friedrich von Brandenburg förderten die Hofbeamten die Kommunikation mit ihren Gebietern. Aber auch Studenten, die in den Genuss von Stipendien kamen, brachten ihre Dankbarkeit durch Buchgeschenke an ihren Förderer zum Ausdruck. Dabei richtete sich die thematische Auswahl der Gaben nach den Interessen der Regenten.[471]

Die ritualisierte Praktik der Geschenkübergabe hatte im Rahmen der Patronagebeziehungen soziale Funktionen zu erfüllen, die von Freundschaftsbezeugungen bis zur Bestechung reichten. Die Vorstellung des gegenseitigen Nutzens und die Überzeugung, »es sei unschicklich und geradezu unmoralisch, bestimmte Dienste nur gegen eine festgelegte Zahlung und zu einem bestimmten Preis zu leisten«[472], war ein wichtiger Beweggrund der Bücherbescherung.

Als Thurneysser 1578 dem Kurfürsten Johann Georg ein Exemplar seines frischgedruckten Herbariums zueignete, antwortete dieser mit der Höflichkeitsformel, »dasselbe Büchlein mit gutter Gelegenheit lessen, vnd vnns hernach ferner mit gnaden danckbarlich [zu] zeigen«.[473] Da das Kurfürstenpaar selbst ein Herbarium pflegte, sich Samen von seltenen Pflanzen beschaffte und 1553 einen Lustgarten »nach italienischem

Geschmack« in Köpenick anlegen ließ, ist anzunehmen, dass ihnen Thurneyssers Buchgeschenk tatsächlich sehr willkommen war. Verbürgt ist auch, dass Erzherzog Ferdinand II. von Thurneysser ein deutsches und lateinisches Kräuterbuch entgegennahm.[474]

Gedemütigt und geschieden

1574 klopfte eines Tages eine völlig heruntergekommene Gestalt in zerfetzten Kleidern an die Pforte des Grauen Klosters. Es war Alexander, der sich in Basel in ein hoffnungsloses Schuldennetz verstrickt hatte und sich mit Hilfe seines reichen Bruders aus dem Schlamassel herauszuziehen hoffte. Leonhard erbarmte sich seines verwahrlosten Bruders, bot ihm Gastrecht an und kleidete ihn neu ein.

Alexander hatte großes Interesse daran, seinen spendablen Bruder nach Basel zurückzuholen. Deshalb schilderte er ihm die Vorzüge der Stadt in allen Farben und machte ihn glauben, dass die Basler hoch geehrt wären, ihn wiederaufzunehmen. Diese leeren Schmeicheleien, für die der von Heimweh geplagte Leonhard sehr empfänglich war, bekräftigten ihn in seinem Entschluss, nach Basel zu übersiedeln und vorher noch alle offenen Rechnungen zu begleichen. So beschloss er, seinen Bruder mit dem Auftrag nach Basel zurückzuschicken, die leidige Geschichte mit dem Pfandleiher in Wil in Ordnung zu bringen. Außerdem solle Alexander seinen halbwüchsigen Neffen Julius nach Basel begleiten. Die jüngeren Töchter Elisabeth und Hedwig würde er später nachkommen lassen. Alexanders Frau

Elisabeth möge sie dann »gegen ein billiges Kostgeld aufnehmen und zu allen weiblichen Verrichtungen anführen« – aber so weit kam es nie.[475]

Im Frühjahr 1575 verließ Alexander mit Julius Berlin; begleitet wurden die beiden von Leonhards Schreiber Martin, der des Öfteren in die Schweiz und nach Venedig geschickt wurde, um dort Ingredienzien zur Herstellung von Arzneien zu besorgen.

Die Reise von Berlin nach Basel war keine gemütliche Kutschenfahrt. Als Transportmittel dienten üblicherweise Stellwagen, also Fuhrwerke, die von Pferden oder Ochsen gezogen wurden. Viele Landesfürsten Deutschlands widersetzten sich dieser »Verweichlichung« und versuchten ihren Lehnadel vom Gebrauch solcher Gefährte abzuhalten, weil sie mit der Popularisierung der Fuhrwerke einen Schwund der Reitkunst und der Pferdezucht befürchteten. Das Wagenfahren war deshalb bis weit ins 17. Jahrhundert für männliche Angehörige der Oberschicht unziemlich – zu den Kavalieren gehörte das Reitpferd. Die Annehmlichkeiten des Wagenfahrens blieben den Frauen, Kindern, Alten und Kirchenleuten vorbehalten. Sie reisten im besten Fall in einem gefederten Kobelwagen mit einem halbrunden Planverdeck; die Kutsche hatte auf den Landstraßen noch Seltenheitswert und war ein Prestigegefährt der städtischen Oberschicht. 1600 gab es in ganz Paris nur gerade vier Kutschen und in Berlin und Basel gewiss nicht mehr.

Die Reisezeit für die fast 1000 Kilometer lange Strecke von Berlin nach Basel, die über Frankfurt am Main führte, hing ganz von der Wetterlage ab und betrug bis zu einem Monat. Zeitverzögerungen mussten in Kauf genommen werden. Auf den keineswegs befestigten und mit Schlaglöchern übersäten Wegen war alleweil mit Achsenbrüchen oder Radbeschädigungen zu rechnen; von möglichen Überfällen durch Wegelagerer ganz zu schweigen. Zudem waren die Fuhrleute oft gezwungen, den von schweren Kaufmannswagen ausgefahrenen Wegstrecken auszuweichen. Von den fast unüberwindlichen Schwierigkeiten, die sich beim Umfahren von verschütteten Holperstraßen ergaben, wusste der irische Bildungsreisende Fynes Moryson zu berichten, der 1592 Norddeutschland bereiste:

> *Diese ganze Nacht und am nächsten Morgen fiel eine Menge Regen [...] Außerdem war der Weg zu dieser Zeit so dreckig, daß auf ihm kein Wagen fahren konnte. Dennoch beschloß ich, da nur noch zwei Meilen einer gefährlichen Reise zurückzulegen waren, und weil ich dachte, daß kein Dieb bei solch einem Regen herauskommen werde, mit meinen Reisegenossen zu Fuß nach Emden zu gehen. [...] Zuerst waren wir auf dieser Wanderung zehn Personen, aber gleich hinter Leer verließen uns sechs, da sie zweifelten, gegen den Wind an dem üblen regnerischen Tag, wobei die Füße fast im Dreck stecken blieben, ankommen zu können, und sie spotteten über unsere Hartnäckigkeit, weiterzugehen. Nach einer Weile war ich naß bis auf die Haut und meine Schuhe wurden bei jedem Schritt fast ausgezogen, so daß ich gezwungen war, sie mit vier Schnüren festzubinden.*[476]

*

Am 12. September 1575 starb Leonhard Thurneyssers Ehefrau Anna Hüettlin im Grauen Kloster. Kaum hatte Alexander die Nachricht vernommen, kreuzte er im November erneut in Berlin auf. Zu Neujahr, als die Pestwelle Berlin erfasst hatte und sich der Leibmedicus anschickte, dem Hof nach Küstrin zu folgen, ernannte er Alexander zum Sachverwalter der Druckerei. Aber wie seinerzeit in Tirol, als der Unglückselige die Schwefelhütte seines Bruders aus Fahrlässigkeit abbrennen ließ, soll er auch dieses Mal versagt haben. Alexander zockte das Unternehmen im Grauen Kloster auf unverschämte Weise ab; im Laufe von neun Monaten erleichterte er die Betriebskasse um die horrende Summe von 1500 Talern und verprasste das Geld in den Gasthäusern. Die Belegschaft der Offizin ließ er indessen hungern.

Ende 1576 kam der Leibmedicus aus Karzig zurück und fand sein Unternehmen in einem desolaten Zustand vor. Die Arzneien waren aufgebraucht, das Laboratorium verwaist und die Drucker ohne Arbeit. Obwohl die Misswirtschaft seines Bruders himmelschreiend war, zeigte Leonhard sich überraschend nachsichtig. Er gab Alexander eine neue Chance und bot ihm zu Neujahr die Übernahme der Druckerei zum ausgesprochen günstigen Verkaufpreis von 1100 Talern an, die er abverdienen könne. Dieser ging darauf ein und bekundete die Absicht, seine Frau und die Kinder in Basel abzuholen und alsdann die Leitung der Offizin zu übernehmen. Er erhielt daraufhin von Leonhard ein Pferd und einen ansehnlichen Geldbetrag, um nach Hause zu reisen und dort seine Schulden tilgen zu können. Sein Versprechen, so schnell wie möglich, das heißt nach längstens acht Wochen Abwesenheit wieder in Berlin zu sein, löste sich jedoch in Luft auf – er verschwand mit dem Geld und tauchte im Zisterzienserinnenkloster Wald bei Pfullendorf im Linzgau unter, wo er es sich gutgehen ließ.

Als Leonhard 18 Wochen nach Alexanders Abreise immer noch kein Lebenszeichen von ihm erhalten hatte, riss ihm der Geduldsfaden – zumal er Berlin so schnell wie möglich verlassen wollte. Er verkaufte die Druckerei seinem Schriftsetzer Michael Hentzke zu gleichermaßen günstigen Konditionen, wie er sie mit Alexander vereinbart hatte, behielt sich aber die Oberaufsicht vor.[477]

Alexander war unverschämt genug, ein halbes Jahr später wieder an die Pforte des Grauen Klosters zu klopfen und fadenscheinige Ausreden für seine Eskapade vorzubringen. Dass die Druckerei inzwischen einem anderen verkauft worden war, berührte ihn nicht im Geringsten. Er wirkte noch eine Zeitlang in der Offizin mit und richtete weiteres Unheil an. Gegen Ende 1577 dürfte er aber endlich nach Basel zurückgekehrt sein, wo er seinem Bruder bald neue Schwierigkeiten bereiten würde.

Nach der Veräußerung des Unternehmens verlangte Thurneysser beim Kurfürsten seinen Abschied. Doch der Landesherr wollte seinen Schweizer Leibarzt nicht entbehren und lehnte dessen Rücktrittsgesuch kategorisch ab. Thurneysser ließ sich seine Rückwanderungspläne trotzdem nicht ausreden. Er verfrachtete seine Besitztümer bis auf das letzte Fass klammheimlich nach Basel und traf alle Anstalten, um vom Kurfürsten losgesprochen zu werden. Dabei berief er sich vermutlich auf den Ablauf der damals üblichen Dienstzeit von sechs Jahren.

Endlich, am 28. Oktober 1579, gewährte ihm der Kurfürst auf inständiges Bitten gnädiglich einen längeren Urlaub. Gleich nach seiner Ankunft in Basel stellte sich Thurneysser der Obrigkeit, um den Verpflichtungen gegenüber seiner ersten Frau Margaretha nachzukommen, die er 23 Jahre zuvor verlassen hatte. Außerdem stellte er ein Begehren, sich in Basel niederlassen zu dürfen. Auf den Antrag wurde jedoch nur mit Einschränkungen eingegangen. Er erhielt zwar die Bewilligung, in der Stadt ein Haus und vor der Stadt ein Gut zu kaufen, gleichzeitig wurde ihm jedoch untersagt, durch die Krämergasse (heute Schneidergasse) zu gehen, wo Margaretha mit ihrem dritten Ehemann, einem gewissen Langmesser, wohnte. Da Thurneysser insgeheim hoffte, sich wieder zu verheiraten, kam er mit diesem Urteil vergleichsweise glimpflich davon – im Gegensatz zu Zürich verwehrte Basel einem schuldig Geschiedenen nämlich im Regelfall das Recht, sich je wieder zu verheiraten. Den Richtern des Ehegerichts wurde aber ein erheblicher Ermessensspielraum zugebilligt. So hieß es: »Doch vorbehaltten, inn gefärlichen fälen und blödigkeitten nach bescheidenheitt zu faren und zu richten, wie dann je die richter nach gestalt der sachen bilich dunckht.«[478]

→ Abb. 12

Am 19. Dezember 1579 beantragte der Leibmedicus das Bürgerrecht seiner Heimatstadt BASEL. Dieses war für ihn insofern bedeutungsvoll, als nur die als Bürger aufgenommenen Einwohner einer Stadt den Schutz der öffentlichen Hand in Anspruch nehmen konnten. Anwärter auf das Bürgerrecht mussten den Nachweis erbringen, dass sie ehelich geboren, keiner fremden Herrschaft untertänig und nicht in auswärtige Gerichtsverfahren verwickelt waren. Bei der Einbürgerung hatten sie außerdem den Bürgereid abzulegen, bei welchem sie gelobten, Bürgerpflichten wie Treue und Gehorsam gegenüber den Behörden nachzukommen. Basel verlieh das Bürgerecht vergleichsweise großzügig, wurde doch im 16. Jahrhundert ein Zuwachs von insgesamt etwa sechstausend Neubürgern verzeichnet, zumeist ehemalige Deutsche.[479]

Die Behörden reagierten zurückhaltend auf Thurneyssers Begehren: Das Bürgerrecht würden er und seine Kinder gegen eine Gebühr von vierzig Gulden zwar erhalten, den Bürgereid dürfe er aber nicht leisten, solange er nicht das Abschiedsschreiben des Kurfürsten vorzulegen vermöge. Niemand könne Basler Bürger werden, der noch bei anderen Herren in Dienstverpflichtung stehe. Später einmal, als Thurneyssers Verhältnis zu den Basler Behörden nicht mehr zu reparieren war, meinte er: »Falscher schmachreden (welche jr der Baszler gröste kunst ist) sindt sie voll [...]. Sondern ist mir leid / das ich jhr Bürger / [...] gewesen / und weil sie solchen [...] frevel / [...] / an mir begangen / [...] / so zweifle ich [...] ob ich sein auch ehr habe / das ich zu Basel geboren bin.«[480]

An guten Beziehungen Thurneyssers zu einflussreichen Basler Bürgern mangelte es nicht, aber sie nützten ihm wenig. Die Brüder Leonhard und Alexander standen zum Beispiel mit Theodor Zwinger dem Älteren – Inhaber der *Cathedra theoretica* der Medizinischen Fakultät und Professor für Gräzistik und Ethik an der Universität Basel – in freundschaftlichem Kontakt. Befürchtungen, die Zwinger in einem Brief an den Leibmedicus vorsichtig zum Ausdruck brachte, bewahrheiteten sich: Leonhard Thurneysser zum Thurn passte nicht mehr nach Basel. Die engstirnigen Zünftler reagierten auf den weltmännischen, breitspurigen Monsieur hochmütig und abweisend. Sie betrachteten ihn mit Argwohn und warfen ihm laufend Prügel zwischen die Beine. Doch Thurneysser ließ sich nicht davon abhalten, eine passende Liegenschaft zu suchen. Unter anderem verhandelte er über den Kauf des aus dem 13. Jahrhundert stammenden Schlosses Angenstein im Gemeindegebiet von

Duggingen. Im Rebgelände am Kohlenberg wurde er schließlich fündig und erwarb von Niklaus Iselin ein großzügiges, dreigeschossiges Wohnhaus am St. Leonhardsgraben mit Hof und Ziergarten für den übersetzen Preis von 4500 Gulden.[481]

Thurneyssers Vorkehrungen lassen darauf schließen, dass er genaue Vorstellungen über die Einrichtung seines Hauses hatte. Mit seinen Kunstschätzen wollte er den Baslern den verfeinerten Lebensstil der Fürstenhöfe vor Augen führen. Als Renommierstücke besonderer Art sollten Glasscheiben an einer Fensterfront im zweiten Stockwerk platziert werden, die Thurneyssers Leben glorifizierten. Mit der Herstellung dieser Scheibenserie beauftragte er Christoph Murer. Da dieser ein nichtzünftiger Handwerker war und somit keine Scheibenmalereien in Eigenregie verfertigen durfte, führte er die Arbeit vermutlich in der Basler Werkstatt des Zünfters Jörg Wannewetsch aus.[482]

Von diesem Zyklus sind noch zwei ganze und das Fragment einer dritten Scheibe erhalten. Die Motive der weiteren, verschollenen Glasscheiben sind durch ein halbes Dutzend Scheibenrisse überliefert. Aufschlussreich sind neben den szenischen Darstellungen die jeweils in einer Inschriftkartusche verzeichneten Namen der Donatoren. Die erste Scheibe mit der Darstellung der Geburt Leonhards trägt das Wappen von Papst Gregor XIII., die zweite Scheibe mit Szenen aus seiner Jugend ist mit jenem des Kurfürsten von Köln, Erzbischof Gebhard I. Truchsess von Waldburg geschmückt. Durch diese Verdeutlichung der Stifter wird augenfällig, dass Thurneysser den typisch helvetischen Brauch des Glasscheibenschenkens im Ausland einzuführen versuchte und sich die einzelnen Werke von hochrangigen Persönlichkeiten offerieren ließ. Damit verband er wohl die Absicht, seinen Mitbürgern zu zeigen, wo es in herrschaftlichen Kreisen langgeht.[483]

Von Thurneyssers Glasmalereien legte Johann Gerhard Reinhard Andreae in seinem »Briefe aus der Schweiz nach Hannover geschrieben, in dem Jahre 1793« Zeugnis ab. Der deutsche Naturforscher, Apotheker und Chemiker interessierte sich auf seiner Wissenschaftsreise durch die Schweiz insbesondere für Thermalbäder, Fossilien, Mineralien und Herbarien. Da er sich auch mit Alchemie beschäftigte – 1767 verfasste der die »Alchemistischen Briefe« –, ist anzunehmen, dass er gezielt auf Thurneyssers Spurensuche ging.

> *Noch muß ich Ihnen / mein Herr, etwas von Fensterflügeln mit gemalten Scheiben sagen, die ich hier angetroffen. Sie sind von dem berühmten Leonhard Thurneysser, doch vermuhtlich nicht von seiner eigenen Hand, obgleich derselben drei die wichtigsten Begebenyeiten seines Lebens vorstellen; sondern sie sind / wie es scheinet, zum Theil in Cöln, zum Theil in Italien gemacht, indem des Römischen Pabstes und des Erzbischofs von Cöln Namen darauf stehen. Ich übergehe die Vorstellungen auf den beiden ältesten / die nämlich von den Jaren 1574. und 1575. find, und begnüge mich zu erwähnen, daß die Malerei von 1579. die Geburt dieses seltsamen gelehrten Mannes darbildet; die zweite, von eben diesem Jare, seine Gefangennehmung in der Schlacht bei Summershausen; und die dritte, welche ohne Jarzahl ist, wie er einem orientalischen Prinzen Unterricht in der Chymie giebt. [...]*[484]

Nachdem er seinen Urlaub beendet hatte und wieder im Grauen Kloster war, schickte er die beiden aus zweiter Ehe stammenden Töchter Elisabeth und Hedwig unter Obhut seiner jungen Haushälterin Elisabeth Rentsch nach Basel.[485] Seinen halbwüchsigen Sohn Julius platzierte er in Wittenberg, damit dieser das Studium an der dortigen Universität aufnehmen konnte. Bald nach ihrer Ankunft in Basel gebar die Haushälterin einen Knaben. Als sie nach dem Vater befragt wurde, nannte sie Leonhard Thurneysser. Das Kind wurde als Sohn Thurneyssers in der Leonhardskirche auf den Namen Georg Leonhard getauft, obschon die Mutter eingestehen musste, dass sie mit

Thurneysser nicht verheiratet war. Der uneheliche Sprössling wurde von der Witwe des Pfarrers Hieronymus Ritter in Pratteln (Baselland) erzogen.[486]

Ob Thurneysser seinen Unterhaltspflichten nachkam, ist fraglich. In den Akten des Staatsarchivs Basel ist nämlich ein weiteres uneheliches Kind von ihm aufgeführt, das auf den Namen Katharina getauft wurde. Die Mutter war auch in diesem Fall Elisabeth Rentsch. Das Mädchen wurde einem Jacob Amsinger in Liestal in Pflege gegeben, der sich in der Folge mehrmals mit einem Gesuch an den Basler Rat wandte, ihm zu seinem Kostgeld zu verhelfen.[487]

Eine verhängnisvolle Wiederheirat

Thurneysser war des Wittwerdaseins überdrüssig. Als in Basel ruchbar wurde, dass der Medicus aus Berlin auf Brautschau war, brachte man ihn mit einem aus Ravensburg stammenden Junker aus dem niederen Adel zusammen. Dieser hieß Matthäus Herbrott, war mit einer geborenen Elisabeth Edle von Croaria verheiratet und ziemlich heruntergekommen. Der Mann schilderte dem kurfürstlichen Leibmedicus die Tugenden seiner 1552 oder 1553 geborenen Tochter Marina und log dabei das Blaue vom Himmel herunter. Als er sich nach Thurneyssers Vermögensverhältnissen erkundigte, nannte dieser in seiner gewohnt unbescheidenen Art die Zahl von 100 000 Floren. Dass ihm diese Aussage später zum Verhängnis werden sollte, ahnte er in der Vorfreude auf sein neues Eheglück nicht.

Da Thurneysser Marina nie zu sehen bekam, ließ er sich ein Bild von ihr nach Berlin nachschicken. Das Porträt entzückte ihn, und der Entschluss war gefasst. Anfangs September 1580 reiste er nach Basel zurück, traf Marina und versprach ihr die Ehe. Der Bräutigam hatte die Absicht, für das bevorstehende Fest etliche Ochsen, Schafe und Schweine zur Bewirtung seiner zahlreichen Gäste schlachten zu lassen. Doch die Metzgerzunft widersetzte sich diesem Vorhaben mit der Begründung, dass

Thurneysser den Bürgereid noch nicht geleistet habe. Er solle sich sein Fleisch in der School besorgen.[488]

Leonhard Thurneysser und Marina Herbrott heirateten am 7. November 1580 in Basel. Die hierzu aus dem Bodenseeraum angereisten Verwandten Marinas wurden über die mehrere Tage dauernden Feierlichkeiten im Haus des Bräutigams großzügig bewirtet. Es gab ein rauschendes Hochzeitsfest mit einigen Misstönen. Die Braut scheute sich nicht, an der Feier mit ihrem Tänzer, einem »Kaufmannsgesell«, unverhohlen zu poussieren. Ihr freizügiges und peinliches Benehmen war mitnichten standesgemäß und muss den an das strenge brandenburgische Hofprotokoll gewohnten Mann von Welt zutiefst erschüttert haben.

Im Januar 1581 beorderte der Kurfürst seinen Leibmedicus nach Berlin zurück, weil eine baldige Niederkunft der Prinzessin bevorstand. Das Aufgebot kam Thurneysser sehr ungelegen. Bevor er nach Berlin aufbrach, übergab er seiner in Basel verbleibenden jungen Frau einen ganzen Gesetzesband mit Verhaltensvorschriften. Eine der zahlreichen Instruktionen betraf seine Bibliothek. Marina sollte alle 14 Tage in seine Bücherkammer gehen und dafür sorgen, dass die Mäuse keinen Schaden anrichteten. Ansonsten habe sie dort nichts aufzuräumen.[489] Zudem ordnete er Einzelheiten für die Verköstigung seiner schätzungsweise 10- bis 13-jährigen Töchter an:

> *Lasse mir die Kinder nicht länger denn bis um sechs Uhr schlafen. Zeuch sie säuberlich, sich mit frischem Wasser zu waschen, halte mir die Mahlzeiten zur rechten Zeit: Morgens um acht Uhr eine gute kräftige Suppe; um zehn Uhr die Mittagsmallzeit, um drei das Abendtbrot und um fünf das Nachtmol. Den Kindern gieb jedem sein Geschirrlein von Wein, aber nicht mehr: sie werden volle Flaschen, wenn man sie zum Aussaufen gewehnt; dazwischen tue ein Wassertrünklein, weil es hier gesund gut Wasser giebt.*[490]

So seltsam uns die dabei festgehaltene Zeitordnung anmutet – sie spiegelt den in der Frühen Neuzeit noch allgemein üblichen, dem Sonnenlicht angepassten Tagesrhythmus wider. Um sieben, spätestens um acht ging man ins Bett und stand morgens um fünf Uhr oder auch später auf. Zudem gab es im Feudalland Brandenburg auch gesetzliche Vorschriften, die die Lebensgestaltung der Hausstände regelten. Von Luthers »Freiheit eines Christenmenschen« aus dem Jahre 1520 war fünfzig Jahre später nicht mehr viel zu spüren. Selbst die Essenszeiten bei Hochzeiten oder Tauffesten waren staatlich geregelt: Einer Berliner Verordnung zufolge durften sich die in der Regel um elf Uhr vormittags beginnenden Gastmähler nicht länger als bis halb zwei Uhr hinziehen. Und am Abend war es verboten, länger als bis elf Uhr zu Tische zu sitzen. Der Hof wollte damit vor allem die überbordenden Tisch- und Trinkgelage des Adels einschränken. Diese waren in der Spätrenaissance ein beliebter Angriffspunkt der Moralisten. Der gelehrte Johann Trithemius, Abt des Klosters Sponheim, schrieb 1505 über die Lebensart der Berliner: »Ich lebe hier in grossen Gnaden bei dem Kurfürsten, aber von allem gelehrten Umgange gänzlich verlassen. Die Einwohner sind gut, aber zu rau und ungelehrt; sie lieben mehr die Schmausereien und das Trinken, als die Wissenschaften [...]«[491]

Instruktionen an seine Angetraute könnten zur Annahme verleiten, dass er ein besonders fürsorglicher Patriarch war. Seine Vaterrolle übte er indessen in einer allgemeinen Kultur der Vaterschaft aus, die bis ins 18. Jahrhundert gepflegt wurde; als Hausvater hatte er die alleinige Verantwortung für die ganze Familie zu tragen.

In Tat und Wahrheit war Thurneyssers Reputation als Familienoberhaupt in Basel am Tiefpunkt angelangt. Seine erste Frau Margaretha Müller ließ sich vom Rat von ihm scheiden, weil er dreieinhalb Jahre nichts von sich hatte hören lassen. Um seine zweite Frau Anna Hüettlin dürfte er sich nicht viel mehr gekümmert haben. Sie verstarb 1575, kurz nachdem er sie von

Konstanz nach Berlin hatte kommen lassen. Und mit seiner dritten Ehefrau Marina Herbrott ging von Anfang an alles schief.

Marina reiste ihrem Mann am 13. Februar 1582 zusammen mit seinen zwei Töchtern nach. Doch das Wiedersehen in Berlin wurde nach wenigen Tagen getrübt. Thurneysser wurde blind vor Eifersucht, nachdem ihm Marina freimütig gestanden hatte, dass sie während der Trennung mit einem Verwandten gesündigt habe. Sie beichtete zugleich, schon seit ihrem 14. Altersjahr unzüchtig gelebt zu haben. Thurneyssers Reaktion war unerbittlich – am 8. März jagte er Marina zum Teufel, genauer gesagt zu ihrem Vater nach Basel zurück. Er beauftragte seinen Schreiber Adam Seidel, sie mit dem Pferdewagen unverzüglich hinzubringen.

Das Kurfürstenpaar, das um das Wohl ihres Medicus' aufrichtig besorgt war, drängte ihn, seine Marina nach Berlin zurückzuholen. Zu diesem Zweck erhielt er 300 Taler Reisegeld. Zur Verteidigung der Rechte seiner Kinder vermittelte ihm der Kurfürst außerdem drei Vormünder. Dazu versicherte er ihm, ihn fortan von der Begleitung auf seine Jagdschlösser zu dispensieren, damit er mehr Zeit für seine Forschungen und Buchpublikationen habe.

Schriftlichkeiten von Marina Herbrott liegen nicht vor. Deshalb ist rückblickend eine objektive Beurteilung des Eheskandals kaum möglich. Und die zahlreichen biographischen Aufzeichnungen aus dem 17. und 18. Jahrhundert sind insofern unzuverlässig, als sich die Verfasser von einem Ehrbegriff leiten ließen, der zu strengen moralischen Urteilen führte.

Denkbar wäre, dass Thurneysser seine wesentlich jüngere Frau in einem Eifersuchtsanfall massiv unter Druck setzte und ihr ein falsches Geständnis abnötigte. Anlass zu dieser Vermutung gibt ein kleiner, aber bedeutungsvoller Vorfall: Ein als Ring gefasster Smaragd, den er in Basel für 50 Kronen erstanden und Marina geschenkt hatte, war in drei Stücke zersprungen. Thurneysser deutete dieses Vorkommnis als Zeichen der Untreue, da der Smaragd als Stein der Keuschheit galt.

Die abergläubische Vorstellung, dass ein Smaragd zerspringe, wenn er bei unkeuschen Handlungen getragen werde, stammte aus dem Mittelalter. Davon berichtet unter anderem Conrad von Megenberg (1309–1374) in seinem »Buch der Natur«, das als erste deutschsprachige wissenschaftliche Abhandlung gilt.[492] Zweifellos stützte er sich dabei auf Thurneyssers Vorbild Albertus Magnus. Dieser berief sich wiederum auf die Behauptung eines griechischen Wissenschaftlers, wonach der Smaragd eine allergische Reaktion gegen Geschlechtsverkehr auslöse. Der König von Ungarn habe diesen Edelstein am Finger getragen. Als er seine Frau aufsuchte, sei der Smaragd in drei Stücke zersprungen. »Wahrscheinlich«, mutmaßt Albert der Große, »heißt es darum, dass dieser Stein seinen Besitzer zur Keuschheit zwinge.«[493]

Ringen um Ehre und Vermögen

Die dritte und kurze Ehe Thurneyssers mit Marina Herbrott endete in einem legendären Prozess, dessen Begleitumstände sich wie eine billige Schmierenkomödie anhören. Die Einzelheiten sind gut dokumentiert, da der Ehemann in seiner gekränkten Eitelkeit nicht nur die amtliche Korrespondenz, sondern auch die peinlichsten Enthüllungen aus seinem Familienleben im Ausschreiben von 1584 offenlegte. Als Marina wieder zu Hause ankam, reagierte Vater Herbrott sofort und heftig. Am 25. April 1582 verklagte er seinen Schwiegersohn beim Ehegericht, beim Stadtgericht sowie beim Basler Rat und bezichtigte ihn, seine Tochter verstoßen zu haben. Darauf erhielt der Beschuldigte vom Stadtgericht eine Vorladung für den 25. Juli. Herr Thurneysser solle »fordersamst« nach Basel kommen, um die Ehe mit der »mehrberührten« Marina Herbrott fortzusetzen. Doch der Angeklagte ging nicht persönlich hin, sondern bevollmächtigte seine Anwälte Michael Blumenhauer aus Pforzheim und Hans Balthasar Rauch. Diese machten vor Gericht geltend, dass Marina Herbrott ihren Gatten mutwillig verlassen habe.

Ihr Mandant verlange, dass sie nach Berlin zurückkomme, wo er mit ihr leben wolle. Matthäus Herbrott belegte hingegen, dass der Beklagte seine Ehefrau verstoßen hatte.

Das Ehegericht war sowohl Klageinstanz in eherechtlichen Angelegenheiten als auch Verfolgungsinstanz in sittengerichtlichen Geschäften. Die Institution wirkte von 1529 bis 1875. Von Anfang an konstituierte sie sich aus sieben Richtern, nämlich zwei Mitgliedern des Kleinen Rates, zwei Geistlichen und zwei Großräten, die jeweils am Montag und Donnerstag im Augustinerkloster tagten. Eine wichtige Funktion übte auch der »Gerichtsknecht« oder »Diener« aus, der die Parteien vorzuladen hatte. Als sogenannte Amtsleute oder Fürsprecher, die den Parteienvortrag vorzubringen hatten, waren seit Mitte des 16. Jahrhunderts ausschließlich offiziell bestellte Personen zugelassen. Die Amtsträger und Angestellten waren durchwegs Laien, studierte Juristen wurden im Ehegericht nicht beschäftigt.[494]

Susanna Burghartz hält in ihrem Beitrag zu den Studien und Quellen zur Geschichte der Baslerinnen im späten Mittelalter und zu Beginn der Neuzeit fest, dass Frauen das Ehegericht viel häufiger zur Durchsetzung ihrer Interessen in Anspruch nahmen als Männer. Frauen sollen mehrheitlich als Klägerinnen aufgetreten sein, während sich Männer entsprechend oft als Beklagte beziehungsweise als »ex-officio«-Angeklagte vor dem Ehegericht verantworten mussten.[495]

Im Laufe des gerichtlichen Verhörs verlangten weder Herbrotts noch Thurneyssers Anwälte die Scheidung. Die Ehe wurde am 27. Juli 1582 vom Ehegericht bestätigt, und Thurneysser erhielt die Aufforderung, unverzüglich nach Basel zu kommen und mit seiner Angetrauten ehelich zu haushalten.

Die Klage beim Stadtgericht lief darauf hinaus, der Frau einen ihr gebührenden Unterhalt zu sichern. Die Rechnung der Kläger ging auf: Fünf Tage nach der Sentenz des Ehegerichts fällte das Stadtgericht als übergeordnete Instanz ein hartes Urteil: Es sprach der jungen Ehefrau das gesamte Hab und Gut Thurneyssers zu. Darüber hinaus wurde sie befugt, damit so zu verfahren, wie es einem frommen Eheweib zustehe und gebühre. Aber nicht genug: Die Erträge aus dem von ihrem Ehemann in Basel und Umgebung investierten Kapital sowie seine Zinsbriefe für Naturalien sollten ihr ebenfalls zufließen. Hingegen hatte sie die Gerichtskosten, des Vaters Auslagen und andere Forderungen zu bezahlen. Zudem befand das Gericht, dass ein Drittel von Thurneyssers Vermögen der Ehefrau zugesprochen werden müsse, das heißt 33 383 Gulden und fünf Batzen. Als Kalkulationsbasis diente dem Gericht die im Laufe der vorehelichen Unterhandlungen gegenüber Matthäus Herbrott leichtsinnig gemachte Aussage des Beklagten, er verfüge über ein beachtliches Vermögen von 100 000 Gulden.

Dieses Urteil brachte Thurneysser außer Rand und Band. Seine Wut war umso größer, als der Schuldspruch auch die Rechte seiner Kinder beschnitt. In seiner Verzweiflung bat er den Kurfürsten um Hilfe. Dieser reagierte sofort und wandte sich mit einem Beschwerdeschreiben an den Kleinen Rat.[496] Doch die gewichtige Fürsprache aus Berlin schien die Basler Regierung nicht zu beeindrucken. Sie nahm sich über ein Jahr Zeit, um das magistrale Schreiben auf nichtssagende Weise zu beantworten. Der düpierte Kurfürst trat darauf nochmals zu Gunsten seines Medicus ein und ließ der Basler Obrigkeit eine weitere Fürsprache durch einen persönlichen Boten überbringen. Das Begehren des Kurfürsten wurde erneut übergangen – die Intervention verlief im Sand.

Neben allem Ärger mit den Behörden eskalierte Ende 1582 das Zerwürfnis zwischen den Brüdern Thurneysser weiter: Alexander sprach einmal mehr bei den Basler Behörden vor und machte ebenfalls Ansprüche auf seines Bruders Kapital geltend. Aus dem Vermögen, das Marina Herbrott gerichtlich zugesprochen worden war, forderte er einen Betrag von 700 Gulden, die ihm Leonhard schulde. Das Gericht ging auf sein Ansinnen ein.

Zu allem Übel stellte Vater Herbrott für seine Reisespesen im Zusammenhang mit dem Prozess seiner Tochter eine auch seinerzeit kaum nachvollziehbare und übersetzte Faktura auf, die ihm aus dem Vermögen seines Schwiegersohnes vergütet werden sollte.

Reisespesen von Matthäus Herbrott[497]

Mittagsmahl in der Mörsburg für 2 Personen und Pferde	24 kr [Kreuzer]
Nachtlager in Constanz und Mittagsmahl	1 fl. [Gulden], 8 kr
Zu Stein »Untertrunk«	14 kr
Schaffhausen Nachtlager	1 fl., 20 kr
Zu Thiengen Mittag	40 kr
Lauffenburg übernachten	1 fl., 12 kr
Rheinfelden Mittagsmahl	48 kr
Der Aufenthalt in Basel im »rothen Ochsen« während 13 Tagen kostete für 6 Personen und 6 Pferde	60 fl. und 56 kr

Der Ratsherr, welcher die Vorladung des Ehegerichtes nach Berlin überbracht hatte, verrechnete für Lohn und Auslagen fl.32. -

Die Blutschandsverkeufferey

Das Nichteintreten des Basler Rats auf die Interventionen des Kurfürsten brachte Ende 1584 das Fass zum Überlaufen. Thurneysser holte zu einem verbalen Rundumschlag gegen alle aus, die nicht auf seiner Seite standen. Er veröffentlichte eine Schmähschrift unter dem Titel »Ein durch Nothgedrungens Außschreiben Mein: Leonhardt Thurneyssers zum Thurn / Der Herbrottischen Blutschandsverkeufferey / Falschs und Betrugs: Auch der Mir und meinen Kindern / zu Basel beschehenen Iniurien / Gewaldthat / Spolierung [Raub] und Rechtßversagung halber«.

Die ansonsten hochgeschraubte Ausdrucksweise Thurneyssers gerät in diesem Ausschreiben stellenweise völlig aus dem Ruder. Der vornehme »Ritter vom Heiligen Grab« lässt sich zu Redewendungen der ordinärsten Art hinreißen, so dass es bis im 19. Jahrhundert kein Autor gewagt hätte, bestimmte Passagen zu zitieren. Hans-Peter Dürr gibt im Band »Obszönität und Gewalt« seines Werks »Der Mythos vom Zivilisationsprozess« eine Kostprobe dieser direkten Sprache. Indem er die Laszivität und Hurenhaftigkeit seiner Ehefrau unverblümt zum Ausdruck bringt, verdeutlicht Thurneysser seine Beschämung: Einst soll seine Gattin zu einer anderen Frau, die sich darüber empörte, dass ihr ein gewisser Lukas Stöcklein zwischen die Beine gegriffen hatte, abwiegelnd gesagt haben: »Ob dir der Stöcklein gleich an die Futt gegriffen / so hjat er dir dennoch noch kein Kind gemacht / Wann ich allewege ein solchs geschrey / hatte anfahen sollen / wann mir einer an die Futt gegriffen / so hett ich viel zu thun haben müssen / vnd angefangen zu weinen.« Thurneysser, der alles von oben im Stubenfenster angehört hatte, rief darauf zu seiner Frau hinunter: »Ich verbiete dir keins wegs / mit ehrlichen Personen dich zuersprachen / aber an Arß / vnd Futt / dich zubetasten / vnm die Tutten herauß ziehen zu lassen / wird dir von mir / nicht vergunt werden / danach wisse dich zu richten.«[498]

Im 271 Seiten starken Teil »Der Herbrottin Handlung« des Ausschreibens gibt Thurneysser noch weitere Kostproben seiner anscheinend promiskuitiven Ehefrau. Unter dem Artikel 2.2. heißt es zum Beispiel:

> *Was isst es / dass sie in der 3. Wochen / nach meinem abschied / mit der Schliesserin [Haushälterin] und den Kindern / in des David Ritters*[499] *Haus bebadet / da hat iren der Baderknecht gezwangen / wie sie ime nun zwischen den Beinen gesessen / hat sie zum Baderknecht gesagt: Lieber gesell / sage recht in warheit / wie bedünkt dich / welche hat unter uns beyden / der Anna oder mir / die grösste Futt / und welche hat die meisten Haar daran / Ist der Badersgesell schamrot geworden / und hat gesagt / Frauw das weiß ich nicht / ihr mögets am besten wissen.*[500]

Thurneyssers verbale Entgleisungen waren weniger die Folge des erlittenen Liebesentzugs, als vielmehr Ausdruck einer tiefen narzisstischen Kränkung. Der für ihn schwer zu ertragende Macht- und Kontrollverlust, gepaart mit einer schmerzhaften Einbuße seines Sozialprestiges, verblendete ihn. Seine verzerrte Selbstwahrnehmung nahm ihm jeden Raum, um die Wirkung seiner Reaktionen auf sein Umfeld abschätzen, geschweige denn sich in die Lage seiner ungetreuen Frau versetzen zu können. Die Verstoßung seiner Angetrauten aus dem Grauen Kloster und die verbalen Gewaltausbrüche entsprechen einem bekannten Muster. Eine Untersuchung der Klinik und Poliklinik für Psychiatrie und Psychotherapie der Martin-Luther-Universität Halle-Wittenberg über die forensische Beurteilung von Affektdelikten weist nach, dass die Form der Wut des narzisstisch Gekränkten mit Verachtung gepaart ist und sich darauf richtet, Macht über den andern zu erringen. Zu dieser Wut gehören eine hohe Destruktivität, Kälte und Gnadenlosigkeit. In der Kränkungssituation definiert sich der Gekränkte als Opfer, der Kränkende wird zum Täter abgestempelt. Das gekränkte Opfer kämpft um sein Recht und seine Ehre und wird auf diese Weise zum Täter.[501] Genau nach diesem Schema eskalierten Thurneyssers Schreibtischtaten.

Der Widerspruch zwischen allgemein servilen Vorreden in erbaulichen Büchern und verletzender Wortwahl in Kampfschriften ist zeittypisch und spiegelt das gesellschaftliche Gefälle im Feudalismus wider. Die emotionalisierte Ausdrucksweise pendelt zwischen Anbiederung und Beleidigung. Aufrichtig kommunizierte Wertschätzung und sachlich formulierte Kritik sind Stilmittel der Neuzeit. In Thurneyssers Epoche gibt es nur das höfische Pathos der Oberschicht und den derben Ausdruck der Unfreien – Zwischentöne sind kaum zu finden. Thurneyssers verbale Entgleisungen sprengten aber den Rahmen.

Seine Ausfälligkeiten und sexuellen Beleidigungen sind auch vor dem Hintergrund seines Umfeldes zu deuten. Es geht um die reformatorischen Grenzziehungen, die eindeutige Verhältnisse schaffen wollten. Ein wichtiger Topos war die Reinheit der Gesellschaft, die man mit geordneten Geschlechterverhältnissen zu erzielen trachtete. Susanna Burghartz hat diese Geschichte vom Kampf für Reinheit und gegen Unzucht wissenschaftlich untersucht.[502] Sie weist nach, dass für die Reformer und Reformatoren die Ehe als einzig legitime Lebensform galt. So führte die protestantische Sexualmoral in der Frühen Neuzeit zu einer binären Logik, in der sich nur Ehe und Hurerei als Alternativen boten. Die Bedeutung der Unzucht und ihre Folgen wurden zu einem zentralen Thema der reformierten Führerschaft. Heinrich Bullinger, Nachfolger des Zürcher Reformators Ulrich Zwingli, beklagte die sprachliche Verluderung seiner Zeit, die Sünden und Laster nicht mehr klar erkennen ließen, weil sie nicht mehr eindeutig bezeichnet würden. Thurneysser nannte sie zwar beim Namen, aber er ging zu weit. Seine Beleidigungen und boshaften Anschuldigungen lösten das Gegenteil der erhofften Wirkung aus.

Das Kreuz mit Bruder Alexander

In seiner Wut ließ sich Thurneysser zu einer Generalabrechnung hinreißen und entlud seinen Affektstau auch gegenüber seinem Bruder in einer Kampfschrift unter dem Titel »Wahrhafftiger und ausführlicher Bericht / wie sich Alexander Thurneysen / je und allezeit Gegen mir und meinen / für mein / ihm erzeigte gutthat / Mit falschheit / liegen [Lügen], betrug / verkleinerung und verhinderung / meiner ehren und wolstandes verhalten und nach der Welt brauch / Mir und den meinen jeder zeit gutes / mit bösem belohnt und seine caynische[503] Affecten gegen mir geübt hat«.[504] Die folgenden Tiraden ergießen sich über 157 Druckseiten.

Frühere Autoren haben das aus dem wutverschleierten Blickwinkel Leonhards gezeichnete Bild von Alexander übernommen und den Lesern weitervermittelt.

Dieser Alexander, Alougsander, Allugsander, Alleugumbsander, Alrixander, Mendaxander, Fallaxander u.s.w., ein falscher, gleißender, hellstreichender Bartmelker, der seine Stücke und Tücke meisterlich verkleiden kann. – Da er zur Arbeit stets faul, zum Schlemmen und Verthun aber immer überaus rührig war, so blieb er Jedermann schuldig, verlor Haus, Hof, Haus und Gut und ward ein Bettler.[505]

Mit dieser vernichtenden Einleitung charakterisierte beispielsweise die »Zeitschrift für deutsche Kulturgeschichte« 1859 Alexander Thurneysser. Der Verfasser bediente sich dabei der Sprache des von seinem Bruder tiefgekränkten Leonhard Thurneysser. Fakt ist, dass Alexander gelernter Messerschmied war, sein Brot zuweilen als Gerichtsamtmann, das heißt Verteidiger verdiente und verschuldet war. Tatsache ist auch, dass er einiges auf dem Kerbholz hatte. Er ließ sich in jüngeren Jahren in einen Raubmord verwickeln und wurde deshalb für fünf Jahre aus Basel verbannt.[506]

Besonders krass bringt Leonhard seine Enttäuschung und maßlose Wut im »Nothgedrungenen Ausschreiben« aus dem Jahr 1584 zum Ausdruck:

Dies hat er an seinen armen Eltern wohl verdient, denn nachdem ihn der Vater mit 300 Kronen nach dem Bemundt gen Basel geschickt, mit demselbigen Geld Schulden zu bezalen, da hat sich dieser Glücksteuber Alexander, zu Freiburg im Uchtland, in das Pardel gelegt und das Geld mit kostlichen und über seinen Stand reichenden Kleidern und den Huren verzehrt. Da er nun nicht mehr dann 39 oder 40 Kronen gehabt, ist er nach Basel kommen und hat daselbst mit pankettiren das übrige verthan und sich zu losen Leuten, wer er ist, gesellt. Also daß er mit der Nacht da Hans Edler entleibt auch unter derselbigen Gesellschaft eingezogen und 6 Wochen und 3 Tag im Gefengnus gewesen. Da ihn dann die arme und sonst dürftige Mutter, mit großer Armuth und

Noth hat speisen müssen. Henach hat er allen dreien, nemlich dem Vater, dem er das seine verthan, der Mutter, die ihn im Gefängniß ernährt und mir, dass ich ihm alle Tag zweimal zu fressen gebracht hab, gelohnt.[507]

Der Umgang mit Alexander Thurneysser scheint tatsächlich schwierig gewesen zu sein. Seine neidgesteuerte Beziehung zu Leonhard erklärt den Bruderzwist nur zum Teil. Langmütigkeit und Nachsicht gegenüber dem Fehlverhalten seines Bruders waren Anzeichen für Leonhards innere Einsamkeit und Entfremdung vom heimatlichen Umfeld, die er über familiäre Bande zu füllen suchte. Nachdem ihn Alexander aber wiederholt enttäuscht hatte, schlug Leonhards Zuneigung zu seinem älteren Bruder in offenen Hass um.

Das Ende vom Anfang

Rückblende auf die späten Siebzigerjahre: In Basel hatten sich gewisse Kreise vorgenommen, ihren in der fernen Mark Brandenburg lebenden Landsmann in den sozialen Abgrund zu stoßen. Neid und Missgunst dürften nicht die einzigen Beweggründe gewesen sein. Ihre Machenschaften deuten vielmehr darauf hin, dass sie die Absicht hatten, auf irgendeine Weise an Thurneyssers Vermögen heranzukommen.

Daniel Merian und sein Schelmenstück

Die in Umlauf gesetzten Verleumdungen gingen über den gewohnten Stadtklatsch hinaus. Thurneyssers Gegner verfolgten eine abgefeimte Vernichtungsstrategie und legten dazu ihre Fallstricke bis nach Berlin aus. Als Mann fürs Grobe heuerten sie einen üblen Burschen namens Daniel Merian an – ein missratener Sohn des Basler Goldschmieds Joder Merian. Der als Frauenheld bekannte Junge hatte schon einiges auf dem Kerbholz. Seiner Schandtaten wegen hatte ihn die Obrigkeit im bischöflichen Schloss Bierseck in Haft setzen lassen und zum Tode verurteilt. Auf inständiges und unablässiges Bitten seines Vaters und einflussreicher Verwandter war er vom Rat begnadigt und in einem »Blockwerk« in Joder Merians Haus zu »Solothurn« an der Krämergasse auf Lebenszeit eingesperrt worden.[508] Der Block war eine schwere Kiste aus mehreren Holzbalken, in dessen Aussparungen Beine und Arme des Gefangenen eingezwängt wurden. Derartige Käfige zur Aufnahme von Gefangenen waren im Mittelalter üblich und standen bisweilen noch in der Frühen Neuzeit an öffentlichen Plätzen und Straßenecken bereit. In Wien wurde dieser Straßenkäfig am Hohen Markt »Narrenkötterlein« genannt, in Norddeutschland sprach man von der »Dorenkiste«.

Daniel Merian schmachtete jedoch nicht lange im Blockwerk – er entwischte mit Hilfe einer Magd, die ihn verköstigt hatte, und floh nach den Niederlanden. Dort trat er als Söldner in den Kriegsdienst, wurde aber wegen eines erneuten Vergehens einmal mehr zum Tode verurteilt. »Aus besonderer Gnade« sprach man ihn abermals frei, doch wurde er »zum Schelm gemacht« und des Landes verwiesen.

Sozialgeschichtlich interessant ist der Bedeutungswandel des Wortes »Schelm«. Während der Ausdruck im Hochmittelalter als ritterlicher Beiname im Sinne eines kampferprobten Todbringers verwendet wurde, diente er im Spätmittelalter zur Bezeichnung des sozial geächteten Scharfrichters und kam deshalb einer schweren Beleidigung gleich. »Schelm« war denn auch bis im 17. Jahrhundert das im deutschen Sprachraum am häufigsten verwendete Schimpfwort. Dieser Affront traf den Geschmähten umso tiefer, als er ihn der Unredlichkeit, Ehrlosigkeit und Rechtlosigkeit bezichtigte. Damit beschimpft wurden vor allem Männer, während Frauen mit häufig sexuell ausgerichteten Beleidigungen wie Hure oder Sau angegriffen und entehrt wurden. Verbalinjurien wurden wie Giftpfeile verschossen und trafen die Angegriffenen psychisch und physisch.[509] Als der Stralsunder Hafendiener Jochim Jacob Brodhagen von Kornträgern als Hungerleider betitelt wurde, litt er so sehr, dass ihm »arme und beine bebten wie ein laub auffm Baum«.[510]

Auch Thurneysser hielt sich mit üblen Nachreden nicht zurück. Die rechtsgeschichtlichen Quellen lassen erahnen, welch tiefgreifendes Ausmaß seine gezielt ausgesprochenen Beleidigungen hatten. Seine Art, allgemeine Schimpfwörter mit Anspielungen auf die Biographie der anvisierten Personen zu verstärken, ist zeittypisch. Indem er beispielsweise seine dritte Ehefrau im »Nothgedrungenen Außschreiben« als Blutschandhure bezeichnete, verstärkte er die bereits abgegriffene Injurie »Hure« mit dem Beiwort »Blutschande« und bezichtigte sie damit öffentlich des Inzests.

Zurück zu Daniel Merian: Nach einiger Zeit in der Fremde kehrt er klammheimlich nach Basel heim und gewann die Gunst einflussreicher Damen. Deren Männer beauftragten ihn, nach Berlin zu reisen, um dort Thurneysser wo immer möglich in Misskredit zu bringen. Wenn es ihm gelänge, den kurfürstlichen Leibmedicus zu Fall zu bringen, würde er seine Wiederaufnahme in Basel und die Verzeihung all seiner Untaten erwirken.

Merian ließ sich auf den faulen Handel ein, reiste nach Berlin und suchte im Grauen Kloster Anna Hüettlin auf. Er stellte sich als Leonhards Vetter vor und versuchte ihr weiszumachen, dass er die infamen Unwahrheiten, die in Basel gegen ihren Mann in Umlauf gesetzt wurden, aufdecken und Lügen strafen wolle. Der Bursche missfiel ihr, sie glaubte ihm kein Wort. Dennoch erdreistete er sich, seinem angeblichen Vetter ein Briefchen zu hinterlassen, in dem er ihn um ein Darlehen von 40 Talern ersuchte. Als Thurneysser von seinem Landsmann nichts wissen wollte, fing dieser an, über ihn die niederträchtigsten Geschichten zu verbreiten. Leonhard sei ein in Ehebruch gezeugter Bastard, lebe in Bigamie und sei ihm, dem armen Merian, 900 Kronen schuldig. Wenn er sich in Basel, wo ihn die »Zunft zum Bären« zum Schelm erklärt habe, je wieder zeigen würde, wäre ihm dort das gleiche Schicksal beschieden wie dem Juden Lippold in Berlin – man würde ihm gleich den »Grind von den Achseln hauen«. Er, Daniel Merian, sei von den Basler Verwandten nach Berlin geschickt worden, um das ehrbare Geschlecht

Thurneysser zu verteidigen und den sich als Medicus aufspielenden Schelm an den Galgen zu bringen.

Als ruchbar wurde, dass Daniel Merian mit dem Leibmedicus nicht im Entferntesten verwandt war und bodenlose Lügengeschichten unter die Leute brachte, erwirkte der Verleumdete einen kurfürstlichen Haftbefehl. Doch Merian roch den Braten: Er setzte sich in andere Städte und Ortschafte ab, wo er seine Schmutzkampagne unbehelligt fortsetzte. Auf Betreiben des Kurfürsten und dessen Leibmedicus wurde er schließlich in Prag aufgestöbert und dingfest gemacht. Der dortige Rat zeigte sich aber nicht geneigt, ihn nach der Kurmark Brandenburg auszuliefern. Der Bursche solle gezwungen werden, Urfehde[511] zu schwören, indem er sich zum Schelm und Verleumder bekenne und dem Herrn Thurneysser zum Thurn demütigst Abbitte tue, befand die Prager Obrigkeit.

Der Rechtsbrauch der Urfehde wurde vom Spätmittelalter bis in die Frühe Neuzeit ausgeübt. Er bezeichnet den Schwur eines Verurteilten oder Verhafteten, sich weder am Gericht, noch am Ankläger oder an den Zeugen zu rächen. Vorzugsweise ließ man sich eine solche Urfehde von auswärtigen Verbrechern oder Einheimischen versprechen, die des Landes verwiesen wurden. Das Versprechen geschah gewöhnlich eidlich und wurde deshalb auch Ureid genannt.

Merian zeigte sich reumütig und willens, Urfehde zuschwören. Doch kurz vor dem Vollzug des Rechtsaktes entwischte er aus dem Prager Gefängnis. Über sein weiteres Schicksal ist nichts bekannt; Daniel Merian blieb verschollen.[512]

Rufmord

Daniel Merian war nur einer von vielen, die Thurneysser verunglimpften. Während sich der Arzt und Alchemist immer mehr in familiäre Querelen verstrickte, warteten seine Gegner in Berlin und Basel haufenweise mit süffigen Lügengeschichten auf. Eifersüchtige Gelehrte trachteten danach, den Günstling des

Kurfürsten als Wissenschaftler auszugrenzen, und unterstellten ihm diabolisches Tun. Wie der traurige Fall Lippold zeigt, konnten derartige Bezichtigungen im noch teufelsgeplagten 16. Jahrhundert lebensbedrohliche Folgen haben.

Caspar Hofmann, Professor für Medizin in Frankfurt an der Oder, meinte über den Lehrkörper, dass dessen einziges Streben dahin gehe, »die Andersmeinenden in Spott und Schande zu stürzen, im festen Glauben, je mehr die Gegner in der guten Meinung der Leute sinken würden, desto mehr würde ihr eigenes Ansehen steigen. Solche Kämpfe würden dann mit Hass und Neid, Bosheit und Unredlichkeit, Lästerung und Verleumdung durchgestritten«.[513] Derselbe Hofmann scheute sich nicht, Wein zu predigen und Wasser zu trinken. Er suchte sich auf Kosten Thurneyssers zu profilieren, indem er ihn auf besonders üble Weise erniedrigte. Seine 1576 gehaltene akademische Rede »De barbarie imminente«, deren Publikation Thurneysser eine Zeitlang verhindern konnte, war niederschmetternd.[514] Er sprach unter anderem von der Torheit des paracelsischen Scharlatans.[515]

Ein weiterer Gelehrter, der ihm den Alltag versauerte, war der ungarische Mediziner und Pharmakologe Franziskus Joël, Rektor der Universität Greifswald. Dieser bekämpfte die Paracelsus-Medizin mit allen Mitteln und war ein unerbittlicher Gegner Thurneyssers. In seiner 1580 in Rostock herausgegebenen Schrift »De morbis hyperphysicis et rebus magicis theseis« (Von übernatürlichen Krankheiten und magischen Dingen) bezichtigte er ihn der Zauberei und des Bündnisses mit dem Teufel. Seine argen Verleumdungen bestärkten die Berliner in ihrer Meinung, Thurneysser gehöre zu den Knechten Satans. All diese Intrigen und bösartigen Nachreden bereiteten Thurneysser so viel Verdruss, dass ihm der Aufenthalt in Brandenburg zuwider wurde.

Die halbwegs aufgeklärte akademische Gegnerschaft Thurneyssers warf alle Paracelsisten und Alchemisten in den gleichen Topf und betrachtete ihre Tätigkeit als mittelalterliches Obskurantentum. Sie reduzierte die Aktivitäten der Alchemisten auf das Bemühen, Blei in Gold zu verwandeln, und missachtete oder verschmähte ihre spirituelle Arbeit. Diese hochmütige Verhöhnung geht bis in das 13. Jahrhundert zurück und knüpft an die beißenden Aussagen verschiedener moralkritischer Dichter an. Dante Alighieri zum Beispiel verbannte in seiner »Göttlichen Komödie« die Alchemisten und Fälscher in den untersten Höllenkreis. Und Sebastian Brant spottete in seinem »Narrenschiff«:

Man spürt wohl in der Alchemei
Und in des Weines Arzenei
Welch lug und trug auf Erden sei.[516]

An einer anderen Stelle heißt es:

[...] Damit ich nit vergeß hierbei
den großen Bschiß der Alchimei
die macht, daß Silber, Gold entsteht –
das man zuvor ins Stöcklein [hohler Rührstab] tät!
Sie gaukeln und betrügen grob,
sie lassen sehen erst ein Prob,
so wird dann bald ein Unke draus: ...
Viel kamen damit ins Verderben
gar wenig konnten was erwerben [...][517]

Auch der prominente Prediger, Schriftsteller und Rektor der Domschule Magdeburg, Georg Rollenhagen, spuckte um 1578 Gift und Galle und schalt Thurneysser einen ungelehrten Apotheker und Goldschmiedknecht wie auch einen groben Mann, Phantasten, Zauberer und Schwarzkünstler[518], der Hebräisch, Griechisch und Lateinisch schreiben wolle und nicht einmal studiert habe.[519]

Besonders bitter muss für Thurneysser die Erfahrung gewesen sein, dass sich viele Bewunderer, Schmeichler und Schleimer als falsche Freunde entpuppten. Kaum war sein Stern im

Sinken begriffen, brachen sie den Stab über ihn. Ein übles Spiel trieb unter anderen der Historiograph und Cöllner Rektor Peter Hafftiz, der andere zur »Liquidierung« Thurneyssers anstiftete. Zu den Wendehälsen gehörte auch Nicolaus Leutinger, der als Geschichtsschreiber in Osterburg in der Altmark lebte und den Schweizer Medicus einst in zwei lateinisch verfassten Gedichten als größten Astrologen und klügsten Arzt aller Zeiten gelobt hatte. Seine verleumderischen Anwürfe setzte er noch nach Thurneyssers Tod fort. 1602 beschrieb er sein einstiges Vorbild im »Commentariorum de Marchia Brandenburgensi libris XXX« als einen Windbeutel, Betrüger, Zauberer und bösen Flüchtling, den der Kurfürst als Landesverräter habe verfolgen lassen.[520]

Hofmann und Konsorten erreichten ihr Ziel. Gegen Ende der Achtzigerjahre spürte Thurneysser in seinem Berliner Umfeld einen schleichenden Vertrauensverlust. Und in den Augen des Volks war der Fremde im Grauen Kloster ein zweiter Doktor Faust geworden – ein Hexenmeister und Geisterbanner. Selbst beim Anblick seiner großen schwarzen Dogge, die er überaus liebte, sagten die Leute: »Der Böse, [...] Gott sey bei uns!«[521] Thurneysser müsse wohl wissen, was in diesem Tier steckt, das bei Tisch immer die besten Stücke Fleisch aus der Schüssel erhielt. Gebildete Leute erinnerten daran, dass auch der berüchtigte, aus Köln stammende Universalgelehrte Agrippa von Nettesheim einen bösen Geist in Hundegestalt gehalten hatte. Der Hund soll der wahre »Herr« gewesen sein, weil Nettesheim ihn Monsieur nannte. An seinem Todestag soll der Meister seinem Hund das Halsband mit magischen Zeichen abgenommen und ihm zugerufen haben: »Fort, du verworfene Bestie, die du mich ganz zu Grunde gerichtet hast.« Der Hund sei darauf in die Saône gesprungen und nie wieder zum Vorschein gekommen.[522]

Große schwarze Hunde wurden noch in der Neuzeit als *malus spiritus* dämonisiert und gefürchtet. Im deutschen Sagengut begegnet man diesen bedrohlichen Geschöpfen haufenweise. Ihre teuflische Natur kommt in zahlreichen Erzählungen zum Ausdruck, in denen sie Begleiter von Unholden sind. Im deutschen Aberglauben herrschte ganz allgemein die Vorstellung, dass der Teufel gerne die Gestalt eines schwarzen Hundes annimmt und dass es ihm andere dämonische Wesen wie Zauberer, Hexen, arme verwünschte Seelen oder Gespenster nachtun.[523]

Auch Thurneyssers Basler Feinde unterstellten ihm, einen Pakt mit dem Teufel geschlossen zu haben, und setzten Schauergeschichten in Umlauf. So entstand ein übler Spottreim:

Der Schneider von Bern /
Der Pfeiffer von Lucern /
Der Thurneysser von Basel /
Das ist ein loser Fasel.[524]

Dazu erzählte man sich die Geschichte, wie der Magier in Berlin dem Feuertod entrinnen konnte: »Thurneysser ist einmal wegen Zauberei zum Feuertod verurteilt worden. Als er in schweren Ketten zum Scheiterhaufen geschleppt worden war, hat er mit Hilfe seiner dienstbaren Teufel einen schweren Sturm erregt und ist der Ketten frei und ledig mit seinen Teufeln davon gefahren.«[525] In einer anderen Teufelsgeschichte hieß es: »Ein in Basel gekauftes Haus bezahlte er [Thurneysser] mit Geld, welches sich nachher in Kohlen verwandelte. Als der Verkäufer drohte, ihn beim Kurfürsten anzuzeigen, bezahlte er die Kaufsumme mit richtigem Geld.«[526]

Dieser Unterstellung liegt möglicherweise eine reelle Auseinandersetzung mit Niklaus Iselin zugrunde, der Thurneysser beschuldigt hatte, dass unter dem erhaltenen Kaufgeld für sein Haus 260 schlechte und 39 falsche Taler gewesen seien. Später entlastete Iselin Thurneysser: Das Falschgeld stammte von seinem Schwager Salzschreiber, dem er gutes Geld geliehen und von dem er Blüten zurückerhalten hatte.[527]

Den Teufel persönlich wollten auch viele Leute in Thurneyssers Gemächern gesehen haben. Der Leibhaftige sei jeweils hinter dem am Schreibtisch sitzenden Doktor gestanden und habe ihm die Feder geführt. Auch sollen Tag und Nacht Wehklagen und Geschrei von fremden Vögeln zu hören gewesen sein, die sich auf Thurneyssers Dach niedergelassen hatten. Es soll sich um Teufel gehandelt haben, die sich anschickten, sich der Seele des Erzzauberers zu bemächtigen.

Auf die Person von Thurneysser wurden sogar bekannte Wandersagen adaptiert. »Als Thurneysser noch Goldschmiedgeselle war, übernahm er eine schwere Arbeit, die ihn mehrere Wochen beansprucht hatte. Doch schon nach wenigen Tagen lieferte er das fertige Werk ab, obwohl er diese Zeit mit Fressen und Saufen verbracht hatte. Der Teufel hatte für ihn die ganze Arbeit verrichtet.«[528] Gemäß einer anderen Sage bestieg Thurneysser nach einem Trinkgelage einen Wagen mit vier schwarzen Pferden. »Nun fahre hin, in aller hundert tausend Teufel Namen!«, soll er geschrieen haben. Darauf hätten sich, im Beisein der Umstehenden, Rosse und Wagen in die Luft erhoben, und schon nach zwölf Stunden sei das fliegende Gespann im sächsischen Halle angekommen.[529]

Die meisten dieser Teufelsgeschichten, die sich um Thurneysser ranken, enthalten bekannte, dem deutschen Sagengut entlehnte Motive. Dazu gehört die Erzählung vom Teufel, der sich nachts in Gestalt einer Eule auf Thurneyssers Haus setzte. Die Dienste des teuflischen Vogels bestanden darin, der Hausfrau auf die Finger zu schauen, damit sie sich nicht mit anderen Männern vergnüge.[530]

*

Thurneysser hatte seinen heimlichen Weggang aus Berlin von langer Hand vorbereitet. Bereits 1577 verkaufte er seine Druckerei an Michael Hentzke und ließ er verschiedene Güter, unter anderem sein Herbarium und ein Fass mit Kräuterstöcken, nach Basel bringen und bei seinem Halbbruder David Ritter einlagern. Um 1580 rollten neun Fuhrwerke von Berlin nach Basel, die prallvoll mit Thurneyssers besten Sachen beladen waren. Darunter befanden sich seine Bibliothek, Kunstwerke, Instrumente sowie kostbare Gnadengeschenke, die er von verschiedenen Herrscherhäusern erhalten hatte.

Auch für seine Kinder sorgte er vor und ließ seine Beziehungen zur kurfürstlichen Familie spielen. Nachdem Thurneyssers seine Gattin Marina am 8. März 1582 nach Basel zurückgeschickt hatte, gab er der Kurprinzessin Katharina von Brandenburg-Küstrin seine Töchter Hedwig und Elisabeth in Obhut. Diese nahm die jungen Frauen zu sich nach Halle und ließ sie im fürstlichen Hoffrauen-Zimmer erziehen.[531] Seinen mittlerweile in Wittenberg studierenden Sohn Julius hatte er bereits 1575, kurz nach dem Hinschied von Anna Hüettlin, seinem Freund Lucas Justus[532], Spitalpfarrer und Prediger an der Martinskirche in Basel, zur Erziehung anvertraut.

An der Seite von Sittikus III.

In Anbetracht der zunehmenden Feindseligkeiten in Basel, trug sich Thurneysser wohl schon seit einiger Zeit mit der Absicht, nach Italien überzusiedeln. Mitte 1584, als der Kurfürst zu Besuch in Dresden weilte, nutzte Thurneysser die Gunst der Stunde, um Berlin klammheimlich zu verlassen. Er bestellte einen Pferdewagen und täuschte dem Hof vor, ebenfalls nach Dresden zu fahren. Dass er den Wagen auch mit einer Fuhre gebundener Bücher[533] beladen hatte, war niemandem aufgefallen. Er hatte die Bücher in Tonnen und Fässern verpackt, da Kisten bis im 18. Jahrhundert nur selten als Transportbehälter dienten.[534] Als sein Ausbruch bemerkt wurde, hatte er die Kurmark längst hinter sich gelassen. Der Fluchtweg führte vorerst nach Prag, wo er sich wohl einen triumphalen Empfang erhofft hatte. Aber sein Ruf war offenbar auch dort angeschlagen. Da ihm die ortsansässigen Ärzte und Alchemisten die kalte Schulter zeigten, reiste er gleich nach Köln weiter, wo er die mitgeführten Bücher vermutlich in der Buchhandlung von Johannes Gymnich im Alten Einhornhaus absetzte.

Ein entlassener Diener sagte später vor dem Basler Rat aus, der Herr sei von Köln nach Spanien geflüchtet. Diese Erklärung widerspricht aber einer der Obrigkeit erstatteten Meldung, wonach Thurneysser 1584 in Altdorf und somit gleich vor der Überquerung des St. Gotthard-Passes gesichtet wurde. In der Heimat gönnte er sich jedenfalls keinen Aufenthalt; er reiste schnurstracks nach Rom weiter.[535] Im gleichen Jahr berichtet ein gewisser Oberst Konrad Heinrich Abyberg dem Basler Rat, »er, Thurneysser, besitze ein Lusthaus Sechs welscher Mylen von Rom, davon er jörlich uff 400 Brenten Wein und mehr züchen möge, halte auch fyll thusend Öll, Zeder und anderer fruchbarer Bäumen«.[536]

Fest steht, dass in Italien für Thurneysser ein neuer Lebensabschnitt begann, der rückblickend ziemlich nebulös erscheint. Der Basler Protestant konvertierte zum Katholizismus und wirkte in Rom als Leibarzt des Konstanzer Bischofs und Kardinals Markus Sittikus III. Die Geschichte seines konfessionellen Übertritts bleibt leider verborgen. Einige Anzeichen lassen indessen vermuten, dass er in Berlin als Krypto-Katholik gelebt hatte. Für diese Mutmaßung spricht unter anderem das für seine verstorbene Ehefrau Anna Hüettlin in Auftrag gegebene Epitaph, das eine durch und durch katholische Ikonographie aufweist. Sicher ist aber nur eines: Markus Sittikus hätte wohl niemals einen reformierten Leibmedicus an sich herangelassen. Die Lutheraner waren Häretiker, Staatsfeinde Nummer eins.

Markus Sittikus III., Kardinal von Hohenems, stammte aus dem niederen Militäradel und war der zweite Sohn der vornehmen Mailänderin Chiara de' Medici. Sein unaufhaltsamer Aufstieg vom deutschen Landsknecht zum Kardinal der römischen Titelkirche ist erstaunlich: 1552 schlug er sich im Gefolge von Karl V. gegen Frankreich, und 1554 kämpfte er gegen die von den Franzosen entsandten Türken im Hafen von Piombino. Ohne irgendwelche theologische Ausbildung schaffte es der päpstliche Kammerkleriker und Kardinaldiakon, den Heiligen Stuhl am Konzil von Trient zu vertreten sowie die Wahl von drei Päpsten maßgebend zu beeinflussen.

Möglicherweise hatten sich Leonhard und der um zwei Jahre jüngere Markus Sittikus schon als Kinder gekannt. Dieser verbrachte nämlich einen Teil seiner Kindheit bei seinem Vormund Georg Sigmund von Ems, der in Basel als Domherr wirkte. Jedenfalls spricht die Tatsache, dass Thurneysser praktisch unmittelbar nach seiner Ankunft in Rom als Leibarzt des Kardinals angestellt wurde, für eine langjährige Bekanntschaft. Dass der kurfürstliche Medicus von Berlin aus enge Beziehungen zu den höchsten Würdenträgern des Heiligen Stuhls pflegte, zeigt sich unter anderem darin, dass ihm Papst Gregor XIII. ein Glasgemälde gespendet hatte.

Leonhard Thurneyssers neuer Schutzherr residierte im Palazzo »Altemps« in Frascati, in der Nähe des antiken Tuskulum bei Rom. Unweit davon steht die »Villa Mandragone«, in der 1582 der von Papst Gregor XIII. eingeführte Gregorianische Kalender ratifiziert wurde. Der Pontifex kam jeweils mit seinem ganzen Hofstaat nach Frascati angereist; mit von der Partie waren Kardinäle, Prälaten, Infanten und selbstverständlich auch die Schweizergarde.[537] Ein illustres Umfeld, das ganz nach dem Gusto Thurneyssers war. Deshalb wundert es nicht, dass dieser gleich nach seiner Ankunft Ausschau nach einem standesgemäßen Wohnsitz in dieser Nobelgegend hielt. Noch im gleichen Jahr, also gegen Ende 1584, erstand Thurneysser den prachtvollen Landsitz »Belvedere«. Das Anwesen wurde deshalb »Belvedere« genannt, weil es eine atemberaubende Panoramasicht auf die Städte Frascati und Rom bietet.

Die um 1550 von Monsignore Alessandro Rufini, Bischof von Melfi, erbaute Villa hat eine bewegte Geschichte: 1559 veräußerte Rufini seinen Landsitz für 435 Gold-Scudi dem päpstlichen Leibarzt Pier Antonio Contugi aus Volterra. Von diesem erwarb Thurneysser die Liegenschaft zum Preis von 11 300 Gold-Scudi – was einer Summe von rund 33 900 Gulden gleichkommt – und ließ sie prachtvoll umbauen.[538] Dieser Betrag würde, unter Berücksichtigung der Kaufkraft, heute einer Investition von über dreißig Millionen Euro entsprechen. Zum Vergleich: Im Kanton Luzern wurde 1584 das Kloster Neuenkirch für 3300 Gulden verkauft, was einem heutigen Wert von rund 20,2 Millionen Euro entspricht.[539]

Die Frage, wie Thurneysser diese horrende Kaufsumme aufbringen konnte, bleibt ein Rätsel. Naheliegend ist die These, dass er unter den nach Italien mitgeführten Fahrnissen einen Goldschatz versteckt hielt. Der von zahlreichen Biographen wiedergegebene Hinweis, dass der Leibmedicus in völliger Armut nach Italien geflüchtet sei, dürfte jedoch die Folge einer Finte Thurneyssers sein, um von seinem tatsächlichen Reichtum abzulenken. In einem Brief an die Basler Obrigkeit hatte der Abtrünnige nämlich behauptet, er habe bei seinem Weggang aus Berlin nichts mit sich genommen als ein Kleid, zwei Hemden, den schlechtesten Nachtpelz und 2000 Stück Gold.[540]

Allem Anschein nach lebte der Leibmedicus in Frascati über seine Verhältnisse, und sein Glück war nur von kurzer Dauer. Das zeigt sich darin, dass er die Villa – kaum waren die Bauarbeiten abgeschlossen – dem Kardinalpriester von San Sisto verkaufte, der sie wiederum umgehend einem anderen Kardinal überschrieb. Inzwischen musste Thurneysser zu Geld gekommen sein. 1587 kaufte er das Landhaus für 12 500 Scudi zurück, aber schon nach etwa einem Jahr überließ er es dem Apostolischen Referendar, Monsignor Paolo Capranica, für 9000 Scudi.

Die nach dem Kauf getätigten Umbauten der Villa müssen Unsummen verschlungen haben. Die Investitionen hatten Thurneysser jedenfalls in finanzielle Bedrängnis gebracht, sonst hätte er beim Handwechsel wohl kaum eine Einbuße von 3500 Scudi in Kauf genommen. Acht Jahre nachdem Monsignor Capranica die Villa »Belvedere« erstanden hatte, segnete dieser das Zeitliche. Weil er einen riesigen Schuldenberg hinterlassen hatte, wurde das Gut von der Apostolischen Kammer konfisziert. Papst Clemens VIII. vererbte die Villa schließlich seinem Lieblingsneffen Kardinal Pietro Aldobrandini, dessen

Namen sie heute noch trägt und der sie vom großen Architekten Giacomo della Porta, einem Schüler Michelangelos, ein weiteres Mal umbauen ließ. Dieser fiel bei der Einweihung der Anlage tot um, nachdem er sich aus lauter Freude mit Speiseeis und Melonen überfressen hatte.

Die Käufer und Verkäufer der Villa »Belvedere« bildeten allem Anschein nach eine Seilschaft von Würdenträgern, die am Konklave des Jahres 1572 Papst Gregor XIII. wählten. Zu dieser »ehrwürdigen Gesellschaft« gehörten auch Markus Sittikus von Hohenems und Otto Truchsess von Waldburg, Bischof von Augsburg und Palestrina, mit denen Thurneysser verbunden war. Als soziales Netzwerk diente diesen Herrschaften die römische Anima-Bruderschaft, der Thurneysser 1586 beigetreten war.[541] Mitglieder dieser karitativen Organisation waren deutschsprachige Handwerker – vorwiegend Bäcker und Schuhmacher – sowie hochrangige Kleriker.[542]

Thurneyssers römischer Alltag im Schatten des berühmten Klerikers verlief glanzlos. Die jüngste Biographie von Markus Sittikus III., die im Jahr 2000 von Simonetta Scherling verfasst wurde, erwähnt Thurneysser jedenfalls mit keinem Wort. Wären Leonhard Thurneysser in diesem Lebensabschnitt besondere Erfolge beschieden gewesen, hätte er sich mit seinen Verdiensten gewiss ausgiebig gebrüstet.

Ein Reisender, der Thurneysser in Rom begegnet sein will, ist Michael Heberer von Bretten. In seiner 1610 erschienenen Lebensbeschreibung »Aegyptiaca Servitus« vermerkt er:

> *Wie nun Sixtus V. der zeit regierender Bapst / viel herrlicher Antiquitäten hat ernewern lassen / wollte er vnder andern einen stattlichen Obeliscum wider aufrichten / den wir giengen zubesichtigen. In derselben Strassen sahen wir in dem fürüberghen den Leonhard Thurnheuser (der in Teutschlanden / sonderlich in der Marggrafeschafft Brandenburg wol bekandt gewesen) in einem langen Beltz vor seinem Haus sitzen / wir redeten ihn aber nit an / sondern giengen fort*

den Obesliscum zubesichtigen / der war auß dermassen groß / und so artig und kunstreich wieder zusammen gesetzt / dass man die Egyptischen Figuren und Schrifften eigentlich sehen und erkennen kondte. [...][543]

Die Besichtigung durch Heberer erfolgte offenbar kurz vor der Aufrichtung des Obelisken. Durch die Einzelheiten dieses Berichts lässt sich die Episode verorten: Der 500 Tonnen schwere Lateranense wurde 1588 an seinen heutigen Standort an der Piazza San Giovanni gebracht und aufgerichtet. Ob Thurneysser in dieser Gegend tatsächlich ein Haus erworben hatte oder nur als Gast dort weilte, sei indessen dahingestellt.

Magie im Dienste der Heiligkeit

Thurneysser zeigte sich fromm und hatte zweifellos einen starken Hang zur Mystik. In seinen Schriften kommt der Gottesbegriff zwar unzählige Male vor, aber Anspielungen auf seine konfessionellen Bindungen sind nirgends zu finden. Doch kaum war er in Italien, ließ er seine Beziehungen zum Heiligen Stuhl spielen, die er anscheinend schon von Berlin aus in aller Diskretion aufgebaut hatte. Johann Albert Hyperius, Leibarzt des Landgrafen Wilhelm IV. von Hessen-Kassel, berichtete 1586 aus Padua seinem Herrn, Herr Thurneysser habe in Rom einen Sündenablass ausgehandelt. Er habe dem Papst[544] und der Kirche Santa Maria dei Monti[545] zwei große silberne Kerzenstöcke aus seiner Werkstatt gespendet. Außerdem habe er zugesagt, einen Kardinal von einer »unziemlichen Krankheit« zu heilen.[546] Jost Segesser von Brunegg, Hauptmann der Schweizergarde, äußerte in einem Brief an den Rat von Luzern allerdings Zweifel an der Rechtgläubigkeit Thurneyssers und meinte, dass dieser sich nur für einen guten Katholiken »austue«. Im gleichen Schreiben vermerkt der Gardist übrigens auch, dass Thurneysser um die Erlaubnis eingekommen sei, das Heilige Grab ein drittes Mal zu besuchen.[547] Der Basler Glücksritter war demnach entschlossen, von Rom aus nach Jerusalem zu pilgern, und seine vorgegebenen orientalischen Reisen sind allenfalls doch nicht aus der Luft gegriffen.

Die katholische Kirche baute im Zuge der Gegenreformation wieder vermehrt auf dem Wunderbaren und Sakramentalen auf. Sie nutzte die Kraft des magischen Denkens, um die Sakramentenlehre mit allen ihren Symbolen und Begleitritualen zu festigen. Das Unterfangen des Vatikans, eine scharfe Trennlinie zwischen weißer und schwarzer Magie zu ziehen, führte insbesondere in Italien zu einer Restauration der Riten.[548] Diese Tendenz passte wunderbar in Thurneyssers Weltbild.

Der kirchliche Kampf gegen die Lutheraner und gegen den Aberglauben[549] der kleinen Leute wurde mit inquisitorischen Maßnahmen und zugleich mit massiver Propaganda geführt. Der Wunderglaube wurde indessen von der Kanzel aus, im Religionsunterricht und in zahllosen Schriften gefestigt. Diese Hinwendung zu Mysterien und Mirakel fand ihren Niederschlag im 17. Jahrhundert. In der »Enzyklopädie der Wunder« führt der Theologe Johannes Bonifatius Bagatta rund zehntausend Wunderbeispiele auf.[550]

Die italienische Ausprägung der von der katholischen Kirche veranstalteten Mysterienspiele muss auf Thurneysser einen ganz besonderen Reiz ausgeübt haben. Im Unterschied zum übrigen Europa wurden sie hier auf öffentlichen Plätzen, in Kirchen oder in Klosterkreuzgängen aufgeführt, wofür große Gerüste aufgebaut wurden. Oben war ein verschließbares Paradies, ganz unten bisweilen die Hölle und dazwischen die eigentliche Bühne. Auch die weltlichen Aufführungen an den Fürstenhöfen zeugten von einer unerhörten Pracht.[551]

Lug, Trug und Völlerei

Frascati lag im Schlaraffenland. Die Tische bogen sich unter der Last des Tafelsilbers, in dem sich florale Dekorationen und kunstvolle Tischaufsätze spiegelten. Der üppige Pomp und die Schwelgereien an den italienischen Banketten mit ihren exquisiten Speisen und Getränken dürfte alles überboten haben, was Thurneysser nördlich der Alpen je erlebt hatte. Denn die Tradition der berauschenden Gastmähler der römischen Prälaten und Adligen war in der zweiten Hälfte des 16. Jahrhunderts noch nicht abgeklungen. Papst Leo X., geborener Giovanni de' Medici, hatte im Laufe seines achtjährigen Pontifikats den gastronomischen Standard gesetzt. Der *Papa leone* war ein ungemeiner Fresssack, der Inbegriff eines Hedonisten – total verfettet, kurzhalsig und kurzsichtig. Er soll unaufhörlich geschwitzt und geschnaubt und sich beim Gehen auf zwei Diener gestützt haben, um seinen massigen Körper vorwärtsschleppen zu können.[552] Seinen aufgeblasenen Hofstaat und die Bankette, die jährlich fast 100 000 Gulden verschlangen, finanzierte er mit dem Ablasshandel.

Eine Ahnung von der gastronomischen Prachtentfaltung Italiens in der Renaissance vermittelt der Schriftsteller Vincenzo Cervio, dessen dem Kardinal Alessandro Farnese gewidmete Werk »Il Trinciante« erstmals 1581 in Venedig herausgegeben wurde. Neben Anweisungen für das kunstgerechte Tranchieren von Fleisch berichtet er darin von einem sagenhaften Bankett, das zu Ehren der Söhne von Wilhelm V. dem Frommen, Herzog von Bayern, im Schloss Sant'Angelo gegeben wurde. Das allgegenwärtige Gespenst des Hungers wurde mit einer ungeheuren Verschwendung von Lebensmitteln vertrieben. Den tausend geladenen Gästen präsentierte sich zwischen den Wappen des Papstes und der deutschen Fürsten eine mit Gold bedeckte Ehrentafel. Perlhühner wechselten sich ab mit vier Fasanen, deren Federn mit Gold beschichtet waren, und mit drei Löwen aus vergoldeter Mandel-Zuckermasse. Selbst die kalten Pasteten in Form von Adlern, Löwen und Tigern waren vergoldet. Zum Schluss des Festmahls wurde ein Modell der Engelsburg aus Teig in den Saal gebracht, aus dem lebende Perlhühner und Vögelchen hervorkamen, die kleine Goldkronen auf dem Kopf trugen. Nach ihnen erschien ein ebenfalls vergoldeter mechanischer Stier, der sich allein bewegte.[553] Der florentinische Senator Camillo Rinuccini hat das zeitgenössische Geschehen präzis aufgezeichnet:

> *Die Tafeln waren vorzüglich gedeckt, weil von höchster Vorzüglichkeit dort sämtliche Figuren durch Servietten (piegature) dargestellt waren. Menschen, wilde Tiere, Vögel, Schlangen und Pflanzen, Vasen voller Blumen und jegliches andere Meisterwerk der Architektur waren dargestellt, Säulen, Paläste, Loggien, Kuppeln, Brücken, Pyramiden, Säulengänge und ähnliche Bauwerke, sowie sonstige Eigenheiten der Kunst [...]. Und zwei große Kastanienbäume waren in der Mitte; mit ihren Zweigen und Laubwerk spendeten sie Schatten und zeichneten zarte Umrisse auf die Tische. Ausgesprochen schön waren die phantasievollen Gebilde aus Zuckerwerk, die fast dieselben Gebilde darstellten, dazu kamen mehr als 40 Statuen von 20 Modellen, welche die schönsten Statuen darstellten, welche man in diesem Land finden konnte. Auf dem Fuß jeder dieser Statuen war ein poetischer Spruch geschrieben.*[554]

Der in Berlin einst gefeierte kurfürstliche Hofmedicus scheint in Italien unter einem starken Prestigeverlust gelitten zu haben. 1586 dürfte er deshalb in Teufels Küche gekommen sein: Der Dottore spielte sich am Hof der Medici als großer Goldmacher auf und ließ sich zu einem verhängnisvollen Schelmenstück hinreißen. Anlässlich eines Mittagsmahls inszenierte er einen alchemistischen Transmutationsprozess. Dabei bediente er sich eines Taschenspielertricks und fiel in jene erbärmliche Rolle zurück, die er fast dreißig Jahre zuvor im Umgang mit dem jüdischen Pfandleiher Jonas im aargauischen Wil gespielt hatte.

Vor illustrem Publikum und in Anwesenheit des Großherzogs Ferdinando I. de' Medici tauchte er einen großen Eisennagel in eine magische Tinktur und – siehe da! – der halbe Nagel verwandelte sich in Gold. Das »alchemistische Geheimnis« entpuppte sich Jahre später als plumpe Manipulation: Die goldene Nagelspitze war am eisernen Nagelkopf angelötet und mit Eisenstaub beschichtet. Die geheimnisvolle Tinktur, mit deren Hilfe der angebliche Transmutationsprozess vollzogen worden war, konnte nichts anderes als ein Öl gewesen sein, das die dünne Farbschicht auf der goldenen Nagelspitze zum Verschwinden gebracht hatte.[555]

Diese löttechnische Verbindung von Gold und Eisen zeugt indessen vom handwerklichen Können des ehemaligen Goldschmiedes. Darüber berichtet 1668 – also über achzig Jahre später – der Apotheker und Chemiker Otto Tachen aus Heford in Westfalen:

> *[...] dass man nur nöthig habe, einen eisernen Nagel querdurch zu zerschneiden, und die Oberfläche des Schnitts am obern Stück mit einer Auflösung des Kupfervitriols zu bestreichen, um das Kupfer daraus durch eine Präcipitation an diesem Orte mit dem Eisen zu vereinigen. Hierauf schmiedet man vom puren Golde accurat eine solche Spitze, wie die vom Nagel zuvor angeschlagene eiserne ist, und löthet solche mit Goldloth an den mit Kupfer überzogenen Schnitt der oberen Hälfte des Nagels [...]*[556]

Über lange Zeit zeigte man den Nagel im Palazzo della Signoria, der Residenz der Medici, als Beweis für die grenzenlosen Möglichkeiten der Alchemie. Dazu wurde ein am 20. November 1586 vom Großherzog unterzeichnetes Attest präsentiert, der Thurneyssers Meisterstück rühmte: »Doktor Leonhard Thurneysser hat diesen Nagel, den er heiß machte und in ein gewisses Öl tauchte, dadurch in meiner Gegenwart und vor meinen Augen bei der Mittagstafel in Gold verwandelt.« Das Corpus Delicti wurde 1667 in Florenz öffentlich zur Schau gestellt[557] und noch 1772 in »Schröders Alchymistischer Bibliothek« als untrüglicher Beweis für die Wahrheit der Alchemie erwähnt.[558]

Der Schwindel flog erst Ende des 18. Jahrhunderts auf. Als sich der Archäologe und Reiseschriftsteller Johann Georg Keyssler 1730 in Florenz nach dem sagenhaften Nagel mit der Goldspitze erkundigte, sagte man ihm, dass »man schämet sich schon, seit vielen Jahren, diesen Nagel ferner zu zeigen, nachdem sich gefunden dass ein Betrug dahinter stecke und eine subtile Löthung das ganze Kunst-Stück ausmache«.[559]

Aufmarsch der Scharlatane

Alchemistisch verbrämte Betrügereien hatten im Hause Medici Tradition.[560] Es war die Epoche der Scharlatane, die sich bei den Mächtigen als große Alchemisten aufspielten. Schon Ferdinandos Vater, Cosimo I. de' Medici, Großherzog von Toskana, wurde von einem fahrenden Alchemisten geprellt, der sich Daniel von Siebenbürgen nannte und sich als heilkundig ausgab. Das betrügerische Vorgehen des »fahrenden Schülers«[561] war äußerst raffiniert. Er verstand es, eine stark goldhaltige Universalarznei unter der Marke Usufur in den toskanischen Apotheken abzusetzen und tüchtig zu bewerben. Das Wundermittel wurde zu einem erstaunlich günstigen Preis feilgeboten. Von Siebenbürgen verschrieb Usufur seinen Patienten, die es jeweils zusammen mit verschiedenen Substanzen in der Apotheke besorgen mussten. Daraus bereitete er Heilmittel zu, das Goldpräparat behielt er aber für sich zurück. Als das neue Wundermittel weit herum bekannt war, unterbreitete er dem Großherzog den Vorschlag, ihm die Kunst des Goldmachens beizubringen. Cosimo I., der ein ebenso geldgieriger wie machthungriger Bankier war, ließ sich diese Chance nicht entgehen. Er besorgte sich alle Mittel, die nach von Siebenbürgens Angaben zur Verwandlung von unedlen Metallen in Gold notwendig waren, darunter auch Usufur, und folgte dessen »alchemistischen« Anweisungen. Damit gelang es ihm tatsächlich, gutes Gold zu gewinnen. In der Annahme, das edle Metall auch in Zukunft nach Belieben selbst herstellen zu können, belohnte er den Alchemisten mit einem enormen Vermögen von 20 000 Dukaten. Die Verwirklichung von Cosimo de' Medicis Transmutationsplänen scheiterten jedoch daran, dass Daniel von Siebenbürgen in der Zwischenzeit die gesamten Bestände von Usufur hatte aufkaufen lassen und unauffindbar blieb. Der falsche Adept hatte sich mit dem erschwindelten Kapital schon längst aus dem Staub gemacht und sich nach Frankreich abgesetzt. Er war dreist genug, dem Großherzog später einen Brief zu schreiben, in dem er ihn über seine List im Detail aufklärte.[562]

Die zahlreichen Scharlatane, die an den Fürstenhöfen ihr Unwesen trieben, riskierten Kopf und Kragen. Daniel von Siebenbürgen hatte Glück. Ein besonders bitteres Ende nahm hingegen Heinrich Nüscheler aus Zürich, der 1598 von Herzog Friedrich I. von Württemberg angeworben und vertraglich zur Goldmacherei verpflichtet wurde. Nachdem er drei Jahre später der Betrügerei überführt worden war, wurde er am Eisernen Galgen in Stuttgart aufgeknüpft. Falsche Adepten mussten mit einer besonders zynischen Inszenierung ihrer Hinrichtung rechnen. Bevor ihre letzte Stunde schlug, wurden sie »vergoldet«. Dazu steckte man sie in eine mit Goldflitter beklebte Kleidung und hängte sie an einem ebenfalls vergoldeten Galgen auf.[563]

Noch dramatischer verlief die Hinrichtung des üblen katholischen Geistlichen Phillip Sömmering, der behauptet hatte, »den geheimen Stein der Philosophia wahrhaftig machen und zurichten zu können«. Am 4. Februar 1575 wurde er zusammen mit seiner fünfköpfigen Bande zur Richtstätte geschleift, mit glühenden Zangen gerissen und gevierteilt.[564]

Adepten, deren Fähigkeit, Gold herzustellen, von glaubwürdigen Zeugen bestätigt wurde, schwebten ebenfalls in Lebensgefahr, weil habgierige Regenten manchmal versuchten, ihnen ihr Geheimnis mit Gewalt zu entreißen. So erging es beispielsweise in der ersten Hälfte des 17. Jahrhunderts einem gewissen Monsieur Dubois in Frankreich, dem der »unsterbliche« Alchemist Nicolas Flamel (um 1330 bis um 1413) angeblich eine Portion des Steins der Weisen vererbt hatte. Nachdem Dubois den

Beweis für die Möglichkeit, damit Gold herzustellen, vor den Augen König Ludwigs XIII. und Kardinal Richelieus abgelegt hatte, wurde er in Ketten gelegt. Den Folterknechten gelang es jedoch nicht, Näheres über das Mysterium des Steins der Weisen aus ihm herauszupressen. Deshalb musste er sterben.[565]

Die Betrügereien der Pseudoadepten führten in gelehrten Kreisen der Barockzeit zu einer abgrundtiefen Verachtung für Alchemisten. Der deutsche Pädagoge und Satiriker Johann Michael Moscherosch (1601–1669) ließ sie durch den Titelheld seines Schelmenromans »Les Visiones de Don Francisco De Quevedo Villegas oder wunderbahre Sytyrische gesichte [...]« verhöhnen. Don Francisco trifft in der Hölle, wo auch ein Werk Thurneyssers herumliegt, auf Goldmacher, die nach dem billigsten Stoff für ihre Künste suchend auf Kalenderschreiber gestoßen sind. Als sich die Goldmacher anschicken, diese in einen Ofen zu stecken, um daraus eine Probe zu machen, kommt ein kohlschwarzer rauchender Teufel dazwischen und spricht: »Ihr Herren Steine der Weisen, ihr Windbeutel, ihr Leutebetrüger, ihr Goldverblaser, [...] ihr irrt euch hier! Denn wenn ihr das allerheilloseste, liederlichste, geringste, verachtetste Ding auf Erden haben wollt, so müßt ihr einen Alchemisten nehmen [...]«[566]

Tod in Köln

Thurneyssers zunehmend gestörtes Sozialverhalten – angeblich hatte er nach dem Prozessurteil geschworen, Basel an allen vier Enden anzünden zu lassen – gab Anlass zu den wildesten Geschichten und Spekulationen. Tatsache ist, dass der verbitterte Medicus den Basler Rat von Italien aus mit Spott- und Drohbriefen bombardierte: »Tell hat nicht halb so viel Unbill von Geßler erlitten, als ich von Euch.«[567] Durch seinen Bevollmächtigten ließ er der Obrigkeit auch berichten, er habe dreihundert schwarze Ritter ausgesandt, um die Basler zu schädigen, und nur auf Zuspruch einer christlich gesinnten Seele habe er dieselben wieder entlassen.[568] Da sich Thurneysser der päpstlichen Gunst rühmen konnte, wurden seine Drohungen vom obersten Organ der Stadt keineswegs auf die leichte Schulter genommen. Das Gremium erwog ernsthaft, ein Gegenmanifest drucken zu lassen, um Thurneyssers Aussagen zu widerlegen. Der prominente Basler Jurist Basilius Amerbach konnte die Regierung jedoch von diesem Vorhaben mit dem Hinweis abhalten, dass diejenigen, die den Angaben des Drohenden Glauben schenkten, durch eine solche Schrift wohl nicht umgestimmt werden könnten.

Nach insgesamt zehn Jahren Aufenthalt in Italien reiste Thurneysser nach Deutschland zurück. Auf der Rückwanderung hielt er sich 1594 bei seinem Freund Konrad Meyer, Bürgermeister von Schaffhausen, auf. Der Prozess in Basel hatte sich inzwischen zu einem Politikum entwickelt und groteske Formen angenommen. Marina hatte gerade die Scheidung beantragt, um einen Basler Bürger namens Ehringer heiraten zu können. Mit der guten Absicht, diese völlig vertrackte Rechtsangelegenheit endlich aus der Welt zu schaffen, schlug Meyer eine Mediation an einem neutralen Ort vor. Die Schlichtungskonferenz mit Vertretern aller am Rechtsstreit Beteiligten sollte in Augst bei Basel abgehalten werden. Thurneysser willigte nur widerwillig ein. Der Rat übermittelte durch seine Abgeordneten die *Conditio sine qua non*, um allenfalls einen Vergleich erzielen zu können: Der Beklagte müsse alle schriftlichen und mündlichen Beschimpfungen widerrufen. Doch Thurneysser blieb im Laufe der Konferenz stur und machte keinerlei Anstalten, die von ihm geäußerten Beleidigungen zurückzuziehen. Der stolze ehemalige kurfürstliche Leibmedicus brachte es nicht fertig, über seinen eigenen Schatten zu springen. Er wolle gerne Reue bezeugen, meinte er, »aber alles Gesagte wieder den Hals hinabzuschlucken«[569] würde seiner Ehre Abbruch tun. Damit verspielte er seine letzte Chance.

Thurneyssers unbeugsame Haltung hatte mit dem Ehrgefühl des Renaissancemenschen zu tun, das der Basler Kunstwissenschaftler Jacob Burckhardt in der Sprache des 19. Jahrhunderts umschreibt: »Es ist die räthselhafte Mischung aus Gewissen und Selbstsucht, welche dem modernen Menschen noch übrig bleibt, wenn er durch und ohne seine Schuld alles Uebrige, Glaube, Liebe, Hoffnung eingebüßt hat. Dieses Ehrgefühl verträgt sich mit vielem Egoismus und grossen Lastern und ist ungeheurer Täuschungen fähig [...]«[570]

Als Thurneysser Ende 1595 nach Norden weiterzog, wurde er in Tiengen bei Waldshut aufgegriffen und in die Burg Küssaberg eingesperrt. Er kam zwar nach kurzer Zeit wieder frei, musste aber einen Teil seiner Bücher dort zurücklassen. Anlass zu dieser Verhaftung könnte eine beim Basler Rat vorgebrachte Klage des Zurzacher Chorherren Christoph Sebastian gewesen sein, der Thurneysser kurz zuvor bei sich aufgenommen und dem er Geld geliehen hatte. Im Laufe der Ermittlungen, die mit einer Freilassung des Angeschuldigten endeten, erinnerte sich der Amtmann des Grafen zur Sulz an ein Gerücht, wonach Thurneysser sich in Berlin strafbar gemacht habe und geflohen sei. Deshalb holte Graf von Sulz beim jungen Markgrafen Johann Georg von Brandenburg, ein Sohn des gleichnamigen Kurfürsten, Erkundigungen über den ehemaligen Leibmedicus ein. Dieser reagierte unverzüglich und entlastete Thurneysser vom Vorwurf einer Straftat: Aus einer Untersuchung, die Graf Rochus von Lynar nach Thurneyssers Flucht aus Berlin veranlasst hatte, sei hervorgegangen, dass dieser weder Silbertaler noch andere ihm nicht gehörende Dinge mitgenommen habe. Diese Bemerkung bezog sich auf einen misslungenen Versuch des Alchemisten, 20 000 Mark Silber in Gold umzuwandeln. Als die Transmutation fehlschlug, sah er sein Unvermögen ein und verließ Berlin zwar als Schelm, aber nicht als Betrüger.[571]

Wäre Thurneysser bei seiner Goldmacherei so wie der in seiner »Magna Alchymia« erwähnte Adept Schwichard Fronburger vorgegangen, hätte er sich möglicherweise schadlos halten können.[572] Dieser Schüler des Renaissancehumanisten Marsilio Ficino stand bei Erzherzog Friedrich III. und Kaiser Maximilian I. in Diensten. Fronburger hatte 1499 Letzterem versprochen, einen Zentner Quecksilber in einem zweistufigen Verfahren in Silber und dann in Gold umzuwandeln. Dieser Prozess, so rechnete Fronburger seinem Herrn und Gebieter vor, würde den Merkurius 48 Jahre später in Silber und 1598, »nach dem Stand der Sonne im 24. Grad des Löwen«, in Gold verwandeln. Im Laufe dieser extrem langfristigen Prozesse kamen die Alchemisten meistens so lange in den Genuss des Unterhalts, bis entweder die Fürsten oder sie selbst ablebten. Für Thurneysser waren derlei Abhängigkeiten mitnichten betrügerisch, weil er die Arbeit am Großen Werk als ehrwürdige Leistung betrachtete.

Thurneyssers letzte zwei Lebensjahre liegen im Dunkeln. Archivalische Hinweise, wo oder bei wem er sich in dieser Zeit aufgehalten hatte, sind nicht zu finden. Offenbar hatte der einstmals große Leibmedicus bereits den sozialen Tod erlitten. Zu den spärlichen Informationen gehören Nachrichten von seinen Kindern Julius und Elisabeth, die bereits 1595 in Basel ihr Erbe forderten.

Am 9. Juli 1596 ging Leonhard Thurneysser zum Thurn in Köln den Weg alles Irdischen.[573] Die Bestattung erfolgte in allen Ehren an der Seite von Albertus Magnus in einer Grabreihe notabler Kölner Persönlichkeiten. Thurneyssers Testament entsprechend, das er einen Tag vor seinem Tod niederschrieb, sollen seine gesammelten Prognostika, Nativitäten und dergleichen Schriften einem gewissen Magister Gregorius Cäsar in Stettin vermacht worden sein.

Eine letzte große Frage bleibt offen. Was führte Thurneysser von Italien nach Deutschland zurück? Vermutlich hatte er gar nicht die Absicht gehabt, Italien definitiv zu verlassen, um sich im deutschen Sprachraum erneut niederzulassen. In gewissen esoterischen Kreisen munkelte man, er habe seinen Todestag vorausberechnet und zum Sterben die Nähe seines Seelenverwandten Albertus Magnus gesucht. Eine pragmatische Deutung der Umstände bringt seine letzte Reise indessen in Zusammenhang mit handfesten kommerziellen Interessen. Der einstige Großunternehmer wollte vermutlich seinen ehemaligen Geschäftspartner Johannes Gymnich, genannt Gymnicus der Dritte, aufsuchen, der in Köln die an der Unter Fettenhennen domizilierten Buchhandlung und -druckerei »Zum alten Einhorn« führte. Da diese Firma Verlagsreste aus der Offizin im Grauen Kloster übernommen hatte, wollte THURNEYSSER vielleicht offene Rechnungen begleichen lassen oder das Inkasso von Einkünften aus der Neuauflage seiner »Magna Alchymia« vornehmen, die Gymnich 1587 herausgegeben hatte. Wie dem auch sei – Thurneysser wäre nicht Thurneysser, wenn er das Geheimnis vom Anfang der letzten Dinge nicht mit ins Grab genommen hätte.

→ Abb. 33

Post mortem

Marina Herbrott heiratet nach dem Tod Thurneyssers wieder und bringt den späteren Basler Ratsherrn Matthias Ehringer zur Welt. Sie stirbt zwischen 1609 und 1611 an der Pest.

Die letzte Nachricht von seinen Kindern Julius und Elisabeth – Hedwig verstarb bereits 1591 – betrifft die Versteigerung seines Nachlasses. Von Wert ist dabei lediglich Silbergeschirr, das zu einem guten Teil vom Bischof von Basel erworben wurde. Die Geschwister sollen sich noch um das klägliche Resterbe gestritten haben, das aus persönlichen Effekten und von Schaben zerfressenen Kleidern bestand.[574]

In der Barockzeit wirkt Thurneyssers Geist stark ambivalent nach. Sieben Jahre nach seinem Tod beschimpft ihn der lothringische Arzt Nicolas Guibert, ein abtrünniger Adept, in seiner Schmähschrift »De Leonardo Turniseri impostorum Coryphaeo« auf übelste Weise und degradiert ihn zur »Koryphäe der Betrüger«. Fast gleichzeitig werden drei Werke Thurneyssers posthum verlegt: 1602 erscheint die Erstausgabe der »Reise und KriegsApotheke«. 1612 übernimmt Lazarus Zezner in Straßburg den Nachdruck des Werks »Pison«, und 1619 kommt »Methodus Brevis Et Dilucida, Von Rechter und warhaffter Extraction der Seelischen unnd Spiritualischen Kräfften aus allerley Kräutern, Baumfrüchten, Blumen, Samen, Mineren und Edelgesteinen etc. [...] kürzlich beschrieben Durch Leonhard Thurneysen zum Thurn« bei Clement Berger in Wittenberg heraus.

Das Graue Kloster bleibt eine Gedenkstätte für Thurneyssers Unternehmertum. 1712 wird die dazugehörige Franziskaner-Klosterkirche durch einen Dachstuhlbrand stark in Mitleidenschaft gezogen. Von 1842 bis 1845 erfolgen umfassende Restaurierungs- und Erneuerungsarbeiten, die das äußere Erscheinungsbild durch den Anbau von zwei Türmen verändern. Das Klostergebäude wird Anfang April 1945 bei einem Luftangriff der Alliierten von einer Luftmine getroffen und bis auf Teile der Umfassungsmauern zerstört. Die Aufräum- und Enttrümmerungsarbeiten dauern bis 1957. Seit 1987 finden in der Kirchenruine regelmäßig Kulturveranstaltungen statt.[575] An der Fassade der Nordwand erinnert eine Gedenktafel an die Leistungen Thurneyssers mit der irreführenden Aussage »in den nicht mehr vorhandenen Klostergebäuden errichtete Thurneisser 1571 die erste Berliner Druckerei«.[576]

Im 18. und 19. Jahrhundert erscheint neben Johann Karl Wilhelm Moehsens' grundlegender Biographie eine Vielzahl von mehr oder weniger tendenziösen Beiträgen zu Thurneyssers Leben. 1814 findet er einen Platz in der Weltliteratur: Der deutsche Romantiker E. T. A Hoffmann hat das Phänomen Thurneysser in seiner »Brautwahl« literarisch meisterhaft verarbeitet.[577] Die vielschichtige Handlung pendelt zwischen einer realen und einer gespenstig-fiktiven Ebene, in die reale Ortsangaben und historische Versatzstücke einfließen. Um das turbulente Geschehen von einer Zeitachse auf die andere zu verlagern, bedient sich E. T. A. Hoffmann eines Kunstgriffs: Er lässt die zentrale Romanfigur des faustischen Goldschmieds Leonhard, der sich gewissermaßen als Wiedergeburt Thurneyssers versteht, zweihundert Jahre in die Vergangenheit zurückblicken:

Ich gedenke noch eines Mannes, der in gewisser Hinsicht mein Ahnherr sein könnte und mir so in Geist und Fleisch gewachsen ist, dass ich zuweilen im seltsamen Wahn glaube, ich sei es eben selbst. Niemanden anders meine ich als jenen Schweizer Leonhard Turnhäuser zum Thurn, der ums Jahr eintausendfünfhundertzweiundachtzig hier in Berlin am Hofe des Kurfürsten Johann George lebte.[578]

Thurneysser kommt auch in einer Bühnenfassung zu Ehren: Der italienische Komponist und Schriftsteller Ferruccio Busoni setzt E. T. A. Hoffmanns »Brautwahl« musikalisch um und schafft eine phantastische Komödie in drei Akten, die 1912 im Hamburger Opernhaus uraufgeführt wird.

1891 benennen die Berliner Behörden eine Straße im Ortsteil Wedding nach Thurneysser. Veranlasst wird diese späte Ehrung durch einen »Königlichen Kabinetts-Order«, herausragenden Persönlichkeiten ein Denkmal zu setzen.[579] Um diese Zeit hält Leonhard Thurneysser auch Einzug ins »Rote Rathaus« im heutigen Ortsteil Mitte, wo sich gegenwärtig der Sitz des Berliner Senats und des Regierenden Bürgermeisters befindet. Eine Relieftafel zeigt ihn an der Arbeit in seiner Offizin im Grauen Kloster. Diese Gedenktafel ist Teil eines Terrakottafrieses, das 36 Marksteine der Entwicklung Berlins und Brandenburgs zwischen dem 12. Jahrhundert und 1896 zeigt.

Das Phänomen Thurneysser beschäftigt seit über vier Jahrhunderten Generationen von Historikern, Naturwissenschaftlern und Literaten. Das Potential seiner Schriften ist noch lange nicht ausgeschöpft. Eines steht aus heutiger Sicht indessen fest: Leonhard Thurneysser zum Thurn gehört zu jenen kongenialen Menschen, die das Wissenschaftsbild der Jetztzeit mitgeprägt haben.

Nachwort

Chronik: Meilensteine in Thurneyssers Leben

Alle Daten- und Ereignisse beziehen sich auf Leonhard Thurneysser.[580] *Die in der nachfolgenden Bibliographie »Leonhard Thurneyssers gedruckte Werke« aufgeführten Schriften sind hier nur teilweise wiedergegeben.*

FAMILIE		
Jakob	† 1560	Vater
Ursula Penner	Ld. unbek.	Mutter
Alexander	* 1521, † 1601	Bruder
EHEN UND LEBENSGEMEINSCHAFT		
Margaretha Müller	Ld. unbek.	oo 8. März 1558, o|o 1563
Anna Hüettlin	† 12. September 1575	oo 1563
Marina Herbrott	* um 1553, † 14. Oktober 1610	oo 7. November 1580
Elisabeth Rentsch	Ld. unbek.	Lebensgemeinschaft
KINDER		
Hans Jakob	* 1558	aus 1. Ehe
Julius	* um 1559	aus 2. Ehe
Elisabeth	Ld. unbek.	aus 2. Ehe
Hedwig	† 1591	aus 2. Ehe
Katharina	Ld. unbek.	unehelich
Georg Leonhard	Ld. unbek.	unehelich

1531	GEBURT IN BASEL (um den 22. Juli)
	TAUFE in der Leonhardskirche (6. August)
1531 / 47	GOLDSCHMIEDLEHRE in der Werkstatt des Vaters, Basel
	GEHILFE des Basler Medizinprofessors Johannes Huber
1547	AUFBRUCH ZUR WANDERSCHAFT durch Europa
1548	ANKUNFT IN ROCHDALE bei Manchester, England
1549	REISE VON ENGLAND NACH MARSEILLE
1551	KRIEGSDIENSTE in den Truppen des Markgrafen Albrecht Alcibiades von Brandenburg-Kulmbach
1553	BETEILIGUNG AN DER SCHLACHT VON SIEVERSHAUSEN
	GEFANGENNAHME (9. Juli). Nach Freilassung Arbeit in norddeutschen Bergwerken
1555 / 56	ANSTELLUNG ALS GOLDSCHMIEDGESELLE in einer Straßburger Werkstatt
	ARBEIT IN NÜRNBERG
	REISE NACH DER IBERISCHEN HALBINSEL und Aufenthalt bei Ritter Damião de Góis in Lissabon
1556 / 57	RÜCKKEHR NACH BASEL und Lebensgemeinschaft mit Margaretha Müller
1558	HEIRAT MIT MARGARETHA MÜLLER (8. März)
	GEBURT DES SOHNES Hans Jakob
	BETRUGSVERSUCH und Konflikt mit dem jüdischen Pfandleiher Jonas in Wil (heute Kanton Aargau)
	REISE NACH RUSSLAND und Rückkehr nach Basel
	ARBEIT IN STRASSBURG und erfolglose Bemühung, das Bürgerrecht der Stadt zu erlangen
	TÄTIGKEIT ALS GOLDSCHMIED bei Meister Hüettlin in Konstanz
1559	TÄTIGKEIT ALS BERGMANN in Tirol
	ERLAUBNIS VON KAISER FERDINAND I. ZUR SEKTION DER LEICHE DER VERBRECHERIN Elisabeth Carfelser
1560	TOD DES VATERS in Basel
	EINREICHUNG DER SCHEIDUNG durch Margaretha Müller (8. Juni)
	AUFBRUCH ZUR GRAND TOUR

1561	ZWEITE REISE NACH SPANIEN UND PORTUGAL MUTMASSLICHE WEITERREISE NACH NORDAFRIKA UND IN DEN NAHEN OSTEN
1563	GERICHTLICHE SCHEIDUNG von Margaretha Müller HEIRAT MIT ANNA HÜETTLIN (8. August)
1564	AUFBAU EINES »STIEFF- UND FRISCHGEWERKES« in Tirol VERLUST DER SCHWEFELHÜTTE durch Sorglosigkeit seines Bruders Alexander
1565	MUTMASSLICHE REISE NACH PALÄSTINA
1566	DIREKTION DER EISENBERGWERKE in der Grafschaft Haag AUFBAU EINER NEUEN SCHWEFELHÜTTE mit Hilfe der Tiroler Regierung AUFBAU EINES BERGWERKES in Partnerschaft mit Graf Ladislaus von Haag in Vorarlberg
1569	PROSPEKTION UND DIENST IN DER K.K. ARMEE in Ungarn und Rückkehr nach Tirol AUFENTHALT IN MÜNSTER und Herausgabe von »Archidoxa« bei Johan Ossenbrügge
1570	ENTLASSUNG DURCH ERZHERZOG FERDINAND II. BEKANNTSCHAFT MIT FÜRSTBISCHOF JOHANN II., Graf von Hoya REISE NACH NIJMEGEN in Gefolgschaft von Prinzessin Elisabeth von Österreich (August) NEUAUFLAGE DER »QUINTA ESSENTIA« GRÜNDUNG EINER GLASHÜTTE in Grimnitz GAST BEIM DRUCKER / VERLEGER JOHANN EICHORN in Frankfurt / Oder
1571	PRODUKTIONSBEGINN VON »PISON« BEKANNTSCHAFT MIT DEM KURFÜRSTENPAAR Johann Georg von Brandenburg und Prinzessin Sabina von Brandenburg-Ansbach BESTALLUNG ALS LEIBMEDICUS am brandenburgischen Hof in Berlin

ETABLIERUNG IM GRAUEN KLOSTER, Berlin
REISE NACH PRAG, um von Kaiser Maximilian II. das Druckprivileg für »Pison« zu erwirken

1572 HERAUSGABE VON »PISON« UND »ALMANACH AUF 1572« bei Johann Eichorn in Frankfurt/Oder

1573 UNTERSUCHUNG DES LEICHNAMS des hingerichteten Übeltäters Paul Limmer mit Erlaubnis des Kurfürsten (28. Januar)
ÖFFENTLICHE HINRICHTUNG DES KURFÜRSTLICHEN MÜNZMEISTERS LIPPOLD in Berlin (28. Februar)
BESCHREIBUNG DER SUPERNOVA, die er am 8. November 1572 erstmals sichtete

1574 AUFBAU DER DRUCKEREI im Grauen Kloster neben dem im Juli eingeweihten »Gymnasium Berolinense«
AUFNAHME DES BRUDERS Alexander im Grauen Kloster (November)

1575 RÜCKREISE VON ALEXANDER mit seinem Neffen Julius nach Basel
TOD VON ANNA HÜETTLIN (17. September)

1576 PRODUKTION DES »BREVIARIUM COLLEGIATAE ECCLESIAE COLONIENSIS« im Auftrag des Kurfürsten
AUSBRUCH DER PEST in Berlin. Rückzug nach Küstrin an der Oder und Karzig

1577 NACHHILFESTUNDEN IN LATEIN beim Propst der St. Nikolaikirche in Berlin
EINRICHTUNG EINES ALCHEMISTISCHEN LABORATORIUMS für Prinzessin Katharina von Brandenburg-Küstrin in Halle
SCHLAGANFALL mit halbseitiger Lähmung, Selbstheilung (September)
VERKAUF DER DRUCKEREI im Grauen Kloster an den Faktor Michael Hentzke für 1100 Taler

1578 ZUEIGNUNG DES GEDRUCKTEN HERBARIUMS an Kurfürst Johann Georg von Brandenburg

ERWERB EINER LIEGENSCHAFT IN BASEL im Namen Thurneyssers durch David Ritter und Burkhard Speidel (17. März)
URLAUB IN BASEL
ERWEITERUNG DER SETZEREI mit orientalischen Schrifttypen
VERÖFFENTLICHUNG der gegen Thurneysser gerichteten, ursprünglich als Rede gehaltenen Kampfschrift »De barbarie imminente« von Caspar Hofmann

1579 DIFFAMIERUNG THURNEYSSERS durch Franziskus Joël, Rektor der Universität Greifswald
REISE mit Erlaubnis des Kurfürsten in die Schweiz
BEDINGTE NIEDERLASSUNGSERLAUBNIS durch den Rat der Stadt Basel
ERFOLGLOSE BEANTRAGUNG DES BÜRGERRECHTS von Basel (19. Dezember)
AUFTRAG AN CHRISTOPH MURER, einen Zyklus von Glasmalereien zu gestalten

1580 HERAUSGABE VON »IMPLETIO«, 1581 bei Lochner in Nürnberg
HEIRAT MIT MARINA HERBROTT in Basel (7. November)

1581 RÜCKREISE NACH BERLIN (Ankunft 25. Januar)

1582 ANKUNFT VON EHEFRAU MARINA mit Kindern in Berlin (13. Februar)
VERSTOSS DER EHEFRAU MARINA aus dem gemeinsamen Haushalt in Berlin (8. März)
ANKLAGE BEIM BASLER EHEGERICHT durch Matthäus Herbrott (25. April): Bestätigung der Ehe
URTEIL DES STADTGERICHTS BASEL (1. August): Verlust eines erheblichen Vermögensanteils

1584 VERÖFFENTLICHUNG DES »NOTHGEDRUNGENEN AUSSCHREIBENS«
HEIMLICHER WEGZUG AUS BERLIN (Mitte Jahr)

ÜBERSIEDLUNG NACH ROM. Leibarzt von Kardinal Markus Sittikus II. von Hohenems

KAUF DER VILLA »BELVEDERE« in Frascati

1586 TÄUSCHUNG DES PUBLIKUMS DURCH PSEUDO-TRANSMUTATION in Anwesenheit des Großherzogs Ferdinando I. de' Medici

1590 REISE VON ITALIEN NACH DEUTSCHLAND

AUFENTHALT in Attisholz (Kanton Solothurn) und Herausgabe der »Attisholzer Badeordnung«

1591 RÜCKREISE NACH ROM

1594 BESUCH BEI BÜRGERMEISTER KONRAD MEYER in Schaffhausen

GESCHEITERTE KONFERENZ IN AUGST zur Beendigung des Eheprozesses

1595 VERHAFTUNG IN TIENGEN und kurzer Gefängnisaufenthalt auf der Küssaburg

SOHN JULIUS UND TOCHTER ELISABETH STELLEN ERBRECHTLICHE ANSPRÜCHE

1596 TOD UND BESTATTUNG in Köln (9. Juli)

Leonhard Thurneyssers gedruckte Werke

Die Auszeichnungen entsprechen nicht der Originaltypographie und verweisen lediglich auf die im Fließtext erwähnten Kurztitel. Jahreskalender, Traktate und Einblattdrucke sind hier nur teilweise aufgeführt.[581]

Archidoxa: Dorin der recht war Motus, Lauff und Gang / auch heymlikait / wirkung vnd krafft / der Planeten / Gstirns / vnd gantzen Firmaments, Mutierung, vnd ausziechung aller Suptiliteten, vnd das Finfte wesen / auss den Metallen / Mineralia / Kreyter / Wurtzen / Seften / vnd aller andren wesentlichen dingen. Heimlikait des Buchs aller natürlichen Elementischen, und Menschlichen sachen / Hantierung / Könst / Gewerb / Arten / Eygenschafften vnd in suma alle vorborgne misteria, der Medicina, Alchemya, vnnd Freien Könsten. Zu Ehren vnd wolgevallen / dem Durchleuchtigesen, Hochgepornen Fursten und Herrn, Herr Ferdinanden, Ertzherzogen zu Osterich, Herzog zu Burgundt, Grafen zu Tirol etc. Und allen Konstliebenden. Durch Leonhart Thurneysser zum Thurn, Reymenssweyß an tag gebn. [Erscheinungsvermerk auf der letzten Seite]: Gedruckt zu Munster in Westphalen durch Johan Ossenbrug auff Verlegung H. Herr Leonhart Turneysser zum Thurn 1569.

Quinta Essentia. Das ist die Hoechste Subtilitet, Krafft, und Wirkung, Beider Fürtrefelichisten (und menschlichem gschlecht den nutzlichisten) Könsten der Medicina / und Alchemia, auch wie nahe dise beide / mit Sibschafft / Gefrint / Verwant. Vnd das eine On beystant der andren / Kein nutz sey / und in Menschlichen Cörpern / zu wircken kein Krafft hab. Vergleichung der Alten und Newen Medicin, und wie alle Subtiliteten Ausgezogen / die Element gescheiden / alle Corpora Gemutiert / unnd das die Minerischen Corpora allen andren Simplicibus, es seyen Kreiter / Wurtzen / Confecten / Steinen etc. Nit alein gleich / sonder an Kreften (auß vnnd Jnerhalb Menschlicts Cörpels) vberlegen syen. Zu Sondrer Danksagunge / auch Ehr / und Wolgefallen / dem Edlen / Vesten / Hern Johan von der Berswort / auch allen Kunstlibenden / Durch Leonhart Turneisser zum Thurn / in dreyzehen Bücheren Reymenwyeß an tag gebn. Gedruckt zu Munster / bey Johan Ossnabruck / auff verlegung Leonhart Thurneyssers zum Thurn. [Jahresangabe auf der folgenden Seite]: 1570

Prokatalēpsis Oder **Praeoccupatio,** Durch zwölff verscheidenlichrer Tractaten gemachter Harm [!] Proben / Durch Leonhart Thurneisser zum Thurn erfunden / und gemeinem nutz zu gutem an tag geben. Das 59. Buch. Mit Röm. Kay. May. freyheit / auff 10. Jar. Anno M.D.LXXI. [Erscheinungsvermerk am Ende]: Gedruckt zu Franckfurt an der Oder durch Johan. Eichorn / anno 1571.

Pison. Das erst Theil. Von Kalten / Warmen Minerischen und Metallischen Wassern / sampt der vergleichunge der Plantarum und Erdgewechsen. 10. Bücher: Durch Leonhart Thurneisser zum Thurn / mit groser mühe und Arbeit / gemeinem nutz zu gut an tag gehen. Mit Rom. Kay. freyheit auff 10. Jar. 1572. Gedruckt zu Franckfurt an der Oder / durch Johan Eichorn.

Allmanach / sampt der Practica / auff das 1572. Jar. Zu Ehren und wolgefallen, dem Durchleuchtigesten Hochgebornen Fürsten und Herrn / Herrn Johan Jörgen / Marggraffen zu Brandenburg / des H. Römischen Reichs Ertz Cammerer / und Churf. etc. ... Durch Leonhart Thurneisser zum Thurn / calculirt und beschrieben.

Hermēneia / Das ist ein **Onomasticum, Interretatio** oder erklerunge / Leonhardt Thurneyssers / zum Thurn. / Uber die frembden und unbekanten Wörter, Caracter und Namen, welche / in den schrifften des Tewren Philosophi, und / Medici Theophrasti Paracelsi, von Hohenheim gefunden werden. / Das erst Teil. / C.G.E.P.I. / Gedruckt zu Berlin im Grawen Kloster. / Anno M.D.L.XXIIII.

Quinta Essentia, Das ist / Die höchste subtilitet / krafft und wirckung / beyder der fürtrefflichsten / und menschlichem geschlecht am nützlichisten Künsten / der Medicin und Alchemy / Auch wie nahe diese beyde mit sipschafft gefreund und verwandt sind / Und das eine ohn beystandt der andern nicht nütz sey / oder in den menschlichen cörpern zuwircken kein krafft habe. Vergleichung der alten und newen Medicin / und wie alle subtiliteten ausgezogen / die Element geschieden / alle Corpora gemutirt / und das die Minerischen Corpora allen andern simplicibus, es sein Kreuter / wurtzeln / Confect / Steine / etc. nicht allein gleich / sondern an krefften / aus und innerhalb menschlichs cörpers / uberlegen seyen. Jetzt von newem / sampt eröffnung der vertunckelten sententz / wort und namen / gemehret und gebessert / Durch Leonhart Thurneisser zum Thurn. Leipzig. Cum Privilegio Caesareo. [Erscheinungsvermerk am Ende]: Gedruckt zu Leipzig / Bey Hans Steinman / Typis Voegelianis. M.D.LXXIIII.

Archidoxa. Dorin der recht war Motus, Lauff und Gang / auch heimligkeit / Wirckung und Krafft / der Planeten / Gstirns / und gantzen Firmaments Mutierung / und ausziechung aller Subtiliteten / und das Fünffte wesen / auß den Metallen /

Mineralien / Kreytren / Wurtzen / Seften / Steinen / und aller andren wesenlichen dingen / Heimlikait des Buchs aller Natürlichen Elementischen und Menschlichen sachen Hantierung / Könst / Gwerb / Arten / Eigenschaften / und in summa / viel verborgner Mysterien / der Medicin, Alchimey / und anderer freyen Künsten sampt dem auszug / und Verstandt des Astrolabii / und aller Zircklen Caracter / und Zeichen. Zu Ehren und Wolgefallen / Dem Durchleuchtigsten / Hochgebornen Fürsten / und Herrn / Herrn Ferdinanden / Ertzhertzogen / zu Osterich / Hertzog zu Burgund / Grafen zu Tyrol etc. Und allen Konstliebenden. Zum andern mal und jetz von newen gemert / und sampt dem verstand der Caracter an tag geben / Durch Leonhart Thurneisser zum Thurn / Churfürstlichen Brandenburgischen Bestalten Leibs Medicum. Gedruckt zu Berlin im Grawen Closter anno 1575.

Euporadēlōsis. Das ist ein gnügsame uberflussige und ausfierliche erklerunge / oder erleuterunge / und verstandt der Archidoxen / Leonhart Thurneissers zum Thurn / Anno 1570 zu Munster in Westphalen / und jetz Anno 1575. zu Berlin wider auffs neiw gesprechs und Reimen weis außgangen. Darin mancherley Dieffsinniger Explicationes / und eröffnungen vieler streittiger sachen / von Göttern / Englen / Teuffeln / Menschen / Tieren / Caracteren / Siglen / Zaubreyen / Gespensten / Kreutteren / Metallen / Mineren / und Gesteinen eröffnet. Sunderlich aber von den Himlen / Gestirn / Planeten / Zeichen / und Bilderen / Item von den Elementen / Commetten / und deren Krefften / Faculteten / Wirckungen / Betriben / Arten / und Aigenschafften / sambt dem Astrolabio / und dem gebrauch desselbigen / durch welches Nativiteten gestellt / Gluck / Ungluck / Kranckheitten / Tod / und Leben / Krieg / Tewrung / und anders / nach Astronomischer weis / und Mathematischer Rechnung Ordentlich / und baldt kan Calculirt / und beschrieben / und ohne sunderliche müeh erkandt werden. Gemeinen Vatterlandt zu gut erfunden / Und beschrieben / Durch / Leonhardt Thurneisser zum Thurn / von Basel Churfürstlichen Brandenburgischen bestalten leibs Medico. Gedruckt zu Berlin im Grawen Closter Anno 1575.

Astrologische Tafeln. Acht Holzschnitt-Tafeln mit drehbaren, ausgeschnittenen Scheiben mit dem Lauf der Planeten, der Sonne, des Mondes, und mit dem »Microcosmus« (»deß Menschen Circkel und Lauff«) [Ohne Autor, Titel, Ort und Jahr (Berlin 1575)].

Bebaiosisōagoniomu. Das ist **Confirmatio Concertationis** / oder ein Bestettigung deß Jenigen so Streittig / Häderig / oder Zenckisch ist / wie dann auß unverstandt die Neuwe und vor unerhörte erfindung der aller Nützlichesten und Menschlichem geschlecht der Notturftigesten kunst deß Harnprobirens ein zeitlang gewest ist. Welcher Kunst Grundt und Fundament hierin durch den Inventorem Leonharten Thurneisser zum Thun Churfürstischen Brandenburgischen bestalten Leibs Medicum ausfuerlich beweislicher Erkantnus deß gantzen menschlichen Cörpels auch desselbigen Eüsserlicher und Innerlicher Gliedern züfellen / gebresten / Kranckheitten und deren ursachen. Zu Ehren und Wolgefallen dem Durchleüchtigsten Fürsten und Herren / Herrn Gotthardten In Liflandt zu Curlandt und Semigalen Hertzogen / auch Gemeinem nutz zü güt in Dreyzehen kurtzer Büecher an tag geben. Gedruckt zu Berlin im Grauwen Closter / Anno M.D.LXXVI.

Allmanach und schreib Kalender / Sampt verenderung des Wätters / mit eingefürter Practic / auff das Jar der Gnadenreichen Geburt Jhesu Christi unser Erlösers 1576. Welcher Kalender nechst Götlicher Allmacht und des Fatums verhencknus / auß rechter eigenschafft / auch auff und Nidergang (und dann anderen Constellationibus) des fixen und Irrenden Gestirns Calculirt und Beschrieben durch Leonhart Thurneyser zum Thurn / Churfürstlichen Brandenburgischen Leibs Medico. Gedruckt zu Berlin im Grauen Kloster.

Regiment. Kurtzer und einfeltiger Bericht, wie sich in eingefallner Göttlicher straff [...] der Pestilenz [...] zühalten sey. [Berlin 1576].

Allmanach unnd Schreib Kalender / sampt verenderung des Wetters / mit eingefürter Practic / auff das Jahr der Gnadenreichen Geburt JHesu CHristi unsers Erlösers / M.D.LXXVII. Welcher Kalender / nechst Göttlicher Allmacht und des Fatums verhencknüs / aus rechter eigenschafft, auch Auff und Niedergang (und anderer Constellationibus) des Fixen und irrenden Gestirns / Calculiert und beschrieben / durch Leonhard Thurneisser zum Thurn / Churfürstlichen Brandenburgischen bestallten Leibs Medico. Mit Röm. Keys. May. Freyheit nicht nachzudrücken. [Erscheinungsvermerk am Ende]: Gedruckt zu Leipzig durch Johan. Beyer, um verlegung Simon Hütters / und Sig. Feyr. Anno M.D.LXXVII.

Ein Kurtzer und Einfeltiger bericht Leonhart Thurneyssers zum Thurns / Churf: Brandenburgischen bestalten Leibs Medici uber den 136. unnd inn disem lauffenden 77. Jar am 19. tag Octobris erstlich erschinenen Cometen / aller Welt zum Dienst und getreuwer Warnung publicirt. Amos 3. So ein Leüwe prüllet / wer ist der nicht erschrecke / So nun der Herr Gott redet / Wer wil nicht prophetirn. Jeremie. 14. Meine Augen werden Tag und Nacht weinen / unnd nicht auffhören / denn mein Volck wirdt ein große Verderbnis und Schaden leyden / und von einer grausamen Plage umbkommen. Ezechiel. 3. Du aber solt dir nicht förchten / auch ob ihrer rede nicht erschrecken / ob sie dir widerbellen / etc. so sage du ihnen gleichwol mein Rede Gott gebe sie gehorsamen dann / oder nicht. [Erscheinungsvermerk am Ende]: Gedruckt zu Berlin. Bey Michael Hentzsken. [1577]

Allmanach und schreib Kalender / sampt verenderung deß Wätters / mit eingefürter Practic / auff das Jar der Gnadenreichen Geburt Jesu Christi / Unsers Erlösers / M.D.LXXVIII. Welcher Kalender / nechst Göttlicher Allmacht und des Fatums verhencknus / auß rechter eigenschafft / auch Auff und Nidergang (und dann anderen Constellationibus) des Fixen und irrenden Gestirns / Calculirt und beschriben / durch Leonhardt Thurneysser zum Thurn / Churfürstlichen Brandenburgischen bestallten Leibs Medicum. Mit Röm. Key. May. Freyheit nicht nach zudrucken. [Erscheinungsvermerk am Ende]: Gedruckt zu Berlin im Grauwen Closter.

Historia sive descriptio Plantarum Omnium, Tam Domesticarum Qam Exoticarum: Earundem cum virtutes Influentiales, Elementares, & Naturales, cum Subtilitates, necnon Icones etiam veras, ad vivum artficiose expressas proponens: atque una cum his, partium omnium corporis humani ut externarum ita iternarum picturas, & Instrumentorum Extractioni Chymicae servientium delineationem usumque, ac Methodos denique Pharmaceuticas quasuis, ad curam valetudinis dextre tractandam cecessrias complectens: Utilitatis vero publicae gratia. A Leonhardo Thurneissero zum Thurn / Medico ordinario Electoris Brandenburgici Conscripta. [Erscheinungsvermerk am Ende]: Berlini Excudebat Michael Hentzske Anno M.D.LXXVIII.

Historia Unnd Beschreibung Influentischer / Elementischer und Natürlicher Wirckungen / Aller fremden unnd Heimischen Erdgewechssen / auch irer Subtiliteten / sampt warhafftiger und Künstlicher Conterfeitung derselbigen / auch aller teiler / Innerlicher und Eüsserlicher glider am Menschlichen Cörper / nebend fürbildung aller zü der Extraction dienstlichen Instrumenten / auch deren gebrauch / und allen zü erhaltung der gesundheit notwendigen Processen gemeinen nutz zü güt. Durch Leonhardt Thurneysser zum Tuhrn [sic!] Churfürstlichen Brandenburgischen bestalten Leibs Medicum beschriben. [Erscheinungsvermerk am Ende]: Gedruckt zu Berlin / bey Michael Hentzsken / Anno M.D.LXXVIII.

Allmanach und schreib Kalender / sampt verenderung deß wätters / mit eingefürter Practick / auff das Jar nach der gnadenreichen Geburt Jesu Christi / Unsers Erlösers. M.D.LXXX. Welcher Kalender / nechst Göttlicher Allmacht / und des Fatums verhencknus / auf rechter eigenschafft / auch Auff und Nidergang (und dann anderen Constellationibus) des Fixen und irrenden Gestirns Calculirt und beschriben / durch Leonhardt Thurneysser zum Thurn / Churfürstlichen Brandenburgischen bestalten Leibs Medicum. Gedruckt zu Berlin by Michael Hentzken. Mit Röm. Key. May. Freyh. nicht nach zudrucken.

Kurtze Verantwortung / Und notwendige Erenrettung des Edlen Hoch vnd Weitberüembten Herren Leonhardt Thurneissers zum Thurn Churfürstlichs Brandenburgischs bestalten leibs Medici vnnd Burgers zu Basel / Auff die unbesunenen / vbelgegründten / mit Neidt und mit falscher Anklag / wie eine Sackpfeiff mit blast außgefülten / aber mit Unchristlichen gleißnerischen tücken und giftgellischer Bitterkeit wie ein Igel mit Stachlen uberzognen / vorlognen / Ehrendiebischen Theses / disputationes und Schmehschrifften Frantz Joels deß Leugcentiaten [Leug = Lügen] zu Grypßdwalt in Pommern. Gedruckt Anno M.D.LXXX. [Vorrede unterschrieben mit: Basel den 29. September 1580]

Allmanach und SchreibKalender / sampt verenderung deß wätters / mit eingefürter Practick / auff das Jar nach der Gnadenreichen Geburt Jesu Christi / unsers Erlösers. M.D.LXXX. Welcher Kalender / nechst Göttlicher Allmacht / und des Fati verhencknus / auf rechter eigenschafft / auch Auff und Nidergang (Und dann anderen Constellationibus) deß Fixen und irrenden Gestirns Calculirt und beschriben durch Leonhardt Thrurneysser zum Thurn / Churfürstlichen Brandenburgischen bestalten Leibs Medicum. Mit Römischer Keyserli. May. freyheit / Gedruckt zü Berlin bey Michel Hentzken.

Mĕlô Kai Ekplērōsis Und **Impletio,** oder Erfüllung / der verheissung Leonhart Thurneyssers zum Thurn / Churfürstlichs Brandenburgischs bestalten Leibs Medici / und Burgers zu

Basel. Welche züsagunge / von ihrne zu Berlin Anno 1580. den v. tag Martii (wegen der anaptyxis oder Explication seines Calenders) zü leisten beschehen. Darinn nicht allein / grundtlicher und außführlicher verstandt / aller Caracter / verkürtzter wörter / oder sonst verborgner reden. Sonder auch warhafftiger Bericht deren ursachen / neben den fundamenten seines Glaubens / Distilirens / Curirens / Prognosticirens / frembder sprachen Redens / Bücherschreibens / Kreüterkennens / Wanderens / Harnprobirens / und anderer seiner betriben und hendlen / gegeben wirt. Welches alles / Gott dem Allmechtigen zum preiß und lob / frommen Ehr und Kunstliebenden personen zum bericht / allen falschen Lugendichtern / und ohn ursach jne neidenden mißgönnern / züm schimpff / spott / und uberweisung irer ungegründten / auß falschem hertzen erdichteten / aber mit unwarhafftiger zungen / von ihme außgegebnen schandtlugen. M.D.LXXX. [Ohne Angabe des Druckortes, wohl Basel].

Mĕlô Kai Ekplĕrōsis Und **Impletio** oder Erfüllung / der verheissung Leonhardt Thurneissers zum Thurn / [...] Schantdlugen. Durch den Authorem selbert zum andern mal mit fleiß Corrigirt. Mit Bewilligung: Gedruckt zu Nürmberg / 1581. [Im Verlag von Joachim Lochner].

Allmanach und SchreibKalender / sampt verenderung deß Wetters / mit eingefürter Practick / auf dz dreyzehen neüwscheinig und nechste noch dem Schaltjahr / so da gezelt wirt von der gnadenreichen Geburt Jesu Christi / unsers Erlösers M.D.LXXXII. Welcher Kalender / nechst Göttlicher Allmacht / und des Fatums verhencknus / auß rechter eigenschafft / auch Auff und Nidergang (und den anderen Constellationibus) des Fixen und irrenden Gestirns. Calculirt und beschriben durch Leonhardt Thurneysser zum Thurn / Churfürst. Brandenburg. bestalten Leibs Medicum. Mit Rom. Keyserl. May / etc. Freyheit. Gedruckt zu Berlin bey Michel Hentzkens Erben. [Erscheinungsvermerk am

Ende: Gedruckt zu Berlin. In Verlegung Simon Hütters und Sigmundt Feyerabents.]

Allmanach und Schreib Kalender / sampt verenderung deß Wetters mit eingefürter Practick / auff das ander nach dem Schaltjahr / so da gezelt wirt von der Gnaden reichen Geburt Jesu Christi / unsers Erlösers M.D.LXXXIII. Welcher Kalender / nechst Göttlicher Allmacht / und des Fatums verhencknus / auss rechter eigenschafft / auch Auff und Nidergang (von den anderen (Constellationibus) des Fixen und irrenden Gestirns. Calculirt unnd beschrieben / durch Leonhardt Thurneysser zum Thurn / Churfürs. Brandenburg. bestalten Leibs Medicum. Mit Röm. Kayserl. May, etc. Freyheit. Gedruckt zu Berlin bey Michel Hentzkens Erben.

Allmanach und Schreib Kalender / sampt verenderung deß Wetters mit eingefürter Practick / auf das ander nach dem Schaltjahr / so da gezelt wirt von der Gnaden reichen Geburt Jesu Christi / unsers Erlöser. M.D.LXXXIII. Welcher Kalender / nechst Göttlicher Allmacht / und des Fatums verhencknus rechter eigenschafft / auch Auff und Nidergang (von den anderen Constellationibus) des Fixen und irrenden Gestirns. Calculirt unnd beschrieben / durch Leonhardt Thurneysser zum Thurn / Churfürst. Brandenburg. bestallten Leibs Medicum. Mit Röm. Kayserl. May., etc. Freyheit. Gedrukt zu Berlin bey Nickel Voltzen. [Erscheinungsvermerk am Ende]: Gedruckt zu Berlin. In Verlegung Simon Hütters und Sigmundt Feyerabens.

Melîsāh kai hermēneia. Das ist ein **Onomasticum** und Interpretatio oder außführliche Erklerung / Leonharten Thurneyssers zum Thurn / Churfürstischs Brandenburgischs bestalten Leibs Medici. Ober etliche frembde und (bey vielen hochgelarten / die der Lateinischen und Griechischen Sprach erfahren) unbekante Nomina, Verba, Proverbia, Dicta, Sylben / Caracter, und sonst Reden. Deren nicht allein in des theuren Philosophi und Medici Aurelij, Theophrasti, Paracelsi von Hohenheim / Sondern auch in anderer Authorum Schrifften / hin und wider weitleufftig gedacht / welche hie zusammen / nach dem Alphabet verzeichnet. Das ander theil. In welchem fast jedes Wort / mit seiner eignen schrifft / nach der Völcker Etymologia oder eigenen art und weis zureden / beschrieben worden ist. Gedruckt zu Berlin durch Nicolaum Voltzen. Anno M.D.L.XXXIII.

Tabula Quarundam Syllabarum, Per Qvas Triginta Atqve Dvae Praecipvae, Commvnes, Ac Hoc Tempore In Vsvm Receptæ, Notæqve Ac Sexaginta Octo Peregrinæ, Partim Adhvc Vsitatæ, Partim In Interitvm Venientes, Ac Partim Non Magis Consuetæ Lingvæ, Svb Qvinqve Vocabvlis, Aliisqve Regalibvs, Et ministrantibus Accentibus, Punctis atq[ue] Virgulis [...] scribi, legi, ac pronunciari possunt. [...] Omnia per Leonhardvm Thvrnevsservm zum Thurn [...] proprijs Sumptibus atq[ue] Impensis [...] in lucem edita. = Tafel etlicher Sylben / durch welche zwo vnd dreissig führnehmer / gemeiner / noch dieser Zeit gebreuchlicher oder bekanter / Vnd dann acht vnd sechtzig frembder (zum theil noch wehrender / aber zum theil in abgang kommender, und zum theil gantz nicht mehr ganghafftiger / Sprachen / inhalts der fünff Vocalium / und anderer Regalischen und Ministerischen Accenten, Puncten und Virgulen / (wie die sunderliche Nahmen haben) nach art der fürgestaiten Siebentzehen sonderlichen Schriefften / geschrieben / gelesen / vnd außgesprochen werden mögen / mit Beysatz etlicher in der Schrifft bezeugter / und von hocherleuchten Personen gebrauchten frembden Alphabeten / welche in dem andren Theil des Onomastici nicht begriffen. Auch mancherley (in hochgelarter Büchern / hin und wieder zertheilten, Aber hie versamleter) Charactern und Zeichen bedeutungen. [Erscheinungsvermerk auf der letzten Seite]: Impressa Berlini Nicolai Voltzii Anno 83.

Megalē chymia Vel Magna **Alchymia.** Das ist ein Lehr und unterweisung von den offenbaren und verborgenlichen Naturen / Arten und Eigenschafften / allerhandt wunderlicher Erdtgewechssen / als Erzen / Metallen / Mineren / Erdsäfften / Schwefeln / Mercurien, Saltzen und Gesteinen. Und was der dingen zum theil hoch in den Lüfften / zum theil in der Tieffe der Erden / und zum theil in den Wassern / welche aus dem Chaos oder der confusion und vermischung Elementischer Substantzen, als Geistlicher / und doch subtiler / noch unbestendiger weis verursacht / empfangen und radiciert, Aber von Himelischer zuneigung der Influentischen impression, oder Eintruckung / Seelischer und Fixer oder bestendiger weise / zu einer wesentlichen materia digerirt, coaguliert, oder praeparirt. Und durch die natürliche Vermögligkeit / Krafft und forthtreibung / jedes in seiner gestalt / Als ein greiffelichs / eintzigs / wesentlichs ding / Corporalischer / volkommener weise / von seiner Radice abgelöset / an tag außgestossen / und in gestalt einer sichtigen Massae geboren: Und wie / oder welcher gestalt / oder auff was weiß und wege / deren ein jedes / mit zusatz des andern / durch Menschlichen Handgriff / oder den Usum (dieser sehr alten Kunst) eintweders in ein Liquorem / Oehl / Saltz / Stein / Wasser / Schwefel / Mercurium oder andere Mineren und Metall verwandelt / oder sonst zum nutz / gebrauch und wolstandt / Menschlichs zeitlichs Lebens zugericht und bereitet wird. Welches alles durch Leonharten Thurneissern zum Thurn von Basel / Churfürstischen Brandenburgischen bestalten Leibs Medicum / menniglichem zu nutz in verscheidner Bücher / mit sonderlichem unkosten / vleis und arbeit am tag geben. Gedruckt zu Berlin durch Nicolaum Voltzen. Anno M.D.LXXXIII.

Alter und newer corrigirter Allmanach und SchreibKalender / sampt verenderung des Wetters / mit eingeführter Practick / auff dz Schaltjahr / so da gezelt wird / von der Gnadenreichen Geburt Jesu Christi unsers Erlösers M.D.LXXXIIII, Welcher Kalender nechst Göttlicher Almacht / und des Fatums verhengnus / aus rechter eigenschafft / auch Auff und Nidergang (und den andern Constellationibus) des Fixen und irrenden Gestirns. Calculirt und beschrieben durch Leonhardt Thurneyser zum Thurn / Churfürst. Brandenburg. bestalten Leibs Medicum. Mit Röm. Keyserl. May. etc. Freyheit. Gedruckt zu Berlin bey Nickel Voltzen.

Ein Durch **Nothgedrungens Ausschreiben** Mein, Leonhardt Thurneyssers zum Thurn, Der Herbrottischen Blutschandsverkeufferey, Falschs und Betrugs: Auch der Mir und meinen Kindern, zu Basel beschehenen Iniurien, Gewaldthat, Spolirung und Rechtßversagung halber: Anno MDLXXXIIII) [Erscheinungsvermerk nach dem 3. Teil]: M.D.L.XXXIIII [unter Thurneyssers Familienwappen]: Hab ichs Thurneysser gedruckt.

Das VII. Tractätlein Herrn **Leonhardi Thurneyssers** Bedencken / was er von Exorcisterey halte / so war unnd klar / wie er das vor Gott seinem Herrn / Schöpffer unnd Erlöser / an dem letzten Gerichtstag / auch hie zeitlich vor seiner Herrschafft / Item / vor einer Christlichen Gemein / und sonst vor aller Welt / auß wahrhafftigem grundt / mit freyer Conscientz und gutem gewissen zu verantworten gedencket. [Frankfurt a.M., Nicolaus Bassaeus, 1586, S. 193–202].

Magna Alchymia Daß ist ein Lehr und unterweisung von den offenbaren und verborgenlichen Naturen / Arten und Eigenschafften / allerhandt wunderlicher Erdtgewechssen / als Ertzen / Metallen / Mineren, Erdsäfften / Schwefeln / Mercurien, Saltzen und Gesteinen. Und was der dingen zum theil hoch in den Lüfften / zum theil in der Tieffe der Erden / und zum theil in den Wassern / welche auß dem Chaos oder der Confusion und vermischung Elementischer Substantzen, als Geistlicher / und doch subtiler / noch unbestendiger weiß verursacht / empfangen und radiciert. Intem Onomasticum und Interpretatio oder außführliche Erklerung / Etliche frembde und (bey vielen hochgelarten / die der Lateinischen und Griechischen Sprach erfahren) unbekante Nomina, Verba, Proverbia, Dicta, Sylben / Caracter, und sonst Reden. Deren nicht allein in des theuren Philosophi unnd Medici Aurelii Theophrasti Paracelsi von Hohenheim / Sondern auch in anderer Authorum Schrifften / hin und wider weitleufftig gedacht / welche hie zusammen / nach dem Alphabet verzeichnet. Durch Leonhardt Thurneisser zum Thurn / Churfürstischen Brandenburgischen bestalten Leibs Medicum, menniglichem zu nutz / mit sonderlichem unkosten / vleiß und arbeit am tag geben / Neben Einfürung ettliche hochberümbter Menner Opinionem oder meinungen von dergleichen künstlein und de Lapide Philosophorum. Gedruckt zu Cölln / Durch Johannem Gymnicum / im Einhorn. M.D.LXXXVII.

Historia Und Beschreibung Influentischer Elementischer unnd Natürlicher Wirckungen / Fremden und heimischen Erdgewechssen / auch ihrer Subtiliteten / sampt warhafftiger und Künstlicher Conterfeitung derselbigen / Auch aller teiler / Innerlicher und Eusserlicher glider am Menschlichen Cörper nebend fürbildung aller zu der Extraction dienstlichen lnstrumenten / auch deren gebrauch / und allen zu erhaltung der gesundheit notwendigen Processen gemeinen nutz zu güt / Durch Leonhardt Thurneysser zum Tuhrn [sic!] Churfurstlichen Brandenburgischen bestalten Leibs Medicum beschriben. Gedruckt zu Cölln / Durch Johannem Gymnicum / im Einhorn. M.D.LXXXVII.

Attisholtz oder **Attiswalder Badordnung** / mit einer Beschreibung dieses Bades von Leonh. Thurneisser. 1590.

Prognosticon astrologicum: Auf das Jahr Christi Geburt 1591, Frankfurt am Mayn 1590 [Drucker: Paul Brachfeld]

Wahrhgafftiger bericht Leonhardi Turneussers / jetziger zeit zu Rom. Von der Magia / Schwartzen Zeuberkunst / und was davon zu halten sey / etc. Gedruckt Zu Notopyrgen [Frankfurt a.M.] / Im Jahr 1590.

Alt und New Allmanach / vnd Schreibecalender / sampt verenderung des wetters / mit eingefürter Practica / Auff das Jar nach d'Geburt Jesu Christi / jtzt zu Rom Astro. M.D.L.XXXXI. [Erscheinungsvermerk auf der letzten Seite]:

Gedruckt in verlegung / Johan Frank / Im Jar nach der Geburt Christi M.D.L.XXXXI.

Admonition Oder Warnung An alle Ehr unnd Warheit liebende Menschen. Auß deren eygentlich zu erkennen / daß der falsche LugenKalender / so verschiener Herpstmeß Anno 1590, zu Franckfort und anderswo offentlich verkaufft worden. Dessen Tittel innhalt: Daß denselbigen Calender Thurneysser auff Magische weiß zu Rom / auf das 1591. Jahr calculiert und beschriben / unnd den zu trucken befohlen haben sollte. Er aber ermelter Calender nicht sein / sonder ihme Thurneysser / falscher betrogener und unwarhafftiger weiß / durch etliche Fälscher und Verleumder / trefflich zugemessen worden sey. Samt einer verborgenen tieffsinnigen Practica / so durch das 1591. Jahr sich etlicher Oerter erzeigen sollen. Rorschach am Bodensee / bey Leonh. Straub. Anno M.D.XCI.

Astrologisch Progrosticon, Von Influenz oder Bedeutung aller zusammenfügung vnd Aspecten, auch ferner daraus entspringenden Configurationen des Verbergens und Erscheinens der [...] Sternen und andern Zeichen, so sich zutragen werden [...] / Leonhard Thurneisser. Gedr. Zu Notopyrgen [Frankfurt a.M.] 1592.

Schreibcalender Auff das Jahr 1594. Beschrieben durch Leonhard: Turneiss: zum Thurn Discip: Bern: Hard: Medi: et Astro. [Erscheinungsvermerk auf der letzten Seite]:Gedruckt zu Magdeburgk beim Paul Donat in verlegung Ambrosii Kirchners. 1593

Astrologisch Prognosticon, Von der Influentz oder Bedeutung aller zusammenfügung vnd Aspecten / auch ferner daraus entspringenden Configurationen des verbergens vnd erscheinens der Himlischen Fixen vnd Planeten / Sternen vnd andern Zeichen / so sich zutragen werden in dem Jahr als man zehlet nach Christi Geburt 1594. Darinnen was geschehen und sich ereugnen sol / beydes am Firmament vnd in den Elementen / an menschen / vieh und wachsenden dingen/, angezeiget wird. Neben vleissigen Beschreibung / der Gebresten / vnd Kranckheiten / vnd Pestilentz / so sich in dem Jahr aus einfluß des Himmels entspinnen werden / sampt einer kurtzen beschreibung / des feld vnd ackerbawes, von seen und pflanzen. Gestellet durch Leonhard Thurneisser / D. Philosophum / Medicum & Astronomum. Gedruckt zu Notopyrgen [Frankfurt a.M.] 1594

Astrologisch Prognosticon, von der Influens oder Bedeutung aller Zusammenfügung unnd Aspecten / auch ferner daraus entspringenden Configurationen der himlischen fixen und Planetsternen / vnnd andren Zeichen / so sich begeben in diesem Jahre / als man zelet nach Christi Geburt / M.D.XCVI. Darinnen zu ersehen, was sich diß Jar am Firmament vnd in den Elementen / an Menschen / Viehe / vnd wachsenden dingen / auch was für Kranckheiten sich begeben werden / [...] angezeiget wird. Gestellet / durch Leonhard Thurneysser zum Thurn Discipel / sonsten Heinricus Mattheus / Stettin. Gedruckt zu Erffurth / durch Martin Wittel [... 1595]

Alt und New Calender / sampt Verenderung des Wetters / mit eingeführter Practica auff das Jar Christi 1596. Calcul. Und beschr. Durch Leonh. Thurneisser zum Thurn / etc. [Erscheinungsvermerk auf der letzten Seite]: Gedruckt zu Erfurt / bey Johann Beck.

Reise und KriegsApotheken / Darinnen nicht allein die Beschwerlichsten Kranckheiten an des Menschen Leibe / so ausser und innerhalb Krieges / die Menschen zubefallen pflegen / vermeldet / Sondern auch die geheimen und fürtrefflichsten Medicamenta Chimica, an Tincturen, Essentien, Oelen / Magisterien, Elixiren, Arcanen, Extracten, und dergleichen / nach ihren kräfften / gebrauch und paeparationen beschrieben werden. Wie sie der Ehrnvheste und Hochefahrne Herr Leonhard Thurneisser zum Thurn / weiland Chruf. Brandenb. Betalter Leibmedicaus an Keiserlichen / Königlichen / Chur und Fürstlichen / Auch andern fürnemen Personen / viel Jahre mit grossem nutze und lob practiciret / und gebraucht hat. Durch Agapetum Kozerum Austropedium. Liebhabern der Chimischen Artzney / deme sie vertrawlich zugestellet / Männiglich zugutem in druck verfertigt. In vorlegung Jacob Apels / Buch: in Leipzigk. Anno Christi M.DC.II.

Zehen Bücher **Von kalten / Warmen / Minerischen und Mettalischen Wassern.** Samt deren Vergleichung mit den Plantis oder Erdgewächsen. Durch Leonhart Thurneissern zum Thurn mit grosser Mühe und Arbeit / gemeinem Nutz zu gut an Tag gegeben. Itzundt Aber auffs new durchsehen an vielen Orten / Jdoch [sic!] ohn Schmelerung des Authoris Texts corrigirt und vergessert. Dem ein kurtze Beschreibung des Selbacher Brunnens oder Badts / Samt ettlichen Fragen vom Sauerbrunnen hinzugethan. Durch Joannem Rudolphum Saltzman Med. Doct. zu Straßburg. Straßburg In Verlegung Lazari Zetzners / Anno M.DC.XII.

Methodus brevis et dilucida. Von Rechter und warhaffter Extraction der Seelischen und Spiritualistischen Kräfften / aus allerley Kräutern / Baumfrüchten / Blumen / Samen / Mineren und Edelgesteinen / etc. Nach der Erkentnis ihrer einverleibten Qualiteten und Complexionen, wie auch ordentliche Gradus, kürtzlich beschrieben / Durch Leonhard Thurneyser zum Thurn / auff einer K. Fürstlichen Person bitten und begeren kurtz vor seinem Tode. Wittenberg / In verlegung Clement Bergers Buchh. Im Jahr M.DC.XIX.

Währungen im 16. Jahrhundert

In der zweiten Hälfte des 16. Jahrhunderts waren die am meisten verbreiteten Münzwährungen in Norddeutschland Taler und Groschen und in Süddeutschland Gulden und Kreuzer. Durch die Reichsmünzordnung von 1559 war der silberne Reichsguldiner zu 60 Kreuzern geschaffen worden, womit sich Deutschland in die Taler- und die Guldenländer schied.[582]

Die nachstehende Auflistung von Währungen zur Lebenszeit Thurneyssers bezeichnet lediglich die in der angegebenen Literatur am häufigsten genannten Münzen.

Batzen: Der Batzen entsprach 16 Pfennigen. Seine Prägung wurde 1535–1536 in Süddeutschland eingestellt, und in der Ostschweiz wurde er vom Groschen stark verdrängt. Er war aber von der Innerschweiz bis ins Wallis und von Basel bis Neuenburg verbreitet. In Bern wurde er ab dem 15. Jahrhundert bis zur Mitte des 19. Jahrhunderts geprägt.

Dukaten (Abk. Duc.): Diese ca. 3,5 g schwere Goldmünze war in ganz Europa verbreitet. In Deutschland wurde sie 1559 zur Reichsmünze erklärt und war bis 1857 gültig.

Groschen (Abk. G oder g): Für den Alltag hatte diese große Silbermünze (lat. grossus = dick, denarius grossus = dicker Pfennig) nördlich der Alpen die größte Bedeutung. Bis in die zweite Hälfte des 16. Jahrhunderts war ein Groschen 1/24 des Goldguldens, ab 1559 entsprachen 20 Groschen oder 75 Kreuzer einem Goldgulden. Groschen wurden als große Silbermünzen wie der Schilling geprägt. Ein Groschen hatte den Wert von 12 Pfennigen.

Gulden (Abk. fl, auch f. oder FL): Der Rheinische Gulden setzte sich im Heiligen Römischen Reich Deutscher Nation als Handelsgeld durch, mit dem die Pfennige der verschiedenen Landeswährungen in Beziehung gebracht wurden. Auch Schilling und Heller in Gold wurden beim Großhandel zur Vermeidung der Entwertung rechnungsmäßig notiert; sie wurden aber nicht als Münzen geprägt. Der sogenannte Apfelgulden, auf dem der Reichsapfel geprägt war, und der Rheinische Gulden waren wertgleich.

Heller (Abk. h, hl. oder Hlr.): In Kurhessen wurde der Silbergroschen in 12 Heller eingeteilt, so dass der Heller dem preußischen Pfennig wertgleich war. Sonst aber entsprach ein Heller ½ Pfennig. Entsprechend waren Dreiheller 1½ Pfennige. Dreiheller wurden im Sachsen-Gotha'schen als 1½-Pfennigstücke geprägt.

Kreuzer (Abk. Kr.): Der Kreuzer verbreitete sich im 16. Jahrhundert im gesamten Süden des deutschen Sprachraums. Das Reichsmünzgesetz von 1551 machte ihn zur Einheit für das kleine Silbergeld. 72 Kreuzer entsprachen einem Goldgulden. In den meisten Währungssystemen der süddeutschen Region galt: 8 Heller = 4 Pfennige = 1 Kreuzer und 4 Kreuzer = 1 Batzen. In den süddeutschen Staaten mit Guldenwährung ergaben bis 1872 60 Kreuzer einen

Gulden. Demgegenüber war in Norddeutschland der Groschen bzw. Schilling die gebräuchliche Kleinmünze oberhalb des Pfennigs.

Mark (Abk. M(k), mc, mrc, m mit kleinem a drüber, oder m und schräges l in Schreibschrift): Die Mark war ursprünglich eine Gewichtseinheit von Silber. Unter Führung von Lübeck prägten die Hansestädte um die Wende zum 16. Jahrhundert erstmals große Silbermünzen, die sie »Mark« nannten. Mark und Gulden wurden bis 1532 mit gleichem Münzbildnis und gleichem Feingehalt geprägt.

Pfennig oder **Pfenning:** (Abk. Pf.): 12 Pfennige bildeten in der Regel einen Groschen.

Pfund (Abk. lb): Aus einem Pfund Silber wurden etwa 240 Pfennige geprägt. (Im Mittelalter wog das Pfund je nach Region zwischen 408 und 487 g.)

Schilling (Abk. ß): 1 Schilling = 12 Pfennige. Der Schilling entsprach in etwa einem Groschen.

Scudo d'Oro oder **Schildthaler**: Diese Geldstücke wurden in Italien hauptsächlich als Rechnungsmünzen (Scudo di Cambio) zur Buchführung und Wechselzahlung verwendet. Daneben wurden sie in Italien als Schaumünzen zu Repräsentationszwecken mit hohem Nominalwert geprägt.

T(h)aler (Abk. Thl., th., tlr.): Der Taler war eine Groß-Silbermünze, die 1484 erstmals in Tirol geprägt wurde. Er entsprach damals dem Wert eines Guldens. 1 Reichstaler enthielt nach dem Münzfuß von Augsburg (1566) 25,984 g Feinsilber.

Anhang

Anmerkungen

Vorrede

1. Gilen ist eine alte Bezeichnung für Gauner.
2. Gemäß Gesetz von 1482 durften die Mäntel der Dirnen nicht länger als eine Spanne unterhalb des Gürtels messen, damit man die Huren nicht für ehrbare Frauen hielt.
3. Hosen waren im alten Basel Mangelware. In einem Gesetz von 1506 heißt es: »Wer auf die Stube [Zunftstube] zehren gehet, ohne Hosen, er habe denn einen langen Rock an, dass man ihm die Beine nicht sehen möge, der gibt sechs Pfennige zur Besserung.«, zit. n. Osenbrüggen, Eduard: *Studien zur deutschen und schweizerischen Rechtsgeschichte,* Schaffhausen 1868, S. 399
4. Der Begriff Rotwelsch bezeichnet den im Spätmittelalter aufgekommenen deutschen Jargon der Unterschichten, der zeitlich und lokal verschiedene Ausprägungen hatte. Damit grenzten sich die Bettler, Gauner und Fahrenden sowie die Vertreter der »unehrbaren Berufe« von den Bürgern ab.
5. Achtburger bildeten im alten Basel eine Gruppe nichtadeliger Partrizier.
6. Pantaleon, Heinrich: *Teutscher Nation Heldenbuch: Inn disem werden aller Hochverümbten Teutschen personen, Geistlicher und Weltlicher, ... Leben und nammhafftiger thaten gantz warhafftig beschrieben ... Erstlich durch den Hochgelehrten H. Heinr. Panthaleonem zu Latein zusammengezogen [...],* Basel 1571, zit. n. Prijs, S. 5
7. Ebd.

Der Anfang vom Ende

8. »Das Große Werk« bezeichnet in der Alchemie die Herstellung des Steins der Weisen.
9. »Roter Löwe« war in der Sprache der Alchemisten eine der vielen Bezeichnungen für den Stein der Weisen.
10. Freundlicher Hinweis von Diethelm Eikermann auf eine Kölner Zeitungsnotiz aus dem Jahre 1596.
11. Nach noch unveröffentlichten Forschungsarbeiten von Diethelm Eikermann, Köln, ist die Frage, ob Thurneyssers letzter Wunsch, neben Albertus Magnus bestattet zu werden, tatsächlich erfüllt wurde, unlängst geklärt worden.
12. Sighart, S. 267
13. Grabmann, S. 1806
14. Petzold, 1999, Sp. 253ff.
15. Albertus Magnus: *Das buch der versamlung: oder das buch, der heimligkeiten Magni Alberti, von artzney und tugenden der Kreüter, unnd edelgestein, und von etlichen wolbekanten thieren,* Straßburg 1516, o.S.
16. Wisser, S. 42
17. www.jadu.de/mittelalter/magie/a_magnus.html. Zuletzt abgerufen am 21.06.2011.
18. Pauly, Michael: *Der Sagenschatz des Rheinlandes: nach den ältesten schriftlichen Quellen und dem Volksmunde,* Köln o.J., S. 103ff., zit. n. Petzoldt, 1999, Sp. 258

19. Petzold 1999, Sp. 256
20. Petzold 1999, Sp. 256
21. Anonym, 1965
22. Petzold, 1999, Sp. 257
23. Magnus, Albertus, S. 1
24. Von der auf 41 Bände angelegten *Editio Coloniensis* sind bis 2003 erst 15 Teilbände und ein Ergänzungsband erschienen.
25. Der Name Bombastus hat nichts mit dem Adjektiv »bombastisch« zu tun, sondern bezieht sich auf die Abstammung aus einem alten schwäbischen Adelsgeschlecht, das ihren Sitz in Hohenheim bei Stuttgart hatte. Siehe Bittel, Karl: *Münchner medizinische Wochenschrift,* Nr. 16, München 1942, zit. n. Pagel, S. 6
26. Müller, 1995, S. 699
27. Paracelsus: *Grosse Wundartzney [...] Theil Der grossen Wundartzney deß weitberhümpten, bewerten, vnnd erfahrnen, Theophrasti Paracelsi von Hohenheim, der Leib vnnd Wundartzney Doctoris,* Frankfurt 1562, zit. n. Benzenhöfer, S. 32
28. Pagel, S. 20, betont, dass Paracelsus in Basel von den städtischen Behörden und nicht von der Universität angestellt wurde.
29. Wurstisen, Christian: *Baszler Chronick / Darinn alles, was sich in Oberen Teutsche Landen, nicht nur in der Statt vnd Bistumbe Basel, von jhrem Vrsprung her, nach Ordnung der Zeiten, in Kirchen vnd Welt händlen, biß in das gegenwirtige M.D.LXXX Jar, gedenckwirdigs zugetragen; Sonder auch der Eydtgenossenschafft, Burgund, Elsaß vnd Breißgow, als beyligender Landtschafften ... warhafftig beschrieben; sampt vieler Herrschafften vnd Geschlechtern Wapen vnd Stammbäumen; Neuwlich auß vnzalbarlicher menge Scribenten [...] zusamen getragen,* Basel 1580, S. 1. c. S. dlv. Mit der Bücherverbrennung ahmte er wohl Luther beim Verbrennen der Bannbücher und der kanonischen Rechtsbücher nach.
30. Die in zahlreichen biographischen Beiträgen kolportierten Bemerkungen über die Alkoholkrankheit Paracelsus' geht auf Äußerungen seines ehemaligen Famulus Johannes Oporinus zurück, die von der modernen Forschung stark in Frage gestellt werden. Heute wird das merkwürdige Verhalten des Hohenheimers, das bisweilen als Trunkenheit gedeutet wurde, mit dem übermäßigen medizinischen Konsum von Quecksilber erklärt. Siehe Classen, S. 15, 151 und 167
31. Ebd., S. 20
32. Die Stellung Paracelsus' in Basel wurde durch den plötzlichen Tod des Humanisten und Druckers Johann Froben im Oktober 1527 geschwächt, der sich nach einer erfolgreichen Behandlung als Förderer von Paracelsus gezeigt hatte. Siehe Pagel, S. 21
33. Adelung, a.a.O.
34. Ebd., S. 238
35. Einzelne Biographen wie Franz Rueb verorten seine Wohnstätte sogar im Haus des Scharfrichters.
36. Wunder, S. 214 f.
37. Zit. n. Rueb, S. 126
38. Böhme, Hartmut: *Die Krankheiten wandern hin und her, soweit die Welt ist. Lebenswege des Arztes Paracelsus,* in: Zimmermann, Volker (Hrsg.): *Paracelsus: das Werk, die Rezeption: Beiträgedes Symposiums zum 500. Geburts-*

tag von Theophrastus Bombastus von Hohenheim, genannt Paracelsus (1493–1541) an der Universität Basel am 3. and 4. Dezember 1993, Stuttgart 1995, S. 67ff.
39. Priesner/Figala S. 361
40. Ebd., S. 30
41. Rueb, S. 128
42. Böhme, S. 127
43. Zit. n. Münkler/Münkler, S. 312
44. Rippe, S. 12
45. Vermutlich litt Paracelsus an einem Andrenogenitalen Syndrom (AGS).
46. Huser, S. 127

Von Rosenkreuzern und Pfandleihern
47. Das von Thurneysser selbst angegebene Datum entspricht nach dem heutigen Gregorianischen Kalender dem Samstag, 1. August 1531. Geburts- und Taufdatum sind in den Quellen widersprüchlich und in der Literatur umstritten. Vgl. Boerlin, S. 11[3]f.
48. Die Reformation wurde in Basel 1529 offiziell eingeführt. Als Thurneysser 1531 getauft wurde, diente die St. Leonhardskirche sowohl dem reformatorischen als auch dem katholischen Gottesdienst. Vgl. Burkhardt, Jakob: *Kurze Geschichte der Reformation in Basel,* Basel 1818, S. 75
49. Auslöser dieses Raubzuges war die Ermordung von zwei eidgenössischen Standesläufern durch die französische Garnison von Lugano.
50. Staatsarchiv Basel, Polit. M. 1 Nr. 116, zit. n. Vetter, S. 112
51. Der Vorname Lienhard ist die alemannische Form von Leonhard.
52. Wilhelm (* 1504), Lienhard (* 1506), Kaspar (* 1489), Ludwig (* 1486) und Katharina (* 1481). Hans Ulrich (1486–1527) gilt als Stammvater der heute lebenden Basler Familien Thurneysen. Eine Linie stammt von Leonhards und Alexanders Cousin Hans Wilhelm (* 1528) ab, die andere von Alexander (* 1521). Direkte Nachkommen Leonhards (* 1531) sind nicht festzumachen. (Genealogische Angaben von Dr. André Thurneysen, Fribourg, 12.04.11.)
53. Als Reisläufer wurden Schweizer Söldner bezeichnet. Das Wort »Reis« ist vom Verb »Reisen« abgeleitetet und bezieht sich in diesem Zusammenhang auf Kriegsreisen, d.h. Kriegszüge.
54. Amerbachkorrespondenz, Bd. 6, Basel 1967, S. 249. Er nannte sich bald Georg von Horb, Burger von Basel, bald »Jörg Gläser, genant Sternensecher, von Horb«.
55. Die Bevogtung (= Bevormundung) wurde von Witwen und verlassenen Frauen, die in wirtschaftliche Not geraten waren, meist selbst beantragt. Die Bevogtung wurde bis 1880 üblicherweise von den Zünften geregelt.
56. Wenning, S. 21
57. Tenorth, S. 61
58. van Dülmen, 1994, Bd. 1, S. 102
59. Platter, S. 10f. Vgl. Le Roy Ladurie, S. 33 ff.
60. Zit. n. Scherling, S. 12
61. Kulischer, S. 10
62. Die früher auch Spring-Wolfsmilch genannte Pflanze ist aufgrund der Darstellung der gekreuzt gegenständigen Blätter klar identifizierbar.
63. Boerlin, S. 53. Vgl. Landolt, Elisabeth/Tanner, Paul, in: Hiltbrand, S. 485
64. Buxtorf-Falkeisen, S. 67
65. Ebd., S. 67

66. Zit. n. Ariès, 2007, S. 280f.
67. Ebd., S. 189
68. Sennett, S. 87
69. Mascher, S. 337
70. Bekannt ist, dass der aus Solothurn stammende Goldschmied, Kupferstecher und Glasmaler Urs Graf d. Ä. (1485/90 bis um 1529) im Jahre 1512 bei den Hausgenossen zünftig wurde und etwa zwei Jahre später als Stubenmeister amtete.
71. Zu den Achtburgern gehörte im alten Basel eine Gruppe nichtadliger Patrizier aus der Kaufmannschaft. Ihre Bezeichnung leitet sich von der Tatsache ab, dass diese Gruppe von 1212 bis 1515 mit jeweils acht Vertretern im Rat der Stadt Basel vertreten war.
72. Als Leonhard Thurneysser auf die Welt kam, war die Macht der Wechsler bereits gebrochen. Denn 1533 wurden alle privaten Wechslerläden zugunsten des staatlichen Geldhandels geschlossen.
73. Die volkstümliche Bezeichnung »Wipper und Kipper« entstand anlässlich der Münzentwertung während des Dreißigjährigen Kriegs.
74. Palla, S. 163
75. Geigy, a.a.O.
76. Der Münzfuß legte die Menge Silber fest, die in Münzen eines bestimmten Nennwertes enthalten sein musste.
77. Krünitz, 19. Teil, S. 380ff. www.kruenitz1.uni-trier.de. Zuletzt abgerufen am 06.06.2011.
78. Anonym: *Das Züchtigungsrecht des Lehrherrn,* in: *Journal der Goldschmiedekunst,* Bd. 25, Leipzig 1904, S. 4
79. Behrens, S. 3. http://books.google.ch/books?id=0eO3CHENUm0C&pg=PA14&dq=Lehrvertrag+and+Mittelalter&lr=&as_brr=3&cd=22#v=onepage&q&f=false. Zuletzt abgerufen am 06.06.2011.
80. Sprüche 6,26, zit. n. *Zürcher Bibel,* 2007. Bridel verwechselt die Nummer des zitierten Spruchs, indem er VI,23 statt VI,26 vermerkt. Vgl. Sprüche 6,26 und Bridel, S. 179
81. Hofmeier, 2007
82. Budik, S. 101
83. Schünemann-Pott, S. 69
84. Sünner, S. 28ff.
85. Lamprecht, S. 19
86. Oslo, S. 54f. Zur Geschichte der Freimaurerei siehe auch Peuckert, 1951, S. 579ff.
87. Sebottendorf, a.a.O.
88. Die Aussage von Sebottendorf ist kritisch zu beurteilen, zumal die freimaurerischen Ursprünge vor der Gründung der ersten Schweizer Loge 1736 in Genf unklar sind.
89. Anonym [Andreae], a.a.O. Ebenfalls bei Wessel in Kassel erschien 1915 eine 111 Seiten starke Ausgabe unter dem Titel *Fama Fraternitatis R. C. Das ist Gerucht der Brüderschafft des Hochlöblichen Ordens R. C. An alle Gelehrte and Heupter Europae. Beneben deroselben Lateinischen Confession, Welche vorhin in Druck noch nie ausgangen, nuhnmehr aber auff vielfältiges nachfragen, zusampt deren beygefügten Teutschen Version zu freudtlichen Befallen, allen sittsamen guthertzigen Gemühtern wolgemeint im Druck gegeben and communiciret. Von einem des Liechts, Warheit, and Friedens Liebhabenden and begierigen Philomago.*
90. Anonym [Andreae], a.a.O.
91. Oslo, S. 131
92. www.hermetik.ch/ath-ha-nour/site/hermetikfama.htm. Zuletzt

abgerufen am 23.04.11.
Vgl. Peuckert, 2005, S. 567ff.

93. Jaumann, S. 481
94. Die durch ihre Eigenwerbung bekannt gewordenen Rosenkreuzergemeinschaften wie die Internationale Schule des Rosenkreuzes, das Lectorium Rosicrucianum, der Antiquus Mysticum Ordo Rosae Crucis AMORC oder die Gemeinschaft Sivas sind keine historisch gewachsenen Geheimbünde. Sie konstituierten sich alle im 20. Jahrhundert.
95. Schick, Hans: *Das ältere Rosenkreuzertum. Ein Beitrag zur Entstehungsgeschichte der Freimaurerei,* Berlin 1942, S. 298 a.a.O.
96. Thurneysser, 1574, a.a.O.
97. Zit. n. Sebottendorf, a.a.O., S. 42
98. Der Charlottenburger, auch »Charly« genannt, heißt sowohl das Tuch des Wandergesellen zum Einpacken seiner Habe als auch das fertiggeschnürte Bündelchen. Schweizer Wandergesellen verwendeten indessen vorzugsweise einen »Felleisen« genannten ledernen Rucksack.
99. Lowe, S. 3
100. Die Schützen wurden auch Einspänniger genannt, um sie von den gepanzerten, zur Kavallerie gehörenden Schützen zu unterscheiden, die auf Rüst-, Munitions- und Ritterwagen gefahren wurden. Vgl. Hortleder, Friedrich: *Der Römischen Keyser- Und Königlichen Maiesteten, Auch des Heiligen Römischen Reichs Geistlicher. Von den Ursachen des Teutschen Kriegs [...],* Frankfurt a.M. 1617, Bd. II, S. 797, zit. n. Moehsen, S. 43
101. Grieb, S. 978
102. Thurneysser, Leonhard: *Verzeichnis und Beschreibung etzlicher Kreuther, Stauden und Früchten, so fürnemlich in Lusitania befunden, bey uns nicht viel oder gar wenig gesehen werden. Zu Lissabon angefangen, Anno Christi 1555 und 1556*
103. Handschrift, Staatsbibliothek zu Berlin – Preußischer Kulturbesitz, Ms. germ. fol. 97, Thurneysser, Leonhard: *Naturbeschreibung Portugals, verschd. pflanzenkundliche u. geographische Texte,* o.O. 1555/1558. Vgl. Degering, S. b11
104. Ebd., S. 87. Seine Beziehungen zu den Basler Humanisten brachten Damião de Góis kein Glück. Er geriet in die Mühlen der von König Dom João III. eingeleiteten Inquisition, wurde 1571/72 der Häresie angeklagt und eingekerkert.
105. De Fischer, S. 150
106. Oliveira de, S. 105. Gemäß der ersten Volkszählung Portugals (1527 und 1532) zählte Lissabon zwischen fünfzig- und fünfundsechzigtausend Einwohner.
107. Präsidium des Königlichen Landes-Oeconomie-Collegiums (Hrsg.), S. 336f.
108. Hornstein, Anton: *Der Tabak in historischer, finanzieller und diätetischer Beziehung, mit einer Blumenlese; als ein Taschenbuch für Freunde und Verehrer desselben,* Brünn 1828, S. 10
109. Heege, S. 31ff.
110. Der Begriff »Kammeralherrschaft« bezieht sich auf die dem Landesherrn gehörenden Landgüter, die von der Hofkammer verwaltet wurden.
111. Ein eigentlicher Nachname ist deshalb nicht verzeichnet, weil Juden zu diesem Zeitpunkt meist nur einen Vornamen trugen, dem der Vorname des Vaters mit einem verbindenden »Ben« (= Sohn) beigefügt wurde.

112. Handschrift F. 139r–205v *»Manuskripta Borussica«: Briefe an Leonhard Thurneisser von dem Rath, von seinen Freunden, Bekannten und Landsleuten aus Basel. Thurneisser's Familien- und sonstige Verhältnisse etc. betreffen. ...* Darin u. a.: (f.140r–141v) Ein Brief, unterzeichnet »Jonas Jud zu Wyl« [...] Vgl. Döhn, S. 63. Vgl. Spitzer, S. 17
113. www.altbasel.ch/dossier/juden_basel.html. Zuletzt abgerufen am 06.06.2011.
114. Kramer, Ernst: *Das Dorf und seine Kapelle,* in: *Das Dorf Wil und seine Kapelle,* 1975, o.S. Die zum Fricktal gehörenden Gemeinden Vorderösterreichs wurde von einer Abordnung regiert, die in Rheinfelden ansässig war. Die Dörfer hatten das Recht, eine eigene Gemeindeabordnung zu wählen. Diese bestand aus zwei Zehntenvögten.
115. Stumpf, Johannes: *Chronik der Alten Eidgenossenschaft von 1547/48,* zit. n. Leu, S. 632ff. http://thata.net/thatabludok16.html. Zuletzt abgerufen am 06.06.2011.
116. Vgl. Kupfer, a.a.O.
117. Herberstein von, a.a.O. Zahlreiche Nachdrucke, unter anderem eine in Basel bei Johannes Oporinus 1571 gedruckte Neuauflage.
118. Heute Brody (Polen).
119. Thurneysser, zit. n. Morys, S. 107[32]
120. Gittermann, S. 188f.
121. Buchau, Daniel von: *Moscoviae Ortus et Progressus,* Ausgabe der Russischen Historischen Gesellschaft, Moskau 1877, S. 71, zit. n. Gittermann, S. 189
122. Figurovskij, S. 354
123. Ebd., S. 362
124. Ms. Bor. Fol. 686, Bl. 141r., zit. n. Spitzer, S. 17
125. Dirlmeier, Ulf: *Untersuchungen zu Einkommensverhältnissen und Lebenshaltungskosten in oberdeutschen Städten des Spätmittelalters (Mitte 14. bis Anfang 15. Jahrhunderts),* Heidelberg 1978, S. 404, zit. n. Roeck, S. 53
126. Stolleis, S. 491. Konstanz war um die Mitte des 15. Jh. eine mittlere Stadt von der Größe von Zürich und Bern. Straßburg, Ulm, Augsburg und Nürnberg waren viermal größer.
127. Pahl, S. 140

Bergwerker im Tirol

128. Thurneysser zählt Jeremias Meyer in einem »Ausschreiben« zu seinen Konstanzer Freunden.
129. Vgl. Seifart, S. 759. Ende des 18. Jahrhunderts ging es mit der Tiroler Wirtschaft bergab. Der vergleichsweise geringe Metallgehalt der Erze und die schlechten Anfahrtswege zu den Abbaugebieten brachten den Bergbau allmählich zum Stillstand. Die ehemaligen Bergleute aus Tarrenz und Imst fanden aber bald eine neue, lukrativere Erwerbsquelle: Sie züchteten Kanarien- und andere Singvögel und betrieben damit einen schwunghaften Handel in ganz Europa.
130. Vgl. Anonym: *Der schöne Bergbau. Vom beruflichen Können des Dichters Novalis,* NZZ online vom 02.09.2006. www.nzz.ch/2006/09/02/li/articleEDTFG.html. Zuletzt abgerufen am 25.03.2011.
131. Agricola, Georgius: *Zwölf Bücher vom Berg- und Hüttenwesen,* Düsseldorf 1961, [Neuauflage München 1977], S. 1, zit. n. Suhling, S. 294

132. Die Fieger oder Füger bzw. Füeger von Hirschberg sind ein altes Tiroler Adelsgeschlecht. Sigmund Fieger gehört somit nicht zu den untenerwähnten Augsburger Fugger, die erst ab 1522 als Bergbauunternehmer im Tirol aktiv waren. (Freundlicher Hinweis von Herrn Franz Karg M.A., Fugger-Archiv, Dillingen)
133. Gantenbein, S. 55ff.
134. Da eine österreichische Meile 7,25 km beträgt, handelt es sich hier um eine Distanz von etwas über 40 km.
135. Srbik von, Robert R.: *Bergrevier Sterzing-Gossensass,* in: www.sagen.at/doku/bergbau/Bergrevier_Sterzing_Gossensass.html. Zuletzt abgerufen am 28.04.11.
136. Hoke, S. 186
137. Als Gewerken wurden jene Personen bezeichnet, die Anteile an den Grubenbauten besaßen und diese auf eigenes Risiko betrieben. Sie waren selbst keine Bergmänner, sondern kauften das von den Lehenschaften geförderte Erz und verschmolzen es. Sie konnten auch Bergleute, sogenannte Herrenhauer, beschäftigen. Vgl. http://members.kabsi.at/seeau/Encyclopaedia/LinienMuetter/Familie-Fieger-Hirschberg.htm. Zuletzt abgerufen am 07.06.2011.
138. Pauser, Josef et al. (Hrsg.): *Quellenkunde der Habsburgermonarchie (16.–18. Jahrhundert),* Wien/München 2004
139. Vgl. Klein, S. 190ff. Leonardo da Vinci hatte sich allerdings bereits 1507 und 1508 in den Leichenkammern des florentinischen Krankenhauses Santa Maria Nuova über das päpstliche Sektionsverbot hinweggesetzt und Leichen untersucht.
140. Lessing, S. 408
141. Der Begriff »Theater« für die Bezeichnung eines Operationssaales hat sich in der englischen Sprache bis heute erhalten.
142. Klappbilder fanden auch Einzug in Pilgerberichte. 1608 veröffentlichte Salomo Schweigger ein Klappbild, das Einblick in die Enge der Engelskapelle des Heiligen Grabes gewährte. Vgl. Krüger, S. 197
143. Michelspacher, Stephan: *Pinax Microcosmographicus hoc est, Admirandae Partium Hominis Creaturarum Divinarum praestantissimi Universarum Fabricae, Historica brevis at perspicua Enarratio,* Augsburg 1615
144. Spitzer, S. 84
145. Die von Vesal sezierte Leiche gehört noch heute zum Sammlungsbestand der Universität Basel.
146. Johannes Oporin, ein Neffe des berühmten Basler Medizinprofessors Theodor Zwinger d.Ä., war mit Basilius Amerbach verschwägert. Das Amerbach-Kabinett umfasste eine Sammlung weltberühmter Gemälde, den Nachlass von Erasmus von Rotterdam sowie rund neuntausend Bücher.
147. Mit »Ehe zur linken Hand« bezeichnete man die morganatische Ehe – eine im europäischen Adel bestimmte Form der Ehe, die bei standesmäßig ungleichen Partnern geschlossen wurde.
148. Ilg, a.a.O.
149. Mit »ehrlich« war im 16. Jh. »ehrreich« gemeint.
150. Vgl. Primisser, S. 14ff.
151. Bredekamp, S. 38f. Zum Thema »Kunstkammern« siehe auch:

Gutfleisch-Ziche, Barbara/Menzhausen, Joachim: *How a Kunstkammer should be formed. Gabriel Kaltemarckt's advice to Christian I of saxony on the formation of an art collection,* in: *Journal of the history of collections,* Oxford 1. 1989, S. 3ff.
152. Von Schlosser, S. 35
153. Scheicher, 1979, S. 31
154. Ebd. S. 69
155. Giese, S. 31
156. Zschokke, Heinrich: *Miszellen für die neueste Weltkunde,* Aarau 1811, S. 174
157. Montaigne, Michel de: *Über die Menschenfresser,* in: *Essais.* Erste moderne Gesamtübersetzung von Hans Stilett, Frankfurt a.M. 1998, S. 115, zit. n. Blom, S. 36
158. Ebd., S. 37
159. Gies McGuigan, S. 219f.
160. Schreiber, S. 150
161. Bridel, S. 182
162. Germana, Ernst: *»Veritatis amor dulicissimus«. Aspetti dell'astrologia in Cardano,* in: Kessler 1994, S. 161ff.
163. Ebd., S. X
164. Campi, S. 41ff.
165. Der bayrische Maler und Zeichner Hans Mielich porträtierte Graf Ladislaus von Fraunberg zu Haag mit allen Insignien eines Renaissancefürsten, begleitet von einem imposanten Panther. Das Ölbild aus dem Jahr 1557 befindet sich heute in der Vaduzer Kunstsammlung des Fürsten von Liechtenstein.
166. Zit. nach Moehsen, 1783, S. 60
167. Vollständiger Titel der deutschen Erstausgabe (Basel 1557) von Georgius Agricolas Hauptwerk: *Vom Bergkwerck XII Bücher darinn alle Empter, Instrument, Gezeuge unnd alles zu disem Handel gehörig mitt schönen figuren vorbildet und klärlich beschriben seindt.*
168. Marx, Günter: *Chemie zur Zeit Agricolas,* Chemnitz 1999, S. 3, www-user.tu-chemnitz.de/~fna/05marx.pdf. Zuletzt abgerufen am 07.06.2011.
169. Reimer, S. 92
170. Die Schwefelziegel wurden dem Zeughaus in Innsbruck zur Produktion von Schießpulver verkauft. Moehsen, S. 60, vermerkt, dass die Kammer in Innsbruck mit Thurneysser übereinkam, den Zentner geläuterten Schwefel mit vier Floren zu bezahlen.
171. Ebd.
172. Durch grüne Schwefelbakterien (Chlorobien) verursachte Verfärbung.
173. Da der alte österreichische Zentner 56 kg entspricht, handelt es sich um über 2,2 t Schwefel.
174. Bugge, 1940, S. 102
175. Für Sprengarbeiten im Bergbau wurde Sprengsalpeter verwendet, der mit Natriumnitrat statt mit Kaliumnitrat hergestellt wurde.
176. Schwarzpulver besteht aus 75 (Massen)-Prozent Salpeter, 15 Prozent Holzkohle und 10 Prozent Schwefel.
177. Der Berg heißt heute Sparketgrat.
178. Belegt ist dieser Feuerschaden durch ein Schreiben der Tiroler Regierung vom 13. Juni 1564 an die Zöllner am Fernpass. Darin wurden sie über das Unglück informiert. Zit. n. Bugge, 1940, S. 102
179. Gemäß Bugge (1940) geht aus den untersuchten Archivalien in Innsbruck nicht klar hervor, ob sich das Darlehen auf 120 oder 220 Gulden belief. S. 102

180. Moehsen, S. 60. Der Autor spricht von S. Bartholomäi in Tirol. Hierbei dürfte es sich um eine Verwechslung mit dem Bergbaugebiet von Bartholomäberg in Vorarlberg handeln, das von Tirol aus verwaltet wurde.
181. Autorenkollektiv: *Meyers Konversations-Lexikon,* zit. n. www.retrobibliothek.de/retrobib/seite.html?id=106963, S. 0477f. gibt weiterführende Informationen über Goldgewinnung aus geschwefelten Erzen.
182. Als »Grand Tour« bezeichnete man von der Renaissance bis ins 19. Jahrhundert ausgedehnte Bildungsreisen des europäischen Adels und des gehobenen Bürgertums, die auch ins Gelobte Land führen konnten.
183. Bugge, 1940, S. 102
184. Bugge und Boerlin missverstehen den Satz von Moehsen (1783), S. 60: »Thurneysser rühmt sich, daß er 1568 in Ungarn bei der kaiserlichen Armee, [..] große Kuren und besonders in der Bräune verrichtet hätte.« »Kuren« sind in diesem Zusammenhang nicht wie angenommen Heilkuren, sondern Einheiten einer Grube (1 Grube = 128 Kure). Und »Bräune« bezeichnet hier nicht die Dyphterie, sondern Braunerz (Spateisenstein). Vgl. Ferber, S. 6
185. Bugge, 1940, S. 102
186. Ms. bor. 2r–14v
187. Ms. bor. fol. 687, Bl. 8r
188. Der Autor verdankt die Transkription dieser Briefe sowie wertvolle Anregungen Dr. Gabriele Kaiser-Spitzer, wissenschaftliche Mitarbeiterin der Staatsbibliothek zu Berlin – Preußischer Kulturbesitz, Juni 2011.
189. Inventar-Nr. A 73. Freundliche Information von Dr. Matthias Pfaffenbichler, Kurator, Kunsthistorisches Museum Wien, Juni 2011.

Wallfahrt mit Grabesrittern

190. Leu, S. 61. Vgl. Zedler, Bd. 43, Sp. 2007
191. Bugge, 1949, S. 102
192. Thurneysser, *Ausschreiben, Alexander Thurneysens Handlung,* S. 18, zit. n. Boerlin, S. 42[139]
193. Davis, S. 190
194. Thurneysser, *Ausschreiben, Alexander Thurneysens Handlung,* a.a.O.
195. Boerlin, S. 42f.
196. Neuauflagen von Hans Tuchers Pilgerführer erschienen 1482 bei Zeninger in Nürnberg, 1484 bei Knoblochtzer in Straßburg und 1486 bei Anton Sorg in Augsburg.
197. Herz, S. XIV.
198. Reichert, 2005, S. 11
199. Dorninger, S. 6f.
200. www2.tu-berlin.de/fb1/AGiW/Auditorium/LaVoSprA/SO5/Strabo.htm#Anchor-Beschreibung–14210. Zuletzt abgerufen am 11.07.2010.
201. Reichert, 2001 S. 103
202. Ebd., S. 104
203. Moehsen, S. 34
204. Magnus Erlendsson herrschte um 1100 über einen Teil der Inselgruppe. Nachdem er von seinem Rivalen Harke Paulsson ermordet wurde, sollen an seinem Grab Wunder geschehen sein. Magnus wurde 1135 kanonisiert. Die ab 1137 errichtete Domkirche wurde ihm nach der Fertigstellung geweiht.
205. Das Templersymbol der Rose des Lebens wurde im 11. Jahrhundert während der Kreuzzüge

geschaffen. Das Symbol ehrt die gefallenen Kreuzfahrer. Es steht für die Wiederauferstehung Christi sowie für das Leben nach dem Tod und ist als Führungslicht für die Seelen der gefallenen Kreuzfahrer zu verstehen.

206. Der Alte Orden der Rosenkreuzer (AOR) nimmt noch heute Bezug auf den Templerorden. In seiner Homepage steht: »Unsere Lehre umfasst die innersten Mysterien der Martinisten, Templer, Rosenkreuzer, Golden Dawn, Gralsritter und anderer öffentlich bekannter und unbekannter Strömungen.« Vgl. http://www.rosenkreuzer-orden.org/html/fileadmin/rosenkreuzer/pdf/Rosenkreuzer-Info.pdf. Zuletzt abgerufen am 26.04.2011.
207. Hoffmann-Krayer, Eduard: *Baumgans,* in: *Handwörterbuch des deutschen Aberglaubens,* Bd. 1, Berlin/New York 1087, Sp. 962
208. Behrmann, S. 44f. Vgl. Reichert, 2001, S. 104
209. Olaus, Blatt D, S. 61
210. Petrarca bestieg den Mont Ventoux am 26. April 1336 zusammen mit seinem Bruder Gherardo. Petrarca, Francesco: *Die Besteigung des Mont Ventoux. Francesco Petrarca an Francesco Dionigi von Borgo San Sepolcro in Paris,* mit Photogr. von Constantin Beyer, aus dem Lat. übers. von Hans Nachod und Paul Stern, Frankfurt a.M. [u.a.] 2007. Vgl. Steinmann.
211. Stierle, S. 24f.
212. [Wilhelm von Sachsen]: *Herr Wilhelm herzog zu Sachßen zu dem heiligen grab,* in: Gotha, Chart B 54, Fol. 1–60, zit. n. Reichert, 2001, S. 155
213. Die Angriffe richteten sich in der Regel nicht gegen die Christen, sondern gegen ihre Kamelführer, wenn diese verfeindeten Stämmen angehörten. Die Herren der Wüste Negev waren im 16. Jahrhundert die Beduinen-Stämme der Tarabin, Sasama und Jebara.
214. Die Existenz der heiligen Katharina von Alexandrien ist historisch nicht belegt. Aufgrund des legendären Charakters ihrer Person wurde der Gedenktag (25. November) 1969 als Feiertag aus dem römischen Kalender gestrichen. 2001 wurde die Heilige wieder in den Generalkalender aufgenommen.
215. Fabri, 1998, S. 93f.
216. Ebd., S. 700f.
217. Am Tag der heiligen Katharina (25. November) mussten bis weit in die Neuzeit hinein alle Räder stillgelegt werden. Die Mühlräder sollten nicht mehr drehen, die Fuhrleute durften nicht fahren, die Frauen stellten das Spinnen ein, und das Tanzen musste unterlassen werden.
218. www.codex-sinaiticus.net/en/manuscript.aspx. Zuletzt abgerufen am 07.06.2011.
219. Thurneysser, Leonhard: *Ettlicher Baßler erdichter Haß, Ausschreiben,* S. CIV, zit. n. Boerlin, S. 20
220. Krünitz, S. 662
221. http://kremer-pigmente.de/mumie.htm. Zuletzt abgerufen am 07.06.2011.
222. Vgl. Landolt, Elisabeth, in: Hiltbrand, S. 484
223. Bridel, S. 177ff.
224. Reichert, 2005, S. 46
225. Die Kustodie genannte Ordensorganisation der Franziskaner im Heiligen Land ist seit 1517 eine eigene Ordensprovinz. Ihre

Präsenz geht auf die Ursprünge des 1209 von Franz von Assisi gegründeten Minderbrüderordens zurück. Die Zweckbestimmung des Ordens war die missionarische Evangelisierung. Zu seinen Aufgaben gehört seit der Ordengründung die Betreuung der Grabeskirche. Außerdem waren sie im Besitz der Kapelle »Mariae Erscheinung« und verfügten über den Stabat-Mater-Altar auf Golgatha.

226. Vgl. Heyer, S. 180

227. Fabri, 1996, S. 108f.

228. Die dem Ritterorden vom Heiligen Grab beigefügte Bezeichnung »von Jerusalem« erfolgte erst 1931. Gleichzeitig wurde festgelegt, dass die Ernennung neuer Ritter dem mittlerweile aufgehobenen Päpstlichen Brevensekretariat (3. Sektion des Staatssekretariats, Kanzlei der apostolischen Breven) zur Genehmigung mitgeteilt werden muss.

229. Boerlin, S. 20, 130, 200

230. Polo, a.a.O. Die Authentizität des Reiseberichts aus dem 14. Jh. ist umstritten. Die moderne Forschung spricht Marco Polo aufgrund einer Fülle von Fehlern und Unterlassungen ab, jemals in China gewesen zu sein. Vgl. Wood, a.a.O.

231. Mandeville, John: *Reisen des Ritters John Mandeville vom Heiligen Land ins ferne Asien. 1322–1356,* aus dem Mittelhochdt. übers. und hrsg. von Christian Buggisch, Darmstadt 2004

Die Wunderkammer

232. Das Graue Kloster wurde am 11.04.1945 durch eine Luftmine der Alliierten zum größten Teil zerstört.

233. Die bunten Backsteine wurden in Tempelhof gebrannt, wo der Brennofen im 20. Jahrhundert zutage kam.

234. Boerlin, S. 129

235. Moehsen, S. 144

236. Basler Staatsarchiv, Civilia T I, Heft 53 (Reinschrift, unpaginiert, 5. Textseite), zit. n. Boerlin, S. 129

237. Frege, Ludwig: *Einflüsse der Reformation im sechzehnten Jahrhundert,* Berlin 1839, S. 185

238. Vehse, *(Geschichte der deutschen Höfe seit der Reformation, 1851),* S. 30f.

239. Vgl. Buchholtz, S. 478

240. Geppert, Dr. C[arl], E[duard]: *Chronik von Berlin von Entstehung der Stadt bis heute,* Bd. 1, Berlin 1839, S. 91

241. Zit. n. Vehse, (*Geschichte der deutschen Höfe,* 1851), S. 34f.

242. Döllinger, S. 511f.

243. Stojentin-Stettin, Max von: *Aus Pommerns Herzogstagen. Kulturgeschichtliche Bilder,* Stettin um 1900, S. 16f.

244. van Dülmen, 1994, Bd. 3, S. 79

245. Boerlin, S. 25

246. Thiermair, 1679, S. 90ff.

247. www.sagen.at. Ursprünglicher Beitrag von Berit (Sagen.at) am 23.03.2006. Zuletzt abgerufen am 08.03.2010. In Bayern wurde zur Herstellung von »Skurpenöl« 50 lebende Skorpione in Baumöl eingelegt. Das Skorpionöl diente unter anderem zur Behandlung von wunden Tiereutern und Verbrennungen. Siehe Seligmann, Siegfried: *Die Magischen Heil- und Schutzmittel aus der Natur,* Bd. *Das Tierreich,* aus dem Nachlass bearb. und hrsg. von Jürgen Zwernemann, Berlin 1999, S. 283

248. Petzold, 1990, S. 155f.

249. Großhetman war bis 1792 in Polen und Litauen der Würdentitel für den Oberbefehlshaber des Heeres. Der Großhetman von Litauen verweilte in Friedenszeiten am Königshof und war für die Verwaltung der Armee zuständig.
250. Kraft, W[erner]: *Seit wann beringt man die Vögel zur Erforschung des Vogelzuges,* in: *Mitteilung des Vereins für Geschichte der Stadt Nürnberg,* Bd. 50, S. 325–329, zit. n. Bub, S. 341ff.
251. Ebd., zit. aus Gräfl. Archiv in: *Pappenheim,* Nr. 2556
252. Zaunick, Rudolph/Wein, Kurt: *Ein Brief von Johannes Thal an Leonhart Thurneysser zum Thurn aus dem Jahre 1582 in Rebus botanicis,* in: *Sudhoffs Archiv für Geschichte der Medizin und Naturwissenschaften,* 30, 1937/38, o.O. S. 401f., zit. n. Ei[c]kermann, 2008, S. 31
253. Vgl. Thurneysser 1578, Faksimile-Ausgabe, München 1922
254. Pancovii, 1673. Vgl. Sprengel, S. 153
255. Carrichter, Bartholomäus: *Kreutterbuch Des Edlen vn[d] Hochgelehrten Herren, Doctoris Bartholomei Carrichters von Reckingen: Darinnen begriffen Vnder welchem zeichen Zodiaci, auch in welchem gradu ein jedes kraut stehe, wie sie in leib vnd zu allen schäden zubereiten vnd zu welcher zeit sie zu colligieren sein,* Straßburg 1575
256. Ges[s]ner, Conrad: *Mithradates. De differentiis linguarum tum veterum tum quae hodi apud diversas nationes in toto orbe terrarum in use sunt.* Vgl. Fischer, Hans, S. 76 und 134. Conrad Gessner beherrschte neben seiner deutschen Muttersprache Lateinisch, Griechisch und Hebräisch. Außerdem soll er Französisch und Italienisch verstanden haben.
257. Schwendt, S. 23
258. Eco, S. 203
259. Thurneysser hielt sich oft in Grimnitz auf und errichtete dort um 1570 eine »Experimentierglashütte«, die heute als Keimzelle der brandenburg-preußischen Glasindustrie betrachtet wird. 1601 beschloss Kurfürst Joachim Friedrich den Bau einer neuen Glashütte »bey seinem Jagdhause Grimnitz«.
260. Zedler, Sp. 839
261. Jöcher, S. 19
262. Gebelein, S. 168
263. Eichelter, Pangraz R.: *Vom Goldmachen,* Hattenheim i. Rheingau 1923, S. 9, zit. n. Gebelein, a.a.O.
264. Priesner, S. 15
265. Bergier, Jacques/Powels, Louis: *Le Matin des magiciens. Introduction au réalisme fantastique,* Paris 1989, zit. n. Gebelein, S. 31
266. Ms. Germ. Oct. 5, Handschriftensammlung der Staatsbibliothek zu Berlin – Preußischer Kulturbesitz, Berlin
267. Vehse, (*Geschichte der deutschen Höfe* ..., 1851), S. 55f. Vgl. Kopp, 1886, S. 113
268. Zit. n. Kopp, 1886, S. 113
269. *Vitrum antimonii,* das heißt Grauspiesglas, ist nebst Gold jener Stoff, der die Alchemisten am meisten faszinierte.
270. »Practica auff das Jahr nach der gnadenreichen Geburt unsers Herren und Heilandes Jesu Christi, 1596: Auß der Astronomia und Magia naturali herfliessende, allen Hohnsprecher zu trotz unnd Kunstliebenden zu Ehren gerechnet und gestellet.« [Notobyrgen, 1596]
271. Biedermann, S. 294f.

272. Matthäus, Sp. 1044ff.
273. Zit. n. Wieland, S. 310
274. Rinne, S. 30
275. Vgl. Wieland, S. 311
276. Baur, S. 128
277. Wieland, S. 313
278. Thorndike, Lynn: *The History of Magic and Experimental Science*, Bd. 1, New York 1923/1958, S. 107, zit. n. Göttert, S. 122
279. Bis weit in die Neuzeit hinein glaubte man, Hermes Trismegistos habe tatsächlich gelebt und sei der Verfasser der nach ihm benannten hermetischen Schriften. Die in Hunderten von alten Schriften dargestellte Figur ist indessen eine synkretistische Vorstellung des griechischen Gottes Hermes mit dem ägyptischen Gott Thot.
280. Viele Renaissancegelehrte legten Sammlungen von Nativitäten historischer Persönlichkeiten an. Zum Beispiel Lucas Gauricus, Johann Carion, Cornelius de Schepper, Hieronymus Cardanus, Franciscus Junctinus und Johannes Kepler. Vgl. Stegemann, Sp. 979
281. Als *Figura Coeli* (Coeli = Himmel) wurden quadratisch visualisierte Geburtshoroskope bezeichnet.
282. Ms. Germ Fol. 107 (3r–24r), Handschriftensammlung der Staatsbibliothek zu Berlin – Preußischer Kulturbesitz, Berlin, zit. n. Morys, S. 15 und 111[76]
283. Der Begriff »Elektrum« (von lat. electrum = Bernstein, Silbergeld) wird heute für eine natürliche Legierung aus Gold und einem hohen Anteil Silber verwendet.
284. Laars, S. 195f.
285. Clark, S. 25
286. Brahe, Tycho: *De nova et nullius œvi memoria prius visa Stella, iam pridem Anno a nato CHRISTO 1562, mense Novembri primum Conspecta, contemplatio mathematica*, Kopenhagen 1573
287. Pauli-Schimanovich, S. 33
288. Oberhummer, S. 92. Der österreichische Physiker Heinz Oberhummer beschreibt den Vorgang wie folgt: »Nun kann es vorkommen, dass einer der Partner eines Doppelsternsystems bereits seine Entwicklung durchlaufen und als Weißer Zwerg geendet hat, während der andere Partner noch ein roter Riese ist. In diesem Fall wird durch den Weißen Zwerg aus den äußeren Schichten des Roten Riesen Materie abgesaugt. Diese Materie lagert sich schließlich auf der Oberfläche des Weißen Zwergs ab. Dadurch wird die Masse des Weißen Zwergs immer größer. Schließlich explodiert der Weiße Zwerg und wird dadurch vollständig zerrissen.«
289. Ebd., S. 93
290. Weichenhan, S. 617
291. Zentralbibliothek Zürich, Graphische Sammlung, Signatur PAS II 10/6. Thurneyssers Einblattdruck wurde auch 1590 bei Denis Binet unter dem Titel »La Nouvelle estoille apparue sur tous les climats du monde et de ses effects« herausgegeben.
292. ΤΗΡΗΣΕΙΣ ΜΤΕΩΡΟΓΙΚΑΙ *Stellae prodigiosae*, Anno 1572
293. Vgl. Harms, S. 92f.

Segensreiche Gewässer

294. Zu den Standardgeräten einer Offizin gehörten unter anderem Retorten, Kolben, Destillierhelme, Dekantiergefäße, Windöfen und Tiegel.

295. Carbonarius, S. 279ff. Vgl. Vulpius, S. 155f., und Schmieder, S. 286ff., sowie von Weber, S. 388, und Kopp, 1844, S. 213
296. Tingi(e)ren (Färben) bezeichnet die siebte und letzte Stufe der Transmutation, bei der mit Hilfe des Steins der Weisen dem unedlen Metall die Farbe (und alle sonstigen Eigenschaften) des Goldes verliehen wird.
297. Carbonarius, Vulpius, Schmieder, von Weber und Kopp, 1844, a.a.O.
298. Anonym: *Sebastian Siebenfreund. Letztes Testament eines Vaters seinem liebsten Sohne hinterlassen,* in: Liebezeit, Christian (Hrsg.): *Quadratum Alchymisticum: das ist: vier auserlesene rare Tractätgen vom Stein der Weisen, Speculum Sapientiæ, in welchem so wol die Sonnenklarheit von Jesu Christo, als auch die wahre Tinctur der Weisen gelehret wird: Centrum naturæ concentratum, welches von dem Wiedergebohrnen Saltze der Philosophorum handelt: Discursus de universali, worin viel Geheimnissvolle Excerpta von der Universal Tinctur, und Medicin gesammlet worden [...],* Hamburg 1705
299. Vgl. Boerlin, S. 28[85]
300. Meyer, Ernst, S. 434
301. Zürcher Bibel
302. Thurneysser, *Pison,* 1572, o.S.
303. Thurneysser: *Admonition,* 1591, S. 4 (unpaginierte Seite)
304. Thurneysser: *Pison,* S. 355. Mit dieser Ausgabe von »Pison« wollte Thurneysser seinen Lesern den Überblick verschaffen. Geplant waren noch drei Ergänzungsbände, die jedoch nie erschienen. Vgl. Eikermann, S. 3
305. Schwendt, S. 23
306. Zit. n. Kopp, 1886, S. 111
307. Vgl. Merz, S. 487ff., sowie Szabadvary, F[erenc]: *Geschichte der Analytischen Chemie,* Braunschweig 1966, zit. n. Schwendt, S. 23
308. Lehmann, S. 3f.
309. Schade, S. 79ff. www.landwirtschaft.sachsen.de/lfl/publikationen/download/4125_4.pdf. Zuletzt abgerufen am 07.03.2010.
310. Fontane, S. 283
311. Mit dem Begriff »Rheinbegradigung« bezeichnet man die in Deutschland zwischen 1817 und 1876 vorgenommene künstliche Verkürzung des einst schlangenförmigen Flusslaufs.
312. Gonet, S. 24
313. Fetscherin, Rudolf: *Versuch einer Topographie der Gemeinde Sumiswald,* Manuskript, Sumiswald 1826, o.S., zit. n. Maag, S. 61
314. Vgl. www.goldsucher.de/rheingold/index.php. Zuletzt abgerufen am 08.06.2011.
315. Wie Thurneysser erkannte Johann Dryander die hygienische Bedeutung des Badens und betonte die seelische und geistige Wirkung. »Dann wer nitt freüdig im bade ist, und alle sorge und anligens des gemüts auff die zeit zurück schlegt, soll nitt vil nutzes vom bade bekommen«. Zit. n. Eckart, Wolfgang U.: *Geschichte der Medizin,* Heidelberg 2005, S. 66
316. Den Badenden wurde empfohlen, täglich eine Stunde auf einem Kräutersack zu sitzen, der im Badewasser abgekocht wurde. Vgl. Martin, 1906, S. 128
317. Bauer, S. 11
318. Kiene, Joseph: *Die warmen Quellen zu Gastein,* Salzburg 1847, S. 237

319. Vgl. www.polish-online.com/polen/staedte/isergebirge-bad-flinsberg.php. Zuletzt abgerufen am 26.04.2011.
320. Meier, Eugen A.: *Badefreuden im alten Basel*. Basel, 1982. S. 6, zit. n. Graf, S. 20, http://histsem.unibas.ch/fileadmin/histsem/user_upload/redaktion/Studium/Basler_Zivilisation/Maja-Graf-Staedtische-Badekultur-im-Mittelalter.pdf. Zuletzt abgerufen am 26.04.2011.
321. Koehne, Karl: *Kurortwesen und Kurtaxe in geschichtlicher Entwicklung,* Berlin 1912, zit. n. Martin, 1987, Sp. 806
322. Shepherd, S. 50 ff.
323. Ryff, Walther Hermann: *Newe heilsame vnnd nutzliche Baden fart […]. Beschrieben durch D. Gualtherum H. Rivium,* Würzburg 1549, zit. n. Martin, 1906, S. 90
324. Die Gegnerschaft von Karl VIII. bildete die sogenannte Heilige Liga, in der sich Papst Alexander VI. mit Ferdinand II. von Aragón, König Maximilian I., dem Herzogtum Mailand und der Republik Venedig zusammenschloss.
325. Winkle, S. 545
326. Zit. n. Winkle, S. 548f.
327. Bereits der spanische Chronist Gonzalo Fernández de Oviedo y Valdés vertrat im 1526 in Toledo publizierten »Sumario de la natural historia de las Indias« die Meinung, dass die Krankheit aus der neuen Welt nach Europa eingeführt worden war. Die Theorie, wonach das Leiden vor der Entdeckung Amerikas in Europa unbekannt war und erst durch Kolumbus eingeschleppt worden sei, wurde um 1900 durch den Berliner Dermatologen und Sexualwissenschafter Iwan Bloch (1872–1922) propagiert.
328. Harper, Kristin/Armelagos, George: *The Changing Disease-Scape in the Third Epidemiological Transition,* in: *International Journal of Environmental Research and Public Health,* Bd. 7, Ausgabe 2, Basel 2010, S. 680f.
329. Crosby, Alfred W. Jun.: *The Columbian Exchange. Biological and Cultural Consequences of 1492,* Westport 2003. Vgl. auch Farhi, D[avid]/Dupin, N[au]: *Origins of syphilis and management in the immunocompetent patient: Facts and controversies,* in: *Clinical Dermatology,* Bd. 28, Nr. 5, New York 2010, S. 533ff.
330. Söhner, Felicitas: *Neue Welt und neuzeitliche Medizin. Guajakholz als Heilmittel und Handelsware,* München 2008, S. 10
331. Heute wird insbesondere die Behauptung hinterfragt, die Fugger hätten das Handelsmonopol für Guajak besessen. Siehe Stein, Claudia: *Die Behandlung der Franzosenkrankheit in der Frühen Neuzeit am Beispiel Augsburgs,* Stuttgart 2003, S. 168f.
332. Classen, S. 165
333. Soukup, S. 220
334. Handschrift Fol. 106, p. 3, aus der Staatsbibliothek zu Berlin – Preußischer Kulturbesitz, zit. n. Morys, S. 110[67]
335. Das Alte Bad Pfäfers bei der Taminaschlucht liegt im Kanton St. Gallen. 1382 wurde es erstmals urkundlich erwähnt.
336. Folz, Hans: *Dises puchlein saget vns von allen paden di von natur heisz sein […],* Nürnberg ca. 1491 [Neuauflage von Krüger, Rüdiger (Hrsg.): *Das Bäderbüchlein,* Stuttgart 1995]
337. Thurneysser, 1612, S. 162. Zwischen Syphilis und Quecksilber gibt es insofern einen

Zusammenhang, als Paracelsus in seinen 1529 in Nürnberg erschienenen »Drei Bücher von der französischen Krankheit« zur Behandlung der »venerischen« Krankheit Mercurium empfiehlt.

338. Das Bad existiert heute nicht mehr.
339. Staatarchiv Solothurn, *Mandatenbuch I,* S. 290, zit. n. Schubiger, S. 8
340. Haffner, S. 147f.
341. Staatsarchiv, Copien Bd. U.20, S. 149, zit. n. Schubiger, S. 22

Frühkapitalistisches Gebaren

342. Bachmann, S. 9
343. Meyer, S. 50
344. Thurneysser: *Quinta Essentia,* Münster 1570
345. Die ägyptische Gottheit Thoth steht für Weisheit und Heilkunst.
346. Spitzer, S. 89
347. Eckart, Wolfgang U., *Geschichte der Medizin,* Heidelberg 2005, S. 46
348. Ms. Germ. 424, Handschriftensammlung der Staatsbibliothek zu Berlin – Preußischer Kulturbesitz, Berlin, zit. n. Rublack, S. 99f.
349. Zit. n. Vehse: *Geschichte der deutschen Höfe seit der Reformation,* 1851, S. 34
350. Braudel, S. 234f. Die Bezeichnung »Kapitalist« wurde erstmals 1699 in einer französischen Aktennotiz verwendet. Der Staatsgeneral der Republik der Sieben Vereinigten Provinzen (Vereinigte Niederlande) habe eine neue Steuer erhoben, wonach die »Kapitalisten« 3 Gulden und alle andern 30 Sols zu bezahlen hatten.
351. Boerlin, S. 144f.
352. Vgl. Gschwind, Franz: *Bevölkerungsentwicklung und Wirtschaftsstruktur der Landschaft Basel im 18. Jahrhundert,* Diss. Liestal 1977 (Quellen und Forschungen zur Geschichte der Landeskunde des Kantons Baselland 15), zit. n. Burghartz, im Anhang, o.S. 1584 hatte Basel vor der Pestepidemie 7650 Einwohner. 1590 waren es 9050 Einwohner.
353. Lutz, S. 222f.
354. Der Turm von 1417/18 wurde anlässlich der Kirchenrenovation im Jahre 1878 niedergerissen und durch zwei gleiche Türme ersetzt.
355. Kaiser, S. 74f.
356. Geppert, S. 64. Vgl. Helwing, S. 664
357. Moehsen, S. 87
358. Geppert, S. 62
359. Geppert, S. 64
360. Thurneysser: *Impletio,* 1580, *Bericht auff die Klag eltlicher Edlen [...],* Cap. 5, fol. Cc I r° und v°, zit. n. Boerlin, S. 20[40]
361. Das von Thurneysser in Halle eingerichtete Laboratorium soll Kurfürst Joachim Friedrich veranlasst haben, in der Berliner Hofapotheke ebenfalls ein »Geheimlabor« einrichten zu lassen. Vgl. Hormann, Johannes: *Die Königliche Hofapotheke in Berlin 1598–1898,* in: *Hohenzollern-Jahrbuch. Forschungen und Abbildungen zur Geschichte der Hohenzollern in Brandenburg-Preußen,* [Berlin] 1898, S. 208ff., zit. n. Klein, Ursula: *Die technowissenschaftlichen Laboratorien der Frühen Neuzeit,* Basel, 2008 www.springerlink.com/content/l672557wn3582374/fulltext.pdf, S. 6. Zuletzt abgerufen am 08.06.2011.

362. Die Hofapotheke wurde aus dem Ertrag einer Molkerei im Stadtteil Wedding finanziert, die Katharina von Brandenburg-Küstrin gegründet hatte.
363. Baur, S. 129
364. Wilde, S. 214
365. Als Rauchwaren werden in der Kürschnersprache gegerbte Tierfelle bezeichnet, die noch nicht zu Kleidungsstücken verarbeitet worden sind.
366. In Anerkennung für die Herausgabe der Gedichte von Hans Sachs erhielt Locher 1583 ein kaiserliches Druckprivileg.
367. Das Hauptwerk von Geuß, *Methodus Ex Mathematica Ratione Curandi Morbos,* kam erst 33 Jahre nach seinem Tod unter einem Pseudonym bei Anton Humm in Frankfurt a.M. heraus. Darin beschreibt Geuß den Einfluss der Planeten auf die menschlichen Organe. Geuß, Wolfgang: *Methodus Ex Mathematica Ratione Curandi Morbos. Das ist: Wegweiser Die Kranckheiten zu heylen / durch Astronomische Concordantz / welche sich ansehen lesset / zwischen dem Gestirn und den Kranckheiten / wie auch die Artzney.* Frankfurt a.M. 1613
368. Telle, S. 78ff.
369. Münkler/Münkler, S. 16
370. Stieda, S. 115
371. Wieland, S. 202
372. Leonhard, S. 28. Vgl. auch Spitzer, S. 67
373. Wittmann, S. 62
374. Gemäß der »Römischer Keyserlicher Maiestat Ordnung vnd Reformation guter Pollicey im Heyligen Römischen Reich« war das Risiko in der Geldleihe gegen Pfand insofern begrenzt, als den Juden erlaubt war, höhere Kreditzinsen als christliche Geldleiher zu verrechnen. Vgl. Battenberg, S. 31
375. Als Halsgerichtsordnung wird die »Constitutio Criminalis Carolina« bezeichnet, die 1532 unter Kaiser Karl V. am Reichstag in Regensburg ratifiziert worden war.
376. Mendelsohn, S. 685
377. J. C. W. Moehsen, zit. n. Mendelsohn, S. 685
378. Harms, 2008, S. 195
379. Harms, 1997, S. 68
380. Ebd., S. 68
381. Als Kurfürst zählte Johann Georg von Brandenburg zu den Reichsfürsten des Heiligen Römischen Reiches Deutscher Nation, denen das alleinige Recht zur Wahl des Römisch-deutschen Königs zustand.
382. Mila, 1829, S. 134
383. Wieland, S. 301
384. Hunnius, Curt: *Dämonen –Ärzte – Alchemisten,* Stuttgart 1962, S. 162, zit. n. Eikermann, S. 31
385. Renteibediente verwalteten die Einkünfte des Landesherrn. Ihnen vorgesetzt war der Rentmeister.
386. Diese »Specification der kurfürstlich Bedienten« bezieht sich auf die 1688 von Kurfürst Friedrich Wilhelm von Brandenburg besoldeten Höflinge. Die Belegschaft unter Georg Friedrich dürfte etwas bescheidener gewesen sein. Zit. n. Geppert, S. 168
387. Eikermann, S. 36, Anm. 29
388. Kirchner, S. 27
389. Zum Vgl.: Kurfürst Joachim I. von Brandenburg bezahlte seinem Leibarzt Dr. Franz Wormann jährlich nicht mehr als 40 Gulden. Vgl. Baur, S. 74
390. Dirlmeier, Ulf: *Untersuchungen zu Einkommensverhältnissen und Lebenshaltungskosten in ober-*

deutschen Städten des Spätmittelalters (Mitte 14. bis Anfang 15.Jahrhunderts), Heidelberg 1978, S. 404, zit. n. Roeck, S. 53
391. Schilling, S. 4
392. Geppert, S. 91
393. Wiese, S. 90. Vgl. auch Wollenberg, S. 507
394. Spitzer, S. 72f.
395. Schulze, Kurt: *Zur Kulturgeschichte der Spielkarten: ein Führer durch das Spielkartenmuseum Altenburg,* Altenburg 1975, zit. n. www.wiesbadener-bridgeclub.de/index.php?url=verschiedenes&sid=vpbfprme. Zuletzt abgerufen am 08.06.2011.
396. Janzin, Marion/Güntner, S. 160. Vgl. auch Krameritsch, S. 68
397. In einer seiner Predigten im Jahre 1300 erwähnt der Dominikanermönch, dass es keine 20 Jahre her sei, dass die Brille erfunden worden sei.

Ferndiagnosen und Schwarzkunst
398. Virchow, Rudolf Ludwig Karl (Hrsg.): *Archiv für pathologische Anatomie und Physiologie für klinische Medicin,* 2. Folge, Bd. 4, Berlin 1862, S. 468. Vgl. Breuers, Dieter: *Ritter, Mönch und Bauerleut. Eine unterhaltsame Geschichte des Mittelalters,* Bergisch Gladbach 1994, S. 319
399. Vgl. Schumacher, 1991, S. 18f.
400. Bourke, S. 244
401. Paracelsus unterschied zwischen Medikamenten und Arkana. »Letztere sind die den pflanzlichen, tierischen oder mineralischen Heilmitteln aufgeprägten Heilkräfte, die durch die jeweiligen Signaturen dieser Körper erkennbar werden. In dieser Arkana steckt die Essenz, d.h. das Wesen des Heilmittels.« Prieser, S. 61.
402. Zit. n. Klein, 1994, Teil III, S. 38
403. Konert, S. 45
404. Stolberg, S. 02
405. Hoeffel, Johannes Theophilus: *Historia Balsami mineralis Alsatici seu Petrolei Vallis Sancti Lamperti, Germanice. Der Hanauische Erd-Balsam, Lamperslocher Oel- oder Baechel-Brunn,* Straßburg 1734
406. Streicher, Jean Claude: *Les pionniers de Pechelbronn: Jean Théophile Hoeffel, 1704–1781, [...],* Straßburg 2011
407. Wieland, S. 303
408. Ms. Germ. fol. 420a, 20 r–v (ca. 1571), sowie Ms. Germ. Fol. 420b, 135r (undatiert), und Ms. Germ. Fol. 422a, 113r, David Frank, undatiert, Handschriftensammlung der Staatsbibliothek zu Berlin – Preußischer Kulturbesitz, Berlin, zit. n. Brendecke, S. 64
409. Brendecke, S. 64
410. Thurneysser, 1602, S. 8. Vgl. Fleischer, S. 172
411. Schelenz, S. 513
412. Eikermann, 2010, S. 33
413. Vehse, *(Geschichte der deutschen Höfe* ... 1851), S. 41
414. Manuskripta Borussica, 685, Bl. 16, Pap. 122 Bll. 1574 –81, *Briefe an Leonhard Thurneysser (von seinen Angestellten, Dienern u.a. – den Berliner Hausstand betreffend);* zit. n. Spitzer, S. 24.
415. Nicolai: S. 18. Weitere Hinweise auf Handwerker im Grauen Kloster: Heller, S. 222f.
416. Helwing, S. 668
417. Nicolai, S. 18
418. Toelken, S. 148
419. Füssli, S. 1526
420. www.magellanworld.net/deutschland_essen_trinken_esskultur_trinksitten.htm. Zuletzt abgerufen am 30.03.2011.
421. Montanari, S. 110

422. Zit. n. Seifart, S. 751ff.
423. Wieland, S. 207
424. Vgl. Fiddes, S. 37
425. Zwingli, Ulrich: *Von Erkiesen und Fryheit der Spysen. Von Ergernus und Verböserung. Ob man gwalt hab die Spysen zu etlichen Zyten verbieten. / Meynung Huldrichi Zvinglii zu Zürich geprediget im M.D.XXII. Jar,* Zürich 1522
426. Montanari, S. 136
427. Ruff, S. 80f.
428. Montanari, S. 126
429. Behringer, S. 119ff.
430. von Weber, S. 245
431. Troll, Joh[ann] Conrad: *Geschichte der Stadt Winterthur,* Teil VII, Winterthur 1848, S. 218f., zit. n. Schumacher, 2001, S. 24
432. Fourastié, Jean/Schneider, Jan: *Warum die Preise sinken: Produktivität und Kaufkraft seit dem Mittelalter,* Frankfurt a.M. 1989, S. 96
433. Die nach den Missernten von 1851 kontinuierliche Preissenkung von knapp 1500 auf wenige Indexpunkte im Jahr 2000 erklärt sich einerseits durch die moderne Fruchtfolge und den agrikulturchemischen Durchbruch von Justus von Liebig (1855) und andererseits durch die Mechanisierung und jüngste Hybridzüchtung. Freundlicher Hinweis von Robert Jörin, Institut für Agrarwirtschaft der ETH Zürich, der die Forschungsresultate von Fourastié neu interpretiert und graphisch umgesetzt hat.
434. Pfeil, S. 92
435. Campesori, Pietro: *Das Brot der Träume, Hunger und Halluzinationen,* Frankfurt a.M./New York 1990, S. 95f., zit. n. Roeck, S. 38
436. Montanari, S. 137
437. Thurneysser: *Impletio C.II gegen die Klage etlicher Medicorum,* o.S., zit n. Moehsen, S. 131
438. Moehsen, S. 131
439. Moehsen, S. 93f.
440. Vehse, 1913, S. 42
441. Preußisches Gewichtsmaß vor Mai 1856: 1 Loth = 4 Quent(chen) = 14,606g
442. http://www.chemie-schule.de/KnowHow/Apothekergewicht. Zuletzt abgerufen am 26.04.2011. Gran ist von franz. »Grain« (Korn) abgeleitet. In den Nürnberger Apothekergewichten ist das Gran der 5760. Teil des Apothekerpfundes, also etwa 62,2 mg. Dies entspricht in etwa einem weißen Pfefferkorn.
443. Vgl. Moehsen, S. 144f.
444. Der Begriff »Oktavband« bezeichnet ein Buchformat mit einer Rückenhöhe von ca. 18,5–22,5 cm.
445. Vgl. Moehsen 1793, S. 144
446. Busch, D. W. H. et al. (Hrsg.): *Encyklopädisches Wörterbuch der medicinischen Wissenschaften,* Bd. 15, Berlin 1837, S. 90f. liefert eine umfangreiche Bibliographie zur älteren Literatur über das *Aurum potabile.*
447. Rueb, 1995, S. 173f.
448. www.life-testinstitut.de/news5.htm. Zuletzt abgerufen am 02.04.2011.
449. Furthenmeier, S. 320
450. Ebd., S. 321
451. Lessing, S. 408
452. Vgl. Lochner, S. 173
453. Vgl. Palla, S. 103
454. Ebd., S. 108. Vgl. Boerlin, S. 52. Jost Amman schnitt Figuren zu Thurneyssers Werk »Impletio«, das 1580 ohne Nennung des Druckortes und 1581 bei Lochner in Nürnberg herausgegeben wurde.

455. Schasler, S. 34
456. Luther und die Wittenberger Drucker benutzen die von Melchior Lotter d. J. aus Leipzig eingeführte Schrift – eine zur Schwabacher neigende gebrochene, grobe Bastarda, die später von der schmallaufenden Fraktur abgelöst wurde. Zwingli, Calvin, Erasmus von Rotterdam sowie Pirckheimer und Melanchthon bevorzugten indessen lateinischen Antiqua-Schriften. Vgl. Janzin/Güntner, S. 184
457. Vogel, Johann Jacob: *Leipzigisches Geschicht-Buch oder Annales, [...],* Leipzig 1756, S. 229, zit. n. Moehsen, S. 107
458. Brief von Alexander Thurneysser an Theodor Zwinger vom 13.07.1576, Mscr. Fr. Ger. I 4, Universitätsbibliothek Basel, zit. n. Boerlin 1976, S. 184. Demnach hat Leonhard Thurneysser den Ärzten offeriert, die Pflege der Pestkranken bis Weihnachten mit 50ff. (Taler) zu entschädigen.
459. Winkle, S. 466
460. Hufeland, Christoph Wilhelm (Hrsg.): *Journal der practischen Heilkunde,* Bd. 31, Berlin 1814, S. 36
461. Das Städtchen Damm in der Neumark (heute Dębno, Westpommern, Polen) gehörte nach 1571 wieder zu Brandenburg.
462. Moehsen, S. 149
463. Müller, Konrad, S. 130
464. Herde, Andreas: *Untersuchung der Cumarinmuster in Früchten ausgewählter Apiaceae,* Dissertation, Hamburg 2005, S. 110. www.chemie.uni-hamburg.de/bibliothek/2005/Dissertation-Herde.pdf. Zuletzt abgerufen am 14.06.2011.
465. Fidicin, S. 346
466. Von der ersten Pestepidemie bis zur Erkenntnis, dass der Bazillenträger ein Rattenfloh ist, dauerte es fünfhundert Jahre.
467. Doering-Mannteufel, S. 56ff.
468. Hunnius, S. 156
469. Vgl. Wyder, S. 137ff.
470. Rousseau, S. 590f.
471. Shevchenko, S. 257
472. Davis, Nathalie Zemon: *Die schenkende Gesellschaft: zur Kultur der französischen Renaissance,* aus dem Amerikan. von Wolfgang Kaiser, München 2002, S. 69, zit. n. Shevchenko, S. 255
473. Ebd. S. 257
474. Hirn, S. 361. Freundlicher Hinweis von HR Dr. Alfred Auer, Direktor des Kunsthistorischen Museums Wien.

Gedemütigt und geschieden

475. Moehsen, S. 148
476. Denecke, Dietrich: *Straßen, Reiserouten und Routenbücher (Itinerare) im späten Mittelalter und in der Frühen Neuzeit. Reisen und Reiseliteratur im Mittelalter und in der Frühen Neuzeit,* Amsterdam/Atlanta 1992, S. 233f.
477. Drei Jahre später starb Hentzke. Seine Witwe heiratete bald darauf den Buchdrucker Nikolaus Voltz, der am 12. Oktober 1582 die Leitung der Thurneysserschen Druckerei übernahm. Voltz schrieb auch dank Thurneysser im deutschen Buchwesen Geschichte, indem er 1583 unter anderem die »Magna Alchymia« und das »Onomasticum« veröffentlichte. Vgl. Benzing, S. 31
478. Akten zur Basler Reformationsgeschichte VI, Nr. 346, S. 351, zit. n. Burghartz, S. 87
479. Burckhardt, L[udwig] A[ugust]: *Der Kanton Basel: historisch,*

geographisch, statistisch geschildert, 1. Hälfte, St. Gallen 1841–1860, S. 63
480. Zit. n. Prijs, S. 11
481. Boerlin, 1976, S. 125ff. gibt ausführliche Informationen über diese Liegenschaft an der Ecke Kohlenberg/Leonhardstraße 1 in Basel. Der Kaufpreis ist insofern übersetzt, als Iselin sein Haus mit einem Gewinn von 73 Prozent an Thurneysser veräußerte.
482. Vignau-Wilberg, S. 13
483. Hiltbrand, S. 494f. Vgl. Boerlin, S. 312ff. mit zahlreichen Abbildungen
484. Andreae, Johann Gerhard Reinhard: *Briefe aus der Schweiz nach Hannover geschrieben* (gekürzte Ausgabe), Zürich und Winterthur 1776, S. 326f., http://books.google.ch/books?id=PTYVAAAAQAAJ&dq=Briefe+aus+der+Schweihz+nach+Hannover+and+Thurneysser. Zuletzt abgerufen am 20.06.2011.
485. Elisabeth Rentsch stammte aus der preußischen Stadt Torgau. Sie wurde von ihrem Ehemann böswillig verlassen und zog nach dem Tode Anna Hüettlins ins Graue Kloster ein.
486. Wieland, S. 318[1]
487. Ebd.
488. Ebd., S. 319. Mit dem Begriff »School« ist vermutlich eine jüdische Metzgerei außerhalb von Basel gemeint.
489. Ebd., S. 319
490. Wieland, S. 320. Vgl. Thurneysser, 1584, S. CXIIIL
491. Schmidt, S. 471
492. Megenberg, Conrad von: *Das Buch der Natur.* In Neuhochdeutscher Sprache bearbeitet von Hugo Schulz, Greifswald 1897, S. 394, zit. n. Olbrich, Sp. 20
493. Federmann, S. 124
494. Burghartz, S. 107
495. Wunder, S. 173f.
496. Der Kleine Rat war das oberste Organ der Stadt und wurde von Adligen und Patriziern beherrscht. Der Große Rat konstituierte sich hingegen aus Zunftleuten und konnte vom Kleinen Rat jederzeit einberufen werden.
497. Wieland, S. 21f.
498. Thurneysser 1584, S. XL, zit. n. Duerr, S. 330
499. David Ritter war ein Halbbruder Thurneyssers.
500. Thurneysser, 1584, S. LXIII
501. Marneros, S. 68
502. Burghartz, S. 8, 69
503. Das Adjektiv »caynisch« bezieht sich auf die biblische Erzählung von Kain und Abel (Gen 4,1–16, Zürcher Bibel).
504. Thurneysser, Leonhard: *Nothgedrungenes Ausschreiben,* S. XXXIII
505. Seifart, S. 758
506. Burckhardt, Paul (Bearb.): *Das Tagebuch des Johannes Gast. Ein Beitrag zur schweizerischen Reformationsgeschichte,* in: *Basler Chroniken,* Bd. 8, Basel 1945, S. 236, Anm. 25, zit. n. Boerlin, S. 28, Anm. 85
507. Seifart, S. 759

Das Ende vom Anfang

508. Nachdem Joder Merian 1559 Zunftmeister zu Hausgenossen wurde, dürften ihm vom Rat gewisse Funktionen im Strafvollzug übertragen worden sein.
509. Vgl. Haack, 2006, S. 77
510. Ebd.
511. Vgl. Krünitz, www.kruenitz1.uni-trier.de/xxx/u/ku07361.htm. Zuletzt abgerufen am 20.06.2011.
512. Müller/Falke, S. XXIIIff.

513. Hofmann, S. B. 4. b. C. 5. b., zit. n. Döllinger, S. 511
514. Hofmann
515. Baur, S. 130
516. Zit. n. Vignau-Wilberg, S. 112
517. Zit. n. Stöckle, S. 118
518. Der Begriff »Schwarzkünstler« hatte eine doppelte Bedeutung. Einerseits wurde damit eine Person bezeichnet, welche übernatürliche Wirkungen mit Hilfe böser Geister hervorbringt (Zauberer oder Zauberin, Hexenmeister oder Hexenmeisterin). Andererseits durften sich Drucker und Schriftsetzer nach dem Gautschen in einem Brunnen oder Bottich »Jünger der Schwarzen Kunst« oder »Schwarzkünstler« nennen, weil sie mit Druckerschwärze zu tun hatten. Dieser Handwerkerbrauch einer Wassertaufe erfolgt heute noch nach dem Lehrabschluss und markiert die Aufnahme des Lehrlings in den Gesellenstand.
519. Kopp, 1886, S. 116
520. Ebd., S. 125
521. Baur, S. 129
522. Düntzer, S. 50
523. Güntert, Sp. 484
524. Morys, S. 9
525. Seifart, S. 757
526. Ebd., S. 757
527. Vgl. Bugge, 1943, S. 207f.
528. Seifart, S. 757
529. Ebd., S. 756f.
530. Zum Motiv von teuflischen Geistern, die jemand zu Hütern seiner Hausfrau bestellt, verweist Karl Seifart auf den preußischen Sagenkreis um den Wintzenburgischen Poltergeist Hödecke oder Hütchen. Vgl. www.zeno.org/Literatur/M/Gr%C3%A4sse,+Johann+Georg+Theodor/Sagen/Sagenbuch+des+Preu%C3%9Fischen+Staats/Zweiter+Band/Hannover/1082.+Der+Wintzenburgische+Poltergeist+H%C3%B6decke+oder+H%C3%BCtchen. Zuletzt abgerufen am 23.05.2011.
531. Vehse, (*Geschichte der deutschen Höfe* ..., 1851), S. 56
532. Moehsen, S. 91
533. Boerlin, S. 178[515]. Die mitgeführten Bücher wurden von Johannes Gymnicus (= Johann Gymnich III, gest. 1596), Besitzer der Buchhandlung »Zum Einhorn« in Köln, aufgekauft und unter einem neuen Titel vermarktet.
534. Bücher wurden zum Transport meistens in Form von ungehefteten Buchlagen in Fässern versenkt. Für kleinere Mengen dienten sogenannte Schlagfässer, größere Auflagen wurden in geräumigen »Basler Fässern« transportiert.
535. Boerlin, S. 27[80]
536. Wieland, S. 323. Eine weitere Bestätigung, dass sich Thurneysser im September 1584 in Rom aufhielt, lieferte am 1. Februar 1585 der Fürstliche Kemptische Rat Dietrich von Horben aus dem Allgäu. Er habe im September des Vorjahres mit Thurneysser in dessen Zimmer im Gasthof »Zum weissen Leuen« in Rom gezecht. Boerlin S. 27[80]
537. Ebd., S. 109
538. Schwager, Klaus: *Kardinal Pietro Aldobrandini Villa di Belvedere in Frascati,* in: *Römisches Jahrbuch für Kunstgeschichte 9–10,* 1961–1962, hen 1962, S. 294. Vgl. D'Onofrio, Cesare: *La Villa Aldobrandini di Frascati,* Roma 1963, S. 43 und S. 249f.
539. Die Umrechnung erfolgte mit freundlicher Hilfe der Numismatiker Benedikt Zäch und Prof. Dr. Aldo Colombi. Letzterer hat unter anderem Kaufsummen

von Liegenschaften aufgrund der damaligen Löhne bzw. der heutigen Kaufkraft ermittelt. In den Jahren 1540–1559 entsprach ein Gulden dem Kaufwert von 1170.57 Schweizer Franken. Colombi, A.: *Wie viel kostete Luzern? 7000 Löhne & Preise aus 8 Jahrhunderten,* Norderstedt 2005, S. 8 und 56

540. Wieland, S. 323
541. Jaenig, Carolus (Hrsg.): *Liber confraternitatis,* Rom 1875, S. 174, zit. n. Vetter, S. 112
542. Die im 14. Jh. gegründete Stiftung besteht noch heute als päpstliches Institut Santa Maria dell'Anima.
543. Heberer, S. 489
544. Wohl Papst Gregor XIII. (1572–1585).
545. Die Kirche Santa Maria dei Monti (auch Santa Maria ai Monti genannt) wurde im Auftrag von Papst Gregor VIII. und nach den Plänen von Giacomo della Porta errichtet. Der Baubeginn erfolgte 1580, vier Jahre bevor Thurneysser nach Rom übersiedelte.
546. Rommel, Christoph von: *Geschichte von Hessen,* Teil IV, Abt. 1, Kassel 1835, S. 775, zit. n. Kopp, 1886, S. 121
547. Brief vom 8. August 1584 an den Rat von Luzern, zit. n. Vetter, S. 113
548. Leeb/Winkelbauer, S. 124f.
549. Über den Unterschied zwischen dem römisch-katholischen und reformatorischen Aberglaubensbegriff im 16. Jahrhundert siehe van Dülmen, 1994, Bd. 3, S. 79
550. Bagatta, 1680
551. Burckhardt, 1956, S. 203f.
552. Beck, S. 329
553. Rinuccini, Camillo: *Descrizione delle feste fatte nelle reali nozze de'serenissimi principi di Toscana Cosimo de Medici e Maria Maddalena arciduchessa d'Austria,* Firenze 1608, S. 23, zit. n. van Dülmen, 1998, S. 178
554. Ebd.
555. Kopp, 1886, S. 252
556. Tachenius, Otto: *Ottonis Tachenii Hippocrates chimicus,* Hannover 1668, S. 252, zit. n. Wiegleb, S. 154
557. Wolf, S. 33
558. Schröder, Friedrich Josef Wilhelm: *Alchymistische Bibliothek für den Naturkundiger unsers Jahrhunderts ausgesucht,* Th.1, Samml. II, S. 77, zit. n. Schmieder, S. 285
559. Keyssler, Joh[ann] Georg: *Neueste Reise durch Böhmen, Ungarn, die Schweitz, Italien und Lothringen* [...], Teil I, Hannover 1740, S. 503, zit. n. Kopp, 1886, S. 91
560. Schütt, S. 489ff.
561. Als »Fahrende Schüler« (*vagi scholares*), »Studenten« oder »Venediger« wurden Fahrende bezeichnet, denen mitunter magische und bergmännische Fähigkeiten zugeschrieben wurden.
562. Vgl. Benedix, S. 251f.
563. Dieses Schicksal widerfuhr 1597 einem gewissen Georg Honauer, der sich Freiherr von Brunnhof und Grabenschütz nannte. Er soll Herzog Friedrich von Württemberg innerhalb weniger Jahre um zwei Tonnen Gold erleichtert haben. Kopp, (Braunschweig 1844), S. 201
564. Schlegel, S. 286. Vgl. Schwendt, S. 9
565. Kopp, 1843, S. 206f.
566. Moser-Rath, Sp. 265f. Vgl. http://gutenberg.spiegel.de/buch/2704/7. Zuletzt abgerufen am 19.06.2011.

567. Wieland, S. 324
568. Ebd., S. 323
569. Zit. n. Wieland, S. 325
570. Burckhardt, S. 430
571. Bugge, 1943, S. 299f.
572. Thurneysser, *Magna Alchymia,* S. 108, zit. n. Moehsen, S. 181
573. Boerlin, S. 28

Post mortem

574. Wieland, S. 326
575. www.klosterruine-berlin.de/set.htm. Zuletzt abgerufen am 11.04.2011.
576. Die Aussage, Thurneysser hätte die erste Druckerei Berlins geführt, ist insofern falsch, als das Berliner Schöppenbuch von 1503 bis 1525 wiederholt einen Berliner Buchbinder und -drucker namens Johannes Gesottenwasser erwähnt. Die 25 Jahre später von Thurneysser aufgebaute Offizin war aber zweifellos die erste bedeutende Druckerei der Stadt. Vgl. www.luise-berlin.de/bms/bmstxt97/9702prob.htm. Zuletzt abgerufen am 11.04.2011.
577. Hoffmann, E.T.A.: *Die Serapionsbrüder,* Leipzig 1978,3. Bd., 5. Abschn., S. 28 ff.
578. Ebd., S. 48
579. Eickermann, S. 14

Chronik

580. Vgl. Hofmeier, Thomas: *Leonhard Thurneyssers Qunita Essentia 1574. Ein alchemisches Lehrbuch in Versen,* Berlin/Basel 2007, http://www.ighg.ch/img/publications/LTQE/LTQE_zeittafel.pdf. Zuletzt abgerufen am 03.07.11 Vgl. auch Müller, Ralf C.: *Prosopographie der Reisenden und Migranten ins osmanische Reich (1396–1611),* Bd. 9, Leipzig 2006, S. 264 ff. Abweichungen dieser Zeittafeln von der vorliegenden Chronologie sind durch teilweise unterschiedliche Quellen bedingt.

Thurneyssers gedruckte Werke

581. Vgl. Hofmeier, 2007, S.XX, sowie Morys, S. 155ff.

Währungen im 16. Jahrhundert

582. Schrötter von, S. 558

Literatur

Adelung, Johann Christoph: *Geschichte der menschlichen Narrheit, oder, Lebensbeschreibungen berühmter Schwarzkünstler, Geldmacher, Teufelsbanner, Zeichen- und Liniendeuter, Schwärmer, Wahrsager, und anderer philosophischer Unholden,* Leipzig 1785/89

Albertus Magnus: *Albertus Magnus bewährte und approbirte sympathetische und natürliche egyptische Geheimnisse für Menschen und Vieh,* Brabant 1834

Albertus Magnus: *Les Admirables secrets d'Albert le Grand. Secrets merveilleux de la magie naturelle et cabalistique du Petit Albert.* [Übers. Aus dem Lateinischen. Avertissement de Claude Seignolle], Paris 1965

Albertus Magnus: *Über die Natur und den Ursprung der Seele, Liber de natura et origine animae,* Übers. und eingel. von Anzulewicz/Henryk, Freiburg i. Br./Basel/Wien 2006

Andreae, Johann Gerhard Reinhard: Briefe aus der Schweiz nach Hannover geschrieben (gekürzte Ausgabe), Zürich/Winterthur 1776

Anonym [Andreae, Johann Valentin]: *Allgemeine und General REFORMATION der gantzen weiten Welt. Beneben der FAMA FRATERNITATIS, deß löblichen Ordens des Rosenkreutzes / an alle Gelehrte und Häupter Europae geschrieben: Auch einer kurtzen Responsion von dem Herrn Haselmyer gestellet / welcher deßwegn ist von den Jesuitern gefänglich eingezogen / und auff eine Geleeren geschmiedet [...],* Kassel 1614

Anonym [Andreae, Johann Valentin]: *Fama Fraternitatis, Oder Entdeckung der Bruderschafft deß löblichen Ordens deß RosenCreutzes. Confession oder Bekandnuß der Societet und Brüderschaft R. C. An die Gelehrten Europae,* Danzig 1615

Anonym [Bridel, Philippe-Sirice]: *Le Conservateur Suisse, ou Recueil complet des Étrennes helvétiennes,* Volume 7, Bd. 9, Lausanne 1829

Anonym [Herzog, Johann Werner]: *Adumbratio eruditorum Basiliensium meritis apud exteros olim hodieque celebrium adpendicis loco Athenis Rauricis addita,* Basel 1780

Anonym: *Das Züchtigungsrecht des Lehrherrn,* in: *Journal der Goldschmiedekunst,* Bd. 25, Leipzig 1904

Anonym: *Der Bär von Berlin,* in: *Jahrbuch 1999 des Vereins für die Geschichte Berlins,* Berlin 1999

Anonym: *Letztes Testament eines Vaters seinem liebsten Sohne hinterlassen,* in: *Ali Puli / Delle, Martin de: Quadratum Alchymisticum / Das ist Vier auserlesene rare Tractätgen Vom Stein der Weisen / Speculum Sapientiae / Centrum Naturae Concentratum / Discursus de Universali. Zum Dienst der Kunst- und Weißheit-liebenden Practicorum. Jtzo herausgegeben, Von Einem Liebhaber verborgener Künste,* Hamburg 1705

Apel, Jakob: *Reise und KriegsApotheke [...],* Leipzig 1602

Ariès, Philippe: *Geschichte der Kindheit,* München 2007

Ariès, Philippe: *L'enfant et la vie familiale sous l'Ancien Régime,* Paris 1973

Autorenkollektiv: *Meyers Konversations-Lexikon: Ein Nachschlagewerk des allgemeinen Wissens,* Bd. 7, Leipzig/Wien 1896

Bachmann, Manuel/Hofmeier, Thomas: *Geheimnisse der Alchemie,* Basel 1999
Bagatta, Giovanni Bonifacio: *Admiranda orbis christiani,* Venedig 1680
Battenberg, Friedrich J.: *Die Juden in Deutschland vom 16. bis zum Ende des 18. Jahrhunderts,* Enzyklopädie deutscher Geschichte, Bd. 60, München 2001
Bauer, Alexander: *Die Adelsdocumente österreichischer Alchemisten und Abbildungen einiger Medaillen alchemistischen Ursprungs,* Wien 1893
Baur, S[amuel]: *Bunte Blätter aus der historischen Welt,* Teil. I, Nürnberg 1829
Beck, Rainer: *Streifzüge durch das Mittelalter. Ein historisches Lesebuch,* München 2003
Behrens, Roman: *Im Spannungsfeld der Abhängigkeit. Leben, Anstellung und Wechselbeziehung zwischen Gesellen und Meistern im Zunfthandwerk des Hohen und Späten Mittelalters,* Norderstedt 2009
Behringer, Wolfgang: *Kulturgeschichte des Klimas. Von der Eiszeit bis zur globalen Erwärmung,* München 2011
Behrmann, Thomas: *Norwegen und das Reich unter Hakon IV. (1217–1263) und Friedrich II. (1212–1250),* in: Kramarz-Bein, Susanne (Hrg.): *Hansische Literaturbeziehungen. Das Beispiel der Þiđreks saga und verwandter Literatur,* Reallexikon der Germanischen Altertumskunde – Ergänzungsbd. 14, Berlin 1996
Benedix, [Vorname unbek.]: *Lebenslauf des achtzehnten Jahrhunderts,* o.O. 1799
Benzing, Josef: *Buchdruckerlexikon des 16. Jahrhunderts (deutsches Sprachgebiet),* Frankfurt a.M. 1952
Biedermann, Hans: *Handlexikon der magischen Künste,* Graz 1968
Blom, Philipp: *Sammelwunder, Sammelwahn,* Frankfurt a. M. 2004
Boerlin, Paul-Henry: *Leonhard Thurneysser als Auftraggeber,* Basel 1976
Böhme, Hartmut: *Die Krankheiten wandern hin und her, soweit die Welt ist. Lebenswege des Arztes Paracelsus,* in: Zimmermann, Volker (Hrsg.): *Paracelsus: Das Werk, die Rezeption: Beiträge des Symposiums zum 500. Geburtstag von Theophrastus Bombastus von Hohenheim, genannt Paracelsus (1493–1541) an der Universität Basel am 3. und 4. Dezember 1993,* Stuttgart 1995
Bourke, John Gregory: *Der Unrat in Sitte, Brauch, Glauben und Gewohnheitsrecht der Völker,* Leipzig 1913 [Neuauflage Frankfurt a.M. 1996)]
Brant, Sebastian: *Das Narrenschiff,* Basel 1499, Neuausgabe von Hermann August Junghans und Hans-Joachim Mähl, Stuttgart 1964, S. 380ff.
Braudel, Fernand: *The Wheels of Commerce,* Berkeley/Los Angeles 1992
Bredekamp, Horst: *Antikensehnsucht und Maschinenglauben. Die Geschichte der Kunstkammer und die Zukunft der Kunstgeschichte,* Berlin 1993
Brendecke, Arndt/Fuchs, Ralf-Peter/Koller Edith (Hrsg.): *Die Autorität der Zeit in der Frühen Neuzeit,* Berlin 2007
Bub, Hans/Oelke, Hans: *Zur Geschichte der Vogelmarkierungen bis zu den Anfängen der wissenschaftlichen Vogelberingung,* in: *Journal für Ornithologie,* Bd. 122, Berlin/Heidelberg 1981
Buch, Leopold von: *Abriß der Brandenburgischen Geschichte,* Libau 1792
Buchholtz, Samuel: *Versuch einer Geschichte der Churmark Brandenburg,* Teil III, Bde. 3–4, Berlin 1767
Budik, P[eter] A[lcantara]: *Vorschule für bibliothekarisches Geschäftsleben/von P.A. Budik,* München 1848

Bugge, Günther: *Der Alchimist. Die Geschichte Leonhard Thurneyssers, des Goldmachers von Berlin,* Berlin 1943

Bugge, Günther: *L. Thurneysser in Tirol,* in: *Angewandte Chemie,* Nr. 17/18, Weinheim 1940

Burckhardt, Jacob: *Die Kultur der Renaissance in Italien. Ein Versuch in der Textfassung der Erstausgabe,* Lizenzausgabe, Zürich 1956 sowie von Walter Gotz durchges. Ausgabe Basel 1860

Burghartz, Susanna: *Zeiten der Reinheit – Orte der Unzucht. Ehe und Sexualität in Basel während der frühen Neuzeit,* Paderborn/München/Zürich/Schöningh 1999

Buxtorf-Falkeisen, [Karl]: *Baslerische Stadt- und Landesgeschichte aus dem XVI. Jahrhundert,* Bd. 1, Basel 1863

Campi, Emidio: *Ein italienischer Briefwechsel. Pier Paolo Vergerio an Rudolf Gwalther,* in: Bächtold, Hans Ulrich (Hrsg.): *Von Cyprian zur Walzenprägung. Streiflichter auf Zürcher Geist und Kultur der Bullingerzeit,* Zug 2001

Carbonarius, L.: *Beytrag zur Geschichte der höhern Chemie oder Goldmacherkunde in ihrem ganzen Umfang: Ein Lesebuch für Alchemisten, Theosophen und Weisensteinsforscher,* Leipzig, 1785

Christianson, John Robert: *On Tycho's Island: Tycho Brahe and his assistants, 1570–1601,* Cambridge 2000

Clark, David H.: *Superstars: How Stellar Explosions Shape the Destiny of Our Universe,* New York 1984

Classen, Albrecht (Hrsg.): *Paracelsus im Kontext der Wissenschaften seiner Zeit. Kultur- und mentalitätsgeschichtliche Annäherungen,* Berlin 2010

Davis, Natalie Zemon: *Leo Africanus. Ein Reisender zwischen Orient und Okzident,* Berlin 2008

Doering-Manteuffel, Sabine: *Das Okkulte. Eine Erfolgsgeschichte im Schatten der Aufklärung,* München 2008

Döhn, Helga: *Handschriften zur Geschichte Berlins und der Mark Brandenburg: eine Auswahl aus den »Manuscripta Borussica« der Deutschen Staatsbibliothek [...],* Berlin 1988

Döllinger, Iganz von: *Die Reformation, ihre innere Entwicklung und ihre Wirkungen,* Bd. 1, Regensburg 1851

Dorninger, M[aria] E.: *Zur Topographie des Heiligen Landes. Zu den Pilgerreisen im Mittelalter am Beispiel von Hans Tucher.* www.uni-salzburg.at/pls/portal/docs/1/544376.PDF

Dryander, Johann: *Vom Eymsser Bade. Was natur es in jm hab. Wie man sich darin halten soll. Auch zu was kranckheit es gebraucht sol werden,* Straßburg 1541

Duerr, Hans Peter: *Obszönität und Gewalt,* Frankfurt a.M. 1993

Dülmen, Richard van: *Kultur und Alltag in der Frühen Neuzeit,* Bd. 1–3, München 1994

Dülmen, Richard van (Hrsg.): *Die Erfindung des Menschen. Schöpfungsträume und Körperbilder, 1500–2000,* Wien [u.a.]/Böhlau 1998

Düntzer, Heinrich: *Die Sage vom Dr. Johannes Faust,* Stuttgart 1846

Eco, Umberto: *Die unendliche Liste,* München 2009

Eikermann, Diethelm: *Leonhard Thurneysser: Eine schillernde Persönlichkeit aus der Geschichte der Reformation in Brandenburg,* in: *Hochmeister Zeitung,* Berlin April – Mai 2008, S. 13f

Eikermann, Diethelm/Kaiser, Gabriele: *Die Pest in Berlin 1576. Eine wiederentdeckte Pestschrift von Leonhart Thurneisser zum Thurn (1531–1596),* Rangsdorf 2011
Eickermann [Eikermann], Erika: *Leonhard Thurneysser zum Thurn (1531–1596) Apotheker, Arzt, Alchemiker. Ein Industrieritter mit Gelehrtenmaske,* in: *Deutsche Apotheker Zeitung,* DAZ Beilage, 60. Jg., Stuttgart 04.09.2008, S. 20ff.
Fabri, Felix: *Evagatorium, über die Pilgerreise ins Heilige Land, nach Arabien und Ägypten,* [übers. Herbert Wiegandt u. Herbert Krauss], Ulm 1998
Fabri, Felix: *Galeere und Karawane: Pilgerreise ins Heilige Land, zum Sinai und nach Ägypten 1483,* bearb. und mit einem Nachw. von Herbert Wiegandt, Stuttgart 1996
Federmann, Reinhard: *Die königliche Kunst. Eine Geschichte der Alchemie,* Wien 1964
Ferber, Johann Jakob: *Physikalisch-Metallurgische Abhandlungen über die Gebirge und Bergwerke in Ungarn,* Berlin/Stettin 1780
Fiddes, Nick: *Fleisch. Symbol der Macht,* Frankfurt a.M. 1993
Fidicin, E[rnst] (Hrsg.): *Historisch-diplomatische Beiträge zur Geschichte Berlins, Teil V, Geschichte der Stadt,* Berlin 1842
Figurovskij, N[ikolaj] A[leksandrovič]: *Die Chemie in Russland im Zeitalter der Iatrochemie,* in: Mothes, Kurt (Hrsg.): *Nova Acta Leopoldina, Abhandlungen der deutschen Akademie der Naturforscher Leopoldina, Festschrift für Professor Dr. Rudolph Zaunick,* Neue Folge, Bd. 17, Leipzig 1963
Fischer, Beat de: *Dialogue Luso-Suisse. Essai sur les relations Luso-Suisses à travers les siècles,* Lissabon 1960
Fischer, Hans/Petit, Georges/Staedtke, Joachim et al.: *Conrad Gessner, 1516–1565, Universalgelehrter, Naturforscher, Arzt,* Zürich 1967
Fleischer [Friedrich] (Hrsg.): *Codex Medicamentarius Europaeus,* Teil VII, Leipzig/Sorau 1822
Fontane, Theodor: *Wanderungen durch die Mark Brandenburg,* Teil II, *Das Oderland,* Berlin 1868
Furlenmeier, Martin: *Mysterien der Heilkunde,* Stäfa 1981
Füssli, Johann Rudolf/Füssli, Hans Heinrich: *Allgemeines Künstlerlexikon, oder: Kurze Nachricht von dem Leben und den Werken der Maler, Bildhauer, Baumeister, Kupferstecher. Kunstgiesser, Stahlschneider [...],* Bd. 2, Teil XII, Zürich 1821
Gantenbein, Urs Leo: *Medizinisch-alchemische Präparierkunst im frühen 16. Jahrhundert,* in: Internationale Paracelsus-Gesellschaft zu Salzburg (Hrsg.): *Zur Sprache des Paracelsus,* Folge 32, Vorträge 1998, Salzburg 1999
Gantenbein, Urs Leo (Hrsg.): *Paracelsus (Theophrastus Bombast von Hohenheim), Theologische Werke 1: Vita Beata – Vom seligen Leben,* Berlin 2008
Gebelein, Helmut: *Alchemie,* München 1991
Geigy, Alfred: *Katalog der Basler Münzen und Medaillen der im Historischen Museum zu Basel deponierten Ewig'schen Sammlung,* Basel 1899
Geppert, C[arl], E[duard]: *Chronik von Berlin. Von Entstehung der Stadt an bis heute,* Bd. 1, Berlin 1839
Geuß, Wolfgang: *Methodus Ex Mathematica Ratione Curandi Morbos. Das ist: Wegweiser Die Kranckheiten zu heylen / durch Astronomische Concordantz / welche sich ansehen lesset / zwischen dem Gestirn und den Kranckheiten / wie auch die Artzney,* Frankfurt a.M. 1613

Ghieger, Mattia: *Trattato sul modo di piegare ogni Sorta di panni lini, cioè salviette e tovaglie e d'apparecchiare una tavola,* Padova 1639
Gies McGuigan, Dorothy: *Familie Habsburg 1273–1918,* Bergisch Gladbach 1990
Giese, Ursula: *Tiergärten in Renaissance und Barock,* in: Fiedler, Walter (Hrsg.): *Tiergarten Schönbrunn – Geschichte und Aufgabe. Aus Österreichs Wissenschaft,* Wien 1976
Gittermann, Valentin: *Geschichte Russlands,* Bd. 1, Zürich 1944
Gonet, Pascal-Arthur: *Histoire et actualité des chercheurs d'or en Suisse,* Lausanne o. J.
Göttert, Karl-Heinz: *Magie,* Zürich 2001
Grabmann, Martin: *Gesammelte Akademieabhandlungen,* Bd. 2, Paderborn 1979
Graf, Maja: *Städtische Badekultur im Mittelalter. Betrachtung der städtischen Badekultur im Mittelalter mit Focus auf die Stadt Basel, Seminararbeit,* Basel 2007
Grieb, Manfred H.: *Nürnberger Künstlerlexikon.* Bd. 2., München 2007
Grimm, Jacob/Grimm, Wilhelm: *Deutsches Wörterbuch,* Bd. 10, Abt. 2, Teil II, Leipzig 1941
Gubser, Martin: *Literarischer Antisemitismus,* Göttingen 1998
Güntert, Hermann: *Hund,* in: *Handwörterbuch des deutschen Aberglaubens,* Bd. 4, Berlin/New York 1087
Haack, Julia: *Der vergällte Alltag. Zur Streitkultur im 18. Jahrhundert,* Köln/Weimar/Wien 2008
Haffner, Franciscum: *Der klein Solothurner Allgemeine Schaw-Platz Historischer Geist- auch Weltlicher vornembsten Geschichten und Händlen / [...],* Solothurn 1666
Hanak-Lettner, Werner: *Die Ausstellung als Drama: Wie das Museum aus dem Theater entstand,* Bielefeld 2010
Harmann, Alfred (Hrsg.): *Ammerbachkorrespondenz,* Bd. 6, Basel 1967
Harms, Wolfgang/Schilling, Michael (Hrsg.): *Die Sammlung der Zentralbibliothek Zürich, Kommentierte Ausgabe, Teil 2: Die Wickiana II (1570–1588),* Tübingen 1997
Harms, Wolfgang/Schilling, Michael: *Das illustrierte Flugblatt der frühen Neuzeit,* Stuttgart 2008
Hass, Gerhart: *Rangsdorf und Groß Machnow in der Mark Brandenburg. Ein historischer Überblick,* Rangsdorf 2003
Head-König, Anne-Lise: *Auswanderung,* in: *Historisches Lexikon der Schweiz,* Basel 2008
Heege, Andreas: *Tabak als Heil- und Genussmittel im Kanton Bern aufgrund historischer Quellen und archäologischer Funde (16.–18. Jh.),* in: *NIKE-Bulletin,* Ausgabe 1–2, Liebefeld 2008
Heller, Josef: *Geschichte der Holzschneidekunst,* Bamberg 1823
Helwing, Ernst: *Geschichte des brandenburgischen Staats,* Bde. 1–2, Lemgo 1834
Herberstein, Siegmund von: *Rerum Moscoviticarum comentarii,* Wien 1549
Herde, Andreas: *Untersuchung der Cumarinmuster in Früchten ausgewählter Apiaceae,* Dissertation, Hamburg 2005
Herz, Randall: *Die »Reise ins Gelobte Land« Hans Tuchers des Älteren (1479–1480), Untersuchungen zur Überlieferung und kritische Edition eines spätmittelalterlichen Reiseberichts,* Wiesbaden 2002
Heyer, Friedrich: *2000 Jahre Kirchengeschichte des Heiligen Landes,* Hamburg 2000

Hiltbrand, Robert (Hrsg.): *Spätrenaissance am Oberrhein, Tobias Stimmer: 1539–1584; Ausstellung im Kunstmuseum Basel, 23. September – 9. Dezember 1984,* Basel 1984
Hirn, Joseph: *Erzherzog Ferdinand II. von Tirol. Geschichte seiner Regierung und seiner Länder,* Bd. 1, Innsbruck 1885
Hofmann, Caspar: *De barbarie imminente,* Frankfurt/Oder 1578
Hofmeier, Thomas/Arpagaus, Daniel: *Leonhard Thurneyssers Quinta Essentia 1574,* Berlin, Basel 2007
Hofmeier, Thomas: *Basel – Hauptstadt der Alchemie,* Berlin 2007
Hoke, Rudolf: *Österreichische und deutsche Rechtsgeschichte,* Böhlau 1996
Hunnius, Curt: *Dämonen, Ärzte, Alchemisten,* Stuttgart 1962
Huser, Johannes (Hrsg.): *Avreoli Philippi Theophrasti Bombasts von Hohenheim Paracelsi, des Edlen [...] Philosophi vnd Medici Opera, Bücher vnd Schrifften, so viel deren zur Handt gebracht: vnd vor wenig Jahren, mit vnd auß ihren [...] handgeschriebenen Originalien collacioniert, vergliechen, verbessert / Aureolus Philippus Theophrastus Bombast von Hohenheim Paracelsus. – Jetzt von newem mit vleiß vbersehen, auch mit etlichen bißhero vnbekandten Tractaten gemehrt, vnd [...] in zwen unterschiedliche Tomos vnd Theil gebracht [...],* Straßburg 1603
Ilg, Albert: *Das k.k. Schloss Ambras in Tirol,* Wien 1882
Janzin, Marion/Güntner, Joachim: *Das Buch vom Buch. 5000 Jahre Buchgeschichte,* Hannover 2006
Jaumann, Herbert: *Handbuch Gelehrtenkultur der frühen Neuzeit,* Bd. 1, Berlin 2004
Jöcher, Albert Franz (Hrsg.): *Vollständiges Lexikon der Waarenkunde in allen ihren Zweigen,* Bd. 1, Quedlinburg/Leipzig 1843
Jost, Isaak Markus: *Geschichte der Israeliten seit der Zeit der Maccabaer bis auf unsre Tage,* Bd. 8, Berlin 1828
Kahn, Didier: *Alchimie et Paracelsisme en France à la fin de la Renaissance (1567–1625),* Genève 2007
Kaiser, Günther: *Prahlerei, Lug und Betrug in kriminologischer Sicht,* in: Golowin, Sergius/Kaiser, Günther/Guggenbühl, Allan et al.: *Prahlerei, Lug und Trug,* Zürich 1987
Kessler, Eckhard (Hrsg.): *Girolamo Cardano. Philosoph, Naturforscher, Arzt,* Bd. 15, Wiesbaden 1994
Kirchenrat der Evangelisch-Reformierten Landeskirche des Kantons Zürich (Hrsg.): *Zürcher Bibel,* Zürich 2007
Kirchner, Ernst Daniel Martin: *Die Churfürstinnen und Königinnen auf dem Throne der Hohenzollern [...],* Bd. 2, Berlin 1867
Klein, Stefan: *Da Vincis Vermächtnis oder Wie Leonardo die Welt neu erfand,* Frankfurt a.M. 2009
Klein, Ursula: *Die technowissenschaftlichen Laboratorien der Frühen Neuzeit,* Basel 2008
Klein, Ursula: *Verbindung und Affinität, die Grundlegung der neuzeitlichen Chemie an der Wende vom 17. zum 18. Jahrhundert,* Basel/Boston/Berlin 1994
Konert, Jürgen: *Illustrierte Geschichte der Urologie,* Berlin/Heidelberg 2004
Kopp, Hermann: *Die Alchemie in älterer und neuerer Zeit: ein Beitrag zur Culturgeschichte,* Heidelberg 1886
Kopp, Hermann: *Geschichte der Chemie,* Bd. 2, Teil II, Braunschweig 1844

Kopp, Hermann: *Geschichte der Chemie,* Bd. 6, Teil II, Braunschweig 1843
Krameritsch, Jakob: *Geschichten im Netzwerk,* Medien in der Wissenschaft, Bd. 43, Göttingen 2007
Krüger, Jürgen: *Die Grabeskirche zu Jerusalem. Geschichte, Gestalt, Bedeutung,* Regensburg 2000
Krünitz, Johann Georg: *Ökonomisch-technologische Encyklopädie oder allgemeines System der Stats-, Stadt-, Haus- und Land-Wirthschaft und der Kunst-Geschichte: in alphabetischer Ordnung,* Bd. 19, Berlin 1780/88
Kulischer, Josef [Kulišer, Iosif Michajlovič]: *Allgemeine Wirtschaftsgeschichte des Mittelalters und der Neuzeit,* Bd. 1, München 1958
Kupfer, Claude/Weingarten, Ralph: *Zwischen Ausgrenzung und Integration, Geschichte und Gegenwart der Jüdinnen und Juden in der Schweiz,* Zürich 1999
Laarß, Richard H.: *Das Buch der Amulette und Talismane,* München 1988
Lamprecht, Harald: *Neue Rosenkreuzer. Ein Handbuch,* Göttingen 2004
Leeb, Rudolf/Winkelbauer, Thomas: *Staatsmacht und Seelenheil: Gegenreformation und Geheimprotestantismus in der Habsburgermonarchie,* Wien 2007
Lehmann, Gottlob J.: *Versuch einer Geschichte von Flötz-Gebürgen betreffend deren Entstehung, Lage, darinne befindliche Metallen, Mineralien und Foßilien größtentheils aus eigenen Wahrnehmungen und aus denen Grundsätzen der Natur-Lehre hergeleitet, und mit nöthigen Kupfern versehen,* Berlin 1756
Leonhard, Hans Konrad: *Samuel Selfisch: ein deutscher Buchhändler am Ausgange des XVI. Jahrhunderts,* Leipzig 1902
Le Roy Ladurie, Emmanuel: *Le siècle des Platter, 1499–1628, Le mendiant et le professeur,* Bd. 1, Paris 2000
Lessing, Michael Benedict: *Handbuch der Geschichte der Medizin,* Berlin 1838
Leu, Johann Jakob: *Allgemeines Helvetisches Eydgenössisches oder Schweizerisches Lexicon,* Bd. 18, Supplement 6, Zug 1786–1795
Lichtenberg, Hanne Honnens de: *Johan Gregor van der Schardt. [Bildhauer bei Kaiser Maximilian II., am dänischen Hofe und bei Ticho Brahe],* Kopenhagen 1991
Lochner, W. K. (Hrsg.): *Nachrichten von Künstlern und Werkleuten* in *Nürnberg,* in: *Quellenschriften für Kunstgeschichte und Kunsttechnik des Mittelalters und der Renaissance,* Bd. 10, Wien 1875
Lowe, Norman: *The Lancashire textile industry in the sixteenth century,* Bd. 20, Manchester 1972
Lutz, Markus: *Baslerisches Bürger-Buch: enthaltend alle gegenwärtig in der Stadt Basel eingebürgerte Geschlechter [...],* Basel 1819
Maag, Robert: *Gold im Oberaargau,* in: *Jahrbuch des Oberaargaus,* Bd. 24, Langenthal 1981
Manuscripta germanica, [Handschriften]: oct. 5, Handschriftensammlung der Staatsbibliothek zu Berlin, Preußischer Kulturbesitz, Berlin
Manuscripta borussica, [Handschriften]: F. 139r–205v: *Briefe an Leonhard Thurneisser von dem Rath, von seinen Freunden, Bekannten und Landsleuten aus Basel. Thurneisser's Familien- und sonstige Verhältnisse etc. betreffen. [...]. Darin u.a.: (f.140r–141v) Ein Brief, unterzeichnet »Jonas Jud zu Wyl«,* Handschriftensammlung der Staatsbibliothek zu Berlin, Preußischer Kulturbesitz, Berlin
Marneros, Andreas: *Affekttaten und Impulstaten. Forensische Beurteilung von Affektdelikten,* Stuttgart 2007

Martin, Alfred: *Baden,* in: *Handwörterbuch des deutschen Aberglaubens,* Bd. 1, Berlin/New York 1987
Martin, Alfred: *Deutsches Badewesen in vergangenen Tagen; nebst einem Beitrag zur Geschichte der deutschen Wasserheilkunde,* Jena 1906
Marx, Günter: *Chemie zur Zeit Agricolas,* Chemnitz 1999
Mascher, H[einrich] A.: *Das deutsche Gewerbewesen von der frühesten Zeit bis auf die Gegenwart: nach Geschichte, Recht, Nationalökonomie und Statistik,* Potsdam 1866
Matthäus, Klaus: *Zur Geschichte des Nürnberger Kalenderwesens.* Frankfurt a.M. 1969
Matzdorf, Karl: *Anekdoten, Sittengemälde und Traditionen aus der Preußisch-Brandenburgischen Geschichte,* Heft 2, Berlin 1790
Mendelsohn, Moses: *Sämtliche Werke. Ausgabe in einem Band als Nationaldenkmal,* Wien 1838
Merz, Gustav: *Flammenfärbungen,* in: *Journal für praktische Chemie,* Bd. 2, Jg. 1860, Leipzig 1860
Meyer, Carl: *Der Aberglaube des Mittelalters und der nachfolgenden Jahrhunderte,* Wiesbaden 2003 [Neuauflage der Ausg. Luzern 1884]
Meyer, Ernst H. F.: *Geschichte der Botanik. Studien von H. F. Meyer,* Bd. 4, Königsberg 1857
Mila, W[ilhelm]: *Berlin: oder Geschichte des Ursprungs, der allmähligen Entwicklung und des jetzigen Zustandes dieser Hauptstadt [...],* Berlin/Stettin 1829
Moehsen, J[ohann], C[arl], W[ilhelm]: *Leben Leonhard Thurneissers zum Thurn,* München 1976 [Neuauflage der Ausg. Berlin/Leipzig 1793]
Montanari, Massimo: *Der Hunger und der Überfluss. Kulturgeschichte der Ernährung in Europa,* München 1993
Mori, Gustav: *Das Schriftgiessergewerbe in Süddeutschland und den angrenzenden Ländern,* Stuttgart 1924
Morys, Peter: *Medizin und Pharmazie in der Kosmologie Leonhard Thurneissers zum Thurn (1531–1596),* Husum 1982
Möseneder, Karl: *Paracelsus und die Bilder. Über Glauben, Magie und Astrologie im Reformationszeitalter,* Tübingen 2009
Moser-Rath, Elfriede: *Alchemist,* in: *Enzyklopädie des Märchens,* Bd. 1, Berlin/New York 1999
Müller, Gerhard/Balz, Horst (Hrsg.): *Theologische Realenzyklopädie,* Bd. 25, Berlin/New York 1995
Müller, Johannes/Falke, Johannes: *Zeitschrift für deutsche Kulturgeschichte. Bilder und Züge aus dem Leben des deutschen Volkes,* 4. Jg., Nürnberg 1859
Müller, Konrad M.: *Pestpflanzen: Heilkräuter wider den schwarzen Tod: ein illustriertes Begleitbuch zu: Pestpflanzen, Sagen und Heilkräutern,* Freiburg i. Br. 2005
Münkler, Herfried/Münkler, Marina: *Lexikon der Renaissance,* München 2000
Mützell, Julius: *Das Gymnasialwesen begründet im Auftrag des Berlinischen Gymnasial-Lehrervereins,* in: *Beiträge zur Erforschung der deutschen Sprache,* 15. Jg., Bd. 1, Berlin 1861
Nicolai, Friedrich: *Beschreibung der königlichen Residenzstädte Berlin und Potsdam,* Berlin/Stettin 1786
Oberhummer, Heinz: *Kann das alles Zufall sein? Geheimnisvolles Universum,* Salzburg 2008

Olaus, Magnus: *Die Wunder des Nordens*, erschlossen von Elena Balzamo und Reinhard Kaiser, Frankfurt a.M. 2006
Olbrich, [Karl]: *Handwörterbuch des deutschen Aberglaubens*, Bd. 8, Berlin/New York 1987
Oliveira, Marques António Henrique R. de.: *Geschichte Portugals und des portugiesischen Weltreichs*, Stuttgart 2001
Oschilewski, Walther G.: *Zeitungen in Berlin im Spiegel der Jahrhunderte*, Berlin 1975
Oslo, Allan: *Freimaurer: Humanisten? Häretiker? Hochverräter?*, Frankfurt a.M. 1988
Pahl, Johann Gottfried: *Chronik der Teutschen: eine politische Zeitung*, Ellwangen/Gmünd 1806
Pagel, Walter: *Paracelsus. An introduction to Philosophical Medicine in the Era of the Renaissance*, Basel/New York 1982
Palla, Rudi: *Das Lexikon der untergegangenen Berufe*, Frankfurt a.M. 1998
Panckow, Thomas: *Thomaæ Pancovii [...] Herbarium, Oder Kräuter- und Gewächs-Buch: Darinn so wol Einheimische als Außländische Kräuter zierlich und eigentlich abgebildet zufinden; Auff vielfältiges Begehren mit Fleiß übersehen und mit unterschiedlichen Kräutern nebst beygefügten Synonymis der berühmsten Botanicorum vermehret, auch die, so in der Medicin gebräuchlich außführlicher erkläret und mit sonderlichen experimentis und observationibus der bewehrtesten Scribenten verbessert durch Bartholomæum Zornn*, Cölln an der Spree 1673
Paracelsus: *Theophrast von Hohenheim genannt Paracelsus*, hrsg. von Karl Sudhoff, 14 Bde, München 1929–1960
Pauli-Schimanovich, Werner de: *Europolis, Kultur, Politik, Musik, Revolutionäres, Historisches, Literarisches*, Bd. 4, Wien 2007
Petzoldt, Leander: *Kleines Lexikon der Dämonen und Elementargeister*, München 1990
Petzoldt, Leander: *Albertus Magnus*, in: *Enzyklopädie des Märchens. Handwörterbuch zur historischen und vergleichenden Erzählforschung*, Bd. 1, Berlin/New York 1999
Peuckert, Will-Erich (Hrsg.): *Der Alchymist und sein Weib: Gauner- und Ehescheidungsprozesse des Alchymisten Leonhard Thurneysser zum Thurn*, Stuttgart 1956
Peuckert, Will-Erich: *Die Geheimkulte*, Hamburg 2005 [Neuauflage der Ausg. Heidelberg 1951]
Pfeil, W. [Friedrich Wilhelm Leopold] (Hrsg.): *Kritische Blätter für die Forst- und Jagdwissenschaft in Verbindung mit mehreren Forstmännern und Gelehrten*, Bd. 14, Leipzig 1840
Platter, Thomas: *Hirtenknabe, Handwerker, Humanist. Die Selbstbiographie 1499 bis 1582*, Nördlingen 1989
Polo, Marco: *Die Beschreibung der Welt*, Detlef Brennecke (Hrsg.), Stuttgart 2003
Priesner, Claus/Figala, Karin: *Alchemie, Lexikon einer hermetischen Wissenschaft*, München 1998
Prijis, Bernhard: *Chymia Basiliensis: Episoden aus der Basler Chemiegeschichte*, Basel [u.a.] 1983
Primisser, Alois: *Übersicht der k.k. Ambraser-Sammlung. Mit einem Anhange über die Ethnografischen Sammlungen der Kleider und Geräthschaften aus den Südsee-Inseln und aus Grönland*, Wien 1826

Reichert, Folker: *Die Reise des Pfalzgrafen Ottheinrich zum Heiligen Land 1521,* Regensburg 2005

Reichert, Volker: *Erfahrung der Welt. Reisen und Kulturbegegnung im späten Mittelalter,* Stuttgart 2001

Reimer, Hansen/Ribbe, Wolfgang/Adams, Willi Paul: *Geschichtswissenschaft im 19. und 20. Jahrhundert,* Berlin/New York 1992

Reske, Christoph: *Die Buchdrucker des 16. und 17. Jahrhunderts im deutschen Sprachgebiet: auf der Grundlage des gleichnamigen Werkes von Josef Benzing/Christoph Reske,* Wiesbaden 2007

Ridder, Klaus: *Jean de Mandevilles Reisen, Studien zur Überlieferungsgeschichte der deutschen Übersetzung des Otto von Diemerdingen,* in: *Münchener Texte und Untersuchungen zur deutschen Übersetzung des Mittelalters,* München/Zürich 1991

Rinne, Karl Friedrich: *Speculation und Glauben. Die Faustsage [...],* Zeiz 1859

Rippe, Olaf/Madejsky, Margret et al.: *Paracelsusmedizin: altes Wissen in der Heilkunst von heute: Philosophie, Astrologie, Alchimie, Therapiekonzepte,* Aarau 2001

Roeck, Bernd: *Ketzer, Künstler und Dämonen. Die Welten des Goldschmieds David Altenstetter,* München 2009

Roth, Harriet (Hrsg.): *Der Anfang der Museumslehre in Deutschland. Das Traktat »Inscriptiones vel Tituli Theatri Amplissimi« von Samuel Quiccheberg,* Berlin 2000

Rousseau, J[ean]-J[aques]: *Dictionnaire de musique,* Bd. 1, Genève 1781

Rublack, Ulinka: *Körper, Geschlecht und Gefühl in der frühen Neuzeit,* in: Münch, Paul (Hrsg.): *»Erfahrung« als Kategorie der Frühneuzeitgeschichte, Historische Zeitschrift,* Beiheft 31, München 2001

Rücker, Elisabeth: *Hartmann Schedels Weltchronik,* München 1988

Rueb, Franz: *Mythos Paracelsus: Werk und Leben von Philippus Aureolus Theophrastus Bombastus von Hohenheim,* Berlin/München 1995

Ruff, Theo: *Zwischen Fleischeslust und Völlerei,* in: SVAMH (Hrsg.): *Q – Ein Zeitdokument zum 25-jährigen Bestehen der Schweizerischen Vereinigung der Ammen- und Mutterkuhhalter (SVAMH),* Brugg 2002

Schade, Markus/Birke, Thomas: *Gold im Lausitzer Bergland. Fundort, Herkunft, Geschichte,* Freiburg 2002

Schasler, Max (Hrsg.): *Beiträge zur älteren Kunstgeschichte Berlin's, 3. Die Klosterkirche (Fortsetzung),* in: *Dioskuren: Deutsche Kunst-Zeitung,* Bd. 7, Berlin 2. Februar 1862

Scheicher, Elisabeth: *Die Kunst- und Wunderkammern der Habsburger,* Wien/München/Zürich 1979

Scheicher, Elisabeth: *Schloss Ambras – Innsbruck/Tirol,* München/Zürich 1981

Schelenz, Hermann: *Geschichte der Pharmazie,* Berlin 1904

Scherling, Simonetta: *Markus Sittikus III. (1533–1595). Vom deutschen Landsknecht zum römischen Kardinal,* Konstanz 2000

Schick, Hans: *Das ältere Rosenkreuzertum. Ein Beitrag zur Entstehungsgeschichte der Freimaurerei,* Berlin 1942

Schilling, Heinz: *Die Stadt in der frühen Neuzeit. Enzyklopädie deutscher Geschichte,* Bd. 24, München 2004

Schlegel, Johann Karl Fürchtegott: *Kirchen- und Reformationsgeschichte von Norddeutschland und den Hannoverschen Staaten,* Bd. 2, Hannover 1829

Schlosser, Julius von: *Die Kunst- und Wunderkammern der Spätrenaissance. Ein Beitrag zur Geschichte des Sammelwesens,* Leipzig 1908
Schmidt, Adolf Wilhelm (Hrsg.): *Karl Friedrich Becker's Weltgeschichte,* Berlin 1830
Schmieder, Karl Christoph: *Geschichte der Alchemie,* Halle 1832
Schreiber, W[erner]/Mathys, F[ritz] K.: *Infectio. Ansteckende Krankheiten in der Geschichte der Medizin,* Basel 1986
Schrötter, Friedrich von: *Wörterbuch der Münzkunde,* Berlin 1970
Schubiger, F[erdinand]: *Geschichte der Heilbäder im Kanton Solothurn,* Separatdruck aus dem *Jahrbuch für Solothurnische Geschichte,* Bd. 6, Solothurn 1933
Schumacher, Yves: *Es Härz wie an Ankeballe,* Burgdorf 1991
Schumacher, Yves: *Tiermythen und Fabeltiere,* Bern 2001
Schünemann-Pott, Friedrich: *Blätter für freies religiöses Leben,* Philadelphia 1857
Schütt, Hans-Werner: *Auf der Suche nach dem Stein der Weisen. Die Geschichte der Alchemie,* München 2000
Schwendt, Georg: *Chemische Experimente in Schlössern, Klöstern und Museen. Aus Hexenküche und Zauberlabor,* Weinheim 2002
Sebottendorf, Rudolf von [eig. Glauer, Adam Alfred Rudolf]: *Die Praxis der alten türkischen Freimaurerei,* Leipzig 1924
Seifart, Karl: *Zur Sittengeschichte des 16. Jahrhunderts,* in: *Zeitschrift für deutsche Kulturgeschichte,* Nürnberg 1859
Sennett, Richard: *Handwerk,* Berlin 2008
Shepherd, WM. Rev.: *The life of Poggio Bracciolini,* Liverpool 1837
Shevchenko, Nadezda: *Eine historische Anthropologie des Buches,* Göttingen 2007
Sighart, Joachim: *Albertus Magnus. Sein Leben und seine Wissenschaft,* Regensburg 1857
Soukup, Rudolf Werner: *Chemie in Österreich. Bergbau, Alchemie und frühe Chemie. Von den Anfängen bis zum Ende des 18. Jahrhunderts,* Wien/Köln/Kolmar 2007
Spitzer, Gabriele: *... und die Spree führt Gold,* Wiesbaden 1996
Sprengel, Kurt: *Geschichte der Botanik,* Teil II, Altenburg/Leipzig 1818
Stegemann, [Victor]: *Nativität,* in: *Handwörterbuch des deutschen Aberglaubens,* Bd. 6, Berlin/New York 1987
Steinmann, Kurt (Hrsg. und Lat./Dt. Übers.): *Petrarca, Francesco. Die Besteigung des Mont Ventoux,* Stuttgart 1995
Stieda, Wilhelm: *Mecklenburgische Papiermühlen,* in: *Verein für Mecklenburgische Geschichte und Altertumskunde: Jahrbücher des Vereins für Mecklenburgische Geschichte und Altertumskunde,* Bd. 80, [Schwerin] 1915
Stöckle, Frieder: *Gold aus der Retorte: die geheime Kunst der Alchemisten,* Würzburg 1981
Stolberg, Michael: *Die Harnschau. Eine Kultur- und Alltagsgeschichte,* Köln 2009
Stolleis, Michael (Hrsg.)/**Härter, Karl/Schilling, Lothar:** *Policey im Europa der frühen Neuzeit,* Frankfurt a.M. 1996
Suhling, Lothar: *»Philosophisches« in der frühneuzeitlichen Berg- und Hüttenkunde: Metallogenese und Transmutation aus der Sicht montanistischen Erfahrungswissens,* in: *Die Alchemie in der europäischen Kultur und Wissenschaftsgeschichte,* Wolfenbütteler Forschungen, Bd. 12, Wiesbaden 1986

Sünner, Rüdiger: *Schwarze Sonne. Entfesselung und Missbrauch der Mythen in Nationalsozialismus und rechter Esoterik,* Freiburg i. Br. 1999

Telle, J[oachim]: *Die Jagdschriften des Nürnberger Stadtarztes Heinrich Wolf nach einem handschriftlichen Buchregister von Jahre 1576,* in: *Zeitschrift für Jagdwissenschaft,* Vol. 17, Nr., 21. Juni 1971, Heidelberg 1971

Tenorth, Heinz-Elmar: *Geschichte der Erziehung. Einführung in die Grundzüge ihrer neuzeitlichen Entwicklung,* Weinheim/München 1988

Thiermair, Franz Ignaz: *Kurzer Unterricht In jetzt Besorglich- und gefährlichen Seuchen / So wol für die Krancke Inficirte, als andere Persohnen / Die den Krancken beystehen sollen: Sambt vorhergehenden Praeservatif-Mittlen / und hernach folgender Instruction, wie bey begebendem Fahl / alle Inficirte Sachen wider zu rainigen,* München 1679

Toelken, E[rnst] H[einrich] (Hrsg.): *Berliner Kunstblatt,* Erstes Heft, Januar 1928

Tycho, Brahe: De *nova et nullius ævi momoria prius visa Stella, iam pridem Anno à nato CHRISTO 1572, mense Novembrj primùm Conspecta, contemplatio mathematica,* Kopenhagen 1573

Vehse, [Carl] Eduard: *Geschichte der deutschen Höfe seit der Reformation,* Erste Abt.: Preussen, Teil I, Bd. 1, Hamburg 1851

Vehse, [Carl] Eduard: *Geschichte des preußischen Hofs und Adels und der preußischen Diplomatie,* Bd. 1–2, Hamburg 1851

Vehse, [Carl] Eduard: *Preussische Hofgeschichten,* Abt. 1, Bd. 4, München 1913

Vignau-Wilberg, Thea: *Christoph Murer und die »XL. Emblemata Miscella Nova«,* Bern 1982

Vulpius, Christian August: *Curiositäten der physisch-literarisch-artistisch-historischen Vor- und Mitwelt: zur angenehmen Unterhaltung für gebildete Leser,* Bd. 10, Weimar 1823

Weber, Karl von (Hrsg.): *Archiv für die Sächsische Geschichte,* Bd. 5, Heft 4, Leipzig 1867

Weber, Karl von: *Anna Kürfürstin zu Sachsen geboren aus königlichem Stamm zu Dänemark,* Leipzig 1865

Weichenhan, Michael: *»Ergo perit coelum ...«: Die Supernova des Jahres 1572 und die Überwindung der aristotelischen Kosmologie,* Wiesbaden 2004

Wenning, Norbert: *Die nationale Schule. Öffentliche Erziehung im Nationalstaat,* Münster/New York 1996

Westphal, Jörn Robert: *Die Darstellung des Unrechts in Flugblättern der frühen Neuzeit,* Mönchengladbach 2008

Wiegleb, Johann Christian: *Historisch-kritische Untersuchung der Alchemie,* Weimar 1777

Wieland, Carl: *Leonhard Thurneyßer zum Thurm,* in: *Beiträge zur Vaterländischen Geschichte,* Neue Folge, Bd. I, Basel 1882

Wiese, Ludwig Adolf: *Das höhere Schulwesen in Preußen,* Berlin 1864

Wilde, Manfred: *Alte Heilkunst, Sozialgeschichte der Medizinalbehandlung in Mitteldeutschland,* München 1999

Winkle, Stefan: *Geisseln der Menschheit. Kulturgeschichte der Seuchen,* Düsseldorf 2005

Wisser, Richard: *Philosophische Wegweisung. Versionen und Perspektiven,* Würzburg 1996

Wittmann, Reinhard: *Geschichte des deutschen Buchhandels,* München 1999

Wolf, Rudolf: *Biographien zur Kulturgeschichte der Schweiz,* Zürich 1860

Wollenberg, [Julius]: *Über die Vergangenheit des Gymnasialwesens,* in: *Zeitschrift für das Gymnasialwesen,* Bd. 15, Berlin 1861

Wunder, Heide (Hrsg.), in Zusammenarbeit mit **Burghartz, Susanna/Rippmann, Dorothee/Simon-Muscheid, Katharina:** *Eine Stadt der Frauen. Studien und Quellen zur Geschichte der Baslerinnen im späten Mittelalter und zu Beginn der Neuzeit (13.–17. Jh.),* Basel/Frankfurt a.M. 1995

Wyder, Margit: *Kräuter, Kröpfe, Höhenkuren. Die Alpen in der Medizin – Die Medizin in den Alpen,* Zürich 2003

Zedler, Johann Heinrich (Hrsg.): *Zedlers Großes vollständiges Universal-Lexicon aller Wissenschafften und Künste,* Bd. 1, Halle/Leipzig 1732–1754

Historische Personen

Bildnachweis

Umschlag, Schmutztitel:
Kunstmuseum Basel,
Foto: Kunstmuseum Basel,
Martin P. Bühler

Abb. 1
Zentralbibliothek Zürich,
Graphische Sammlung

Abb. 2
Kunstmuseum Basel,
Foto: Kunstmuseum Basel,
Martin P. Bühler

Abb. 3
Kunstmuseum Basel,
Kupferstichkabinett,
Foto: Kunstmuseum Basel,
Martin P. Bühler

Abb. 4
Württembergische Landesbibliothek

Abb. 5
Zentralbibliothek Zürich,
Graphische Sammlung

Abb. 6
Kunsthistorisches Museum, Wien

Abb. 7
Kunsthistorisches Museum, Wien

Abb. 8
Zentralbibliothek Zürich

Abb. 9
Universitätsbibliothek Mannheim

Abb. 10
Zentralbibliothek Zürich

Abb. 11
Landesarchiv Berlin

Abb. 12
Zentralbibliothek Zürich
Abb. 13
Zentralbibliothek Zürich

Abb. 14
Foto Yves Schumacher

Abb. 15
Zentralbibliothek Zürich

Abb. 16
Zentralbibliothek Zürich, Graphische Sammlung

Abb. 17
Zentralbibliothek Zürich

Abb. 18
Zentralbibliothek Zürich

Abb. 19
Niedersächsische Staats- und Universitätsbibliothek Göttingen

Abb. 20
Niedersächsische Staats- und Universitätsbibliothek Göttingen

Abb. 21
Niedersächsische Staats- und Universitätsbibliothek Göttingen

Abb. 22
Niedersächsische Staats- und Universitätsbibliothek Göttingen

Abb. 23
Niedersächsische Staats- und Universitätsbibliothek Göttingen

Abb. 24
Germanisches Nationalmuseum, Nürnberg

Abb. 25
Zentralbibliothek Zürich

Abb. 26
Zentralbibliothek Zürich, Graphische Sammlung

Abb. 27
Universitätsbibliothek Basel

Abb. 28
Zentralbibliothek Zürich

Abb. 29
Universitätsbibliothek Basel

Abb. 30
Universitätsbibliothek Basel

Abb. 31
Zentralbibliothek Zürich

Abb. 32
Privatbesitz Yves Schumacher

Abb. 33
Zentralbibliothek Zürich, Graphische Sammlung

Ich danke

allen Freunden und Bekannten, die mir bei der Beschaffung von Quellen- und Informationsmaterial behilflich waren. Ohne ihre Unterstützung wäre dieses Buch nicht zustande gekommen.

Ein besonders herzlicher Dank gebührt folgenden Personen:

Anne Rüffer – meiner Verlegerin und ehemaligen Arbeitskollegin. Mit ihrem feinen Sprachgefühl, gepaart mit einer großen verlegerischen Erfahrung, leistete sie einen entscheidenden Beitrag zur Qualitätsvertiefung der vorliegenden Arbeit.

Andrea Keller – meiner Lektorin. Durch ihre akribische Gründlichkeit und Überzeugungskraft bewahrte sie mich vor manchen Denkfallen und Stilblüten. Ich danke auch dem ganzen Team des Römerhof Verlages, insbesondere Anna Gleede für ihre liebevolle Gestaltungsarbeit.

Dr. Diethelm Eikermann, Köln. Er stellte mir sein breites Wissen aus seiner langjährigen historischen Forschung zum Leben und Tod Thurneyssers großzügig zur Verfügung und erhellte damit viele bisher ungeklärte Sachverhalte.

Dr. Gabriele Kaiser-Spitzer, wissenschaftliche Mitarbeiterin der Handschriftenabteilung der Staatsbibliothek zu Berlin – Preußischer Kulturbesitz. Sie hat mir Einblick in die an Thurneysser gerichtete Korrespondenz verschafft und mich an ihren eigenen Recherchen teilhaben lassen.

Anikó Ladányi. Als Bibliothekarin vermittelte sie mir Einsicht in die umfangreichen Bestände der Graphischen Sammlung der Zentralbibliothek Zürich und brachte seltenes Bildmaterial ans Licht. Mein Dank richtet sich auch an alle anderen Bibliothekarinnen und Bibliothekare, die mich in meiner Arbeit unterstützt haben.

Dr. Marie Anne Nauer-Meier, Zürich. Als Graphologin hat sie die Handschriften von Leonhard und Alexander Thurneysser schriftpsychologisch scharf analysiert und mir somit geholfen, das Persönlichkeitsbild der Brüder besser zu erfassen.

Heinz Niederer, Zürich. Er ist immer spontan eingesprungen, wenn mich die Launen des Computers zur Verzweiflung brachten, und scheute keine Mühe, verblasstes Bildmaterial aus Thurneyssers Druckerei aufzufrischen.

Marie-Alix Roesle, Numismatikerin und Präsidentin des Vereins Zürcher Museen. Ohne sie wäre die münzkundliche Vielfalt des 16. Jahrhunderts in meiner Arbeit chaotisch geblieben.

Theo Ruff, Kunsthistoriker und Volkskundler. Ich verdanke ihm wertvolle Quellenhinweise und ernährungsgeschichtliche Informationen.

PD Dr. Jürg von Ins, Bäch SZ. Er setzte sich als Freund, Religionswissenschaftler und Ethnologe mit meiner ersten Manuskriptfassung kritisch auseinander und gab mir zahlreiche Anregungen und Korrekturvorschläge.

Yves Schumacher, Juli 2011

Weitere Bücher
im Römerhof Verlag

Mary Lavater-Sloman
Der Schweizerkönig
Johann Rudolf Wettstein

Als Johann Rudolf Wettstein 1645 zum Basler Bürgermeister gewählt wird, tobt in Nordeuropa der Dreißigjährige Krieg – und die Eidgenossenschaft ist noch immer Teil des Heiligen Römischen Reichs Deutscher Nation. Wie Wettstein bei den Friedensverhandlungen in Westfalen die lang ersehnte Unabhängigkeit durchsetzt, schildert Mary Lavater-Sloman in der Neuauflage ihrer erfolgreichen Romanbiographie auf eindrückliche Weise. Es sind Ereignisse, die Meilensteine der Schweizer Geschichte darstellen.

Mit einem begleitenden Essay von Prof. Dr. Georg Kohler

Leseprobe unter: www.roemerhof-verlag.ch
ISBN 978-3-905894-08-0

Wilhelm Uhde

Von Bismarck bis Picasso
Erinnerungen
und Bekenntnisse

Wilhelm Uhde (1874–1947) war zu Beginn des 20. Jahrhunderts eine der schillerndsten Figuren des Kunsthandels. Der Wahlfranzose entdeckte in Paris Künstler wie Henri Rousseau und wurde so zum Geburtshelfer der künstlerischen Moderne. 1928 organisierte der enge Freund und Förderer Picassos für Bauchant, Bombois, Rousseau, Louis und Vivin die erste Gemeinschaftsausstellung unter dem Titel »Maler des Heiligen Herzens«.

Neben verschiedenen Büchern zu Kunst und Kultur verfasste Uhde autobiographische Reflexionen. In zahlreichen Anekdoten und mit selbstironischem Blick erzählt er von den Begegnungen mit herausragenden Künstlern in einer Zeit, in der sich die Kunst der Moderne ihren Weg bahnt.

Mit einem kommentierenden Essay von Prof. Dr. Bernd Roeck

Leseprobe unter: www.roemerhof-verlag.ch
ISBN 978-3-905894-06-6

Petra Schönemann-Behrens

Alfred H. Fried
Friedensaktivist –
Nobelpreisträger

Mit 17 Jahren sieht Alfred H. Fried (1864–1921) Kriegsbilder des Malers Wereschagin, die ihn nicht mehr loslassen. Als ältester Sohn einer armen jüdischen Familie in Wien geboren, geht er nach der Ausbildung zunächst nach Berlin, wo er als Buchhändler und Verleger arbeitet. 1891 schließt er sich der Friedens-Nobelpreisträgerin Bertha von Suttner an, gibt mit ihr die pazifistische Zeitschrift »Die Waffen nieder!« heraus und wird Mitbegründer der Deutschen Friedensgesellschaft. Petra Schönemann-Behrens erzählt das Leben des unermüdlichen Friedenskämpfers und Schriftstellers und nimmt ausführlich Bezug auf seine entbehrungsreichen Jahre (1914 bis 1919) im Schweizer Exil.

»[die] hervorragende, brandneue [...] ultimative Fried-Bio ... Sie [die Autorin] ist wahrscheinlich die einzige, die alles von Fried gelesen hat!« *Friedensnews.at*

Leseprobe unter: www.roemerhof-verlag.ch

ISBN 978-3-905894-10-3

Mary Lavater-Sloman

**Lucrezia Borgia
und ihr Schatten**

Welchen Preis musste eine Frau im 16. Jahrhundert zahlen, um wirklich frei zu sein? Lucrezia Borgia (1480–1519), Tochter des späteren Papstes Alexander VI., wurde bereits im Alter von 13 Jahren zum Spielball der großen Politik und der Intrigen ihres Vaters und ihres Bruders. Bewundert und gefürchtet, beneidet und als Mitglied des berüchtigten Borgia-Clans übelsten Verleumdungen ausgesetzt, wurde Lucrezia Borgia den Ruf einer Giftmischerin und Geliebten des eigenen Vaters bis heute nicht los.

Mary Lavater-Sloman zeichnet ein facettenreiches Bild dieser außergewöhnlichen Frau. Die Biographie beruht auf sorgfältig recherchierten Fakten, die aus der Sicht einer fiktiven Figur erzählt werden.

Mit einem kommentierenden Essay von Prof. Dr. Bernd Roeck

Leseprobe unter: www.roemerhof-verlag.ch
ISBN 978-3-905894-00-4

Nicola Bardola
John Lennon
Wendepunkte

30 Jahre nach seinem tragischen Tod haben Lennons Werk und sein Leben nichts von ihrer Faszination verloren. In seiner Biographie ergründet Nicola Bardola das Phänomen John Lennon und deckt die komplexe Persönlichkeit des begnadeten Musikers auf. John Lennon hat auf den unterschiedlichsten Wegen versucht, die Menschheit dazu zu bewegen, seine Visionen zu verwirklichen: musikalisch, literarisch und politisch, durch Charme, Witz und Provokation.

»Aus den Veröffentlichungsfluten ragt ›John Lennon. Wendepunkte‹ von Nicola Bardola heraus. Mit einer Liebe zu den Songs von John Lennon [...]; mit einem klaren Verstand [...]; mit Sinn für den Wert und die Grenzen psychologischer Erklärungen nähert sich Bardola den Punkten, an denen der Lebenslauf des Musikers in eine neue Richtung führte.«
Neue Zürcher Zeitung

Leseprobe unter: www.roemerhof-verlag.ch
ISBN 978-3-905894-07-3